建築家

浦辺鎮太郎の仕事

The Works of Architect Shizutaro Urabe

倉敷から世界へ、工芸からまちづくりへ

From Kurashiki to the World, From Craft to Town Planning

浦辺鎮太郎建築展実行委員会　監修

Advisor: The Executive Committee of Shizutaro Urabe's Architectural Exhibition

松隈 洋・笠原一人・西村清是　編著

Authors: Hiroshi Matsukuma, Kazuto Kasahara, and Kiyoshi Nishimura

学芸出版社

ごあいさつ

　この度、「建築家　浦辺鎮太郎の仕事　―倉敷から世界へ、工芸からまちづく
りへ」展を開催する運びとなりました。

　浦辺鎮太郎（1909–1991 年）は、岡山県児島郡粒江村（現・倉敷市粒江）に生
まれ、岡山県第一岡山中学校、旧制第六高等学校を経て、1930 年、京都帝国大
学工学部建築学科に入学します。1929 年の世界大恐慌が日本へ波及した昭和恐
慌の只中で、満州事変から日中戦争、太平洋戦争へと突き進む苛酷な時代でした。
それでも、当時の建築学科では、関西建築界の重鎮だった武田五一（1872–1938
年）を中心に、藤井厚二（1888–1938 年）や森田慶一（1895–1983 年）、坂静雄
（1896–1989 年）ら錚々たる教員が揃い、自由闊達な雰囲気が守られていました。
浦辺は、建築雑誌を通して、遠くヨーロッパで始まっていた最前線の近代建築運
動に憧れを抱き、ドイツのペーター・ベーレンス（1868–1940 年）や、造形学
校バウハウスを創設した W. グロピウス（1883–1969 年）に共感し、フランスの
ル・コルビュジエ（1887–1965 年）にも傾倒していきます。しかし、同級生の西
山夘三（1911–1994 年）らとマルクス主義の影響を受けた共産党シンパの活動で
捕まり、半年間の停学処分を受けてしまうのです。そこで浦辺は、上京し、F. L.
ライト（1867–1959 年）の高弟で、甲子園ホテル（現・武庫川女子大学／ 1930
年）を完成させた遠藤新（1889–1951 年）に学ぶ機会を得ます。そして、彼の
下で、ライトの作風をオランダの小都市ヒルヴェルスム（Hilversum）で風土化
し、まちづくりを生涯の仕事とした建築技師の W. M. デュドック（Dudok ／
1884–1974 年）の生き方に強く惹かれ、自らの進むべき道を見つけるのです。

　1934 年に大学を卒業した浦辺は、「倉敷のデュドック」となるべく、倉敷絹織
（現・クラレ）に入社し、営繕技師として働き始めます。そこには、中学と六高
の同窓で、創業者の父・大原孫三郎（1880–1943 年）の跡継ぎとして同年に正社
員となった大原總一郎（1909–1968 年）との運命的な出会いがありました。また、
上司には、孫三郎の依頼で陸軍省から倉敷絹織に転じ、大原美術館（1930 年）
を手がけた薬師寺主計（1884–1965 年）という優れた先人の建築家もいたのです。
こうして、浦辺は、大原とともに、倉敷をドイツの古都ローテンブルクのような
歴史を大切に守り育てる都市にするべく、設計活動を始めていきます。1962 年
には、大原の指示もあり、営繕部の仕事を引き継ぎつつ、さらに広く一般の設計
とプレファブ住宅の研究開発を行う組織として倉敷建築研究所を設立、1964 年
には、倉敷建築事務所を開設して独立し、建築家として歩み始めるのです。その
半世紀に及ぶ設計活動で手がけた建築は、戦後の主要なものに限っても、約 300
点に上ります。そのうち倉敷に建つ建築は 2 割近くを占めており、浦辺が大原と
ともに倉敷の風土と伝統に根ざすことを通して、自らの方法を練り上げていった

ことがわかります。

　浦辺の仕事が特筆されるのは、初期の代表作である大原美術館分館（1961年）や倉敷国際ホテル（1963年）に象徴されるように、倉敷の伝統的な街並みと調和する近代建築の在り方を追求するなかで、ほかの建築家が成し得なかったクラフト（手仕事）とインダストリー（工業化）を融合させる新しい境地を切り拓いた点にあります。また、続く倉敷アイビースクエア（1974年）では、赤煉瓦造の紡績工場の宿泊施設への転用という先駆的な試みを成し遂げ、行き詰っていた近代建築の潮流に、歴史との対話の大切さを自覚させます。さらに、倉敷市民会館（1972年）や倉敷中央病院（1975–1981年）、倉敷市庁舎（1980年）などでは、近代建築が切り捨ててきた装飾や屋根、素材の色や質感などを統合して、華やかさと豊饒さをあわせもつ建築をつくり上げるのです。そして、横浜で手がけた大佛次郎記念館（1978年）や横浜開港資料館（1981年）、神奈川近代文学館（1984年）では、より自在なデザインによって、同時代のポスト・モダニズムとは一線を画した独自の建築世界を切り拓きました。その仕事に対しては、2度にわたる日本建築学会作品賞を始めとして、「地域に根ざしたまちづくりと優秀な建築の創造活動による建築界への貢献」によって日本建築学会大賞、建築年鑑賞、毎日芸術賞など数多くの賞が授与され、その功績が称えられています。

　生誕110周年を記念し、没後初となる本展では、浦辺が倉敷絹織の営繕技師として活動を始めた初期から晩年に至るまでの全軌跡を紹介します。おりしも、明治維新から150年を迎え、広く日本の近代とは何だったのかが問われ始めています。また、人口縮小社会という未知の時代の入口に立つ現在だからこそ、地域に根ざし、伝統や風土と対話しながら、身の丈にあう近代建築のあり方を求め続けた浦辺鎮太郎の仕事は、これからの建築とまちづくりに大きな手がかりを与えてくれるでしょう。この展覧会が、より良き生活環境を育んでいくための一つの起点となれば幸いです。

　最後になりましたが、本展を開催するにあたり、ご協力いただいた関係各位と諸機関に心より感謝申し上げます。

主催者

目次／Contents

ごあいさつ……2

浦辺鎮太郎と倉敷と大原總一郎／大原謙一郎……9

知られざる浦辺鎮太郎の建築／藤森照信……12

市民のための建築を求めて／松葉一清……16

クラフトとインダストリーをつないで／松隈 洋……22

序章　営繕技師としての出発　1934−1950 年……27
Introduction　The Starting as a Facilities Engineer and the Encounter with Folk Art, 1934−1950

column I　営繕技師を志すまで ──京都大学の師弟交友関係から／松隈 洋……28

column II　デュドックへの思い／笠原一人……30

column III　薬師寺主計との出会い／上田恭嗣……32

column IV　1953 年ノート／西村清是……34

第 1 章　倉敷に根ざした地域主義の実践　1951−1963 年……37
Chapter 1　Practice of Regionalism Rooted in Kurashiki, 1951−1963

二代続けた倉敷のまちづくり／上田恭嗣……38

浦辺鎮太郎と工業化／花田佳明……40

異なるモノをつなぐ対話的感性／竹原義二……42

01　日本基督教団西条栄光教会（礼拝堂・牧師館・西条栄光幼稚園）（1951 年）……44
column 01　西条栄光教会の調査から見えてくるもの／和田耕一……46

02　倉敷考古館増築（1957 年）……48
column 02　倉敷考古館にみる「調和と区別」のデザイン／笠原一人……50

03　旅館くらしき（改修／ 1957 年）・珈琲館（1971 年）……52
topic 01　倉敷美観地区のまちなみ／辻野純徳……54

04　プレファブ住宅・PH-1（1963 年／現存せず）……56
column 04　プレファブ住宅・PH-1 の詳細について／花田佳明……58

05　倉敷レイヨン岡山第 2 工場（1960 年）……60
column 05　工場建築から読み解く浦辺流／西村清是……62

06 　倉敷レイヨン高槻アパート（RC-60 型）・独身寮（1964 年／現存せず）…… 64

　　column 06　RC-60 型 ──浦辺鎮太郎の社員寮建築／柳沢 究 …… 66

07 　日本工芸館（1960 年／現存せず）…… 68

　　column 07-1　クラシキモデュール（KM）について／西村清是 …… 70

　　column 07-2　民芸運動と壁庇／笠原一人 …… 72

08 　石井記念愛染園女子単身者住宅（1961 年／現存せず）・保育所（1962 年／現存せず）…… 74

09 　石井記念愛染園愛染橋病院（1965 年／現存せず）…… 77

　　column 08・09　一連の愛染園の施設／笠原一人 …… 78

10 　京都航空ビル（1961 年／現存せず）…… 79

11 　大原美術館分館（1961 年）…… 80

　　column 11　大原美術館分館の八つの計画をめぐって／松隈 洋 …… 86

12 　倉敷国際ホテル（1963 年）…… 90

　　column 12　倉敷国際ホテルに結実する大原と浦辺のホテル構想／松隈 洋 …… 96

13 　倉敷ユースホステル（1965 年）…… 100

14 　浜幸ビル（1966 年）…… 102

15 　両備バス西大寺ターミナル（1966 年）…… 103

第 2 章　倉敷モデルの展開から転換へ　1964–1974 年 …… 105

Chapter 2　From the Development of the Kurashiki Model to Its Transformation, 1964–1974

　　モダニズムと「日本」──浦辺鎮太郎建築の葛藤と位置／重村 力 …… 106

　　倉敷のまちが浦辺から受け継ぐもの／楢村 徹 …… 108

　　残された浦辺精神の現在／西村清是 …… 110

16 　東京造形大学（第 I 期：1966 年／現存せず）…… 112

17 　西条市立郷土博物館東予民芸館（現・愛媛民芸館）（1967 年）…… 114

18 　東京女子大学研究本館 1・2 号館（2 号館：1967 年、1 号館：1968 年）…… 116

19 　倉敷レイヨン中央研究所（現・クラレくらしき研究センター）（1968 年）…… 117

　　column 19　大原總一郎への思い／西村清是 …… 119

20　倉敷文化センター（現・倉敷公民館）（1969 年）…… 120

21　西鉄グランドホテル（1969 年）…… 122
　　column 21　浦辺鎮太郎のホテル建築／西村清是 …… 124

22　倉敷商工会館（1971 年）…… 126

23　倉敷市水道局庁舎（現・倉敷市立自然史博物館）（1971 年）…… 127

24　倉敷市民会館（1972 年）…… 128
　　column 24　大原總一郎の夢／西村清是 …… 132

25　倉敷アイビースクエア（1974 年）…… 134
　　column 25-1　コンバージョンの手法から読み解く／福濱嘉宏 …… 140
　　column 25-2　「黒と白」から「白と赤」への作風の転機／西村清是 …… 142
　　topic 02　一丁シャンゼリゼ計画と大原構想／西村清是 …… 144

第 3 章　ポスト・モダン時代の自在な造形　1970–1984 年 …… 149
Chapter 3　Masterful Form-Creation in the Era of Post-Modernism, 1970–1984

浦辺さんとポスト・モダニズム／松葉一清 …… 150

庁舎建築から見る浦辺鎮太郎／笠原一人 …… 152

都市デザインの横浜と浦辺の関わり／曽我部昌史 …… 154

26　千里阪急ホテル（第 I 期：1970 年、第 II 期：1976 年）…… 156

27　紀伊風土記の丘松下記念資料館（1971 年）…… 158
　　column 27　遺跡へのリスペクトとその現代的「再演」／平田隆行 …… 160

28　黒住教新霊地神道山大教殿（1974 年）…… 161
　　column 28　近代における宗教建築としての黒住教・太陽の神殿／朽木順綱 …… 164

29　倉敷市庁舎（1980 年）…… 166
　　column 29　倉敷市庁舎への思い／笠原一人 …… 172
　　topic 03　幻の市庁舎計画案／笠原一人 …… 174

30　倉敷中央病院（第 I 期：1975 年、第 II 期：1980 年、第III期：1981 年）…… 178
　　column 30　創立の志を受け継ぐ病院／辻野純徳 …… 182

31　倉敷駅前再開発東ビル・西ビル（1980 年）…… 185

32 **三州足助屋敷（1980年）**…… 186

33 **六高記念館（1980年）**…… 188

34 **日本女子大学成瀬記念館（1984年）**…… 190

35 **大佛次郎記念館（1978年）**…… 192
　　column 35　撮影を通して見る浦辺建築／奥村浩司 …… 197

36 **横浜開港資料館（1981年）**…… 198
　　column 36　浦辺鎮太郎の建築類型学／中井邦夫 …… 202

37 **神奈川近代文学館（1984年）・霧笛橋（1986年）**…… 204

　　浦辺鎮太郎の言葉／編・松隈 洋 …… 207

　　掲載作品地図 …… 214

　　年表 …… 216

　　文献目録 …… 223

　　作品リスト …… 229

　　出典 …… 239

　　English Texts …… 241

［凡例］
各作品・コラムを構成する資料は以下の通り資料番号を付した。
作品：作品番号 - 図版番号（ex. 作品 26 = 26-1、26-2、26-3……）
コラム：C コラム番号 - 図版番号（ex. column4 = C4-1、C4-2、C4-3……）
各章の扉解説は松隈洋が執筆した。

浦辺鎮太郎／大阪・梅田　新阪急ビル浦辺建築事務所所長室にて
Shizutaro Urabe / in his officce at Urabe Architectural Office in Shin-Hankyu Building, Umeda, Osaka

浦辺鎮太郎と倉敷と大原總一郎

大原謙一郎

　浦辺鎮太郎さんは倉敷生まれ、倉敷育ちの倉敷人でした。この土地の歴史と文化が育てたあらゆる栄養を吸収しながら育ち、生涯を通して倉敷への強い思いを持ち続けました。特に倉敷色の濃い倉敷人と呼んでいいかもしれません。

　それと同時に、浦辺さんは世界人でした。倉敷に根ざしながらこのまちから世界を見て活動した建築家でした。

　1954年の夏、W. グロピウス氏が倉敷を訪れ、3日間このまちで過ごされたことがありました。同行された丹下健三ご夫妻らとともに、江戸時代の商業都市の面影を残す倉敷のまちを案内した浦辺さんは、後年「現代建築家の鋭い目の前に（倉敷の）古風な姿を率直に見てもらった」と回想しておられます。倉敷の街並みや屋根瓦の連なり、建築物の隅々にまで行き届いている気配りにグロピウス氏が興味深そうに反応される有り様を思い出しては、懐かしそうに語っておられました。

　倉敷が育んだまなざしで世界を見ておられた浦辺さんにとって、世界的な現代建築家が自分たちの街並みに関心を抱き、世界からのまなざしで細部を凝視する様子は、さまざまな発見とともに深い共感を呼ぶものであったに違いありません。

　浦辺さんは、そのような倉敷への深い愛着と世界への鋭い視点をともにもちあわせておられました。そして、そのことを最もよく理解していたのが、浦辺さんの盟友ともいうべき大原總一郎であったように思われます。

大原總一郎との出会い

　大原總一郎は、浦辺さんと同じ1909年に倉敷で生まれた実業家でした。地元の伝統ある商家の8代目として、倉敷のまちのオピニオンリーダーであると同時に、倉敷レイヨンの社長として国産技術による合成繊維ビニロンの事業化に取り組むなど、さまざまな新規分野への進出をリードし、のちに個性的なケミカルメーカーへと成長していくクラレの礎を築きました。

　また青年時代から音楽を愛し、哲学に親しみ、美術と民芸に格別の深い思いをもつ思想家でもありました。常に深い思索に裏付けられた揺るぎない価値観をもち、「哲学する経営者」とも呼ばれていました。

　浦辺さんは、京都帝国大学を卒業すると同時にすぐに郷里倉敷へ戻り、總一郎が社長を務めていた倉敷レイヨン（当時・倉敷絹織）に入社されました。「建築家というより、営繕技師として働いた」と述懐しておられます。

　こうして技術と技能を磨くかたわら總一郎と肝胆相照らす仲となり、美術や芸術や建築、そして倉敷のまちとそのなかに秘められた価値について語り合うようになります。浦辺さんは倉敷の中心部にある1km四方の美しい街並みを残すエ

リアに着目し、ここに歴史と伝統が現代の息吹と共存する独特のエリアをつくり上げたいという構想をもっていましたが、これも總一郎との対話のなかから生まれたものです。

その思いは、共同作品ともいうべき倉敷国際ホテル（1963年）に結実しました。そして、大原總一郎が若くして逝去した1968年以降も同じ思いは生き続け、その後生まれた作品のなかに脈々と受け継がれています。

倉敷国際ホテルと倉敷アイビースクエアなどの作品群

倉敷国際ホテルは、倉敷の大原美術館に隣接して完成したこじんまりした美しいホテルです。1964年には日本建築学会賞作品賞を受賞しました。

浦辺さんは、「倉敷を世界一流のまちにしたい、規模は小さくても内容的には価値の高いまちにしたい」という思いを大原總一郎と共有していました。一方、總一郎は常々「世界一流のまちには必ず一流のホテルがある」と語っていました。

總一郎が思い描いていた「一流のホテル」とは、ただ「おもてなし」の技術が優れているというだけのものではありません。「おもてなしを超えた一流の価値と個性を備えたもの」こそが總一郎の認める「一流のホテル」でした。

總一郎に共感した浦辺さんは、倉敷国際ホテルを通じてそれを実現しようと、日夜ともに語り合いながら設計に心血を注ぎます。

こうしてできあがった倉敷国際ホテルは、建築学会賞を始め多くの栄誉を与えられました。ここを訪れた丹下健三夫人が「あら可愛い、このホテルを風呂敷に包んで東京に持って帰りたい」と話したエピソードは、今も語り継がれています。

總一郎が亡くなった後の倉敷でも、この"一流"の理念は脈々と受け継がれていきます。その一つの典型が、總一郎の良き理解者であった倉敷紡績の田中敦社長（当時）が情熱を傾け、浦辺さんと議論を重ねながら完成させたホテル、倉敷アイビースクエア（1974年）でした。倉敷紡績の創業工場の遺構を残しながら、さまざまな先進的コンセプトを盛り込んだこのユニークなホテルは、建築専門家のみならず、多くの地元市民や観光客から親しまれる名所となっています。

このほか、今も心地よいコンサートホールとして多くのクラシック音楽の演奏家から愛される倉敷市民会館（1972年）や、倉敷市庁舎（1980年）、倉敷文化センター（現・倉敷公民館／1969年）など總一郎の没後に完成した浦辺作品のなかにも、總一郎と語り合い、ともにめざしたコンセプトが生きているということを、浦辺さんは常々語っておられました。

浦辺さんと倉敷と總一郎

　倉敷を深く愛していたからこそ、日本中・世界中のまちに「自分たちの土地を愛する心」をもつ地元の人たちがいることを深く理解されていた浦辺さんは、そのような人たちの思いを建築作品に反映させようと知恵を絞り、心を配ってこられました。倉敷の歴史と文化の蓄積、そしてこの地に住まう精霊の声に耳を傾けながら大きな成果を挙げた経験を活かし、ほかのまちでもその成り立ちや風土への敬意、自ら設計者として関わることの意義を見出そうとする姿勢は常に一貫しています。

　例えば、倉敷国際ホテルを完成させてから6年後に完成した福岡の西鉄グランドホテル（1969年）の設計に取り掛かる時にも、浦辺さんは福岡の歴史と文化も深く探求し、福岡という土地の成り立ちや記憶に耳を傾けました。そのなかで、「今の福岡の礎を築いた黒田如水と郷里岡山との深い縁が今の世にも生きていると感じて嬉しかった」という意味のことも言っておられました。

　今、改めて浦辺さんの仕事を振り返る時、浦辺さんの郷里への愛情が育んだ独特な感性と、同じ愛情をもつ同志だった大原總一郎と語り合いながら形成された強い志が、浦辺作品の隅々に生きていると感じます。

　筆者自身、ひとりの倉敷人として、また浦辺さんの盟友であった大原總一郎の息子として、改めて浦辺さんへの深い感謝と敬意を表したいと思います。

知られざる浦辺鎮太郎の建築

藤森照信

"ウラチン"という面白い響きの名を初めて耳にしたのは、1970年代初頭の大学院生時代のことで、指導教官の村松貞次郎（1924–1977年）教授と『新建築』誌編集長の馬場璋造の打合せの席だったと記憶している。大阪の建築界について話すなかで、村野藤吾（1891–1984年）とあわせて話題に上げられていた。

大学院の博士課程に進んでから、浦辺事務所が倉紡（現・クラボウ）の赤煉瓦の工場を再利用（現・倉敷アイビースクエア／1974年）するにあたり、現状調査の依頼が村松先生にあり、研究室一同で工場内の木造宿舎に泊まり、数日かけて明治の紡績工場の実態を調べた。その時は浦辺事務所の松村慶三さんが細やかに対応してくださり、"ウラチンさん"は村松先生へ挨拶に寄られた。白髪で細身の穏やかな顔が記憶に残った。

倉敷と縁の深い大阪の建築家にして、歴史的遺産を大事に思う現代建築家。この二つの姿勢は、とりわけ後者は当時の日本の建築界の関心からは大きくズレており、浦辺鎮太郎の作品に大学院生の関心は向かなかった。

初対面からだいぶ日が経ってから、シンポジウムか何かの機会に倉敷国際ホテル（1963年）に泊まった時、一緒に泊まった浦辺さんからホテル設計の難しさと勘所をたしかエレベーターを例に説明してもらい、翌朝改めて内外を見回し、強い印象を得た。

"だれもやらない造形を試みながら、心にしっくりくる表現"

そんな印象を与えてくれる建築に出会ったのは初めてだった。

特に感じ入ったのは外観で、まず全体の形は打放しコンクリートの台形をベースとし、屋上には二つの台形の塔屋が並び、上階から地上階までの各階の壁もわずかに内側に傾いて台形を印象づける。

仕上げの素材も格別で、まず壁のような軒のような台形の層はコンクリートが剥き出しで、その層に挟まれた窓の開く層は白く塗られ、下端に平瓦が帯状に走る。

戦後のモダニズム建築の打放し表現は、壁とラーメンによる四角の箱形をベースにするか、それとも曲面を強調してうねるか二つしかないなかで、台形を印象づける表現は、見る者にまるで中近東の砂漠に立つ古代文明の遺跡のような不思議な印象を与えるし、コンクリートの灰色の地肌と漆喰の白と平瓦の黒の組み合わせは、どこか倉敷の伝統を感じさせながら、しかし同時に倉敷の伝統には納まりきらない。

戦後日本の建築をリードしてきたコンクリート打放しを駆使しながら、しかし、打放しコンクリートを生み出した20世紀のモダニズムからは大きくズレた質がある。

モダニズムからズレた質といえば、すでに村野藤吾が先行しているが、村野の

ズレ方とも違い、村野を"芸"によるズレとか"歴史主義"によるズレというなら、浦辺は、当時の筆者にとっては未知のズレと看取された。

モダニズムから脱線した浦辺

　なぜこのような未知のズレを浦辺は引き起こしてしまったのか、経歴に当たってみよう。

　浦辺は1934年に京都帝国大学の建築科を終えている。当時の意欲的な学生たちは社会思想的にはマルクス主義に傾き、建築上の思想はモダニズム一色に染まっている。もちろん元気な浦辺も同級生の西山夘三や橋本佐内などと一緒にマルクス主義に傾き、西山は逃れたものの、浦辺は特高警察につかまって留置され、停学となった。一方逃れた西山も、卒業して軍に入隊すると事情が一変する。橋本が共産党との関係を疑われて軍法会議にかけられた際に証人として喚問された西山は、その夜に転向を表明して許され、バリバリの陸軍中尉となって除隊している。

　浦辺が建築を学んだころ、若手建築家はモダニズム一色であったが、そのモダニズムの中は二つに分かれ、先行して山田守、石本喜久治、土浦亀城、山口文象を中心とするバウハウス派が、少し遅れて、A. レーモンド、前川國男、坂倉準三によるコルビュジエ派が台頭し始めていた。

　もし浦辺が停学処分を受けずにそのまま建築界に出れば、バウハウス派となって白い箱に大ガラスのモダニズムを試みるか、コルビュジエ派に投じて全面打放しに邁進したに違いないが、そうならなかったのは、停学中に上京して就いた遠藤新の影響による。

　遠藤はF. L. ライトの使徒としてモダニズムと距離を取っており、そこで浦辺は新着雑誌に載るオランダのW. M. デュドックの建築と出会う。それは、なんと茅葺きによるモダンなデザインの小学校であった。茅葺きのモダンとは、バウハウスによるモダニズム成立に少し先行してオランダに出現したアムステルダム派のデザインに違いなく、伝統的な素材や形をモダン化して使うという点では、ライトと共通する。

　なぜ浦辺が、一時代前の遠藤とアムステルダム派に惹かれたかはわからないが、浦辺世代のなかではきわめて特異な目覚めと選択といわなければならない。

　以上のような経歴に当たると、在学中にモダニズムとのズレは生じているが、しかし、後の浦辺の建築デザインはアムステルダム派とも遠藤とも村野とも違う質が感じられてならない。具体的にいうと、アムステルダム派も遠藤も村野も、コンクリートを表現の前面に出すことはなかったが、一方浦辺は、初期を代表

する大原美術館分館（1961年）と倉敷国際ホテルでは、自然な素材と合わせて、打放しを表現の主役にしている。

コンクリートの扱いに顕著に現れる遠藤（1889年生まれ）、アムステルダム派、村野（1891年生まれ）と浦辺（1909年生まれ）の溝はなぜ生まれたのかを考えると、20年近い世代の差が見えてくる。

前三者は、1930年代初頭のバウハウスによるモダニズム確立より前に建築家として自己形成したのに対し、浦辺はモダニズム一色のなかで建築を学び始め、その途中、鉄路のごときモダニズム路線から脱線している。

西山はじめ前川も坂倉も丹下も、1930年代の歴史の激動のなかで社会思想上ではマルクス主義やリベラリズムから転向し、右傾化・国粋化しているが、しかし、建築思想上はモダニズム一直線を堅持している。そうしたなかで浦辺は、在学中に早々、マルクス主義からこぼれ落ちるのと同時に、モダニズムからも脱線してしまった。

二重にこぼれ落ちた若き日の浦辺に立つ瀬はなかった。

右傾化・国粋化し、陸軍中尉の在郷軍人として日本住宅営団と京都大学で大活躍する同級生を遠く眺めながら、ひとり浦辺は、故郷の倉敷絹織の営繕部門をわずかな立つ瀬とし、趣味の領分に沈潜するしかなかったのだろう。

その時の趣味が“骨董”であり、デザイナーとしての浦辺がその先で目覚めたのが“民芸”だったのではないか。建築の表現者としては世間からも建築界からも沈んでしまった浦辺にとって、骨董と民芸は眼の救いだった。

もう一つのインターナショナル

1930年代の初期のモダニズムも、戦中のモダニストが総国粋化した時代もパスした浦辺が、戦後になって自分の建築表現を世間と建築界に初めて問うたのが大原美術館分館と倉敷国際ホテルの二つであり、そしてそこには、わが世の春を謳歌するモダニズムとの「未知のズレ」が生じていたし、ズレは遠藤新、アムステルダム派、村野藤吾とも質が違っていた。

その質が何なのかを考える時、倉敷に沈んでいた時代に眼を救ってくれた“骨董”と“民芸”が手がかりを与えてくれる。

骨董品は、置かれる場所を問わないという特性をもつ。ヨーロッパ建築の赤煉瓦の壁の前でも、古民家の板壁を背にしても、モダニズムという純白の部屋の中でも、どこにおいてもよくなじみ、空間に亀裂を走らせない。もともとは特定の場と歴史（時間）のなかで生まれたのに、「時の経過」が場と時間の特定性を洗い落とし、場と時間を超えてしまった。同じ現象は草花にもあり、どの国のどこ

に置いてもよくなじむ。

　民芸も同じ本性をもつことは、駒場の日本民芸館を訪れて建物のつくりを改めて眺めるか、あるいは河井寛次郎や濱田庄司の焼き物を手にすればわかるだろう。とりわけ河井がいい。

　いずれも日本の伝統的美とのつながりは薄く、世界のどこにでもある質と共通する。だから、濱田がイギリスの田舎のスリップウェアの技巧を益子にもって来ても何の違和感も生じない。

　民芸も、生み出された特定の場と時間を超えてしまっている。

　骨董、民芸、草花は国籍をもたない。無国籍といって耳障りなら、インターナショナルといえばいい。

　浦辺は、建築家としてモダニズム以後に生まれながら、しかしその途上でモダニズムからこぼれ落ち、倉敷に沈潜するなかで、モダニズムとは別のインターナショナルの存在に気づいたのではないか。

　モダニズムが20世紀を席捲した根拠は、自分たちこそ産業革命を期に始まった科学と技術の世紀の申し子であり、科学技術がインターナショナルであるようにモダニズム建築もインターナショナルである、という確信からであったが、少なくとも世界のどこにでもある質という点では、もう一つのインターナショナルが成立することを、浦辺は骨董と民芸から看取していた。

　しかし、眼が経験的に体得したそのことを浦辺は自覚していなかった、と思う。

　筆者が浦辺の作品の中で好きと嫌いを、倉敷と横浜を例に述べるなら、倉敷では前者は倉敷国際ホテル、後者は倉敷市庁舎（1980年）、横浜では前者は横浜開港資料館（1981年）、後者は大佛次郎記念館（1978年）となる。

　倉敷国際ホテルと横浜開港資料館は、場所と時間にとらわれないインターナショナル性を見せてくれるのに、倉敷市庁舎と大佛次郎記念館は、あからさまにヨーロッパ歴史主義を引用している。

　もし浦辺が、沈潜のなかでひとり得た本質を自覚し、理論化していたなら、と惜しまれてならない。言語化・理論化はデザインに一貫性をもたらすからだ。

　骨董と民芸の本質をインターナショナルと見る筆者の考えが妥当性をもつなら、なまこ壁の倉敷の街並みも、まさしく無国籍にしてインターナショナルに違いない。

　なまこ壁は、黒と白のコントラストといい、斜めに走る線といい、日本の木造の伝統とはかけ離れているばかりか、世界にも似た美学はない。

　建築家・浦辺鎮太郎にとっては辛い戦前の倉敷時代だったかもしれないが、その倉敷が戦後の浦辺に活躍の舞台を用意してくれた。

市民のための建築を求めて

松葉一清

> 平成十一年浦辺鎮太郎ご夫妻の写真とUR設計十一名ヒルヴェルスム市庁舎を訪れる。合掌

浦辺鎮太郎とともにさまざまな浦辺の作品の設計に携わった建築家・辻野純徳は、浦辺の没後刊行された『浦辺鎮太郎作品集』（新建築社、2003年）に寄せた一文「浦辺建築と倉敷」をこのような言葉で結んでいる。

平成十一（1999）年は、浦辺の没後8年にあたる。浦辺夫人は1995年の阪神・淡路大震災で亡くなった。浦辺の遺徳を継ぐひとたちが、夫妻の写真を携え、浦辺が終生理想の建築と思慕したオランダの地方都市の市庁舎を訪ねる。訪問の光景を思い浮かべながら、今回の展覧会開催を受け、建築家・浦辺鎮太郎の「本質」の探究を、辻野の結語を受け継ぐところから始めよう。

ヒルヴェルスム市庁舎は、1930年、建築家W.M.デュドックの設計で完成した。ヒルヴェルスムは、オランダの人口9万人ほどの地方都市で、首都アムステルダムの東南東25kmほどに位置する。デュドックはそこに終生身を置き、市庁舎をはじめ学校など主に公共施設の設計を手がけた。

浦辺がデュドックの存在を知ったのは、京都大学在学中の1933年だったとされる。上京して遠藤新（1889–1951年／F. L. ライトの右腕として日本国内の作品を実現した建築家）のもとで設計の見習いをしていたときという。浦辺夫妻の死後、後継者が代参のような形でヒルヴェルスムに赴くほど、浦辺はデュドックに心酔した。自身の事務所の壁にヒルヴェルスム市庁舎の額装した写真を掲げ続けていたことも傾注ぶりを裏付ける。

デュドックのどこに浦辺は生涯を通してまでの共感を得たのだろうか。

もちろん、地方都市というヒルヴェルスムと倉敷の共通項がベースには存在する。倉敷絹織の大原總一郎が抱いた「倉敷は日本のローテンブルク（ドイツの古都）になりうる」という信念を、浦辺は倉敷アイビースクエア（1974年）をはじめとする倉敷に現存する多くの建築作品で実現した。その点で、自らをデュドックに二重映しにしたのも理解できる。しかし、ヒルヴェルスム市庁舎は、装飾を排した幾何立体の重合で構成したモダニズムの建築であり、むしろ、わたしたちが認識している浦辺の作風とは、必ずしも相容れないところがある。単に地方都市とそれに対する建築家の貢献という次元を超えた「なにか」があったに違いない。それは浦辺の建築観、都市観と深く関連しているのではないだろうか。そこを説き明かそう。

小田園市という「室内楽」

　デュドックの存在を日本に紹介したのは建築家の今井兼次だった。今井は、上野〜浅草間に日本初の地下鉄を計画していた東京地下鉄道の依頼で1926年、当時のソビエト連邦経由でヨーロッパに入り、最新の建築表現・思想だったモダニズムを担った新興建築家たちに面談し、その結果を日本建築学会刊行の小冊子「建築学会パンフレット」（1928年）で伝えた。この小冊子は、日本におけるモダニズム浸透の立役者だったとされる。小冊子の最後の項目「オランダ」がデュドック訪問記であり、ヒルヴェルスムのデュドック宅での対話に4ページを割いている。そこにこんなデュドックの言葉が紹介されている。

　　都市計画と云ふ大問題に比べて村落計画は、たゞの室内楽なのだ。だが室内楽だっ
　　て矢張り交響楽に考案されることが出来るのだ。

　当時の通訳を介した会話のぎこちなさと時代がかった物言いを勘案して、デュドックの真意を推し量るとこうなろうか。

　「都市計画は交響楽」「村落計画は室内楽」、しかし「室内楽は交響楽と同列に考えられる」。村落とは直接にはヒルヴェルスムである。今井は訪問記のなかで、ヒルヴェルスムを「すれ違ふ郷土の人達の木靴の音が朝霧の裡からきこえて来る田園市」と記している。浦辺がデュドックを知った1933年は、倉敷絹織に奉職する前年だった。デュドックを生涯の憧憬の対象としたのは、倉敷に赴くことと深く関わっていよう。今井の綴った木靴の音うんぬんの情感あふれる表現に、若き浦辺が心打たれたのも想像に難くない。倉敷の地で大原總一郎の倉敷のまちづくりへの熱意と決意を知ったとき、そこで果たすべき自身の役割とデュドックの活動が見事に重なったに違いない。

　浦辺の京都帝国大学の卒業論文は「音響遮断」であり、卒業設計が「トーキスタジオ」だった。大原總一郎はクラシック音楽の愛好家であり、浦辺に対し、倉敷市民会館（1972年）の創設にあたって、コンサートホールの音響設計への留意を求めた。そして、浦辺は亡くなる前夜まで、大原總一郎が残したSPレコードのコレクションを聴く会での講演の準備に勤しんでいたという。デュドックが口にした「室内楽」を奏でる舞台として、うってつけの演者と舞台が揃っていた。ちなみにデュドックは「余は建築作家以上に大作曲家に感謝するものである」と今井に語り、今井は「建築と音楽の間に存する共通なる基底を感知した」と結んでいる。倉敷は、大原がタクトを振り、浦辺の奏でる「田園交響楽」を響かせる場となったのである。

土着とモダニズム、爪と牙を隠して

　ヒルヴェルスム市庁舎は、今井が訪ねたときは計画段階だった。デュドックは設計図を自身の事務所で広げて今井に披露し、構想を説明した。この図は「建築学会パンフレット」に収録されている。しかし、その市庁舎の姿は小田園市よりはアムステルダムやベルリンなどの街頭に配したほうが似つかわしいモダニズムの抽象美を体現していた。

　すでに実現していたデュドックの同地の建築は、草葺きの傾斜屋根のファブリティウス小学校（ファブリティウスはオランダ・デルフトの画家）が示すようにオランダの地方村落風だった。浦辺は、1937年の大原總一郎訪欧の際、ヒルヴェルスム訪問を薦め、帰国後、この小学校の印象を大原に尋ねている。大原の答えは「ナイーヴだった」というもので、小田園市の室内楽にふさわしい出で立ちだったことが指揮者と演奏者の共通の理解となった。

　デュドックにとって、小学校から市庁舎への変身は、当時のオランダ建築界の激動を反映した必然の帰結だった。大建築家H. P. ベルラーヘ（1856–1934年）によるオランダの風土性を踏まえた建築の近代化、それを超える幻想的な細部をもつデ・クレルク（De Klerk／1884–1923年）らアムステルダム派の突出、さらにそれらのすべてを批判し究極の抽象をめざしたP. モンドリアンら「モダニズムの美学を規定した」デ・スティルの台頭。デュドックにとってヒルヴェルスム市庁舎のモダニズムは、流れ着くべき「約束された土地」だった。

　そのヒルヴェルスム市庁舎の写真を仕事場に掲げながら、浦辺は杓子定規なモダニズムの建築とは一線を画す作品を手がけ続けた。例えば、倉敷国際ホテル（1963年）の「江戸の蔵」を現代建築に憑依させた窓まわりのディテールは、土地の文脈の存在を実感させ、浦辺の繊細な技量と豪胆な造形の底力を実感させる。丹下健三（1913–2005年）の旧倉敷市庁舎が「正倉院」風の板壁をコンクリートの外壁に映したのとは明らかに異なる、量塊感を伴った日本の美がそこにあった。ある意味、ヒルヴェルスム市庁舎に通じるモダニズムの美学は、おくびにも出さず浦辺は晩年まで倉敷らしさを追求し続けたといってよい。

　しかし、謙虚でありながら、よい意味での老獪さが身についていた浦辺鎮太郎は、丹下に代わり、新たな倉敷市庁舎（1980年）を手がけるにあたって、信念に基づく牙と爪を剥き出しにして、わたしたちに「本心からの評価」を問うてきたのである。

「塔」を備えた市庁舎

　浦辺にとっての「約束された土地」とは、これだけ生涯を投じて土地の文脈の

形成に全力を傾注してきた倉敷において「市庁舎」を手がけることだった。大原總一郎は1968年に亡くなっていた。しかし、倉敷の都市づくりに貢献した浦辺の実績は、新たな市庁舎の設計者として万人が認める揺るぎない水準に到達していた。そして、浦辺の手がけた倉敷市庁舎（1980年）を見てわたしを含め評者たちは度肝を抜かれた。

あけすけな歴史回帰。倉敷らしさを倉敷アイビースクエア（1974年）のもととなった工場建築の赤煉瓦に求め、それを集約した塔が多くの来訪者が出入りする西側の壁面にそびえ立っていたからである。尖塔の天辺を切り取り、四方に下る屋根は、相応な高さがあり、軒飾りの下から12本の柱で支えるかのような仕立てをとる。塔のシャフトには、四隅に冗長と思えるコーナーストーン風の縁取りが、赤い煉瓦タイルの壁を囲うように配してある。

いかにもな洋風の仕立ては、今ならテーマパーク？　ひと昔前ならラブホテル？　浦辺は堂々と、最も陳腐な歴史回帰で倉敷市庁舎を仕立てたのである。同じ趣味の意匠は高層棟の足元の柱列にも見られるが、そこへの注意が回らないほど強烈で即物的な歴史回帰の造形が空中に屹立していた。

しかし、浦辺のデュドックのヒルヴェルスム市庁舎への傾倒を踏まえて考えるとき、塔はこの建築の最大の主要素であり、彼の倉敷市庁舎の命ともいえるものだということに思いあたるだろう。

ヨーロッパの地方都市（小田園市）において「市庁舎」のもつ役割はとても大きい。特にゲルマン民族系の中欧では、市庁舎は中世の自由都市時代に始まる市民連帯の象徴であり、多くはまちで一、二の高さを競う塔をもち、聖堂と同じくゴシック様式で仕立てられた。デュドックは、ヒルヴェルスムにおいて、モダニズムの無装飾の幾何立体で全体を構成しながら、時計塔でもある塔屋を主棟の片側にそびえさせ、建築全体のシルエットを居丈高に仕立てた。デュドックは、モダニズムの作品として知られる、パリの大学都市の一角を占めるオランダ学生会館（1928年）などでも、そびえる高塔に、モダニズムの水平屋根の単調さを打破する象徴性をもたせている。

素朴すぎる比較を恐れないなら、丹下の旧倉敷市庁舎には高塔はない。その代わり、北面には壁面から飛び出した演説台風のバルコニーがある。モダニズムの建築が、日本の第二次世界大戦後の社会で民主主義の先兵、議論のアゴラの中心と目された「尾骶骨」をそこに見ることができるだろう。市民が討議する場としての市庁舎という位置づけだろう。

一方、浦辺の倉敷市庁舎は、高塔をもって市民に小田園市の「倉敷らしさ」「土着の景観美の伝統」をわかりやすい形で伝えようとしている。デュドックのヒル

ヴェルスム市庁舎に通じる高塔を実現する機会を得たとき、浦辺は専門家好みの
モダニズム＝ヒューマニズムの建築、民主主義の先兵という丹下流の発想とは一
線を画して、市民が直感的に理解できる造形をけれん味なく実現してみせたので
ある。

　わたしは浦辺の倉敷市庁舎が好きだ。高塔とは別に、市民に開放されたホール
（ホワイエ）に感動を覚える。19世紀イギリスのアーツ・アンド・クラフツを現
代に再現した大理石タイルの具象表現が床を構成し、頭上からは、倉敷の市花で
あるフジの花を思わせる華麗な色彩のガラスを配した照明が、そこで寛ぐ市民を
優しく柔らかく照らしだす。貴賓室にふさわしい空間が、広く市民に開かれてい
ることに、浦辺の倉敷への愛を実感させられる。

　「市庁舎はだれのための建築でしょう？」

　そこに立つとき、柔和な浦辺が毅然とした信念の問いかけを発し続けている気
がしてならない。

若き日の浦辺　Urabe in his young days

クラフトとインダストリーをつないで

松隈 洋

　浦辺鎮太郎は、建築に何を求めたのだろうか。82 年に及ぶその生涯には、節目となるいくつもの出会いがあり、それが彼の歩みを決定づけていった軌跡が見えてくる。また、そこには、日本の戦後近代建築が直面したさまざまなテーマが色濃く影を落としていることにも気づかされる。そこでここでは、浦辺が示した建築世界の広がりと現代に対する意味について書き留めておきたい。

モダニズム建築への憧れと進路の選択

　1909 年に倉敷で生まれ、1930 年に京都帝国大学建築学科に入学した浦辺にとって、時代はあまりにも過酷であった。1931 年の満州事変に始まる泥沼の十五年戦争へ突き進む昭和恐慌の只中にあったからである。しかも、不運にも学生運動まがいの行為で逮捕されてしまう。この挫折により休学を余儀なくされた浦辺は、東京に上京して、F. L. ライトの高弟として活躍中だった遠藤新（1889–1951 年）に私淑する機会を得る。後年、遠藤との出会いについて、浦辺は次のように回想している。

　　僕がその人（デュドック）に魅かれたのはね、ライトを 1 番理解してそしてヨーロッパ化した人だというのがあるんです。（中略）遠藤さんっていう人がね、ライトの思想を一番早くつかんだんでしょうかね、頭のいい人でね、スケッチもうまいし、……しかも楽しそうな人でね、図面をひくのが。理屈抜きに楽しい。それを見て大いに反省しましてね、理屈ばっかりこねとっちゃいかんなぁと。ああいう楽しさが出ないと設計にならんですね。[註 1]

　浦辺は、遠藤から、モダニズムの先駆者ライトの仕事にとどまらず、W. M. デュドックという建築技師の生き方と、建築の設計を楽しむ態度を学んだ。このことが救いとなったに違いない。だからこそ、危うい時代のなかで、デュドックのようなまちの建築技師として生きてゆく決心をする。大学に復帰した浦辺は 1934 年、デュドックの影響を受けた卒業設計で最優秀に選ばれ、その年に郷里の倉敷へ戻り倉敷絹織に入社する。そして、大原總一郎の営繕技師として歩み始める。

グロピウスの励ましと民芸という視点

　それから 20 年後の 1954 年 7 月 6 日、国際文化会館の知的交流事業の一環で初来日したハーバード大学教授の W. グロピウス（1883–1969 年）は、大原總一郎の招きで倉敷を訪れ、3 日間滞在する。この歴史的訪問に立ち会った浦辺は、造形学校バウハウスの創設者として学生時代の憧れの対象だったグロピウス[註 2]

から、生涯の励みとなるメッセージを受け取る。ラジオ山陽放送でグロピウスが語った言葉を、浦辺は次のように忠実に書き留めていた。

私は倉敷について強い印象を受けた。特に表現の著るしき統一を持ったこの町を見出した今日は稀らしい日であった。美術館の上に立って見た屋根の形態の如くこの町の偉大なる実在は如何なる新らしい建築及び間在する何物によっても妨害されることなくあるものには独自の特性を持った前時代の一つの町の感情さえ感じられるのである。私は同じ勾配からなるその屋根の存在のシンプリシティーを好む。ここで私はこの町は文化的遺産の認識が溢れそのやり方を持続して行く真の意欲を持って居ることを感じた。私は民芸館を見た。この工業的興隆時代に於ても実に高い質を持つものと思われる。それは過去の手仕事の時代に於ける良き実例より新時代の工業的方法に対する解決を見出そうとするものに取って布地のシンプリシティーを学び得る点で非常に重要であった。[註3]

そして彼は、「新しいものと古いものとは調和し得る筈である。日本に於てそれが何であるか私（グロピウス）は今ポケットにその解決策をもっては居らない。それは皆さんがやらなければならないことだ」と語ったという。この時浦辺は、初代館長となる外村吉之介（1898–1993年）の下で自らが携わった古民家の改修である倉敷民芸館（1948年）に対するグロピウスの賛辞に共感し、彼の言う「新しいものと古いもの」との「調和」というテーマこそ、自らの果たすべき使命だと自覚したに違いない。同時に、グロピウスの眼差しに促されて、民芸（民衆的工芸）と伝統的街並みがもつ新しさにも気づいたのだろう。折しも前年の1953年には、大原美術館分館（1961年）と倉敷国際ホテル（1963年）の構想が動き始めていた。こうして、浦辺は、大原と共に倉敷の街並みがもつ意味を見つめながら、古いものと調和できるコンクリート造形の試みとして、この二つの建築を実現させていく。また興味深いことに、翌年の1955年から大阪大学工学部構築学科で受け持った「建築一般材料学」の講義ノートには、グロピウス、コルビュジェ、前川國男を「客観の人」、ライトと村野藤吾を「（gothic の流れをくむ）主観の人」と対比的に並べた記述が残されている。浦辺は、これら先人たちの仕事を前に、自らの進むべき道筋を見定めようとしていたのである。

建築家としての新たなる出発と気づき

そして、大原美術館分館と倉敷国際ホテルの成功が、建築家として生きていく自信にもつながったのだろう。また浦辺は、1960年代に加速した高度経済成長

による急激な近代化によって、建築から何が失われつつあるのか、を自覚し始めてもいた。1964 年の座談会に、次のような発言が残されている。

「今の近代的な施工法というのは、こりゃもっとほっとおいても経済的な理由があってだんだん進歩する。退歩することは有り得ないと思いますが、クラフトの方はこれは保存して行かなくては全滅寸前にある。（中略）人類の宝を失うようなものなんだというようなことになりがちだと思います。（中略）人間がですね大事なものを失った。これを一番恐れている訳です。」[註4]

そして、こうした気づきがあったからこそ、続く 1968 年に、来る 1970 年の日本万国博覧会に向けて周囲の建築家たちが挙って浮き足立つ中で、日本建築学会の座談会において、次のような発言をしたのだろう。

私はだんだん他人の作品には関心がなくなって、やはり自分でなければできないことをやりたいと思います。また自分に要求されたことをやりたいと思っております。（中略）日本では万博の影響を受けて騒々しい建築が表に出ています。しかし、これは 6 ヶ月で消える建築なんで、あれが日本の主流だという認識を皆さんが抱くと、日本の建築界の将来を誤まるのじゃないか。（中略）本当の建築はもっとドシッとした腰の座った落着いたものだ、と私は思っております。そういうエグザンプルを一つ作りたい。（中略）博覧会建築の反対のものをやりたいというのが私の念願です。[註5]

さらに、28 年に及ぶ営繕技師としての経験から、建物の地道な維持管理にも自覚的に向き合ってきたからなのだろう。1973 年には、自らの建築観を次のように書き留めていた。

建築はその完成の時点から、確実に老化と、破滅と、崩壊への道を歩みはじめる。（中略）建築は時を刻むとともに、陽にやかれ、雨に打たれ、風にさらされ、人間に傷つけられて使いふるされていく。しかもなお、その限りはある。ライフの建築に永遠性を求め続けることは建築家の基本理念であり、使い捨てをしない建築を私どもは心がけてきた。（中略）元来建築は鉄・コンクリート・レンガ等の非情な材料を使って人間中心主義を生み出すものだけに、材料とくに仕上材には人知のかぎりをつくして永続性を求める必要がある。建築における使い捨ては '60 年代高度成長初期の間違いである。永続性こそ建築の基本理念である。[註6]

浦辺は、工業化材料と構法の限界を認識しつつも、時間の試練に耐える「人間中心主義」の建築の姿を見つめようとしていたのだ。そして、同文の「追記」には、施工中の倉敷アイビースクエアについて、次のような設計意図を記していた。

　　永続性を失いかけた素材と、生産目的から機能的にはずされた明治・大正期に建設の工場が、時を経過した今、歴史的に美しい環境と建築が評価されるようになった。その用途をかえホテルとして再生する仕事を私どもの手ですすめている。仕上と材料のかかわりあい、建築の、材料の永続性を世に問う仕事の一つである。

　ここには、歴史的建造物の持つ新たな意味に気づき、それを活かそうとする時代の転換点となる眼差しを読み取ることができるだろう。

急速に変わりゆく時代のなかでの模索とジレンマ

　さてそれでは、浦辺の晩年の代表作であり、丹下健三の手がけた旧市庁舎（1960年）に替わり計画された倉敷市庁舎（1980年）で考えたことは何だったのか。浦辺の前に立ちはだかったのは、市域の急激な変貌という新たな課題であった。3市（倉敷・児島・玉島）の合併によって倉敷市は40万都市に拡大する。しかしそれぞれの市街地は散在し、まとまりを欠いていた。だからこそ浦辺は、竣工後に、市庁舎について次のような思いを記さずにはいられなかったのである。

　　一番苦慮したことは、3市の共通項を見出して市庁舎建築に盛り込み、合併のシンボルとしたい点であった。これまでの私は新市域の300分の1に当たる1 km^2（元倉敷）に目を配って大原構想の実現に向かっていたが、今度は勝手が違っているなあと先ず感じた。[註7]

　市域が300倍に拡大する事態を前に浦辺は、「共通項としての市民精神」をどう表現したら良いのか、戸惑ったのである。それでも、続く文章には、自らの原点を振り返りつつ次のような抱負が記されていく。すなわち「50年前の学生時代に次のふたつの市庁舎が脳裏に刻まれた」として、ストックホルム市庁舎（1923年）とヒルヴェルスム市庁舎（1930年）を挙げ、「ことに後者は、デュドックの生きざまと共に私をして、ふるさと倉敷に帰住し、その市庁舎を設計したいと決意させたほど印象の深いものであった。倉敷の新市庁舎建築に、50年前のイメージがそのまま表現されているわけではないが、どこかに残存していることもまた事実である」と認めている。そのうえで「要は市民が自らの力で造った市庁舎建

築は、それに対して『誇りと愛情』が持てるということと、かつそれが永続する
だろうということである」と記したのである。

　だがこの設計方針の変更は、元倉敷という歴史を刻んだ街並みからではなく、
街との文脈の希薄な場所に倉敷のシンボルをつくる、という新たな課題を抱え込
むことでもあった。ここに、浦辺の晩年の仕事の意味を考える手がかりがある。
それは、同時期に計画が進んでいた横浜の大佛次郎記念館（1978年）に対する
次の言葉からも読み取ることができるだろう。

　　幸いにして横浜には田村明という大プランナーが万事取り仕切っていた。私ども建
　　築家が風土、町並を勉強する以前から横浜には行政的なマスタープランが描かれ
　　ていた。横浜は幕末開港以来ハイカラな国際都市であるが関東大震災と空襲に
　　よって意外にもそれを物語る歴史的な建造物が現存しない。その補完の意味もあ
　　るいは私の課題であったのか？[註8]

　ここで浦辺が自覚していたのは、歴史的建造物がもはや「現存しない」状況に
対して、それを「補完」する建築を新築することは果して可能なのか、という問
いである。だが、今から振り返れば、ここに浮上していたのは、一人浦辺にとど
まらず、ポスト・モダン時代における建築創造のジレンマそのものだったのだと
思う。さらにそこには、浦辺が強く危惧していたように、建築生産の近代化（イ
ンダストリー）によって急速に失われてしまった、クラフト（手仕事）による質
感と親しみやすさの回復、という難題も横たわっていた。

　浦辺鎮太郎の仕事からは、かつて倉敷の木造の街並みがもちえていたような
人々の心のよりどころとなる歴史的文脈への共感と、それを受け継ぐことのでき
る近代建築の道筋を見つけ出そうとする持続的な意志、そしてそれに基づくクラ
フトとインダストリーをつなぐ独自な試みの蓄積が見えてくる。その全体像が初
めて公開されるなかで、私たちの現代建築への眼差しが問われている。

[註]
1　「浦辺鎮太郎氏に聞く」『建築とまちづくり』1978年7月号、新建築家技術者集団
2　「アンケート建築デザインについての証言'76」『建築と社会』1976年1月号、日本建築協会
　　浦辺の学生時代のグロピウスとバウハウスに対する「世代的共感」が綴られている。
3　浦辺鎮太郎「倉敷のグロピウス教授」『建築と社会』1954年10月号、日本建築協会
4　「鼎談・村野藤吾の設計態度／村野藤吾・浦辺鎮太郎・西沢文隆」『近代建築』1964年1月号、近代建築社
5　「座談会2」『建築雑誌』1968年8月号、日本建築学会
6　浦辺鎮太郎+辻野純徳「仕上と材料のかかわり」『建築と社会』1973年10月号、新建築社
7　浦辺鎮太郎「倉敷市庁舎の建築」『新建築』1980年11月号、新建築社
8　浦辺鎮太郎「風土と建築」『建築雑誌』1986年8月号、新建築社

序章　営繕技師としての出発　1934–1950年

Introduction　The Starting as a Facilities Engineer and the Encounter with Folk Art, 1934–1950

　1934年4月、京都帝国大学建築学科を卒業した浦辺は、倉敷絹織（現・クラレ）に営繕技師として入社する。当時の建設部を直轄していたのが、大原美術館（1930年）を手がけた常務取締役兼工場長の薬師寺主計（1884–1965年）である。彼の下で、倉敷、新居浜、岡山、西条、その後丸岡、富山、尾崎など、多くの工場施設群を担当する。太平洋戦争下の1943年5月には、倉敷紡績（現・クラボウ）に出向して倉敷飛行機の技術課長として東京へ出張し、1945年5月には、同社の高松製作所に建築部長として赴任して木製飛行機の生産にも携わっている。8月の敗戦とともに倉敷に戻り、9月に倉敷絹織に復社するが、「木製飛行機を生産していた航空技師を散らすのは惜しい」との大原總一郎の意向を受けて、建築設計課長として木製プレファブの先駆となるクラケン型組立住宅（1947年）にも取り組む。1949年12月には、倉敷レイヨン大阪本社の営繕部長となり、工場と共にアパートや独身寮、共同浴場などの厚生施設を手がけていく。このような仕事の傍らで、大原の勧めもあり1942年に日本民芸協会の会員となった浦辺は、柳宗悦が提唱した民芸への造詣を深めていく。そして、1946年に日本民芸協会岡山支部が発足すると本部委員となり、1948年にかけて、後に倉敷民芸館の初代館長になる外村吉之助（1898–1933年）らと、岡山県下の民家をカメラで採集する活動も行っていく。こうした経験のなかから、民芸に軸を置きつつモダン・デザインを盛り込む独自の作風が形づくられていくことになる。

学生時代のノートより　1930.5.4 記

column I
営繕技師を志すまで ――京都大学の師弟交友関係から

松隈 洋

　1930年4月、浦辺鎮太郎は、京都帝国大学工学部建築学科に入学し、建築を学び始める［CI-1］。後年の回想[註1]によれば、建築を志したのには、岡山県第一岡山中学校と第六高等学校時代からの親友の守屋正が、当初志望していた建築から医学へ進路を変更したため、「それじゃあ僕は建築にいこうか（笑）というのが実態」で、「はなはだ薄弱な動機」だったという。それでも、数学を得意とし、守屋の影響から地元の大原美術館に通い、芸術的な視野も獲得していた。だが時代は、昭和恐慌下の暗く先の見えないなかにあった。しかし、当時の建築学科には、大阪毎日新聞社京都支局（現・1928ビル、1928年）を完成させたばかりの武田五一（1872–1938年）を中心に、5軒目の実験住宅である自邸の聴竹居（1928年）を竣工させ、著書『日本の住宅』を上梓し、環境工学を教えていた藤井厚二（1888–1938年）や、1920年に東京帝国大学建築学科を卒業した有志によって結成され、日本近代建築運動の嚆矢とされる分離派建築会の会員で京都帝国大学楽友会館（1924年）を手がけた森田慶一（1895–1983年）、鉄筋コンクリート工学の権威である坂静雄ら、そうそうたる教授陣による自由闊達な雰囲気が守られていた。

　そんななか浦辺は、外国雑誌を通して、遠くヨーロッパで始まっていた近代建築運動に憧れを抱き、ドイツの建築家ペーター・ベーレンス（1868–1940年）や、彼の教えを受けた造形学校バウハウスの創設者であるW.グロピウス（1883–1969年）に共感し、フランスのル・コルビュジエ（1887–1965年）にも傾倒していく。また、血気盛んな同級生らと「デザム（dezam）」という建築研究団体を結成する。そこには、1930年に帰国したばかりの前川國男や谷口吉郎などが結成した「新興建築家連盟」など、新しい時代の近代建築を追い求める若い世代の活動への憧れもあったのだろう。だが浦辺は、同級生の

CI-1　1930年4月、京都帝国大学工学部建築学科入学当日の浦辺鎮太郎とクラスメートたち　右端が浦辺、5人目が西山夘三　Shizutaro Urabe and his classmates on the first day at the Department of Architecture at Kyoto Imperial University in April 1930 (Far right: Urabe, fifth from right: Uzo Nishiyama)

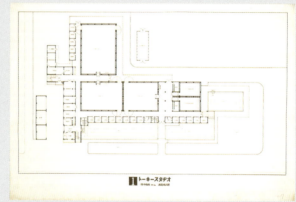

CI-2　浦辺鎮太郎の卒業設計「トーキースタヂオ」1934年　1階平面図　Urabe's graduation design "Toki Studio" in 1934, 1sr floor plan

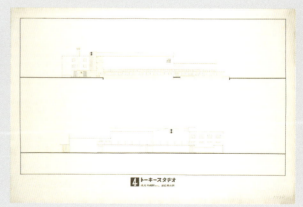

CI-3　同　「トーキースタヂオ」　南、北立面図　South and north elevations of "Toki Studio"

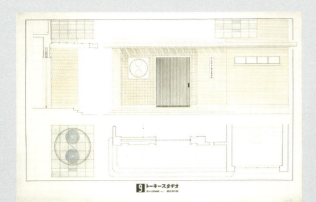

CI-4　同「トーキースタヂオ」出入り口詳細図
Detailed drawing of the entrance of "Toki Studio"

CI-5　同「トーキースタヂオ」透視図1　Perspective 1 of "Toki Studio"

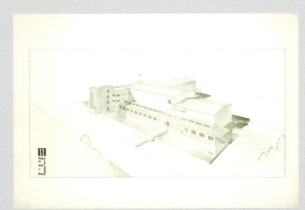

CI-6　同「トーキースタヂオ」透視図2　Perspective 2 of "Toki Studio"

西山夘三（1911–1994年）らとマルクス主義の影響を受けた共産党シンパの活動で、運動家と誤解されて捕まり、半年間の停学処分を受けてしまうのである。同じ後年の回想[註2]では、「非常に左翼的な傾向だったと思います。時代もそうでございました。昭和の5、6、7年あたりですから」と述べつつも、「今日考えてみると、まったく市民社会というところからは、縁もゆかりもないことをやっていた」と語り、学生特有の観念的な活動であったことがわかる。

この挫折は大きな転機となったに違いない。浦辺は、F. L. ライト（1867–1959年）と交友のある武田の紹介もあったのだろう、京都を離れて上京し、ライトの高弟で、甲子園ホテル（現・武庫川女子大学、1930年）を完成させたばかりの遠藤新（1889–1951年）に学ぶ機会を得る。そして彼の下で、ライトの作風をオランダの小都市ヒルヴェルスムで風土化し、まちづくりを生涯の仕事とした営繕技師のW. M. デュドック（Dudok／1884–1974年）に強く惹かれ、「自分も倉敷のデュドックになりたい」と決意し、進むべき道を見出す。

こうして、大学へ復学した浦辺は、彼の影響を受けた卒業設計「トーキースタヂオ」で最優秀賞を獲得し[CI-2, 3, 4, 5, 6]、守屋の紹介と、同じく岡山中学と六高で同窓であった大原總一郎の口添えもあって、1934年4月、郷里倉敷の倉敷絹織に入社し、営繕技師として歩み始めるのである。

［註］
1　「創立90周年記念講演会　近代建築の歩みを聞く」『建築雑誌』1977年4月号、日本建築学会
2　同上

column II
デュドックへの思い

笠原一人

　浦辺鎮太郎は、自らの立ち位置を語る際、幾度となくオランダの建築家W. M. デュドックに言及し、彼を建築家としての活動の原点に位置づけている。デュドックとはどのような建築家であり、浦辺はいかにして、そして何に惹かれたのだろうか。

　デュドックは、オランダ中部の小さなまちヒルヴェルスムの市役所に技師として勤務し、ヒルヴェルスム市庁舎（1931年）[CII-1] を始めとする数々の良質な公共建築を設計し続けた建築家である。そのデザインはモダンなものではあったが、壁に煉瓦タイル、屋根に茅葺きを用いるなど、どこか古風で土着的な特徴をあわせもっていた［CII-2, 3, 4, 5］。

　浦辺がデュドックに惹かれるようになったのは、学生時代の1933年ごろにさかのぼる。当時、ドイツの建築雑誌『Moderne Bauformen』を始め、欧米の建築雑誌にデュドックの作品が掲載されているのを見て関心をもったようだ。それはやがて、卒業設計にも反映される。

　「トーキースタヂオ」［CI-2, 3, 4, 5, 6］と名づけられたその年の最優秀賞を受賞した卒業設計について、浦辺は後年、「立面には、オランダ、ヒルベルサム市の建築家DUDOKの作風が未熟な姿であるが顔を出している」と自ら語っている[註1]。確かに、浦辺の卒業設計はヒルヴェルスム市庁舎に似ている。

　また浦辺は、大原總一郎が率いる倉敷絹織の営繕技師として就職する際に、「倉敷のデュドックになりたい」と考えたという[註2]。この時、浦辺は倉敷とヒルヴェルスムを重ね合わせ、デュドックに自らの姿をなぞらえたのだ。

　デュドックは、1920〜1930年代にかけて、日本の建築界で高い関心をもたれた海外建築家のひとりである。塩谷沙織の研究によれば、オランダの建築に関する当時の日本の建築雑誌の記事数を見る限り、デュドックはJ. J. P. アウト（Oud／1890-1963年）

CII-1　ヒルヴェルスム市庁舎（W.M. デュドック／1930年）　Town Hall in Hilversum

CII-2　ファブリティウス（Fabritius）小学校（W.M. デュドック／1926年）　Fabritius Elementary School

CII-3　スネリウス（Snellius）小学校（W.M. デュドック／1932年）　Snellius Elementary School

CⅡ-4　HAV 銀行（W.M. デュドック／1935 年）　HAV Bank

CⅡ-5　Verzekeringsgebouw Arnhem（W.M. デュドック／1938 年）
Verzekeringsgebouw Arnhem

CⅡ-6　森五商店（現・近三ビルヂング、村野藤吾／1931 年）　Morigo Company

に次いで高い関心をもたれていたという[註3]。ただその際、アウトが先端的な建築家に位置づけられていたのに対して、デュドックは「ロマンティック」で「過去の」ものとされていた[註4]。

浦辺の助言によりヒルヴェルスムを訪問した大原總一郎もまた、デュドックの作品を「ナイーヴ」と評しているが[註5]、それに対して浦辺は、「時代性にこだわらない風土性ある建築」だと論じた。浦辺は、デュドックを時代から遅れたものや素朴なものとしてではなく、普遍的な存在として評価し、自らを同じ立ち位置に定めたのであろう。その決心が、モダニズムの最中（さなか）にあったはずの学生時代になされたことに驚かされる。

浦辺は、同じく大阪を拠点とした建築家・村野藤吾（1891–1984 年）を慕い続けた。その村野の初期作品である森五商店（現・近三ビルヂング／1931 年）[CⅡ-6] は、デュドックの設計によるアムステルダムにある新聞社の建物をモデルにしたと、村野自身が語っている[註6]。浦辺と村野とデュドックの立ち位置が似ているのも興味深い。しかしそれは単なる偶然なのではなく、モダニズムが隆盛する時代にあって、国や地域さえも超えて共有される、一つの普遍的な建築家のあり方だったというべきだろう。

［註］
1　浦辺鎮太郎「『原点』としての卒業設計　トーキースタヂオ」『建築知識』1977 年 7 月号、日本ハウジングセンター
2　浦辺鎮太郎・村野藤吾ほか「近代建築の歩みを聞く」『建築雑誌』1977 年 4 月号
3　塩谷沙織『日本におけるオランダ近代建築思想の受容に関する研究：1920-30 年代の雑誌記事に見られる議論を中心に』神戸大学大学院修士論文、2018 年
4　市浦健「和蘭建築の現状」『建築雑誌』1931 年 6 月、日本建築学会
5　浦辺鎮太郎「私の建築印象　―ヒルベルスムの小学校」『新建築』1983 年 11 月号、新建築社
6　佐々木宏『近代建築の目撃者』新建築社、1977 年

column III
薬師寺主計との出会い

上田恭嗣

　実業家・大原孫三郎（1880–1943 年）のもとで活躍した岡山の建築家・薬師寺主計（1884–1965 年）[CⅢ-1] との出会いがなければ、倉敷から生まれた浦辺鎮太郎 [CⅢ-2] という建築家は存在しなかったであろう。

　薬師寺と浦辺は親子ほどの年齢差があるが、学び舎ではつながっていた。薬師寺は現在の岡山県総社市に生まれているが、1903 年に岡山市にあった旧制岡山県岡山中学校を卒業し第六高等学校（工科系甲類）に入学、1906 年に東京帝国大学工科大学建築学科にストレートで入学している。また、浦辺は現在の倉敷市に生まれ、岡山県第一岡山中学校を卒業後、1927 年に第六高等学校（理科甲類）に入学し、1930 年に京都帝国大学工学部建築学科に進んだ。旧制の中学校・高等学校と進学先が同じで、建築学を志したことにも共通点があった。

　浦辺は大学時代にマルキシズムによる社会主義的思想に傾倒し、赤いレッテルを貼られていた。就職時には倉敷に戻ることを考え、大原孫三郎が経営する倉敷絹織建設部への入社を望んだ。当時、倉敷絹織は最先端のレーヨン化学繊維会社であったが、驚くことに社内に建設部が設けられていた。そこに、設計掛と営繕掛の二掛体制がとられ、11 名ほどの部員で設計・工事監理を行っていた。これは、薬師寺が前職の陸軍省で最高位の建築勅任技師として、陸軍省経理局建築課において建築集団体制を統括していた実績によっている。薬師寺は、孫三郎の懐刀で工場経営の一切を任され、常務取締役兼工場長として、事業展開に必要なすべての建物の設計・工事監理を担当していた。浦辺もその情報は得ており、大学時代に赤のレッテルが貼られた自らの入社には、恐る恐る臨んだ。しかも面接官は薬師寺である。ところが、浦辺の心配をよそにすんなり採用が決まったのである。

CⅢ-1　40 歳ごろの薬師寺主計
Kazue Yakushiji around 40 years old
東京帝国大学工科大学建築学科の同期として、最も親しかったのは豊多摩監獄などを設計した後藤慶二であった。ともに中央工学校設立時に講師として教壇にも立っている。同期には住友総本店に勤めた長谷部鋭吉もいた

CⅢ-2　伊勢神宮への社員旅行（1935 年ごろ）　Trip to Ise-jingu Shrine
薬師寺は後列右から 3 人目、浦辺は前列中央右から 4 人目

CⅢ-3　倉敷絹織本社工場食堂棟（1928 年／現存せず）
Kurashiki Kenshoku HQ's dining ward
椅子やテーブルもオリジナルである。男女は低い衝立で区分されていたが、当時としては驚くほど豊かな食事空間であった

CⅢ-4　緑に囲まれ、温室のある工員休憩室（1930 年ごろ／現存せず）
Workers' break room
緑に囲まれた工員たちの休憩施設

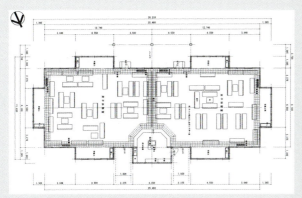

CⅢ-5　工員休憩室　平面図　Break room, floor plan
植樹された周辺凸部のガラス張りの温室には、中央に男女を隔てる低い衝立があった。中央凸部の厨房はカウンター越しに給仕する。部屋の床には煉瓦タイルが張られ、木製椅子・テーブルもオリジナル

CⅢ-6　中庭のある女子寄宿舎　Female's dormitory with a patio
木造2階建てロの字型の女子寄宿舎で、1928–1933年に4棟を建設。男子工員棟は隣接する工場敷地外に建てられている。中庭は当初花園として計画され、全戸南面採光の居室構成であった。現存せず

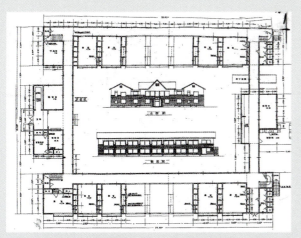

CⅢ-7　女子寄宿舎　1階平面図　1st floor plan of the dormitory
当時としては相当広い12畳が基本5–6名の収容形態。南窓際に文机、天袋付き一間幅の押入れ二列、衣服収納棚が設置される。細井和喜蔵著『女工哀史』が話題になった時代、女工の住環境への配慮に驚かされる

　これにはそれなりの理由があった。薬師寺は1921年、陸軍省からの命を受け訪れたヨーロッパ建築視察に際し、大原からも新しい繊維産業であるレーヨンの開発状況を視察するよう依頼され、ドイツにも長く滞在した。この時、当時ドイツのエッセンで世界的企業として発展していたフリードリッヒ・クルップ鋳鋼所（以下、クルップ社）など、最先端のドイツ企業社会をつぶさに視察している。クルップ社における労働者と経営者の在り方に、薬師寺は大きな感銘を受けた。それは例えば、「労働の目的は全体の福祉、みんなの幸福にあるべきである」との社主の言葉であった。

　薬師寺はこれを、倉敷絹織本社工場と、隣接した工員が住む工場村の建設で自ら実践している。工場の近くには工員家族のための社宅、保育園・幼稚園、共存組合による売店、診療所、浴場、広場まで建設した。また、工場内では女工たちの寄宿舎を始めとして、人格を尊重する驚くほど文化的な施設［CⅢ-3, 4, 5, 6, 7］を設計している。陸軍省であったが"文官の技師"でもあった薬師寺は、幅広い考え方を採り入れる人格者であった。社会主義的思想に傾倒していた当時の浦辺にも、頷くものがあったと考えている。

［参考文献］
・上田恭嗣『天皇に選ばれた建築家　薬師寺主計』柏書房、2016年
・川添登『建築家・人と作品　下』井上書院、1968年
・田中洋子『ドイツ企業社会の形成と変容：クルップ社における労働・生活・統治』ミネルヴァ書房、2001年
・上田恭嗣「建築家薬師寺主計の研究　その15：倉敷絹織株式会社本社工場内の福利厚生施設について」『日本建築学会大会学術梗概集』2010年、pp.463–464
・上田恭嗣「建築家薬師寺主計の研究　その16：倉敷絹織株式会社本社工場の創設期における建築活動について」『日本建築学会中国支部研究報告集　第34巻』2011年、pp.793–796

column IV
1953年ノート

西村清是

　浦辺鎮太郎の遺品の中に1953年に使われた4冊のノートがある。そのうちの一冊は表紙に『My KURASHIKI』[CIV-1] という記載があり、裏表紙に鶏の紋章[CIV-2]、最初のページに「我が郷土倉敷の為に　一人の自由な建築家の　描いた夢の記録なり」とある。次のページに「毎年一つ何か倉敷の為に残したい　1953年 敬堂大原孫三郎翁記念碑　1954年 倉敷市立図書館　1955年 Pub at HASHIMA　1956年 倉敷公会堂」と続く。これだけではなんのことかよくわからないが、幸い後年浦辺自身が追記したメモが残っており、それによると、紋章は倉敷を表現しており、それを支える2羽の鶏は同じ酉年生まれの大原總一郎と浦辺自身であることがわかる。そして四つのプロジェクトは「毎年一つ倉敷の為に残したい」との浦辺の願いに、大原が応えて夢を語ったものであるようだ。なかでも Pub at HASHIMA については、倉敷を訪れる人々のためにふさわしいホテルを欲した大原の強い思いがあったようで、浦辺は残りの3冊で詳細にそのビジョンを書き綴っている。『Inn with Pub project at Kurashiki』[CIV-3] ではこのプロジェクトのいきさつや仮想運営者とのやり取りがストーリー展開され[CIV-4, 5, 6]、『ホテル』では建築の詳細のスケッチが描かれ[CIV-7, 8]、『イギリスノート』ではイギリス風のスタディスケッチが描かれている[CIV-9, 10]。

　1953年当時、大原は倉敷絹織の社名を倉敷レイヨンに改め、本格的に国産ビニロン生産に乗り出した頃で、財界における立場を確立し倉敷に迎える名士も多くなっていた。浦辺は倉敷レイヨンの営繕部長として各地で拡大する工場建設に忙しい日々であったが、社業のみならず文化的な側面で大原を支える幸福を噛みしめるようにノートにその思いを綴っている。浦辺の建築家としてのキャリアは、後年自身の建築家人生を"大原總一郎の技師"と

CIV-1

CIV-2

CIV-3

CIV-4

CIV-5

CIV-6

CIV-7

CIV-8

CIV-9　　　　　　　　CIV-10

CIV-1　『My KURASHIKI』表紙　Cover of "My KURASHIKI"
CIV-2　倉敷を表現した紋章とそれを支える2羽の鶏のスケッチ　Sketch of Kurashiki's emblem with roosters
CIV-3　『Inn with Pub project-ed at Kurashiki 1953』表紙　Cover of "Inn with Pub project-ed at Kurashiki 1953"
CIV-4　『Inn with Pub project-ed at Kurashiki 1953』の或るページ　One page of "Inn with Pub project-ed at Kurashiki 1953"
　　　西欧人曰く「日本は優れた芸術を持って居る　然るに何故我々の真似をするのか？」日本人曰く「西欧は古来立派な芸術を持って居る　何故 modern Art をやるのか？」イギリスの cottage にいかに似ようとするのではない。又日本の民家にいかに近づこうとするのでもない。両者に共通のものは何かの発見だ。それは素朴堅實なる人間の共通の生活態度を通してである
CIV-5　「発端」の一文　Line about "Origin"
　　　発端　古い倉敷の東郊に羽島の民窯がある。この小丘に立って　見渡せば備前平野は宛然「陸の瀬戸内海」である。日本が大陸と交渉を持ち始めた頃はたしかにこの辺りは瀬戸内海の一部をなして居た羽島もその中の小島或は岬であったと思う。前に見える島々の様な丘の麓を続って備前に特有な農家が美しい郷土色を見せながら黙在する或夏某日　大原社長はこの丘頭に立ち私を顧みて「ここにホテルを建てたい」と洩された。近来倉敷に旅行される名士も益々多くなった。その度に私共市民は肩身の狭い思いにかられる。どこへ泊って戴くか、在来の宿屋で不行届はないであろうか。
CIV-6　「運営の人」の一文　Line about "Operator"
　　　ホテルの運営の鍵を握る支配人の居らない只今建築技術がどうしてその設計がすゝめられるであらうか疑問である。然しこのスケッチは仮想の支配人を自ら作ってその人と問答を繰返し乍らすゝめた　この人は開口一番次のやうに語った「人を大勢使ってやる大都市のホテルの問似はしたくない。私共夫婦にボーイ一人女中が三人居ればこの八室と小食堂を持つホテルはやれる筈だ。私は自分で帳場に立ち廊下掃除や庭の手入もやるしバーテンダーともなれば腕に覚えもないことはない。台所は室内の受持で家庭料理に違ひはないが
CIV-7　『ホテル』表紙　Cover of "Hotel"
CIV-8　ホテル構想のデザインスケッチ　Design sketch of vision for the hotel
CIV-9　『イギリスのノート』表紙　Cover of "English Notes"
CIV-10　『イギリスのノート』の或るスケッチ　One sketch in "English Notes"

称したように、「1953年ノート」に綴られた夢と、大原没後も浦辺の心の中に生き続けた「大原構想」の実現によるところが大きい。その意味で「1953年ノート」は建築家・浦辺鎮太郎の原点といえる。

「1953年ノート」のもう一つの特徴は、浦辺の脳裏をかすめたさまざまな思いの備忘メモであることだ。Pub at HASHIMA のスケッチから読み取れるイギリス風コテージ建築のイメージは、日本の風土的近代建築を代表する作品の一つである倉敷国際ホテル（1963年）に結実する。「イギリスのコテージにいかに似ようとするのではない。また、日本の民家にいかに近づこうとするのでもない。両者に共通のものは何かの発見だ。それは素朴堅実なる人間の共通の生活態度を通してである」とノートに記されたメモは、これを予言しているように思える。1971年に珈琲館の梁型に刻まれた「DOING NOTHING IS DOING ALL」も、元の英語の格言[註1]とともにメモとして残る。また、あるページには機能と形態という近代建築のテーマに対し、F. L. ライトを引用して、機能という無機質な表現をよりヒューマンな"機能感"という言葉に置き換えているところは、晩年の「ゲマインシャフトを形にする」思想の端緒[註2]に思えてならない。

［註］
1　「DOING NOTHING IS DOING ALL」は「DOING NOTHING IS DOING ILL」を基にした浦辺の造語であり、"建築をする心"を表している。
2　対談 浦辺鎮太郎＋恒成一訓「倉敷のゲマインシャフト」『PROCESS: Architecture』1982年2月／筆者は「ゲマインシャフトを形にする」ことを、設計にあたって、敷地のあらゆるコンテクストを読み取り設計に生かすこと、とりわけそこにかかわる"人"を重く扱うことと理解している。晩年の浦辺はそのような人物と自らを同化させる境地にあったと想像する。

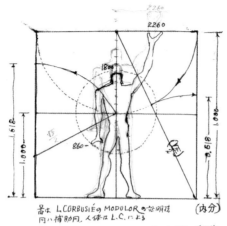

図は L.CORBUSIE の MODULOR の説明図
円ハ補助円, 人体は L.C. による

$$黄金比 \quad 1 : \frac{1 \pm \sqrt{5}}{2} = \begin{cases} 1 : 1.618 \quad (外分) \\ 0.618 : 1 \quad (内分) \end{cases}$$

$\sqrt{2} = 1.414$
$\sqrt{3} = 1.732$
$\sqrt{5} = 2.236$

KM (KURASHIKI MODULE) は L.C. の MODULOR (黄金尺) と同一原理によるが L.C. が人体寸法を 1830 MM としたのに対し KM では 人体の生活寸法として 1920 MM を盛りその 1/2 の 960 MM を原点とした

K.M.
(Kurashiki Module)
1959

R	B	
95	190	⎞ 1.421
135	270	
230	460	
365	730	
595	1190	
● 960	1920	⎞ 1.625
1555	3110	
2515	5030	⎞ 1.618
(4070)		

浦辺の手帳に描かれた、クラシキモデュール (KM)
Written in Urabe's schedule book

第 1 章　倉敷に根ざした地域主義の実践　1951–1963 年
Capter 1　Practice of Regionalism Rooted in Kurashiki, 1951–1963

　　浦辺が倉敷のまちづくりに深く関わるようになる背景には、大原總一郎の存在があった。父・孫三郎に命じられて 1936 年から 2 年間、欧米視察旅行を終えた總一郎は、帰国後、浦辺に、地域共同体の姿を体現したドイツ中世の城塞都市ローテンブルクに強い感銘を受けたと話し、「元倉敷を日本のローテンブルクにしよう」と語りかけたという。1939 年に、父・孫三郎に代わって倉敷絹織の社長に就任した大原は、浦辺とともに、その夢の実現へ向けて歩み始める。戦後、そうした地域共同体実現の始まりとなるのが、愛媛県西条市の西条工場の女子工員たちのよりどころとなる日本基督教団西条栄光教会（礼拝堂・牧師館・西条栄光幼稚園／ 1951 年）である。また倉敷でも、旅館くらしきの改修（1957 年）を手始めに、土蔵風の鉄筋コンクリート造でシェル構造の屋根をかけ、その上に洋瓦を葺いた置き屋根を載せ、既存部のなまこ壁を連続させながらも、対比的な新しさを盛り込んだ倉敷考古館増築（1957 年）などを手がけていく。また、孫三郎が孤児救済に尽力した「児童福祉の父」石井十次（1865–1914 年）の遺志を引き継ぐ形で設立し、總一郎へと受け継がれた社会福祉法人・石井記念愛染園の女子単身者住宅（1961 年）や保育所（1962 年）、愛染橋病院（1965 年）では、簡素なコンクリートによる造形のなかに、温かな親しみやすさを盛り込む工夫が施されていく。そして、雨の多い日本の気候風土に対応すべく考案したコンクリート製の斜めの「壁庇」による造形でまとめた日本工芸館（1960 年）から、大原美術館分館（1961 年）を経て、倉敷国際ホテル（1963 年）へと続く一連の仕事によって、工芸と工業化技術を融合させた浦辺調ともいえる建築が形づくられていく。そこには、ル・コルビュジエ（1887–1965 年）のモデュロールに触発されて考案した独自の寸法体系「クラシキモデュール（KM）」が用いられた。

（上）（下）Inn with pub project at kurashiki　1953 より

二代続けた倉敷のまちづくり

上田恭嗣

　非常にまれなまちづくりが倉敷で展開されていた。あまり論じられてこなかったが、このことによって、現在の倉敷のまちは特色を帯び、脚光を浴びることになったといっても過言ではない。それは、戦争の足音が高まる戦前から民主主義の時代に舵を切った戦後まで、二代続いて展開されたまちづくりである。

　二代が関わった倉敷美観地区における近代建築は、第一合同銀行倉敷支店（前・中国銀行倉敷本町出張所／現在、保存活用検討中）、倉紡中央病院（現・倉敷中央病院）、今橋、奨農土地本社事務所（現・喫茶エル・グレコ）、有隣荘、大原美術館、前倉敷商工会議所。戦後では、旅館くらしき、倉敷考古館、大原美術館分館、倉敷国際ホテル、倉敷文化センター（現・倉敷市公民館）、倉敷アイビースクエア、倉敷中央病院など、それぞれが倉敷を代表する建築群である。

　これらの建物は、実業家・大原孫三郎（1880–1943 年）と長男の大原總一郎（1909–1968 年）、建築家・薬師寺主計（1884–1965 年）とその弟子の浦辺鎮太郎（1909–1991 年）、そして建設業者・藤木正一（1891–1967 年）の存在で生まれた。これらの人物が、各々の時代の中で倉敷のまちづくりに大きく関わり貢献する。生み出した自分の資産を倉敷のまちづくりに投入する資産家親子、そのもとで優れた考え方を編み出し数々の建物を一手に設計した建築家師弟、そして二代の建築家の設計手法を知り尽くした忠実な施工者。二代にわたる三者の思いは、多くの地域資源に磨きをかけながら新しい価値を与え、目に見える倉敷のまちを形づくることになる。

　大原孫三郎は、倉敷の資産家に生まれ 20 代半ばに倉敷紡績を引き継いだ。明治の末期からさまざまな事業分野に手を広げ、倉敷におけるまちづくりにも意欲的に取り組んだ。25 歳でキリスト教に入信し、キリスト教社会主義の考え方や二宮尊徳の教えに大きな影響を受けた。社会への富の還元と地域社会の繁栄を考えることができた人物である。薬師寺主計は、大原家の奨学生に選ばれ東京帝国大学を卒業後、当時帝大助教授であった佐野利器の勧めもあり、陸軍省建築技師として入省した。大正末には陸軍省内トップの建築技師（勅任）に昇り詰めた。しかし薬師寺は、孫三郎から「多方面での事業展開に必要な人物」と懇願され、倉敷絹織創設のため故郷岡山に戻る。その後孫三郎が構想・実現したほとんどすべての建物群を企画・設計・監理していった。

　藤木正一は、辰野金吾の教えを受けた山本鑑之進（第 1 期工手学校卒・日本銀行本店建築部などを経て工務店設立）の工務店を引き継ぎ、現在の藤木工務店を創設している。忠実な施工者で、薬師寺に施工技術と実績を認められ、大原が率いる施設の施工を一手に引き受け発展した。

　次に訪れた平和な時代では、まちづくり・建物づくりが一層盛んに行われた。

大原總一郎は東京帝国大学卒業後、薬師寺が工場長であった倉敷絹織に入社している。1939年には、健康を害した孫三郎の後を継ぎ社長に就任した。浦辺鎮太郎は京都帝国大学を卒業後、薬師寺の部下として倉敷絹織の建設部に入社し、薬師寺のものづくりを3年間ではあるが教えられた。薬師寺が去った戦後、倉敷におけるまちづくりのための設計活動を、同年齢であった大原總一郎のもとで展開し、実現していった。

　ここでは、大原家に仕えた二代の建築家のつながりについて少し述べたい。まず単身赴任であった薬師寺には、東京帝国大学工学部建築学科を卒業した長男厚（佐野利器の三女と結婚）がいた。浦辺の4歳下であり、薬師寺が大原のもとから離れ東京文京区の自宅に戻った後に帝大を卒業し、遞信省営繕技師として勤めた。時代が戦争に向かわなければ、建築家として別の道もあったかもしれない。薬師寺は戦争に向かうなか、孫三郎のもとで県内外のさまざまな建築を設計した。一方で浦辺は戦後、總一郎のもとで彼が望んだまちの構想を倉敷に取り入れようとして設計活動に励んだ。大原家の二代の思いに、師弟の二代がまちを構想し、藤木が実際の空間に形を与えていく。

　私は1989年に、部下として指導を受けた薬師寺との思い出話を浦辺に伺ったことがある。入社当時、倉敷工場の工場長でもあった薬師寺が繊維機械の業務もしていたのかとの問いに、「いや、あの人は建築家ですよ。建築の方の人ですから機械は知らないけれど、経営者としての決断というものがありました」と話してくれた。上司としての薬師寺について尋ねると、「時々（自分の設計図をチェックしに）来ましてね。僕は、あの人にクラレに入れてもらったようなものだから。あの人のサインがなければ図面はできなかったのですよ。とはいえ僕はフリーパスでやったよ。内々にね。それで辞められる時に言ったなあ、『君にもうバトンを渡す。君は大原家に仕えているから、晩年は幸福だぞ』と、そう僕に言ってくれたことがある」と語ってくれた。

　二代続けるまちづくり・建物づくりを、薬師寺は浦辺に託して、二・二六事件が起こった年に倉敷をあとにした。

［参考文献］
・日本建築学会中国支部岡山支所『薬師寺主計と中國銀行旧本店』日本建築学会中国支部岡山支所、1990年、pp.16-17
・大原孫三郎傳刊行会編『大原孫三郎傳』中央公論事業出版、1983年
・上田恭嗣『アール・デコの建築家薬師寺主計』山陽新聞社、2003年
・上田恭嗣「建築家薬師寺主計の経歴と建築活動について」『日本建築学会計画系論文集』1998年7月、pp.209-215
・上田恭嗣「建築家薬師寺主計の設計活動から見た倉敷のまちづくりについて：大原孫三郎の思想と浦辺鎮太郎に与えた影響について」日本建築学会計画委員会、2000年7月、pp.315–324

浦辺鎮太郎と工業化

花田佳明

　浦辺鎮太郎は地域主義的建築家というイメージが強い。しかし彼には、戦後間もなくから1960年代初頭までのあいだ、住宅の工業化という異なるタイプの仕事があった。戦災で家を失った人々への住宅供給を意図したクラケン型組立住宅と、高度成長期の住宅不足に対応しようとしたプレファブ住宅への挑戦である。

　浦辺は1934年に京都帝国大学を卒業して倉敷絹織へ入社したが、戦局が厳しさを増すなか、同社は1943年に社名を倉敷航空化工に変更して航空機製造会社となり、海軍の練習機をつくった。これが木製飛行機だったため、戦後、その材料や設備でできる木製パネルを利用して考案されたのがクラケン型組立住宅である。浦辺はこの仕事の担当者となり心血を注いだ。

　クラケン型組立住宅は、『新建築』1947年5月号の「組立建築特集」に「クラケンC型組立住宅」として発表された。木造平屋で菱形スレート葺きの切妻屋根、主要な壁が木製パネル、床面積は10坪、間取りは6畳・4畳半・2畳の和室と水まわり等である。記事には、組み立て中や完成後の写真、平・立面図、矩計図、所要資材表、組み立ての工程や作業時間と作業員数のデータが掲載されている。工程は七つあり、8人で20時間の作業という計算だ。

　さらに倉敷レイヨンの安達醇が、『新建築』1947年6月号に「住宅生産の工場管理法試案　―「クラケン」型「パネル」構造の場合―」という文章を書き、病院や事務所などへ展開する計画も示したうえで、部材の数量、生産方式、原価計算方法などを詳述した。

　浦辺自身も『新住宅』1948年6月号に「住宅生産工業の展望」という文章を発表したが、しかしそれはクラケン型組立住宅の終結宣言でもあった。この文章によれば、1945年末までに設計と2回の試作を行い、1946年初めから生産を開始し、1947年末に事業を終了させたとある。生産戸数は265戸、生産坪数は2,553坪だが、毎月約7万円の赤字だったらしい。浦辺は多くのページを住宅の工業化についての日米比較、日本における社会的理解の不足、今後の展望に関する記述に充て、「之丈無遠慮に言はして戴ければ170萬圓の赤字の罪滅しにもなるであろう」と締めくくっている。

　このときの悔しさが、浦辺をプレファブ住宅への挑戦に向かわせたに違いない。1963年には鋼板パネルによるプレファブ住宅・PH-1（1963年）が完成している。近畿車輌の協力で実現したこの建物は、きわめて実験的な試みにもかかわらず、その存在はほとんど知られてこなかった。

　しかし浦辺の熱意は相当なもので、今回発見された資料の中には、住宅の工業化についての思いを記した文章、実現したプレファブ住宅・PH-1に関する多くのスケッチ、運搬や製作方法の検討メモ、実施設計図などがある。そのころにつ

くられた『倉敷建築研究所経歴書』という会社紹介冊子の最後には、完成した建物の夜景写真にもとづく透視図が掲載され、さらに丹下健三による「倉建のプレハブに期待する」という文章まで添えられている。また当時、浦辺は2人の所員をヨーロッパに派遣して建築における工業化の最前線を視察させたらしく、「プリハブ住宅の夢」というタイトルのインタビュー原稿には、ジャン・プルーヴェの元にも行かせたと記されている。

　実現したプレファブ住宅・PH-1について浦辺が言及した数少ない文章が、「プレファブ」（『建築雑誌』1963年12月号）だ。そこで彼は、学生時代から「プレファブ建築」に関心をもってきたことや、「クラケン型組立住宅」の経験に触れた後、「そして昭和38年の今日、私は再びプリファブ住宅（以下、プリファブ・ハウスをPHと略称する）をやろうとしている。これも時世の要求ということだけでなく学生時代からの執念かも知れない」と意気込みを記している。またこの文章には、「斯界の第1人者と目されているジャン・プルーベの業績を高く買うにやぶさかではないが、この人の立場はコンサルタントである」という一節があり、彼に関心をもっていたことが確認できる。

　また浦辺は、『建築雑誌』1965年2月号に掲載された座談会「建築生産の工業化」でも、おそらくプレファブ住宅・PH-1を念頭に置きながら、工業化が可能になる月産戸数やコスト問題、さらに自動車製造との比較論などを熱心に語っている。

　プレファブ住宅・PH-1は、1964年に浦辺たちが倉敷建築事務所という組織をつくり独立した後、倉敷レーヨンに残った武藤倫男らに引き継がれたが、残念ながら量産には至らず幕を降ろした。コストから居住性まで多くの課題があったためと思われる。しかし、クラケン型組立住宅とプレファブ住宅への挑戦は、それらが民間企業の仕事でありながら秘めていた公共的性格を考えれば、浦辺の社会的使命感に満ちた建築観および建築家観を象徴するものといえるだろう。

異なるモノをつなぐ対話的感性

竹原義二

　大阪万国博覧会（1970年）が終わり、高度経済成長期も終盤にさしかかった1971年、大阪市は中之島東部地区開発構想を打ち上げた。土佐堀川と堂島川に挟まれた中之島に建つ歴史的造物群、日本銀行、大阪市役所、大阪府立図書館、中央公会堂を取り壊し、新しい建築を建てるという計画であった。当時建築を学ぶ学生だった筆者は、このとんでもない計画に異を唱え、中之島景観保存運動に参加することとなった。

　時代を同じくして、1966年から始まった宮脇檀によるデザインサーベイにより、特筆すべき日本の街並みの数々が『国際建築』『建築文化』各誌に掲載される。大阪市立大学の富樫穎研究室でデザインサーベイを行っていた筆者も、すぐさま倉敷へ足を運んだ。

　江戸から明治にかけては、長い時間と変化のうちに築かれた伝統的な街並みが多く残っていたが、経済成長の漂流の最中にあった当時、多くの地方都市でそれらが急速に破壊されつつあるのを目の当たりにしていた。そんななか、倉敷で活躍する浦辺鎮太郎というひとりの建築家の足跡は、ひと筋の光を示していた。とりわけ印象に残った建物は、倉敷川に架かる中橋のたもとにある倉敷考古館増築（1957年）であった。

　残された小さな路地に佇むその外観、納まりに目が奪われた。立体的な目地によるなまこ壁で仕上げられた既存の土蔵に対して、増築部分は鉄筋コンクリートでつくられているが、外壁を白く漆喰調に仕上げて土蔵風に見せている。さらに、この二つの建物を結ぶつなぎの間の壁面は、正方形の平瓦が張られている。目地は、煉瓦積みに類する手法で平滑に抑えた馬踏み目地状に仕上げられ、二つの対比的な棟をつないでいる。注目したのは、その取り合いとなる基壇や腰壁に旋律のようなズレが生まれ、そこに開口部がリズミカルなバランスで配置され、見事なエレベーションが路地の景観を彩っていたことである。

　これら三つの異なる壁面がそれぞれの表情を醸し出しながら、寄り添って調和している姿に、何かと何かを"それらしく"出会わせるような、対話的感性を感じた。それはつまり、異なるモノとモノが対話し、対峙し、互いの違いや矛盾を孕みながら、どこかで結び目をつくり、受け入れ、そのモノとなりに呼応する姿である。

　また、屋根を見てみると、シェル構造の屋根の上にさらに軒の出の深い置き屋根を載せていることがわかる。こうした意匠やディテールにより深い陰影が生まれ、既存の蔵と対比的に存在しながら、一つの建築をなしている。そしてなによりも、建築が建ち上がる大地と壁面との接点・納まり方が美しいのである。浦辺の建築は変わりゆくものに対して呼応し、また変わらぬものへの適切な知見

をもち、その境界のズレを正直にデザインとして配することを決して厭わない。結果、その意匠、そのディテールにおいて、重力や引力を感じてしまうような、工芸的で、かつ力学的な様相を呈しているのである。筆者はこの民芸調の仕上げ方のなかに、予定調和ではない美しさ、新しさが生まれくる可能性を感じた。

　その後浦辺はこの手法を、大原美術館分館（1961年）、倉敷国際ホテル（1963年）、倉敷アイビースクエア（1974年）と、さまざまな形に置き換えて建築をつくり上げていく。いずれも庇・外壁・基壇といった外まわりのデザイン、その素材や色彩の巧みさで、多くの人を魅了していった。古いものと新しいものを融合し、伝統と異文化を一枚の生地に織りなすように見事に紡いでいく。異なるものをつなぎ合わせることで生まれるズレを許容し、それらを丁寧にデザインする姿勢に、真の建築の統一性や調和といったものを見て取ることができる。

　急速に発展していく都市をそのフィールドとした丹下健三とは対極に、モダニズムに晒されながらも、地方でヴァナキュラーな建築と民芸的デザインの有り様を模索し続けた浦辺の活動は、新しい「日本調」の始まりを予見するものであった。時代の新陳代謝の代償として、闇雲に行われる破壊に直面するなか、その場に棲み着き、そこに棲む自分たちの手によって時代と文化を再定義し、街並みを方向づける必要性を執拗に問い、生涯実践し続けた、数少ない建築家の功績といえよう。

　変わらぬ普遍性を説いたモダニズムであったが、やがては異文化との摩擦を経て、世界各地に土着し、各々の地で擬態していくこととなった。その実践者のひとりが浦辺であった。東京や大阪を始めとする世界に名乗りを上げた都市とは対極に、その潮流に晒された地方において、名もなきヴァナキュラーな建築との共存を懸けた爪痕となり、半ば逆説的ながらも、世界に、そして現代の私たちに「モダンとジャパン」の表裏を、同時に提示している。

01

日本基督教団西条栄光教会（礼拝堂・牧師館・西条栄光幼稚園）(1951年)
The United Church of Christian in Japan Saijo Eiko Kyokai (Saijo Glory Church) (a chapel, a rectory, and Saijo Eiko kindergarten) (1951)

　西条藩陣屋跡のお堀内に建つ教会群は礼拝堂、牧師館、幼稚園舎がL字型に配置されている。浦辺が倉敷レイヨン時代に設計した3棟で、それぞれ異なる意匠をみる。

　礼拝堂は木造2階建て、ケラバのない切妻瓦屋根から鐘塔が突き出る。平面は古典的十字型であるが袖部分を縮小させ、縦長窓を基調とした真っ白な外観はその突起を感じさせず端正である。タイバー構造の木造トラスが天井を飾り新旧の意匠が融合する。

　牧師館は木造2階建ての大屋根をもち、外観は白漆喰の真壁で横梁を略し、垂直柱のみを強調する。内部は玄関吹抜空間を挟み公私の空間に分かれ、公的なYMCA室は吹抜に階段を設け、大屋根特有の変化に富む私的な2階空間へとつなぐ。民芸の意匠である。

　幼稚園は木造平屋建て、ケラバを省略した切妻瓦屋根に白壁のシンプルな外観である。運動場側の開放廊下にはピロティ風の円柱が並び、天窓を配し自然光を水平連続窓から教室内へと導く。モダニズム意匠が鮮明である。

（和田耕一）

1-1　中央手前に礼拝堂、その左が牧師館、その右奥が幼稚園、背後に愛媛県立西条高等学校
Chapel (front), rectory (left), kindergarten (behind right), Saijo High school (back)

1-2　礼拝堂　内観　Inside the chapel

1-3　牧師館　YMCA室
YMCA room in the rectory

1-4　幼稚園　木製カーテンウォール風の出窓
Wooden curtain wall-like oriel

1-5　幼稚園から礼拝堂を望む　Viewing chapel from the kindergarten

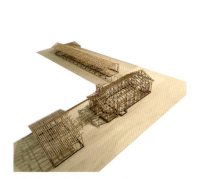

1-6　構造模型　Structure model

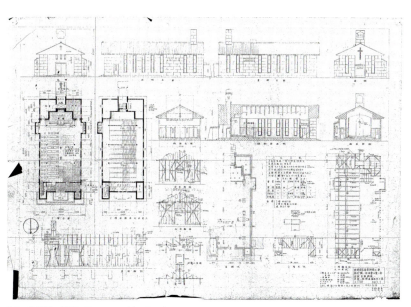

1-7　礼拝堂　図面　Drawings of the chapel

column 01
西条栄光教会の調査から見えてくるもの

和田耕一

　西条栄光教会（1951年）で大切に保存されてきた記録や写真の中に「西条栄光教会建設経過（1951年11月1日）」という報告書[註1]がある。用地購入の経緯や地盤の特質などの記述とともに注目すべきは、「斯して教會堂、幼稚園、牧師館の設計は倉敷レイヨン本社営繕部長浦辺鎮太郎氏が非常な熱意をもってあたられ幼稚園は最も近代的なスタイルとし教會は近代色とクラシックを加味し牧師館は民藝的趣味を加える」との一文であった。これを手がかりに2010年、浦辺鎮太郎の初期作品としての意匠調査を始めた。

　きっかけは同年、NPO木の建築フォーラム「木の建築賞・選考会」のエクスカーションで木造建築の専門家たちが西条栄光教会を訪れたことだ。筆者は日土小学校保存再生事業の改修設計者として選考会に挑んでいた。

　教会員たちは以前から教会の保存改修も検討していた。しかし、建築の価値や意義以上に耐震が心配で、改築話も出ていたことから、専門家の意見を聴く会を催したのである。NPO理事長の坂本功東京大学名誉教授からは耐震的観点を、安藤邦弘筑波大学教授（当時）からは建築的価値を示された。教会員たちは、熱心に質疑していたことを記憶している。それから5年が経ち、建築学会四国支部に耐震改修に向けた調査依頼があり、今日に至る。調査委員会の座長には日土小学校の保存改修を主導した曲田清維愛媛大学名誉教授を据え、地元の若手建築家たちにも協力を願い、2015年に建築史・意匠、木構造、計画、材料の各専門家でワーキンググループを結成、改修計画から構造模型まで作成した。並行して保存に関する技術的後継者不足を鑑み、人材育成にも力を注いだ。

　冒頭の報告書で述べられた幼稚園舎の「近代的なスタイル」とは、開放廊下にピロティ風の円柱を

C1-1　ピロティ風の円柱が並ぶ開放廊下、水平連続窓などモダニズムの外観
Exterior of modernism (open corridor with a row of columns and a series of windows)

C1-2　古典的十字型の袖部のアーチ窓と融合するモダンな外観
Modern look (fusion with cross-shaped arch windows)

C1-3　木造トラスの小屋はタイバーと照明を一体化、十字架の意匠　Tie-bars and lighting integrated

C1-4　大屋根と垂直を強調した真壁柱、民芸の外観
Exterior of folk art (with a large roof and a vertically-emphasized gable wall)

C1-5　木構造を露出させた民芸意匠の内部空間
Interior space of folk art design

C1-6　倉敷レイヨン健康保険組合蒼海寮
Kurashiki Rayon Health Insurance Union's dormitory

並べ、水平連続窓を配したモダニズム建築であること［C1-1］、「教會は近代色とクラシックを加味」とは平面形態、構造、各部バランス、素材、納まりなど、随所に見られる古典的な装飾と合理的デザインの融合だと解釈する［C1-2, 3］。また浦辺は教会の設計を望み、倉敷民藝館館長の外村吉之助に意見を求めた、とあるが、その解釈は今後の研究に委ねるとして、牧師館が民芸の意匠であることは容易に理解できる［C1-4, 5］。この時期は大屋根構造が建築系各誌に多数掲載されており、クラシキモデュール（KM）に基づく倉敷レイヨン健康保険組合蒼海寮（1959年／現存せず）[註2]も大屋根であり［C1-6］、そうした時代を見ていたのかもしれない。浦辺らしさを感じるのは、地域に産出する緑泥片岩を共通して採用していることだ。これは西条市立郷土博物館東予民芸館（現・愛媛民芸館）（1967年）も同様である。この後の倉敷のまちづくりに通じる地域性を重んじた手法であろうか。改修工事は牧師館から着手し、2018年10月に完了した。2019年度は幼稚園舎を改修し、認定こども園として再出発する。

［註］
1　西条栄光教会記念誌編集委員会編『あゆみ栄光五十年』日本基督教団西条栄光教会、2000年
2　浦辺鎮太郎「瀬戸内海に建つ海の家」『新建築』1960年5月号、新建築社、p.13

02
倉敷考古館増築 (1957年)
The Kurashiki Archaeological Museum Extension (1957)

　戦後浦辺が倉敷レーヨンの営繕部長に就いて8年目、独立前の仕事である倉敷考古館増築は、倉敷川の河畔に建つ江戸時代末期の米蔵を外村吉之助（1898–1993年）が1950年に改修し、その後浦辺が博物館にすべく増築したものである。独立前の増築という仕事ではあるが、浦辺のアーキテクトとしての出発点があるように思う。

　木造、なまこ壁と本瓦葺きの旧米蔵に対し、鉄筋コンクリートのシェル構造の天井にスパニッシュ瓦葺きの置き屋根で構成された増築部のデザインには、浦辺のデザイナーとしてのセンスと、保存再生への理念が確実に見て取れる。それは既存の環境を咀嚼しつつ、決して模倣に陥らない建築作品を創り上げるという、アーキテクトとしての矜持であろうか。

　4年後の大原美術館分館（1961年）から、近代建築における保存再生デザインの嚆矢となった17年後の倉敷アイビースクエア（1974年）へとつながる、浦辺のデザイン理念は、この仕事からすべてが始まったように思える。

（田原幸夫）

2-1　川沿いの全景　Full view along river

2-2　模型　Model

2-3　手前が増築棟、奥のなまこ壁は旧米蔵の倉敷考古館本館
Extension (near) and main building (back)

2-4　正面が増築棟、RCシェル構造に置き屋根。左側はなまこ壁の本館　Extension (front) and main building (left)

2-5　本館　内観　Interior of main building

2-6　増築棟　RCシェル構造の内部空間　RC shell structure of the extension

column 02

倉敷考古館にみる「調和と区別」のデザイン

笠原一人

　倉敷考古館は、戦後まもなく、倉敷が縄文時代の貝塚に恵まれ吉備の古墳群にも近いことから設立の機運が高まり、大原總一郎らが顧問となって1950年に開館した。建物は、小山収二邸の2階建ての土蔵に中2階を設けて改修したもので、浦辺鎮太郎が設計に"協力"したようだが、詳細は明らかではない。

　浦辺が本格的に関わったのは、1957年に竣工した新館の増築である。本館の北側に、鉄筋コンクリート造3階建ての展示室と階段室が、浦辺の設計で増築されたのである。これにより、展示室の面積は従来の約2倍になった。

　この増築部分のデザインは興味深い。階段室の外観は旧館と同様に壁に平瓦を張るが目地は浅目地で仕上げ、屋根には黒っぽい洋瓦を載せている［C2-2］。展示室の外観は白いモルタル仕上げのままとし、鉄筋コンクリートによる浅いアーチ状の屋根の上に洋瓦を用いた木造の置屋根を載せている。壁面にはいくつかの窓が穿たれているが、そのデザインはモダニズムの作法に近い［C2-1］。つまり、本館の土蔵の建物と新館は似ているが、よく見るとデザインが異なっており、そこに「調和と区別」を見ることができる。

　浦辺はこの新館について、「北隣の新館はRC造だから古来の構法によっていない。どれだけ違うものだか見れば誰にでも弁ずることが出来る」[註1]と論じている。山田尚史の研究によれば、浦辺は終生「新旧の調和」という方法を大事にしたという[註2]。倉敷の大山茂樹市長から設計の方法を尋ねられた際も、浦辺は「新旧の調和です」[註3]と答えている。おそらく、その方法を試みた最初の作品が倉敷考古館だったと思われる。

　しかしこのデザインは竣工当時、倉敷都市美協会から「本来東北地方の風土に合っても倉敷では馴染まぬ型破りであり、無類で堂々とした本館の姿

C2-1　増築棟の開口部　Openings of the extension

C2-2　本館のなまこ目地瓦張りと、増築棟の平目地瓦張りとの対比　Contrast of tiles

C2-3 「調和と区別」の改修例1（アルテ・ピナコテーク（ミュンヘン）／改修設計：Hans Dollgast）Example of "harmony and distinction"

C2-4 アルテ・ピナコテークの新旧外壁 Old and new exterior walls

C2-5 「調和と区別」の改修例2（東京大学工学部／改修設計：香山壽夫）Example of "harmony and distinction"

に対して非常に不均衡で弱弱しいものになってしまった」[註4]と批判された。協会員らは増築部分も倉敷本来の様式で、しかも伝統的な構法でつくることを望んでいたのだろう。

　1964年に制定され、その後、歴史的建築物の保存修復における世界的原則となった「ヴェニス憲章」には、歴史的建築物の修復に際して、「全体と調和して一体となるように行わなければならないが、同時に、オリジナルな部分と区別できるようにしなければならない」とある[註5]。世界遺産などを含むヨーロッパの歴史的建築物の修復、そして改修のあらゆる現場において、遵守されている理念と方法である［C2-3, 4, 5］。

　倉敷考古館が増築されたのは、ヴェニス憲章制定以前のことであるから、そこに見られる「調和と区別」は、おそらく浦辺が独力で見出した方法であったのだろう。現在でもあまり変わっていないことだが、当時の日本では、修復や改修の際に伝統的な素材や構法、同じデザインを用いるなど、新たに手を加えた部分が歴史的な建物と区別できないようにすることが多かった。そんななかで、浦辺は試行錯誤しながら、時代に先んじて普遍的な方法に辿り着いていたのである。

［註］
1　浦辺鎮太郎「黒と白と赤」『近代建築』1974年8月号、近代建築社
2　山田尚史「倉敷の街並み保存における建築家・浦辺鎮太郎の役割について」京都工芸繊維大学大学院修士論文、2018年
3　浦辺鎮太郎・恒成一訓「倉敷のゲマインシャフト」『PROCESS ARCHITECTURE』No. 31、プロセスアーキテクチュア、1980年
4　倉敷都市美協会『実録倉敷街並物語』手帖舎、1990年
5　International Charter for the Conservation and Restoration of Monuments and Sites (The Venice Charter) "2nd International Congress of Architects and Technicians of Historic Monuments", Venice, 1964. Adopted by ICOMOS in 1965 より

03
旅館くらしき（改修／1957年）・珈琲館（1971年）
Ryokan Kurashiki (Renovation / 1957) & Coffee Kan (1971)

砂糖問屋河原邸を改装し、旅館とした。4枚のガラス戸を戸袋に納め開放した土間が店、厨子2階（通常は物置か使用人部屋）は丸棒の連子窓、江戸期の小山邸（現・旅館鶴形）や大原邸とは異なる大正の姿であった。外観はそのままに、土間の一間奥に障壁を設け、左は玄関、内は土間で、障壁の2段障子窓は上段の4枚、下段は両端2枚を桟唐戸裏とし、引き分けると土間から倉敷川畔の無限の広がりが見える。大徳寺孤篷庵忘筌に学んだ、浦辺のいう「無限空間」である。厨子2階は客間、野地垂木を隠し和紙貼りとし、太い梁と対比させ、窓は鴨居敷居を端まで伸ばし、開口部だけ紙障子とし、簡素である。あえて倉敷風とせず、似て非なるものを避けている。

旅館勝手口塀を穿って入口とした珈琲館（1971年）も、外観はそのまま、内部は朽ちた柱や梁を、所有の木材そのままと取り替え、煉瓦の壁のみ新設した。浦辺は梁に「DOING NOTHING IS DOING ALL」と彫った。

（辻野純徳）

3-1 旅館くらしき 外観　Exterior of Ryokan Kurashiki

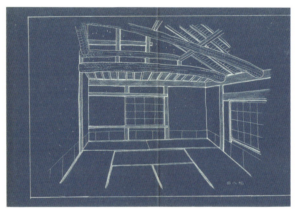

3-2 厨子2階客室のスケッチ　Sketch of a guest room on the loft on 2nd floor

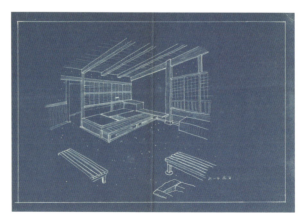

3-3 土間のスケッチ　Sketch of doma

3-4　旅館くらしき　土間　Doma of Ryokan Kurashiki

3-5　珈琲館　外観　Exterior of Coffee Kan

3-6　珈琲館　内観　Interior of Coffee Kan

topic 01
倉敷美観地区のまちなみ

辻野純徳

　倉敷市伝統的建造物群保存地区は、旧・代官所（現・倉敷アイビースクエア）を東南端に、旧往還通り（現・本町通り）沿いに井上家など元禄以前の商家が、高梁川流域の農産物を児島湾から上方へ送る運河として栄えた倉敷川沿いに、大原家など元禄以降の商家が並ぶ［T1-2］。しかし明治に入って天領の特権を失った倉敷人は、大原を中心に1888年に新事業として倉敷紡績を代官所跡に興し、運命共同体となる。倉敷紡績の成長に伴い、1907年に中央郵便局（現・三楽会館）が、1917年に町役場がともに木造、下見板張りの洋風で建てられる。1922年には第一合同銀行倉敷支店（2022年に大原美術館の新館として開館予定）が煉瓦造［T1-3］で、1938年に大原家東邸（有隣荘）が和洋折衷で、1930年に大原美術館が鉄筋コンクリート造で建つ［T1-1］。

　1937年大原總一郎は欧米視察で、柳宗悦の紹介によるビクトリア・アルバート美術館のヘンリー・バーゲンに会い、毎週ロンドンの美術館や、英のコッツウォルズ地方を案内されて目覚め、倉敷の風景写真の送付を父孫三郎に請求する。1938年暮れに帰国、ヒルヴェルスム市庁舎の写真を土産に「倉敷はローテンブルグに負けない。倉敷を日本のローテンブルグにしよう」と語る。

　1940年、大原總一郎は、大原美術館隣りの土蔵を日本民藝館支部へ改修を企てるが、大戦で中断。戦後1948年、大原家の米蔵の倉敷民藝館への改修を武内潔眞（大原美術館長）、外村吉之介（民藝館長予定）、浦辺に命じ、外村がデザイン、浦辺が物資のない時代の建材調達を担当する。1950年、小山収二郎の土蔵の倉敷考古館への改修は外村が担当し、本来の土蔵の姿を崩して妻の小窓を旧来のものと見分けのつかない連窓とする。1957年の増築は浦辺が担当、シェル構造に置き屋根という架構により、冷房のない時代に屋根裏の通風を確保

T1-1　美観地区の街並み。今橋より大原美術館を見る
Ohara Museum of Art in Kurashiki Historical Quarter

T1-2　倉敷川周辺の佇まい　Scenery by the Kurashiki River

T1-3　鶴形山から倉敷文化センター（現・倉敷公民館）、第一合同銀行倉敷支店、有隣荘、大原美術館本館を望む　View from Tsurugata-yama

T1-4　浦辺ノートスケッチ "HERE THE CORE of OLD KURASHIKI"
Urabe's note sketch

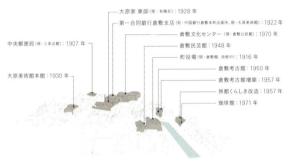

T1-5　倉敷美観地区の鳥瞰配置図
Bird's-eye layout of Kurashiki Bikan Historical Quarter

する合理性を追求し、また旧来のものとは区別できる外観デザインとする。

　1953年、向山に建てるAn Inn KURASHIKI計画を浦辺が、1960年には小山邸を改造しての倉敷クラブ計画案を、倉敷を訪れた火曜会（関連財団の親睦団体）のメンバー竹腰健造が提示する。これらは倉敷国際ホテル（1963年）で結実する。また1953年に、町役場を向山に移転させた跡地に、市立図書館を構想する。これは1969年、大原が望む「飄々とした小野家の3階蔵」のイメージ通りに音楽図書館を含めた倉敷文化センター（現・倉敷公民館）[T1-3]として実現する。先立つ1963年大原の勧めで、料理旅館「かき増」（1953年）を、大正の商家を改修して迎賓客も迎えられる旅館くらしきとして移転させる。

　浦辺設計に残る浦辺のノート『My KURASHIKI』の1969年の浦辺の追記に「毎年一つ何か倉敷の為に残したい」という申し出を大原が聞いてくれた結果、「全てが実現した」とある。旧倉敷のまちづくりは、大原と浦辺の二人三脚で書き加えられてきた。

T1-6　南からの鳥瞰。倉敷川沿いでは市街地に今も低層の街並みが息づく　Bird's-eye view from south

55

04

プレファブ住宅・PH-1 (1963年／現存せず)
PH-1 Prefabricated House (1963 / Not existing)

鋼板張りパネルで構成された組み立て式の工業化住宅である。コンテナのような状態で敷地に運ばれ、1階部分を残してリフトアップした後、2階部分に折り畳まれていた床・壁・屋根のパネルが開いたりスライドしたりして住宅となる。浦辺鎮太郎の作品系譜はもちろん、工業化住宅の歴史においてもきわめて異色の建物といえる。

倉敷レイヨン内に設立された倉敷建築研究所にチームがつくられ、浦辺の構想に基づき設計された。経済性、運搬方法、ディテールなどを検討した彼の多くのスケッチやメモ、そして実施設計図が残っている。

製作を担当したのは近畿車輛である。1963年に完成したものを1965年に高槻市の倉敷レイヨン社員寮の敷地へ移築し、設計担当者のひとりであった武藤倫男とその家族が1年間生活した。実現したのは1棟だが、浦辺はその改良案や複数棟を集合させる案のスケッチなども描いており、建築の工業化に対する強い思いが感じられる。

（花田佳明）

4-1　南側外観　Exterior of south side

4-2　居間から食堂を見る
Dining room as seen from living room

4-3　西側外観。後ろに倉敷レイヨン高槻アパートの妻面が見える　Exterior of west side

4-4　模型　Model

4-5　倉敷レイヨン社員寮敷地での組み立ての様子
Prefabricated house being assembled

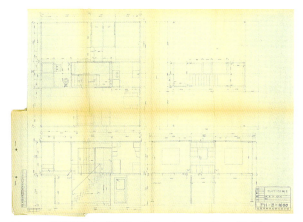

4-6 1・2階平面図および断面図　Plans and sections of 1st and 2nd floors

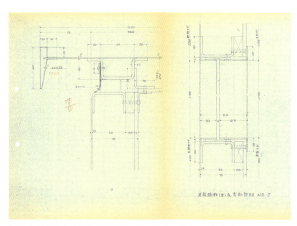

4-7 屋根端部および窓部の詳細　Detail of roof edge and window

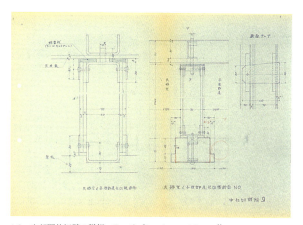

4-8 内部間仕切壁の詳細　Detail of interior partition wall

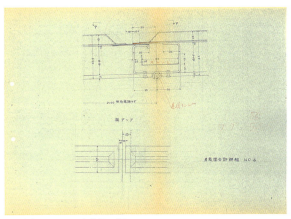

4-9 屋根パネルの回転軸部の詳細　Detail of pivot point of roof panels

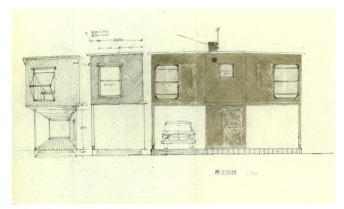

4-10 窓部のスケッチ　Sketch of windows

4-11 夜景。場所は近畿車輌の工場と思われる　Night view

column 04

プレファブ住宅・PH-1 の詳細について

花田佳明

　これまでほとんど知られていなかった建物である。そこで、今回発見された図面などの資料に基づく解読結果を記しておきたい[註1]。実施設計図に加え、『新住宅』1968年8月号に掲載された武藤倫男の「プレファブ住宅の居住性 ─或る試作品について─」という文章を［A］、「PH-1（ある試作住宅）」という名で発表された同号の作品紹介ページを［B］と記す。［A］は設計担当者による居住実験の記録だ。［B］には大阪府高槻市へ移築した後に撮影された貴重な内外の写真が掲載されている。

組み立てのプロセス───コンテナのような状態で敷地に運ばれ、1階部分を残してリフトアップした後、最初にL型のパネルを外に倒して2階床および外壁とする。1階の四隅には鋼管の柱を立て2階床に固定する。さらに屋根用のパネルを開いて水平にした後、外壁までスライドして屋根とする。最後に4枚のパネルを開いて側壁部を閉じる［C4-1］。

平面構成───中央に階段と水まわりのコアを置き、1階は入り口と機械室、2階はコアの両側に食堂と居間、および夫婦の寝室と子供部屋を配した合理的な構成である［C4-2］。

外壁と内壁───［A］によれば厚さ77.6 mmのパネルで（ただし実施設計図では70 mmとある）、軽量型鋼の骨組みに、外側は1.6 mmの鋼板、内側は6mmの合板が取り付けられ、その間に20 mmのスチレンフォームが入れてある。内壁も軽量型鋼で組まれている［4-8］。

屋根───回転軸でつながった厚さ50 mmの2枚の鋼板パネルだ。最初に、コア部の垂直面に畳まれたパネルを跳ね上げ、コア部の水平面にある短いパネルの端部に差し込む［4-9］。その後、全体をスライドして外壁パネルの上端部にはめ込み固定する。コア部分の上に残る短いパネルの端部は、「1.5ビニールクロス」と書かれた材料で止水して

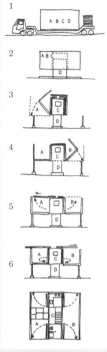

1. トレーラー（1台）にて現場に運搬する。
2. A・B・C box を持ち上げる。A box：寝室・子供部屋になる部分／B box：居間になる部分／C box：台所・浴室部分／D box：階段部分
3. 四隅に柱を立てる。A box の床・側壁を展開する。
4. B box の床・側壁を展開する。
5. 屋根板を持ち上げ、外側に引き出す。
6. 妻壁を開く。

C4-1　組み立ての仕組み　Mechanism of assembling

C4-2　1・2階平面図および断面図　Plans and sections of 1st and 2nd floors

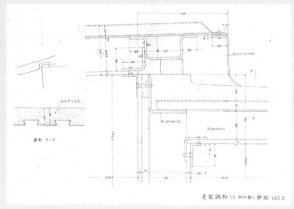

C4-3　屋根パネル最後部の詳細　Detail of roof panels' end part

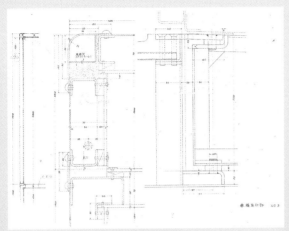

C4-4 外壁コーナー部（左）および側壁回転軸（右）の詳細
Detail of exterior wall corner (left) and pivot point on side wall (right)

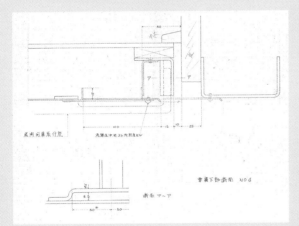

C4-5 側壁と床パネルの隙間部分の詳細。図の左が上である
Detail of a gap between side wall and floor panel

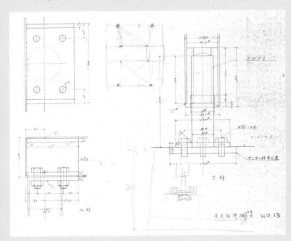

C4-6 柱まわりの詳細　Detail of a column

いる［C4-3］。

2階床───厚さ125 mmのパネルだ。下面は厚さ1.6 mmの鋼板でピロティの天井となる。4隅には正方形の欠き取りがあり、そこに縦樋を納めた筒状の四分円パネルが取り付けられた［C4-4］。

窓───［A］の組み立て中の写真［4-5］では、開口部が［B］の写真［4-3］のガラス部分より大きいので、窓ガラスを予めはめ込んだパネルを現場で外壁パネルに固定したのではないかと考えられる。［B］によれば窓枠はアルミサッシだ。中央部分の上下の枠がスライドして「く」の字型に折れて開く特殊な機構である。その様子はスケッチ［4-10］や［B］の内観写真［4-2］でわかる。

側壁───［A］によれば上下2カ所のヒンジで回転する4枚のパネルで最後に塞ぐ［C4-4］。ほかのパネルとの接点が多く、ディテールに工夫がある。コア部分の外壁との隙間は、外側から平板をビス止めして塞いでいる。［B］の写真［4-1］にその影が写っている。床パネルとの隙間は、側壁パネル下部に仕込まれたS字型の鋼板を降ろし、床パネル小口にビス止めして塞いでいる［C4-5］。

柱───直径89.1 mm、厚さ4.2 mmの鋼管だ。上部にベースプレートがあり、床パネル内のプレートにボルトで固定する［C4-6］。足元にはコンクリートの柱脚がある。

　このように、主要な構成部材を折り畳み、現地でそれらを開いて組み立てるというアイデアを実現するため、接続部分を中心にさまざまな工夫がある。ただし居住性には多くの問題があり、［A］によればコストも当初予定した100万円をはるかに超え、大量供給には至らなかった。

［註］
1　［C4-3,4,5,6］は実施設計図およびその部分

05
倉敷レイヨン岡山第2工場（1960年）
Kurashiki Rayon Co., Ltd., Second Okayama Plant (1960)

倉敷レイヨンの営繕部長として手がけた単体工場建築の集大成である。28 × 183 m の長大なビニロン紡糸工程の2階建て空間は36ピースのコノイドシェルで覆われ、合成繊維の紡糸工程に必要な無塵空間を実現している。軟弱地盤への対応と5カ月の短工期から鉄骨造が採用され、幅14×長さ10 m のコノイドシェルは現場で地組し、スライド工法によって設置された。

屋根にはビニロンフィルム製パネルを取り付け、外表面は外気を遮断するアルミラミネートとし、垂直部には紡糸機械からの熱を排出する排気ファンと工場中央部への採光窓を設けている。空気流通層を設けた二重構造を外装の大波スレートがおおい、最上部は軒樋カバーで隠すように防虫網付き外気口が設けられ、2段の透明青色硬質塩ビ波板が外壁を3等分するように水平ストライプを描く。

内装はビニロンフィルム障子パネル（2,400 × 960 mm）で気密性と光の透過性を確保し、工場とは思えない雰囲気をつくり出している。各階床直上部に設けられたエアフィルターを通してのみ空気が取り入れられる。

（西村清是）

5-1　竣工時の外観　Exterior at completion

5-2　竣工時の内観　Interior at completion

5-3 コノイドシェル垂直部側　Vertical faces of conoid shells

5-4 コノイドシェル勾配側　Sloping faces of conoid shells

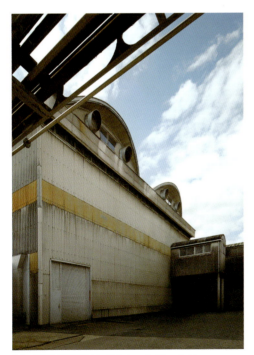
5-5 現在の妻壁側全景　Full view of gable wall side

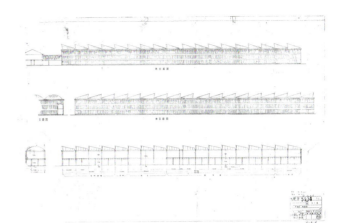
5-6 立面図　Elevation plan

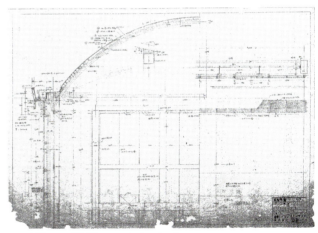
5-7 屋根まわり詳細図　Detailed plan of roof

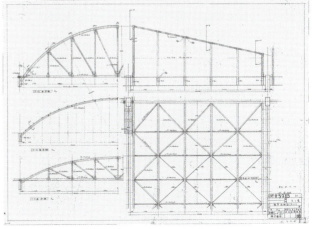
5-8 コノイドシェル鉄骨詳細図　Detail of conoid shell steel beams

61

column 05
工場建築から読み解く浦辺流

西村清是

　浦辺鎮太郎は倉敷レイヨンの営繕技師として、紡績・化繊・合繊工場のすべてに通じており、それらの歴史的変遷や他社との比較分析についても一家言を有していた。建築家が工場の設計に参画することを「幾重にも重なる障壁の木戸口を通させてもらわねばならない」と表現し、倉敷レイヨンのなかでさえ営繕部長の自分が自由に通行するには数十年を要したとも述べている。それだけの歳月を経てもなお、企業経営者という障壁は大きく、彼らと通じる唯一の共通語は「金銭語」であるとし、建築のアイデア、技術、デザインから人格までを金銭化して表現することを自らに課している。いわゆる建築家として意のままに力を発揮したいという自我から解脱しているのである。

　浦辺の倉敷レイヨンでの活躍を振り返ってみる。戦後間もない頃はクラケン型組立住宅に取り組んでいたものの、1948年には各地の工場の復元工事に着手するとともに、1949年には富山の合繊工場建設を率い［C5-3］、合繊材料のポバール樹脂を生産する新設工場として紹介する記事を社内報に寄せている。それによると、

・ポバール工場は我社第一の高大な建造物である。その高大
・酢酸工場は我社第一の巨大な建造物である。その巨大
・事務所と付属屋は我社第一の、のびのびとした建造物である。その展開
・道路と排水路は我社第一の計画性を持った施設である。その整然さ
・工場外塀は廃品利用のパンチングメタルで出来て居りスダレのようだ。その異色さ
・倉庫の外壁は窓無しのスレート壁、美術館のようだと言う人が居る。その簡潔さ

C5-1　富山工場と立山連峰
Toyama plant and Tateyama mountain range

C5-2　富山工場　鳥瞰
Bird's-eye view of Toyama plant

C5-3　富山工場　建設グループ
Toyama plant's construction group

C5-4　富山工場　現存する事務所棟
Toyama plant office building, still existing

C5-5　竣工時の中条工場　配置図　Layout of Nakajo plant at completion

C5-6　竣工時の中条工場　全景　Full view of Nakajo plant at completion

C5-7　中条工場　管理棟（現・耐震改修済福利棟）
Management building of Nakajo plant

C5-8　中条工場　幹部社宅
Housing for Nakajo plant's executives

・屋外タンク群は富山で初めて出現した工場風景である。我社第一の青空工場
・社宅クラブは我社で最も木柄の大きい北欧的な木造建築である。その太さ[註1]

と表現されている。なかでもポバール工場の高層化［C5-1, 2］はイギリスの初期紡績工場の形式に学んだ省スペース化を提案している。かねてから浦辺は日本の工場が海外にはるか及ばない事情を嘆き、従業員の居住問題、付属施設の雑居、無計画なストックヤード、生産の不安定、固定資産資金の限界に対策を講じている。原料調達の立地優位性をなくした富山工場はすでに他社に売却され、無人の事務所棟［C5-4］のみ残り、RC-60型アパート（1961年）が県所有の倉庫として今も残されている。

次に浦辺は新潟の中条工場の全体計画［C5-5, 6］を担い、これを自身の工場建築の集大成と位置づけている。企業経営者の理想である青空工場、すなわち屋外プラント方式が徹底的に追及されるとともに、建物のみならずブロック配置やそれを結ぶパイプラインまでクラシキモデュール（KM）で有機的に統合されている。一方で、福利施設は残された自然の中に配置されるなど、浦辺がいう「工場は都市計画」との思想を端的に表している。総合事務所は今も福利厚生施設および製品検査部門として現役で活用されているが、耐震補強された姿［C5-7］は金銭語を使うことで自らを律した建築家の不在という空虚を痛々しく物語っている。今も残る工場長宿舎と周辺の社宅［C5-8］が自然の中で生き続けることを願うのみである。

[註]
1　浦辺鎮太郎「社会随想　工場新八景と逆八景」『クラレ連絡月報』
　　1950年9月号、クラレ

倉敷レイヨン高槻アパート（RC-60型）・独身寮 (1964年／現存せず)
Kurashiki Rayon Takatsuki Apartment (Type RC-60) & Singles' Dormitory (1964 / Not existing)

倉敷レイヨン高槻工場社員のための家族寮（アパート）と独身寮である。

家族寮は典型的な階段室型の住戸配置である。外観デザインでは、壁柱によりもち上げられた開放的なピロティ、屋上の手摺を兼ねた深い庇、鉄筋コンクリート壁の重厚感を強調する六角形の開口部が目を引く。住戸平面は、南側に配されキッチンと一体化したリビングを、L字形に連なる個室群が囲い込む一種の求心的構成である。階高は2,515 mm と低く抑えられ、大きな開口部による水平方向の視線の抜けが強調された内部空間は、伝統的な和風住宅を想起させる。いずれも、この時期に浦辺が定式化した「RC-60型アパート」に共通する特徴である。

一方の独身寮は、図面が残っていないため詳細不明であるが、石井記念愛染園女子単身住宅（1961年）や倉敷国際ホテル（1963年）に似た、どっしりとした多層塔状の構成をとる。浦辺建築のシンボルであるコンクリートの壁庇は、最上階のみに配されている点が特徴的である。

（柳沢 究）

6-1　RC-60型　リビング・ダイニング　RC-60, living & dining room

6-2　模型　Model

6-3　RC-60型　正面外観　RC-60, front exterior

6-4 RC-60 型　妻面　RC-60, gable side

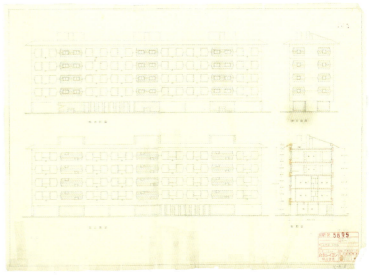
6-5 RC-60 型　立面図　RC-60, elevation

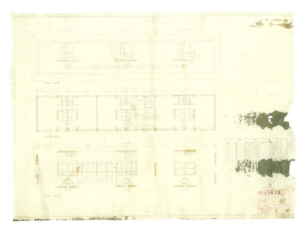
6-6 RC-60 型　平面図　RC-60, floor plan

6-7 RC-60 型　配筋詳細図　RC-60, bar arrangement drawing

6-8 独身寮　外観
Exterior of singles' dormitory
6-9 倉敷レイヨン高槻アパート（RC-60 型）
（右）・独身寮（左）全景　Takatsuki Apartment
(right) and dormitory (left)

6-8

6-9

65

column 06
RC-60型 ──浦辺鎮太郎の社員寮建築

柳沢 究

　営繕出身の浦辺は、いわゆる社宅や社員寮を数多く設計している。1950–1970年代の設計作品の1割以上が社員寮であり、そのほとんどはアパート形式の共同住宅である。住宅作品の少ない浦辺の居住空間に対する考え方をうかがえる点で興味深く、なかでも注目したいのは1960年代前半にRC-60型として定式化された一連の社員寮建築である。

　RC-60型は、鉄筋コンクリート（RC）造4、5階建ての階段室型共同住宅である。全国各地の倉敷レイヨン工場に付属する社員家族寮として建設され、判明している限りで、富山（1961年）[C6-1]・岡山（1961年）・国府台（1963年）・高槻（1964年）の4件がある。名称は1960年につくられたRC造アパートの標準設計、という意味だろう。例えば岡山アパートの設計図書を見ると、「岡山」と記載があるのは配置図や住戸内詳細平面図・設備図だけで、ほかの平面図・立断面図・構造図などには「RC-60アパート」とのみあり、ほかの物件と共用であったことがわかる。

　その一つ、国府台アパートの解説[註1]には、「この数年来私どもはアパートに関して一つの解答を見つけるために努力してきた」と提案の要点が簡潔に挙げられている。すなわち、①個人生活と共同生活の正しい関係、②邪魔な梁のない室内空間、③土地の高度利用、④風雪に耐える質実な外観、⑤美しいスカイライン、⑥コストの抑制、である。

　この意図に対応する建築表現は、次のように考えてよいだろう。①は住戸の独立性を保ちつつ近隣関係を育むという倉敷紡績の「分散寄宿舎」[註2]思想に通じ、③のために周囲に広く開放されたピロティと、ベンチや換気塔が密度高くデザインされた屋上[C6-4]が、共用の交流スペースの役を担う。②は外周壁と一体化した薄い壁梁を用いた構造の産物である。背の高い壁梁はピロティの大スパン架構

C6-1　富山アパート　窓まわりのディテール
Toyoma apartment, detail of windows

C6-2　富山アパート　リビング・ダイニング
Toyama apartment, living & dining room

C6-3　富山アパート　障子のディテール
Toyama apartment, detail of shoji

C6-4　富山アパート　屋上の排気塔とベンチ
Toyama apartment, exhaust tower & bench

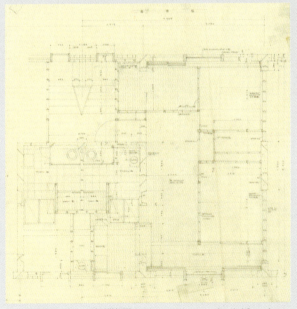

C6-5　岡山アパート　平面詳細図　Okayama apartment, detailed floor plan

にも寄与している。④はこの構造形式を率直に示すコンクリート打放しのマッシブな外観表現、⑤は頂部の深い屋根庇によるだろう。雨から外壁や開口部を守る効果も大きい。⑥はあまりに一般的な要件ではあるが、このような標準設計方式を採用した動機の一つとして理解されよう。

　現在唯一残るRC-60型、富山アパートを訪れ感じたことは、室内空間の豊かさと細部にわたる設計の密度である。住戸面積は18坪（約60 m²）、当時の公団住宅の平均住戸面積は15坪であるから、社員寮としてはかなり豪華である。同時期の一般的な集合住宅と比較して注目されるのは、まずテラスがないこと、次に浴室を外周部に配置する常道を外れ、太いパイプスペース（PS）を設けて住戸内部に納めている点である［C6-5］。その結果として、明るく広いキッチンや南面した縁側風スペースを備えたゆとりのある空間が実現している［C6-2］。ほかにも玄関やキッチンの手の込んだ造作収納から、室内に露出するコンクリート躯体と和風意匠の調和的デザイン、障子の桟の断面形状［C6-3］など、隅々まで心を砕いた設計に驚かされるのであるが、このような内部空間のきめ細やかな設計もまた、やはりある意味で標準設計の産物と思われる。明快な思想と合理性に基づき構造躯体レベルでの標準型を定めることで、個々の物件における設計のエネルギーを、設備系を含む内部空間の計画に集中させることができたのではないだろうか。

［註］
1　『倉敷建築研究所経歴書』（私版本）倉敷建築研究所、1964年
2　「寄宿舎建築様式の変遷　―倉敷絹織会社の場合―」『月刊民藝』1941年3月号、日本民藝協会、pp.37–44

07

日本工芸館（1960年／現存せず）
Japan Folk Art Museum (1960 / Not existing)

　大阪ミナミの繁華街のさらに南側の雑居ビル街の中に建つ、民芸資料展示館であるが、浦辺自身が「外部廂と呼び壁梁が日本の風土に適応するように一種の生物的な進化を行ったもの」と称するコンクリート打放しの壁庇が折り重なる独特のスタイルが初めて現れた建築である。

　この壁庇の陰影はクラシキモデュール（KM）によってリズムが与えられ、ここでは民芸につながる土俗的でやや重厚な雰囲気を創り出すとともに、最上階の屋根形状の傾斜壁の内側に抱かれる半屋外展示空間も特徴的で、訪れる人々を日常から解き放ち、自然と民芸の世界へいざなってくれる。

　一方で、ビル街にうずくまる鎧武者のような姿と、この重厚な建築が足元において四隅から少し内側に設けられた4本の柱のみで宙に浮くことを知るとき、柳宗悦の日本民藝協会と袂を分かった発注者・三宅忠一（1900–1980年）の孤高を表す塔としてデザインされたのではないかと思い至る。

（西村清是）

7-1　壁庇が折り重なる外観（2017年当時の姿、2019年に解体）
Exterior of layered pent roof walls (as of 2017, demolished in 2019)

7-2　模型　Model

7-3　竣工時の正面全景
Front view at completion

7-4　展示室
Exhibition room

7-5　窓まわりのディテール
Detail of a window

7-6　3階半屋外展示空間
Half-outdoor exhibition space on the 3rd floor

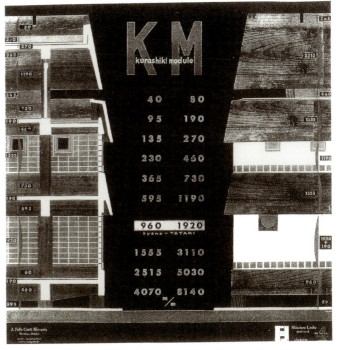

7-7　クラシキモデュール（KM）の解説パネル　Description panel of Kurashiki Module

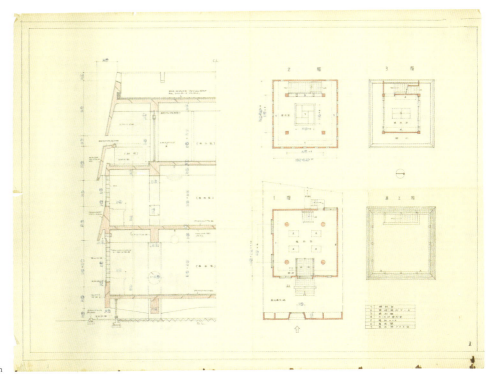

7-8　平面図・断面図
Floor plan, section plan

column 07-1

クラシキモデュール（KM）について

西村清是

浦辺鎮太郎がクラシキモデュール（KM）［C7-1-1, 2］について語った最初の文献は倉敷レイヨン健康保険組合蒼海寮（1959年／現存せず）の『新建築』記事である[註1]。その中で注目すべき点を以下に挙げる。

① 960 mm 内法制（京間）を主張しているひとりとして、それを原点とした KM を木造に適用した初例としている
② 別表で KM と丹下研モデュールとの相互関連を示している
③ 会社が数十年来、960 mm の芯々制を木造に適用してきた伝統があることに考慮を払わざるを得なかったと語るとともに、その後木造およびそれ以外に対する KM の適用例を見ると、それが絶対的な尺度とはもちろんいうことはできないが、有力な武器であることは認めざるを得ないとしている

丹下研モデュールに刺激を受けて KM を創作したことが②からうかがえる。また、③からは、KM はきわめて実務に重きを置かれていたことがわかる。実際、筆者が浦辺建築事務所（現・浦辺設計）に入社した1979年当時の KM 表には B と R の数列［C7-1-2］以外に 960 mm の倍数のユニット系と称するものが記載されていたし、所員間で使いまわされた KM 表には建物各所の部位寸法が記載されていたが、多くは準 KM と称して KM 数値を加減して実利に合わせた数値が記載されていた。この実利の効果は、倉敷国際ホテル（1963年）の設計を諸般の事情に合わせ、短期でやり遂げられた要因として、浦辺自身が KM を用いた設計の修練を挙げていることからもわかる。

それでは日本工芸館（1960年）を始めとする塔の裳階のようなコンクリート打放しの壁庇のデザイ

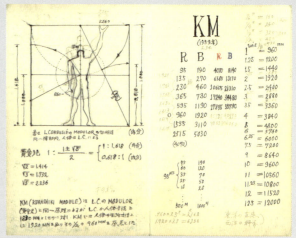

C7-1-1　手帳に書かれたクラシキモデュール（KM）　Written in Urabe's schedule book　ル・コルビュジエは6フィートの人間のヘソの高さ1130 mm とその2倍の手を伸ばした高さ2260 mm を基準にした。黄金比数列をそれぞれ赤組（RO.）青組（BL.）と称したが、浦辺はこれを960 mm、1920 mm の京間畳の寸法に置き換えた

KM (Kurashiki Module)		
	R	B
1	95	190
2	135	270
3	230	460
4	365	730
5	595	1,190
6	960	1,920
7	1,555	3,110
8	2,515	5,030

C7-1-2　クラシキモデュール（KM）　Kurashiki Module (KM)

C7-1-3　大原美術館分館のモデュール　Module of Ohara Museum of Art Annex

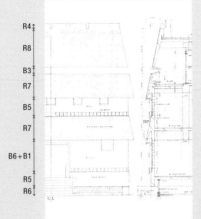

C7-1-4　日本工芸館のモデュール　Module of Japan Folk Art Museum

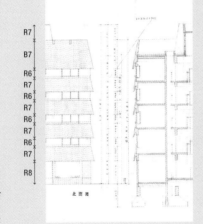

C7-1-5　石井記念愛染園女子単身者住宅のモデュール　Module of Ishii Memorial Aizen-en single female housing

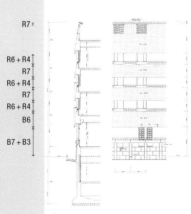

C7-1-6　倉敷国際ホテルのモデュール　Module of Kurashiki Kokusai Hotel

ンはどのようにして生まれたのか。石井記念愛染園病院看護師のための女子単身者住宅（1961年）・保育所（1962年）の『新建築』記事[註2]に、近くの四天王寺の五重塔をモチーフにしたのではないかとの噂をふまえて、日本工芸館を東塔、女子単身者住宅を西塔とインタビューで答えているが、日本工芸館の発表時にはそのことに触れていない。筆者の師匠松村慶三によるところの壁庇のデザイン出生の経緯は、当時多くの工場付属寮の設計を繰り返すなかで、水切り庇の機能と外観デザインの融合を図ったことによるという。日本工芸館、石井記念愛染園女子単身者住宅・保育所に続く実務的な試行錯誤のなかで倉敷国際ホテルとして完成の域に達した［C-7-1-4, 5, 6］のではないか。

　このようにしてみると、KMはル・コルビュジエが建物を建築の領域に高める道具としたモデュールとは違うのかといえば、もちろんそうではない。一連の壁庇のデザインが外壁に織りなす諧調はKMなくしてありえない。しかも、数列の選択によって、ビルの谷間にうずくまる鎧武者のような日本工芸館の重厚な民芸調から、工芸都市・倉敷の粋を体現する倉敷国際ホテルのモダンまでを自在に操ることができた。さらに、多様な素材で構成された大原美術館分館（1961年）の外壁をつなぐ縦糸のような役割を果たしている［C7-1-3］のもまたKMの存在である。

［註］
1　浦辺鎮太郎「瀬戸内海に建つ海の家」『新建築』1960年5月号、新建築社
2　浦辺鎮太郎「石井記念館愛染園の一建築」『新建築』1961年11月号、新建築社

column 07-2
民芸運動と壁庇

笠原一人

　日本工芸館（1960年）は、屋根とも庇とも壁ともつかない浦辺独自の「壁庇」が用いられた最初の建物である［C-7-2-1, 2］。1960年代を通じてこの壁庇は使われ続け、浦辺作品のトレードマーク的な存在にまでなるが、それはいかにして誕生したのか。浦辺と民芸運動との関わりのなかに、その源流を見てみたい。

　浦辺は1934年に倉敷絹織に入社するが、ちょうどその頃、社長を務めていた大原孫三郎が、柳宗悦率いる民芸運動と関わり始めていた。その影響からか、浦辺も民芸運動に参加する。1942年には柳が設立した日本民芸協会の会員となり、戦後は1946年に設立された岡山県民芸協会で本部委員として活動した。1949年には大阪本社営繕部長となり大阪に活動の拠点を移すが、そこで後に日本工芸館の施主となる三宅忠一（1900–1980年）に出会うことになる。

　三宅は、浦辺や大原と同じく岡山県に生まれた[註1]。1930年に民芸運動を率いた柳の書物に出会い、1935年から民芸運動に積極的に参加するようになる。1949年、後に三宅が「しゃぶしゃぶ」を考案して有名になった、大阪のレストラン・スエヒロの経営を手がけるようになり、店内に民芸の展示室を開設。1950年には大阪の堂島にあった古い米蔵を活用して日本工芸館を開設し館長となり、大阪民芸協会を設立する。ここには柳らも頻繁に訪れるなど、民芸運動の大阪の拠点となった。

　しかし三宅は、次第に柳に対して疑問を抱くようになる。民芸運動は、無名の工人の無作為の工芸品がもつ簡素さの美に真実があるとして始まった。ところが柳の周囲には、いつしか河井寛次郎や浜田庄司など、著名な作家たちが活動するようになっていた。それは三宅にとって、本来の民芸運動を逸脱しているように思われた。三宅は1959年、日本民芸

C7-2-1　日本工芸館　全景　Japan Folk Art Museum, full view

C7-2-2　日本工芸館　壁庇
Japan Folk Art Museum, pent roof walls

C7-2-3　日本工芸館　展示室　Japan Folk Art Museum, exhibition room

C7-2-4　日本工芸館　壁庇を裏から見る
Pent roof walls as seen from inside

協会と袂を分かち、新たに日本民芸協団を設立し理事長となる。以後、無名の工人による民芸の復興と普及を図る活動を展開した。

　ちょうどこの頃、日本工芸館を大阪の難波に移転し、建物を新築する計画が生じる。三宅は設計を浦辺に依頼した。その際、木造や土蔵ではなく鉄筋コンクリート造を条件とし、民芸品に調和するデザインを望んだ[C7-2-3][註2]。三宅は、民芸に対して実用性を重視し[註3]、また工業化や機械化をも許容する立場をとっていた[註4]。こうした三宅の条件や理念を形にするべく浦辺が奮闘し、新しい日本工芸館（1960年）が生まれたのだ。

　その際用いられた独自の壁庇について、浦辺は後に「廂とも屋根ともつかない部分は、壁梁が日本の風土に適応するように一種の生物的進化を行ったもの」だと論じている[註5]。これは壁にかかる雨の水切りの役割を果たすもので、技術的な追求の結果生まれたというのである[C7-2-4]。自らを「技師」と称した浦辺らしい発言であるが、それは作家の生み出す美よりも、工人が生み出す実用性を重んじた三宅の思想に重なる。浦辺と三宅の関心が同調し交差するところに成立したのが、この日本工芸館であり、あの独自の壁庇のデザインだったといえるだろう。

［註］
1　三宅忠一については、冨永静朗『民芸如花　―三宅忠一―』（日本工芸館、1981年）、日本民芸協団設立の経緯については、三宅忠一「民芸運動の道(45)」『日本の工芸』(第51号、1959年12月)に詳しい。
2　「新しい工芸館のこと　―洋式建築と民芸―」『日本の工芸』第46号、日本工芸館、1959年7月
3　三宅忠一「民芸運動の道(28)」『日本の工芸』第34号、日本工芸館、1958年7月
4　三宅忠一「民芸運動の道(8)」『日本の工芸』第13号、日本工芸館、1956年9月
5　浦辺鎮太郎「石井記念館愛染園の一建築」『新建築』1961年11月号、新建築社

石井記念愛染園女子単身者住宅（1961年／現存せず）・保育所（1962年／現存せず）
The Ishii Memorial Aizen-en Single Female Housing (1961 / Not existing) and Nursery School (1962 / Not existing)

急勾配の屋根が積層する形式は浦辺特有の壁庇で、前年に完成した日本工芸館（1960年）の流れを汲み、後の倉敷国際ホテル（1963年）の意匠へとつながっていく。敷地の近くにある四天王寺の五重の塔を模したという話もあるが真意は定かではない。壁庇には"工人になすがまま任せたい"という独特の細かいリブがついていて手の込んだ造りになっている。

敷地は、当時はまだバタヤ街と呼ばれた界隈の中央に位置していて、木造家屋が軒を連ね、路上まで屑ものの山が積まれている環境であった。そこに建つ看護婦寮と保育所である。堅牢な鉄筋コンクリート造であることは、そこで生活をする看護婦と子どもたちを物理的にも精神的にも、外の喧騒から守り育て続けることを目的として選択された。メゾネットとスロープが巧みに組み合わさった保育所は日本で初めての2階建てであった。

ピロティやスロープ、中庭による立体的な構成により、限られた敷地のなかで豊かな外部空間が実現している。

（白須寛規）

8-1　正面全景。手前が女子単身者住宅、奥が保育園　Single female housing (front), nursery school (back)

8-2　模型　Model

8-3　園庭から女子単身者住宅を望む
Single female housing as seen from the nursery's yard

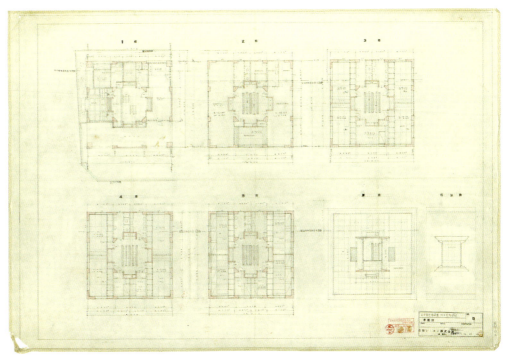

8-4　女子単身者住宅　平面図　Floor plan of the single female housing

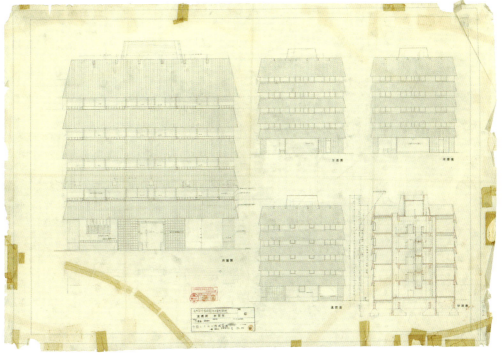

8-5　女子単身者住宅　立面図・断面図　Elevation & section plans of the single female housing

8-6　保育室　Nursery room

8-7　寮室内観　Interior of the dormitory

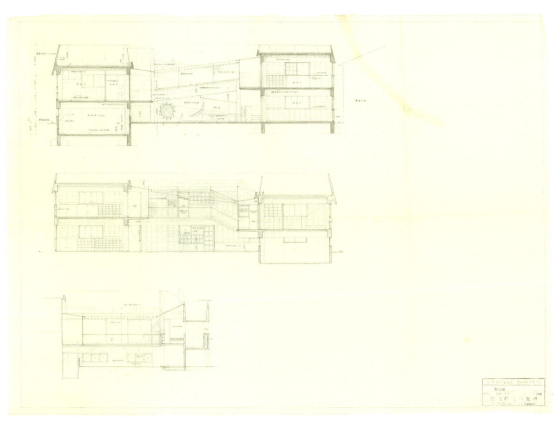
8-8　保育園　断面図　Nursery school, section plan

09
石井記念愛染園愛染橋病院（1965年／現存せず）
Ishii Memorial Aizen-en Aizenbashi Hospital (1962 / Not existing)

社会事業家・石井十次の理念を継ぐ石井記念愛染園によって設立された病院である。1964年に石井の生誕100周年を迎え、手狭になった病院に隣接する敷地に建物を増築する計画が生じた。当時、大原總一郎が園の理事長を務めていたことから、その設計が浦辺鎮太郎に依頼された。

1965年に鉄筋コンクリート造の6階建ての建物として竣工した。外観はコンクリートの太い柱梁がフレームをつくり、6階の屋上部と塔屋部分に取り付けられた浦辺特有の大きな「壁庇」とあいまって、古風ともモダンとも見える不思議な表現となっている。

玄関や受付ホールの壁面には、高地順子のデザインによるステンドグラスや古瀬隆製作の陶板がはめ込まれ、殺風景になりがちな病院の風景にアクセントを与えている。また階段室の支柱壁が斜めの線や丸窓を用いてデザインされており、手づくりの雰囲気が演出されている。

病院の再移転および新築のため、2005年に解体されて現存しない。

（笠原一人）

9-1 南東側から見た外観　Exterior of southeast side

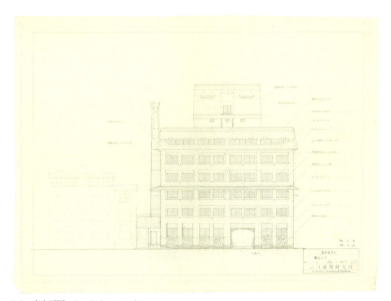

9-2 南立面図　South elevation plan

column 08・09
一連の愛染園の施設

笠原一人

　社会事業家・石井十次は、キリスト教を背景として社会事業を展開し、1887年に岡山で日本初の孤児院を創設した人物である。その後拠点を大阪に移し、スラムに対する施策として保育や教育、相談事業などに尽力した。浦辺鎮太郎は、石井の志をもとに大阪に設立された石井記念愛染園の建物を3件設計している。

　石井が1914年に没した後、生前から交流のあった大原孫三郎が1917年に石井記念愛染園を設立し理事長に就任。大阪の愛染橋周辺のスラム街を拠点として、細民のための託児所や保育所、幼稚園、小学校を中心とした社会事業を展開した。1943年の孫三郎没後は大原總一郎が理事長に就任し、戦後になって、関連施設の設計を浦辺に依頼したのである。

　最初に石井記念愛染園女子単身者住宅（1961年）、次いで保育所（1962年）が建設された［C8・9-1］。これらは1937年に開設された愛染橋病院の隣地に建っていたが、病院の拡充のため近くに新たな敷地を購入して移転、新築されたものである。続いて、石井の生誕100周年を記念して、1965年に石井記念愛染園愛染橋病院が竣工した［C8・9-2］。倉敷の一連の作品同様、大原孫三郎・總一郎親子の事業の拡大を背景に、彼らとの信頼関係のなかで生み出されたのが、愛染園の一連の建物だった。

　そのデザインは日本工芸館（1960年）で確立された大きな「壁庇」を備え、クラシキモデュール（KM）を用いるなど、科学的な志向性と伝統的なデザインの両者をあわせもっていた。いずれも残念ながら現存しない。

C8・9-1　石井記念女子単身者住宅（左）・保育園（右）　南側からの鳥瞰
Single female housing (left), nursery school (right)

C8・9-2　石井記念愛染園愛染橋病院　南側からの鳥瞰　Aizenbashi Hospital

京都航空ビル（1961年／現存せず）
The Kyoto Airlines Building (1961 / Not existing)

大原家に縁深い京呉服「志ま亀」創業150周年（1961年）に建てられた。地階から2階を貸店舗、3・4階をメゾネット住宅としたいわゆる「中高層建築」である。

戦時、御池通拡幅強制疎開で、柊屋旅館北隣の店舗すべてが削られ、向かいの俵屋旅館北の貸長屋と隠居家は半分残った跡地で、前面道路は50m幅、しかし隣の旅館は平安時代以来の衣食住の洗練された場である。コンクリート打放しの長方形の箱、住居下層に水場を集め、高架水槽などの屋上突起を抑えている。上階3層の外壁は窓の開口を広く取るためフィーレンディール梁構造とし、1階は長スパンを3グループの柱壁で支え、ピロティとする。

航空会社の入居が決まっていたので、京都航空ビルと名づけた。設備は、川合健二の力を借り、豊富な井水だけの冷房と、運転容易な米国製家庭用ボイラーなど、技術を結集した。結果として古都に受け入れられた。事情あって土地を手離し、現存しないのは残念である。

（辻野純徳）

10-1　正面全景　Full front view

10-2　窓まわり柱梁のディテール
Detail of beams and columns around windows

10-3　3階洋室内観
Interior of a Western-style room on the 3rd floor

11
大原美術館分館（1961年）
The Annex for the Ohara Museum of Art (1961)

　本館の南側に広がる新渓園という庭園を取り囲む、全長70mの細長い街区に建つ大原美術館の分館である。南西に位置する丹下健三の倉敷市庁舎（1960年）を起点とした急激な都市化と近代化から、木造の街並みが残る元倉敷の保存地区を守る「城壁」として構想されたため、古い町家の高さを考慮したスケールと、白と黒を基調色とする方針が求められた。

　しかし伝統的なモチーフの単なる引用ではなく、白壁に黒瓦の水平ラインで全体を統一しつつも、鉄筋コンクリート造でシェル構造の屋根がかけられガラス・ブロックが使用されるなど先進的な技術や材料を用いている。街路側外壁の曲線を描く腰部分は自然石を埋め込んだプレキャスト・コンクリート・ブロック、庇部分は杉板によるコンクリート打放し、屋根には玉砂利を埋め込むなど、工芸的な手仕事によって簡素で力強い造形にまとめられた。

　平面と立面は独自に考案されたクラシキモデュール（KM）によって小気味良く分節され、親しみやすい落ち着いた雰囲気を醸し出している。

（松隈　洋）

11-1　倉敷国際ホテル側から見下ろした全景。右手前の収蔵庫は改築、中庭のシリンダーは地下展示室増築　View from Kurashiki Kokusai Hotel

11-2　南路地側全景　View from a south alley

11-3　展示室　Exhibition room

11-4　中庭を望む　Patio as seen from inside

11-5　シェル屋根。下部の垂れ壁はガラスブロックからの改修　Shell-structure roof (the hanging partition wall is a repair work of glass blocks)

81

11-6　城壁状の外壁南西側より倉敷国際ホテルを望む　Like castle wall, the southwest side

11-7　東絵画室。欄間部分はガラスブロックから改修
East painting room

11-8　正面玄関　Main entrance

11-9 南東角より望む　From the southeast corner

11-10 外壁ディテール。高梁川の川石打ち込みプレキャスト・コンクリート　Detail of exterior (precast concrete with river stones embedded)

11-11 模型　Model

11-12 竣工時の南東隅から望む屋根　Roof as seen from the southeast corner at completion

11-13 竣工時の南路地側外壁　Exterior wall along a south alley at completion

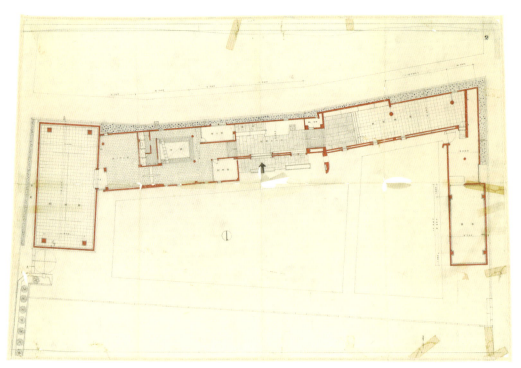

11-14　1階平面図　Floor plan of the 1st floor

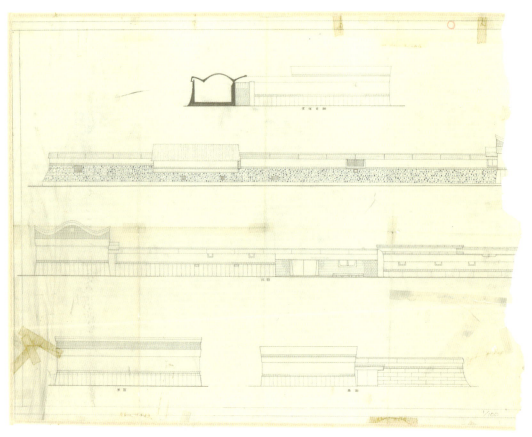

11-15　立面図　Elevation plan

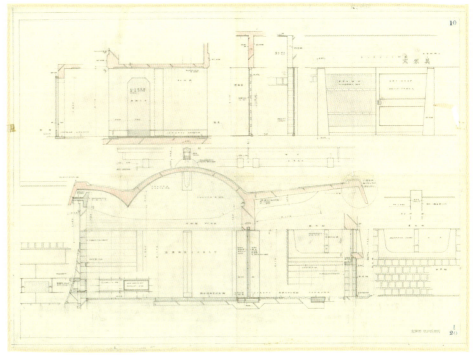

11-16　展示室　断面詳細図　Detailed section plan of the exhibition room

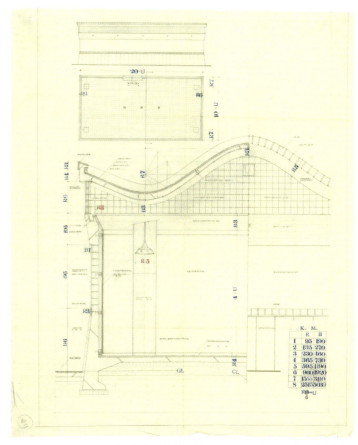

11-17　クラシキモデュール（KM）説明図（東絵画室）　Illustration of Kurashiki Module (KM)

column 11
大原美術館分館の八つの計画をめぐって

松隈 洋

　大原美術館は、大原孫三郎が画家・児島虎次郎の遺志を受け継ぎ、彼がヨーロッパで収集したエル・グレコ、ゴーギャン、モネ、マティスなどの西洋の名画と彼の作品を公開することを目的に、1930年11月に日本で最初の西洋美術中心の私立美術館として開館する。その設計は、児島と同じく大原家の奨学生でもあった、倉敷絹織（現・クラレ）の常務取締役で工場長を兼任していた建築技師の薬師寺主計が手がけ、ローマ建築様式で建てられた。

　その後、1950年の開館20周年記念行事を機に収集範囲が拡大され、日本やシルクロードの工芸品、エジプトや中国の古美術品の収蔵が増えるなか、孫三郎の後を継いだ大原總一郎と薬師寺の後任である浦辺鎮太郎によって、美術館の拡張計画が進められていくことになる。しかし当時はまだ、開館の時期や施設の内容など不確定な要素が多く、浦辺もまだ営繕技師という立場にあり、時間的な余裕もあったのだろう。分館の竣工後、その建設までの経緯について、浦辺は次のように振り返っている。

　昭和29年、グロピウス教授が倉敷を訪れた。その頃新渓園のこの敷地には、ユースホステルの計画があったと思う。そして翌年から美術館計画に変更された。その内容もはっきりしないまま、何回かのプロポーズ案をやった。しかしこれらの試案は、どれも大原總一郎氏の意を動かせるところまで行かなかった。けれどもそうやっている間に客観状勢も好転し、はっきりしなかった内容も分かってきた。すなわち日本の洋画家達の代表的作品のための部分とエジプト・ペルシャの古美術品のための部分とを作り、独立会計で運営するという方針になった。[註1]

　この分館の建設のために1957年1月から1958

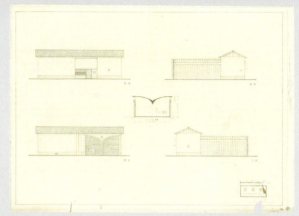

C11-1　大原美術館計画案　第1案「記念館」立面図・断面図　1957年1月25日　The 1st proposal for Ohara Museum of Art, Annex entitled "Memorial Hall" (plan and elevation as of January 25, 1957)

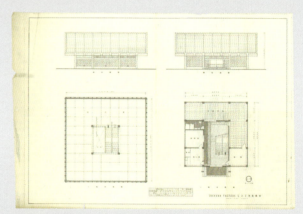

C11-2　大原美術館計画案　第2案「UNKNOWN FACTORによる美術館案」平面図・立面図　1957年11月9日　The 2nd proposal for Ohara Museum of Art, Annex entitled "Art Museum Design by UNKNOWN FACTORS" (plan and elevation as of November 9, 1957)

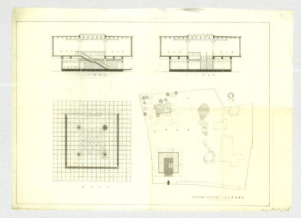

C11-3　同上　断面図　Section plan of the same

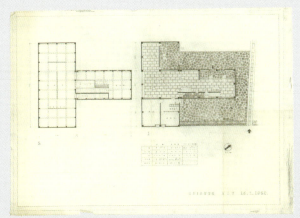

C11-4　大原美術館計画案　第3案　平面図　1958年1月15日　The 3rd proposal for Ohara Museum of Art, Annex (floor plan as of January 15, 1958)

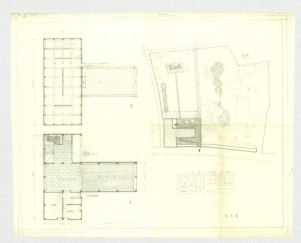

C11-5　大原美術館計画案　第4案　配置図・平面図
The 4th proposal for Ohara Museum of Art, Annex (layout and floor plan)

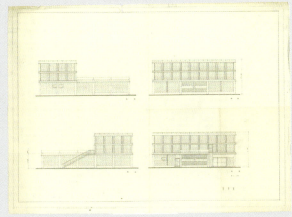

C11-6　同上　立面図　Elevation plan of the same

年にかけて描かれた計画案は、計八つも存在する。1952年に京都大学を卒業後、倉敷レイヨン営繕部に入社し、浦辺の部下として設計を担当した松村慶三の証言によれば、この時期の計画案は、分館の構想を具体化するための基礎的なアイデア検討段階の作業だったという。まだ所員との打合せもほとんど行われていなかったというから、その意味では、浦辺が思い描いた美術館構想そのものの推移を伝える計画案となっている。同時に、古い街並みの残る地区にどのような近代建築をつくるのが良いのか、浦辺の建築思想の形成過程をうかがい知ることができるのも興味深い。

　まず、1957年1月25日の日付の入った「記念館」と題された第1案［C11-1］では、敷地も特定されておらず、美術館構想の前段階のものと推測される。鉄筋コンクリート造で切妻屋根の土蔵風の展示棟と、コンクリート・シェルの屋根が架かった展示室がL字型に並ぶ構成になっている。そこには、倉敷考古館増築（1957年）や大原美術館分館（1961年）とつながる造形が試みられており、切妻とシェルによる新旧の対比的な表現を模索していたことがわかる。

　続いて、1957年11月9日の日付の入った「UNKNOWN FACTORSによる美術館案」と題された第2案［C11-2, 3］では、美術館の計画であることが明記される。また、新渓園の南東の一角が敷地に設定されており、正方形平面の2階建て、中央に吹抜とトップライトが描かれている。興味深いことに、建物規模を検討する比較対象として、大原美術館本館とともに、吉阪隆正の設計したベネチア・ビエンナーレ日本館（1956年）の名前が記されており、浦辺が、吉阪の試みたコンクリートによる日本館の造形に何らかの影響を受けていたことがうかがえる。

さらに、同じ敷地で形状を変えて検討された第3案［C11-4］と、その精度をより高めた第4案［C11-5, 6］では、2層と1層のボリュームがT字型に交差する構成となっている。実施案へとつながる方法として注目されるのは、建物の南東の外壁面が敷地の南東角の道路境界線に沿って置かれたことである。また、内部の展示室が絵画用とエジプト・ペルシャの古美術品の展示用に区分され、後者の床仕上げが石畳として描かれている。おそらく、先の浦辺の記述にもあるように、展示室のイメージが固まりつつあったのだろう。さらに、1層の展示室には屋上庭園と外部階段が設けられており、ここから古い街並みを俯瞰することが意図されたのだと推測できる。一方、外観はコンクリートの柱と梁を露出させ、間にコンクリート・ブロックを積む、やや単調な表情にとどまっており、どのようにまとめたら良いのか方向性が見つからず、逡巡しているようにも見える。

　そして、続く箱型の第5案［C11-7］を経て、第6案［C11-8］になると、それまでのT字型の平面を踏襲しながらも、2層のボリュームの展示棟に、唐突にも弓形に反ったシェル状の屋根が架けられた造形が出現する。さらにこの案を展開させた1958年の第7案［C11-9, 10, 11］では、1層の管理棟にも同じような弓形の屋根が架けられていく。そこには、コンクリートによる新しい屋根のモチーフを、造形として何とかもち込もうとする浦辺の強い意志のようなものが感じ取れる。それはもしかしたら、作品集などで紹介されていた、遠くインドのチャンディガールで建設が進みつつあったル・コルビュジエの議事堂や計画案として発表された総督公邸に登場する大庇や屋根の造形に触発されたものだったのかもしれない。

　このように、さまざまな設計案による粘り強い試行錯誤の果てに、「これで行こう！」と生み出され

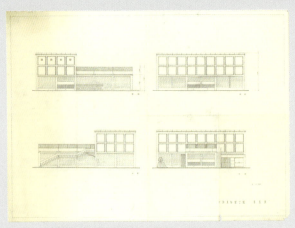

C11-7　大原美術館計画案　第5案　立面図　1958年
The 5th proposal for Ohara Museum of Art, Annex (elevation in 1958)

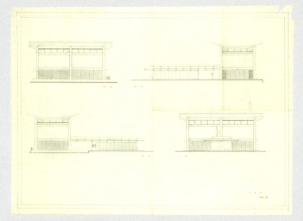

C11-8　大原美術館計画案　第6案　立面図
The 6th proposal for Ohara Museum of Art, Annex (elevation)

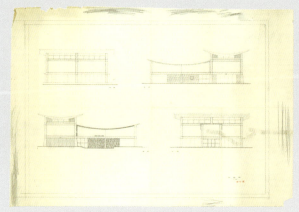

C11-9　大原美術館計画案　第7案　立面図　1958年
The 7th proposal for Ohara Museum of Art, Annex (elevation in 1958)

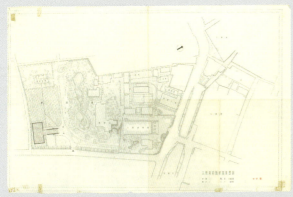

C11-10　同　第7案　配置図　1958年8月2日
Layout of the same as of August 2, 1958

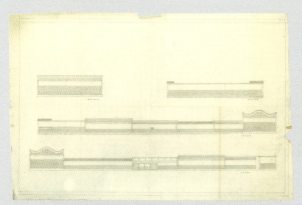

C11-11　大原美術館計画案　第8案　立面図
The 8th proposal for Ohara Museum of Art, Annex (elevation)

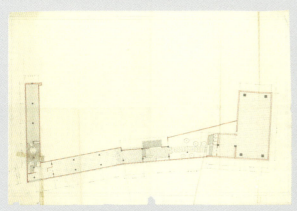

C11-12　大原美術館計画案　第8案　平面図
The 8th proposal for Ohara Museum of Art, Annex (floor plan)

たのが、1959年の初めに作成され、ほぼ実現案となる第8案［C11-12］である。ここへ来て大原の理解を取り付けたのだろう。敷地は新渓園の南半分まで拡大され、これによって、実現案となる敷地南側道路の境界線を外壁とする、長大な平面が生み出される。そして、それまでの検討作業のなかで浮かび上がってきたさまざまな造形のモチーフが一気に昇華されて、まったく新しいコンクリートによる造形でありながらも、古い街並みとも調和する独自の建築が生み出されていったのである。

［註］
1　浦辺鎮太郎「古い倉敷の新しい城壁」『建築文化』1961年6月号、彰国社

［参考文献］
・西村陽子「倉敷における浦辺鎮太郎の建築　―1950-60年代を中心として―」2004年度京都工芸繊維大学大学院修士論文

12
倉敷国際ホテル（1963年）
Kurashiki Kokusai Hotel (1963)

　大原美術館分館（1961年）に続き、新渓園に隣接して建てられた70室の客室と宴会場、食堂や喫茶室、グリルやバーなどからなる倉敷で最初の本格的な国際ホテルである。東側に大原美術館本館と工芸・東洋館があり、その先に伝統的な街並みが広がる。前面の倉敷中央通りの斜向かいには丹下健三の倉敷市庁舎が建ち、新旧の建物に挟まれ恵まれた敷地で、大原總一郎と長く温めてきた、倉敷にふさわしいホテルの構想が追求された。

　外観は、日本工芸館（1960年）から始まる打放しコンクリートの斜めの壁庇と白壁、黒瓦の水平ボーダーでまとめられ、屋上庭園を取り囲む壁と塔屋にも同じモチーフを用い統一感のある瀟洒な表情をつくり出している。

　内部中央の吹抜には棟方志功の板画、竣工時の1階ロビーにはアマン・ジャンの壁画が飾られ、民芸調の家具や照明器具と、モザイク・タイルや左官仕上げの職人的な仕事によって、品位と風格をもちながらも居心地の良い、寛いだ雰囲気の空間にまとめられている。

（松隈　洋）

12-1　吹抜ロビー　Atrium style lobby

12-2　エントランス　Entrance

12-3　北東側からの鳥瞰。中央右手に倉敷国際ホテル、その左手が大原美術館、奥に旧倉敷市庁舎（現・倉敷市立美術館）
Bird's-eye view from northeast with Kurashiki Kokusai Hotel in center right, Ohara Museum of Art on its left, and former Kurashiki City Hall (present-day Kurashiki City Art Museum) in back

12-4　正面全景　Full front view

12-5　壁庇のディテール　Detail of pent roof walls

12-6　屋上階の外部ディテール
Detail of the roof floor exterior

12-7　1階の外部ディテール
Detail of the 1st floor exterior

12-8　客室内観　Interior of a guest room

12-9　階段のディテール　Detail of stairs

12-10　階段室　Details of a staircase

12-11 竣工時のロビー内観　Interior of the lobby at completion

12-12 竣工時の大原美術館側から見た外観
Exterior as seen from Ohara Museum of Art at completion

12-13 模型　Model

12-14 竣工時の北東側からの鳥瞰　Bird's-eye view from northeast at completion

12-15　竣工時の西側外観　West side exterior at completion

12-16　西立面図　West elevation

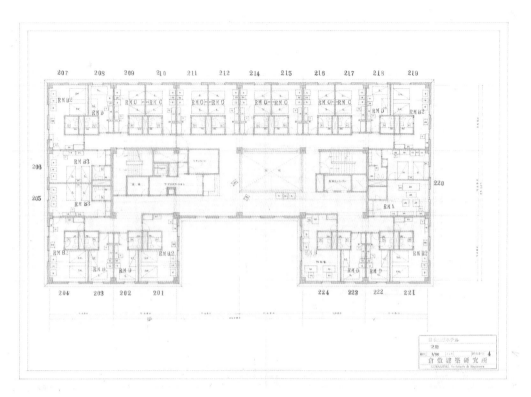

12-17　2階平面図　Floor plan of the 2nd floor

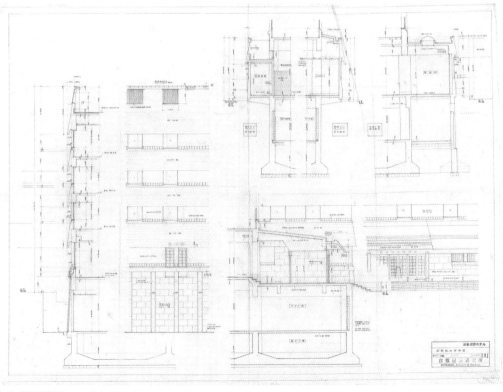

12-18　断面詳細図　Detailed section plan

column 12

倉敷国際ホテルに結実する大原と浦辺のホテル構想

松隈 洋

　倉敷に本格的な国際ホテルを建設する構想がいつ始まったのか、詳細はわからない。しかし、浦辺設計には3冊の興味深い資料が大切に保管されている。それらは、大原總一郎が構想し、浦辺鎮太郎がスケッチして図面化したホテル計画の初期のイメージが何だったのかを、現在の私たちに伝えてくれる。1冊は、「An Inn with Pub projected at KURASHIKI August 6 1953」と表紙にタイプ打ちされた全18ページのパンフレットであり、もう2冊は、その下書きのメモとスケッチと思われる『Inn with Pub projected at Kurashiki』と、『ホテル』と表紙に手描きで記されたA4サイズのノートである。

　最初に挙げたパンフレットには、「パンフレットに添えて」と題した大原總一郎の前書きが記されている［C12-1］。そこには、ホテル建設へ向けての抱負が次のように綴られていた。

　どんな市どんな町にも旅館はある。旅館はその町の一つの窓である。旅行者はその宿によって町の表情や思想を読み取る事が出来る。（中略）それは又その都市がどんな種類の都市であるかによってきまる。商業都市、工業都市、教育都市、所謂新旧の観光都市、遊覧都市等。従って旅館はその都市とその都市を訪れる旅行者との双方にふさわしいものでなければならぬ。（中略）私は質素で健全で実質的で心の通い感情のこもった宿が望ましいと思う。（中略）私はスコットランド旅行の際町々で泊まったInnに忘れ難い記憶を持つ。ウイスキーをたしなまない者にとっても旅人の精神的安息の場所であり、スコットランドの風景や歴史や人情の窓であり、更にこの宿をもつ事自体がスコットランドの風物の一条件であるとさへ感ぜられるものが多かった。（中略）倉敷を訪れる人は年と共に多くなった。倉敷は天下の名所ではない。併し

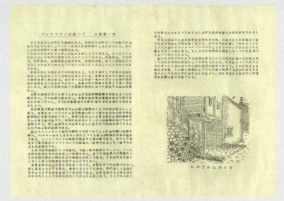

C12-1　大原總一郎「パンフレットに添えて」
『An Inn with Pub projected at Kurashiki』 Soichiro Ohara "Along with the brochure", 'An Inn with Pub projected at Kurashiki'

C12-2　同上　道路側から見たInnの全景スケッチ
Full sketch of the Inn as seen across the road
倉敷市羽島の「羽島焼、天神窯を見下す高さ40尺余の台地に、地形を殆どそのままとりいれて、このイギリス式の旅館は建てられます」と記されている。

C12-3　同　倉敷市の地図に記されたInnの案内図（左）と1階平面図
Information of the "Inn" on the Kurashiki City map (left) and its 1st floor plan (right)

C12-4　同　Innの1階平面図と地階平面図（左）と配置図（右）
The 1st and basement floor plans of the "Inn" (left) and its layout (right)

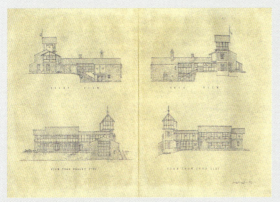

C12-5　同　Innの立面図　Elevation plans of the "Inn"

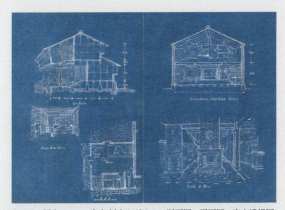

C12-6　同上　Innの客室（左）とグリルの断面図、平面図、室内透視図
Section, plan, and interior perspective of the Inn's guest room (left) and Dining Saloon-Grill & Bar (right)

　生きようとする意志、発展しようとする意志、特に美しく真実に生きようとする意志を持って居る町である。倉敷を訪れる人達は多かれ少なかれこうした気持を理解して来られる事と思う。そうである限りそれ等の人々にとってはそうした町の意志を備えた宿が必要であると思う。（中略）倉敷を本当に愛して訪れる人々にとって共通のウィークエンドハウスのような小ホテルがあればそれは最も好ましい事と思う。そしてそれ自身町と調和した一つの文化財でもあってほしいと思う

　大原總一郎が、父・孫三郎から命じられて、将来の倉敷絹織の経営者となるための見識を深めるために真佐子夫人と欧米視察旅行に出かけたのは、1936年4月から1938年12月までの2年半である。そんな外遊のなかで、1年半の長きにわたって暮らしたのがイギリスのロンドンだった。滞在中の旅行先で宿泊したスコットランドの「Inn」と呼ばれる古めかしい小さな宿屋と、1階に「bar」（酒場）のある村や町の社交場ともなっている「pub」に、大原は強い印象を受けたのだ。何よりも、小さな宿屋がまちの顔となり、そこに暮らす人々のよりどころとなっていることに魅せられたに違いない。だからこそ、そのような小ホテルを倉敷に実現したいと願ったのだと思う。

　そして大原は、前書きの最後で「設計は倉敷の町に大きな愛情を持ち又それの実現に種々の足跡を残して来た浦辺鎮太郎君によって試みられた」と書き留めたように、その夢の具体化を浦辺に託そうと考えたのである［C12-2, 3, 4, 5, 6］。浦辺は、同じパンフレットの「設計者後記」に、「楽しい夢を見る機会を与えて下さいました大原社長に感謝致します」と応えつつ、ホテル計画実現の課題について、次の2点を指摘していた。

一つは、ホテルの運営についての専門的知識をもたないために、二人の専門家に教示を受けたものの、自分たちの「素人案」は「度々深い傷を受けた」ので、今後も検討を続ける必要があること。もう一つは、目指すべきホテルの「生活様式」とその「表現である建築様式」をどう見定めるのか、という課題である。浦辺は、大原の理想とする Inn と Public House（pub）を実現するためには、建築様式としては当然「Old English」と概称されるものになると記し、そこには「流行に流されない頑固さ」があり、それが「イギリスの魅力」だとする。そこで、「この頑固なイギリス式を主人とし、倉敷の風土をその夫人とした調和ある結婚から発する雰囲気を幻想」し、「異質の調和」を構想したのだという。

　ここに示された「異質の調和」という目標、すなわち、倉敷の街並みや培われてきた美意識や伝統と、大原が浦辺に提示したイギリスの"時間に耐え得る「Old English」の建築様式"を融合させ、倉敷のまちの顔となる「小ホテル」をつくる、という共通イメージこそ、10年後に倉敷国際ホテル（1963年）を誕生させる原動力だったのだと思う[C12-7, 8, 9, 10]。また、その設計には、日本工芸館（1960年）を手始めに試みてきたクラシキモデュール（KM）という、人体の「生理的寸法」から考案されたル・コルビュジエのモデュロールに触発されながらも、そこに千利休が茶室に用いた京間の知見を加えることによって、人体の「生活的寸法」を取り入れた独自の寸法体系がもち込まれた。

　そして、大原總一郎とは、父・孫三郎の時代から交流のあった柳宗悦（1889–1961年）が提唱した「民芸」の視点、すなわち、無名の職人たちが民衆のためにつくった、匿名的な普段づかいの実用品の中に美を見出す眼差しも加味されていく。だからこそ、大原からの影響で民芸にも目覚めた浦辺は、「設計

C12-7 『ホテル』西立面図スケッチ
West elevation sketch of the "Hotel"

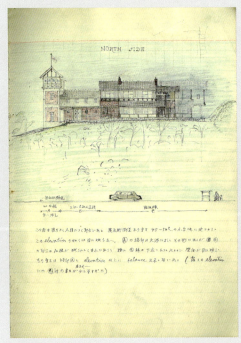

C12-8 同　北立面スケッチ
North elevation sketch of the "Hotel"

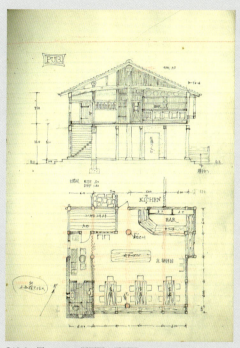

C12-9　同　PUBの断面図、平面図
Section and floor plan of the PUB at the "Hotel"

者後記」の末尾に、「幸に倉敷にはこの仕事に本当に協力して下さる工人が多いし又日本は現代のイギリスよりも手工芸では恵まれた環境にある」と記し、倉敷に根ざすことによって、イギリスに勝るとも劣らない独自の建築をつくり上げようとしたのだろう。

こうして、大原總一郎からの依頼を受けた棟方志功（1903–1975年）の大作の板画「大世界の柵・坤」がロビーに飾られ、落ち着いた民芸調でまとめられた室内と街並みに溶け込む外観の倉敷国際ホテルが実現する。それは今もなお、倉敷のまちを象徴する建築であり続けている。

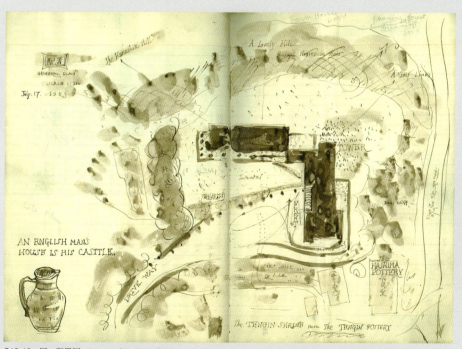

C12-10　同　配置図　Layout of the "Hotel"

倉敷ユースホステル（1965年）
The Kurashiki Youth Hostel (1965)

　日本のユースホステル運動が活発になった1960年代に地元の熱心な誘致により実現したユースホステルである。倉敷のまちを一望できる丘の上に建ち、一連のコンクリート壁庇によるデザインを低層の2棟に用いて自然景観の中で水平に展開している。水平庇と平面は、いずれも960mmの倍数で構成され、天井高さなどもクラシキモデュール（KM）による寸法となっている。

　異なる活動のために2棟に分けて計画されている。昼間の活動棟は正方形プランをしており、その中心に暖炉が設けられている。夜間の就寝棟にはユースホステル協会の規格による2段ベッドが高密度で組み合わされている。換気や空調のための設備も組み込まれ、立面の腰壁に換気口の丸穴が穿たれている。2棟の庇の高さは地形に合わせて異なり、夜間の就寝棟は波板による二つの蒲鉾形状の屋根をもつ。

　交歓の場の中心としてつくられた暖炉を含め、心地良い建築空間は宿泊者を歓迎しつつ現在まで営業を続けている。

（小池志保子）

［参考文献］
・『新建築』1967年12月号、新建築社

13-1　妻側外観　Exterior of the gable side

13-2　模型　Model

13-3　ホールの暖炉　A fireplace in the hall

13-4 竣工時の西側外観　West side exterior at completion

13-5 竣工時のホール内観　Interior of the hall at completion

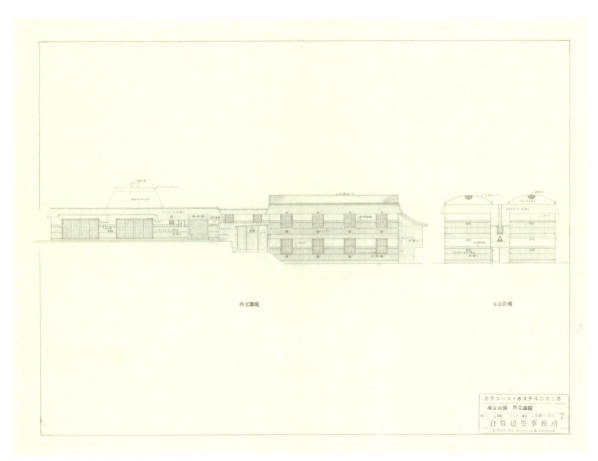
13-6 南立面図・西立面図　South elevation, West elevation

14

浜幸ビル（1966年）
The Hamako Building (1966)

　高知市のはりまや橋交差点に建つ土佐銘菓の店舗が入った商業ビルである。細長く狭い敷地の地下1階地上5階建てで、1階は店舗、2階と3階は喫茶室、4階と5階にホールと画廊が入っている。

　建物外観は西条市立郷土博物館東予民芸館（1967年）と同様に、1階低層部に擬石ブロックの基壇、2–4階までは白系の吹付け材が施された中間部分があり、5階と屋上部分に傾斜のついたパラペットが載る3層構成である。パラペットには高知城の欄間にある鯨と黒潮の波模様のレリーフが施され、看板のように大きな存在感は交差点の立地条件にふさわしい。また、190 mm角黒瓦のボーダーは、ボリューム感のある中間部分に繊細さを与えている。

　中層部分の窓は、抱きが大きく、内部の視線を広げるかのように両サイドにテーパーをつけ、特に喫茶室の窓は、椅子に座った時の外部への視線が考慮された心地良い高さとなっている。

（大島秀明）

14-1　交差点に面した全景　View across the intersection

14-2　模型　Model

14-3　竣工時の内観　Interior at completion

14-4　竣工時の外観
Exterior at completion

15
両備バス西大寺ターミナル（1966年）
The Ryobi Saidaiji Bus Terminal (1966)

　岡山市の西大寺ふれあい通りに面した場所に立地し、中央のバス待合室を挟んで、2階建てのショッピングセンター、スーパーマーケットと4階建ての記念館で構成された複合建築である。

　ショッピングセンターの上部に展示室があり、記念館の上階に会議室、教養室、ギャラリーなどがある。単なるバス待合所の計画ではなく、地域のコミュニティセンターとしての役割も意図されている。

　八角形状の記念館部分のデザインは外観の大きな特徴で、浜幸ビルでも用いられた傾斜したパラペットが、3階と4階部分を包むように大きな面を形成している。その3階部分には、社章を中央として両サイドに円形の開口部があり、4階部分の開口部を含めシンボリックな外観を特徴づけている。バスの待合室部分は、1階に大きなアーチ状の開口があり、2階屋上テラスとともに記念館とショッピングセンターをつないでいる。

（大島秀明）

15-1　南側から見た全景　View from the south side

15-2　バス待ち合いピロティ　Piloti for bus waiting

15-3　2階テラスから望む
View from the 2nd floor terrace

103

15-4　竣工時、バス乗り場側の全景　View of the bus terminal side at completion

15-5　2階展示場　Exhibition room on the 2nd floor

15-6　模型　Model

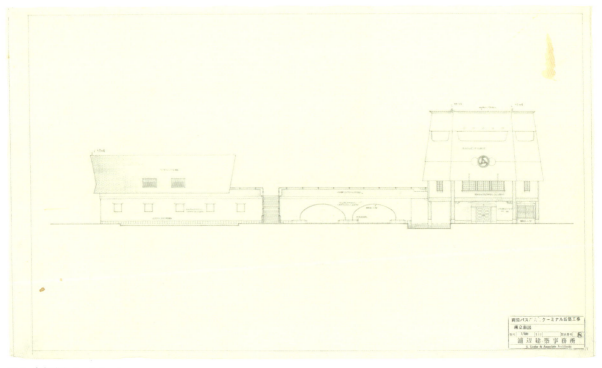

15-7　南立面図　South elevation

第2章　倉敷モデルの展開から転換へ　1964–1974年
Capter 2　From the Development of the Kurashiki Model to Its Transformation, 1964–1974

　1962年7月、浦辺は、大原總一郎の勧めもあり、自らの設計事務所として「倉敷建築研究所」を開設する。その後1964年には、倉敷レイヨンを退社して完全に独立した設計事務所となり、1966年には「浦辺建築事務所」と改称して、企業に所属する営繕技師という立場から離れ、文字通りひとりの建築家として歩み始める。そこには、日本建築学会賞と建築年鑑賞を同時受賞した倉敷国際ホテル（1963年）に対する建築界の高い評価という追い風もあった。こうして浦辺は、それまで培ってきた設計の技術と手法を発展させる形で、東京造形大学（第Ⅰ期：1966年）や東京女子大学研究本館1・2号館（1967–1968年）、西鉄グランドホテル（1969年）など、特に窓まわりの造形に注力した建築を幅広く手がけていく。また倉敷においても、倉敷文化センター（現・倉敷公民館／1969年）や倉敷市民会館（1972年）など、初めてとなる公共建築の設計を受注し、倉敷の街並みから得た伝統的なモチーフと屋根の造形を巧みに取り入れて、木造の街並みとのつながりを保ちながらも、近代的で象徴的なたたずまいを実現させていく。このように本格的な倉敷のまちの骨格を形づくる仕事に着手し始めた浦辺であったが、1968年7月27日に、大原總一郎の急逝という事態に直面する。それでも、大原と温めてきた倉敷のまちづくり構想の継続を決意し、長く閉鎖されていた倉敷紡績所の赤煉瓦工場（1889年）を保存再生して、記念館や工房、ギャラリーやホテルなどからなる複合施設へ改造する仕事に着手する。これが、大きな転換点となった倉敷アイビースクエア（1974年）である。それは、伝統的な倉敷の街並みの基調色である白壁の「白」と本瓦葺きの「黒」とは異質な、明治の文明開化を象徴する煉瓦の赤であった。その目地の白とともに、「赤」と「白」を基調色とする新しい時代の浦辺建築の始まりともなった。

1974.9–11　スケッチブックより　1974.11.14 記

モダニズムと「日本」 ──浦辺鎮太郎建築の葛藤と位置

重村 力

　1961年、倉敷を初めて訪ねた。暑い夏、在来線で横浜から山口に長い旅をし、途中下車をした。駅の南側の商店街に入ると、倉敷商業の甲子園の実況が拡声器から街中に流れていた。ひっそりとした細い路地に入り、抜けると別天地だった。にわかに空が明るくなり、白壁やなまこ壁の街並みが水路に沿って広がっていた。1957年の岩波写真文庫で見た美しいまちと出会い、暑さを忘れて汽車の時刻まで、まちを巡った。

　オランダ・ヒルファスム（Hilversum）のW. M. デュドック（1884–1974年）を目標に、倉敷の都市づくり建築家をめざした若い浦辺鎮太郎は、この美しい街並みとどのように交わり、新しい建築を構想したのだろう。浦辺の学んだ1930年代の京都帝国大学では、ヨーロッパ大戦後の社会思想に加えて、黎明期のモダニズムがすでに流入していた。モダニズム建築は、ヨーロッパの様式建築を否定し、新しい近代美学＝コンポジションの美しさを、鉄とコンクリートとガラスの工業産物と工学で支え、以前の権威主義的な装飾をはぎとり、貴族などの特権階級に独占されていた「建築」を庶民大衆の生活に身近なものとして転換するはずのものであった。

　いくつかの矛盾があった。日本では明治以降の欧風化が近代化へ移行するなかで、近代への批判と変革の精神を研ぎ澄まさぬままに、モダニズムも一つの様式として受け容れていくという近代化の根本問題があり、さらに多雨多湿の気候と木や草や土の素材を基調とする日本に、この地中海的美学がどのように引用しうるのかという国際性と地方性の問題もあった。工業化は量産化をもたらし廉価で産品を庶民に提供したが、ヨーロッパでは、最も古い技術でもある建築のもつ、職人の手仕事や、地域ごとの建て方や地場の素材や技法をも否定し、放棄しなければならないのかという論争にも発展する。

　モダニズムの先進地オランダで、街並みの文脈や煉瓦などの素材、手仕事を活かしながら、社会住宅や都市施設をつくり、いわばまちを尊重しながら近代都市空間へと転換したH. P. ベルラーヘ（1856–1934年）やデ・クラーク（De Klerk、1884–1923年）などのアムステルダム派は、コンポジション中心のデ・スティル派の冷たい美学に反対した。浦辺が師と仰いだヒルファスムのW. M. デュドックも同様であった。ル・コルビュジェやバウハウスなどの白い建築と同時期に、まったく別の温かい美学と街並みや庶民側に立つ潮流である。

　浦辺より年上の今井兼次（1895–1987年）から聞いた話だが、今井は白いモダニズムを学ぼうと、1926年に渡欧した。モスクワで途中下車し、第一次レーニン廟設計者のA. シューセフ（1873–1949年）と会い、日本の伝統を全否定しては駄目だと説得され、アムステルダム派やR. エストベリ（1866–1945年）やア

ントニ・ガウディ（1852–1926 年）から学ぶことになる。浦辺の背景にも、伝統や素材、気候、文化風土に対する葛藤の歴史的経緯がある。

　倉敷考古館増築（1957 年）は浦辺が倉敷絹織（現・クラレ）営繕職員だった時代の名作である。既存のなまこ壁の蔵を保全・修復した小博物館に増築を加えている。旧棟との接合部に平目地瓦張りの壁面がある。技法は伝統的だが、新しい瓦とさまざまに窯変した古瓦との構成が美しい。増築棟は笠倉[註1]の歴史的な外観と類似した形をした鉄筋コンクリート造だが、よく見ると現代的である。置き屋根の下にあるアールは数学的比例をもち、穿たれた小窓たちはバランスよく配置され、中にさまざまな格子がはめ込まれている。モダニズムと伝統の融合の一つの回答が示されている。ポスト・モダニズムよりもはるか以前の1950 年代に浦辺は、新旧の複合により、コンテンポラリーで知的な都市の小空間を創ってみせた。

　大原美術館分館（1961 年）でも、浦辺はモダニズムと伝統の新しい出会いを示す。本館（薬師寺主計／ 1930 年）の裏に立つこの建築は、細長い不利な敷地を、光庭や独創的なトップライトによって克服して、日本近代絵画やオリエント美術のための展示空間を大胆に創り出した。道路に沿った外部空間の長い壁面の造形では、浦辺はプレキャストコンクリートに高梁川の川石を打ち込み、鈍い角度でこれらを傾斜させ独特な築地塀を発明した。直接の引用はほとんどないのだが、倉敷のなまこ壁の街並みと調和したコンクリートの可塑造形によって、100m を超す大きなスケールを分節化した現代的景観を構成している。

　隣接して建てられた倉敷国際ホテル（1963 年）は、これらの技法を集成し、街並みの都市単位としての市街地建築に挑戦した名作である。浦辺はこれ以降市内の多くの建築を創り、倉敷の街並みに豊かに調和するデザインを探求した。

　1974 年の倉敷アイビースクエアはこれまでとは異なり、1889 年に建てられた明治中期の先進的欧風紡績工場のリニューアルである。浦辺は、近代の煉瓦と木造トラスからなり、トップライトのある明治の大空間と意匠を活かし、人間的スケールに近づけて、新しい空間を追求した。時に、世界にはポスト・モダンが登場し、浦辺の格闘と世界が併走した時間でもあった。

［註］
1　かさぐら：土屋根の上に空気層をとり簡潔な小屋組の上に瓦屋根をのせる土蔵の一つ

倉敷のまちが浦辺から受け継ぐもの

楢村 徹

　倉敷美観地区を中心としたまちの活性化に取り組んで30年以上になるが、地元建築家の端くれとしても、倉敷はまれに恵まれたまちであると感じている。特に、まちの各所に今も健在の浦辺デザインは、「私は土から生えたようなものしかつくれません」との浦辺の言葉どおり、地に足のついた建築である。経年変化にも耐え、むしろそれを風合いにしてしまう、まさにロングライフデザインそのものであり、発信力は衰えることを知らない。

　倉敷市民会館（1972年）、倉敷アイビースクエア（1974年）、倉敷公民館（旧・倉敷文化センター／1969年）、倉敷中央病院（1975–1981年）、倉敷駅前再開発東ビル・西ビル（1980年）などの基幹施設の整備においても、大原家先代の大原總一郎とともに、倉敷への入れ込みようは並大抵のものではなかった。「古いものは大切にしなければなりません。しかしそれだけではまちは死にます。その時代の新しい質を付加し続けることで活きたまちになるのです」と、總一郎が遺した言葉を実践されたのであろう。

　旅館くらしき（1957年）、倉敷考古館増築（1957年）など小さな規模の建築でも、われわれに手本を残してくれた。筆者らの世代が「地域の建築を創る」ことを志し、「古民家の再生」をライフワークとするようになったのも理の当然である。近年は建築家としてだけではなく、内閣府の中心市街地活性化基本計画に基づくタウンマネージャーとして、まちづくりにおける民活事業の総合計画、基本コンセプトの立案、実現までのすべての調整役としても関わるようになった。

　今でこそ年間350万人の観光客が国内外から訪れ「観光公害」まで心配しなければならないような賑わいの倉敷美観地区だが、旧市街で生まれ育った筆者からすると、今のように整備された街並みをかつては想像もできなかった。“まちの戦後”の記憶をたどると、当時の倉敷美観地区は大原美術館前の道も未舗装で、倉敷アイビースクエアは倉敷紡績倉敷工場が操業を休止し長く放置され、塀の上には鉄条網が施されていた。倉敷川用水も汚臭が漂い、ほとんど廃墟に近い状態であったように思う。その時代から現在までの変化を先導してきたのが、いうまでもなく浦辺による「大原構想」の実践であった。伝建地区指定とともに、倉敷の街並みや基幹施設は見ちがえるほど風情ある空間へと整備されていった。

　非力ながら、われわれの世代もまた同じ線上で取り組んでいるつもりである。今手がけるべき部分といえば、残された民間の空き家活性化や路地などの外部空間整備、放置された町家の「奥」の活用などである。つまりわれわれが担っているのは、先代のまちづくりから取り残された、小さな場の整備だ。そうした民間の小規模な整備も、すでにでき上がっているまちの骨格を要に対応していくことができるため、「何をすべきか」という役割は明確だ。美観地区においても、長

年の保存活動で通りに面する表面的な改装などは、ほぼ完了しているが、町家地割特有の「放置された奥」にも通り土間を引き込み、中庭を設けて各施設の防災性も高めつつ今までにない「奥の魅力」を引き出し、またそれを結んでいく路地裏のネットワークを整備している。ゆったりと「歩いて楽しめるまち」を目指すことは、浦辺デザインや倉敷の街並みを引き継いでいくうえでも重要だと考えている。

　また、近年の瀬戸内では、丹下健三（1913-2005年）や前川國男（1905-1986年）など、戦後復興のなかで建設された巨匠たちの建築を再検証する動きが盛んだ。復興の根底にある精神に学ぶことは、AI化や経済・技術至上主義のなかで、ますます失われつつある地域の土着性を考えるうえでも大きな糧となろう。その意味でも、大原總一郎と浦辺鎮太郎が残した倉敷の「大原構想」を引き継ぎ、長い時間軸でまちの維持や活性化に取り組んでいくこと、そして江戸期より先人たちの豊かな生活文化の蓄積がある倉敷というまちを、次の世代へ引き継いでいくことの必要性も感じている。

　最終的には倉敷美観地区を、観光客のための"見世物"ではなく"生き物"として捉え直し、倉敷の育んできた文化的な歴史をわれわれ市民こそが楽しみ、享受し、プライドをもてるまちにしたいと願っている。"生き物"として豊かな生活文化を育めるまちになれば、来訪者との交流も、また違う意味をもつはずだ。今、地方での設計活動は、活性化による賑わいの創出と、静かで情緒あふれる生活という対立項をいかにつなぎ、まちの質を上げていくかが問われている。状況はますます難しくなりつつあるが、故郷への愛着と執念をもって、その時代の解答を求め続けていきたい。

残された浦辺精神の現在

西村清是

　浦辺建築は今も街並みの重要なアクセントとして、倉敷美観地区をここにしか
ない個性的なものにしている。「倉敷のゲマインシャフト」[註1]を前提に、施主・
設計者・施工者の「三笑主義」[註2]によって建設され、「新旧調和」[註3]を浦辺
流に体現した街並みの近代建築は、幾度となく存続の危機に直面しながらもなん
とか望ましい形で維持されている。しかし、たとえ日本有数の文化都市・倉敷で
あっても、経済合理性の前に三笑主義を許さない立場も存在する。そしてこれか
らもこの状況は変わらない。ではこれからの倉敷というまちは、だれの手によっ
て更新され続けるのか。そして倉敷の街並みをつなぎとめてきた浦辺精神はどこ
に息づいているのか。参照すべき意匠や言説は多くあるが、ここでは熟考のうえ
浦辺建築を含む倉敷の街並み／自らを大原總一郎の技師と称した生き方／不易流
行の作家精神、の三つに絞り込むことにする。浦辺が生涯貫いたこれらの姿勢は、
倉敷のまちにとどまらず、各地に残されている固有の資源に向き合ってきた建築
家諸氏に少なからず通じるものがあるであろう。そして今、この「ゲマインシャ
フト」「三笑主義」「新旧調和」に基づく浦辺の思想を捉え直すことで、社会シス
テムの大変革という未知の時代の入口に立つ人と建築のあり方を問いたい。

浦辺建築を含む倉敷の街並み

　今は健全に活用されているそれぞれの浦辺作品だが、ただ維持されるだけでは
街並みのなかで孤立し、やがて死を迎える。浦辺作品もまた、街並みとともに保
存と更新が行われなければならない。それは困難な時代にあっても、ゲマインシャ
フトへの奉仕の精神、三笑主義を貫く体力、新旧調和を実現する知力を有する者
にしかなし得ず、倉敷のまちと共に今を正しく生き抜く覚悟の連続からしか生ま
れ得ないものである。現在倉敷では地元の建築家らによって新しい街並みが補完
され、路地の拡張もあいまって、ささやかだが確実にまちの魅力が拡大する状況
が見られる。それらの成果は、生活者の視点ではいまだ多くの課題が残されてい
るものの、単純な商業主義とは一線を画す。「そこに住む人々の賢明な配慮が街並
みを形成する」とした大原の思想、そして浦辺精神が継承され、育まれる可能性
にも期待したい。

自らを大原總一郎の技師と称した生き方

　浦辺は自らを"大原總一郎の技師"と言った。建築家の仕事は、関わる建築が
施主の事業の成否を握る場合もある。浦辺は技師として大原の手がける事業の営
繕を担い、その責任を果たしてきたという自負をもっていたがゆえに、自らをそ
のように称したのだろう。経済至上主義に基づく現代社会でも、浦辺のように技

師としての誇りと責任をもつことは果たして可能であろうか。またその点では、"大原の理想への奉仕者"としての側面も重要だ。このことが浦辺の建築家としての人生を彩り豊かなものにしたことは間違いない。浦辺が捉えた大原の理想とは、「1953年ノート」[註4]に綴られた四つの夢に始まり、大原没後も「大原構想」[註5]として発展させ続けたまちづくり構想にある。これらに形を与えることで浦辺は建築家として大成したが、なによりも何のために生きるのかを見定め、"人としての大義"を全うしたのだ。これを抜きにして浦辺を語ることはできない。

不易流行の作家精神

　これは次世代への浦辺の遺言といっても過言ではないだろう。不易流行への探求は、浦辺が営繕部長時代に民芸運動家・外村吉之助から「先人の求めたる跡を求めず、先人の求めし所を求む」という言葉を受けた時に始まる。相談役への引退（1986年）後は1991年に82歳で亡くなるまで、松尾芭蕉の不易流行の説の研究に没頭し、「不易は変わらぬ作家精神をさし、それは精神的なものであるがゆえ、時代の流行に合うことで、はじめて肉体化し、作品となる」と語っている[註6]。浦辺の人生に通底する信念であり大きく三つの時代に分けられる作風をつなぐ手がかりでもある。営繕技師として取り組んだ数々の工場施設とその福利厚生施設、戦後のクラケン型組立住宅とその失敗へのリベンジであるプレファブ住宅・PH-1に心血を注いだ時代。そして倉敷の古い街並みのなかで苦闘し確立された「新旧調和」の作法と「黒と白」の時代。最後に、作風の転機となった倉敷アイビースクエアや悲願であった故郷倉敷の市庁舎、横浜に活躍の場を広げた「白と赤」の時代[註7]。常に時代の要請を真摯に受け止めた浦辺だからこその変化なのである。また芭蕉自身の作家としての生き方にも注目し、その毀誉褒貶にこだわらない、一途な美の探究者としての生き方こそ、見習うべきとした。変化を恐れないことを説き続け、特に「自分自身をコピーするようなことはしてはならない」と繰り返していた。

[註]

1　「倉敷のゲマインシャフト　―対談：浦辺鎮太郎＋恒成一訓」『PROCESS Architecture 31　倉敷　浦辺建築事務所』プロセスアーキテクチュア、1982年

2　浦辺鎮太郎「倉敷国際ホテル　―二賞三笑―」『建築雑誌』1965年8月号、日本建築学会

3　浦辺鎮太郎「町並み保存の実践　―倉敷の場合―」『環境文化』No. 39、1979年4月、環境文化研究所

4　本書所収　西村清是「1953年ノート」pp.34–35 参照

5　本書所収　西村清是「一丁シャンゼリゼ計画と大原構想」pp.144–148 参照

6　浦辺鎮太郎「芭蕉　―不易流行の説（下）　伝統文化のこころ」『ニューファニチャー』11月号、NO. 276、ファーニチャー出版社、1988年

7　本書所収　西村清是「「黒と白」から「白と赤」への作風の転機」pp.142–143 参照

東京造形大学（第Ⅰ期：1966年／現存せず）
Tokyo Zokei University (Phase I: 1966 / Not existing)

1966年に開学した東京造形大学の最初の校舎である。高尾駅からバスで約20分の山裾に建てられた。地下1階、地上4階建ての鉄筋コンクリート造である。

最大の特徴は、沢をまたぐ配置とその沢を底に見る光庭である。計画初期には、山肌に布をかけたようなもの、段違いの二つの前庭をもった箱型のもの、そして、光庭をもつロの字型のものという3案が検討されたという。外壁はショックベトン工法によるカーテンウォールで、その採用は、工期が厳しかったこと、寒冷山地における施工性のよさによる。カーテンウォールは表裏逆使いで取り付けられているが、その理由は「ショックベトン工法特有の優美な曲面を室内に取り入れ」るためである。

立面は、地下1階、1階の管理部門をコンクリート打放し、2～4階の教育・研究部門はショックベトン工法を用いた二段構成で、軒蛇腹をもつ陸屋根の上には大きな幾何学的ボリュームが載る。光庭側には愛らしい手摺がつく。

（上田知正）

［参考文献］
・『東京造形大学本館竣工記念冊子』東京造形大学、1966年

16-1 竣工時の正面全景。山あいに建設された　Full front view at completion

16-2 模型　Model

16-3 竣工時の中庭
Patio at completion

16-4 竣工時の内観　Interior at completion

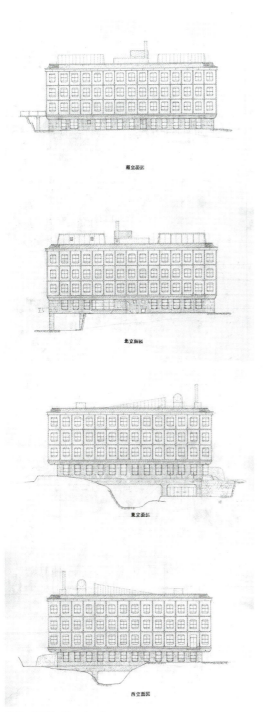

16-5　立面図　Elevation plan

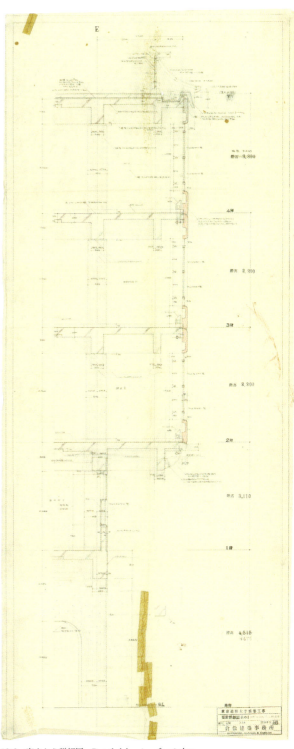

16-6　窓まわり詳細図　Detailed drawing of a window

113

17

西条市立郷土博物館東予民芸館（現・愛媛民芸館）(1967年)
The Toyo Folk Art Museum of the Saijo City Folk Museum (the present-day Ehime Museum of Folkcraft) (1967)

愛媛県西条市明屋敷にある西条陣屋跡（現・西条高校敷地内）に建てられ、前面道路からは濠を挟んで緑の中に静かに佇んでいる。南側に博物館、北側に民芸館が配置され、その間にそれらをつなぐ瓦屋根の木造の玄関部分があり、ともに2階建てである。

建物外観は浜幸ビル（1966年）と同様に、1階腰の部分にはわずかに傾斜のある砕石モルタル小叩きの基壇、中間部分は防水モルタルに白系のリシン吹付け材が施され、上部に傾斜のついたパラペットが載る3層構成である。ただしパラペット部分の形状は、博物館が浜幸ビルと類似の四周が閉じた形状であるのに対して、民芸館はコの字型の切り妻のような屋根形状となっている。

漆喰の白壁土蔵造的外観と190mm角の黒瓦のボーダーが特徴的なデザインであり、濠の水面に映し出された外観が美しい。内部にはそれぞれに吹抜け空間が設けられ、内装材や建具、窓枠などに木が使われ、温かみのある空間がつくられている。

（大島秀明）

17-1　展示室　Exhibition room

17-2　模型　Model

17-3 正面全景。左が西条市立郷土博物館、右が東予民芸館　Full front view (left: Saijo City Folk Museum, right: Toyo Folk Art Museum)

17-4　東予民芸館　東側から見た外観
Toyo Folk Art Museum (east side)

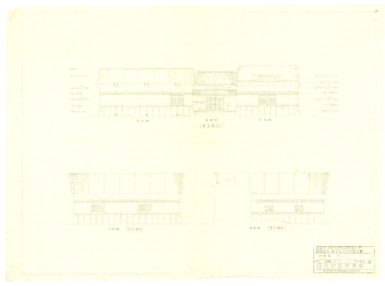

17-5　立面図　Elevation plan

115

東京女子大学研究本館 1・2 号館（2 号館：1967 年、1 号館：1968 年）
Tokyo Woman's Christian University, Building No.1 (1968) & No.2 (1967)

　創立 50 周年を記念して計画された大学校舎である。1967 年当時すでに A. レーモンド（1888–1976 年）による七つの建物がキャンパス内にあり、全体の調和を図ることが大学の第一希望であった。外壁にはショックベトン工法を採用し、アイボリー色のセラスキンを吹付け、頂部は特徴的な曲面をもつコーニスとなっている。大きな窓が配列され一見単調ながらも、同時代に竣工した東京造形大学（1966 年）、クラレ中央研究所（1968 年）の外壁や窓まわりと比較すると、女子大学らしい温かさと細やかさが現れる最も繊細な意匠だとわかる。

　整然と並んだ外壁の印象から一転し 2 号館の内部空間は開放的で、大講義室や大食堂が設けられている。現場打ちプレストレストコンクリート構造の採用で実現した梁間方向 24 m スパンの無柱空間による豊かな空間である。1 号館のホールには六角形の吹抜けや滑らかな曲線の階段があり、それらと呼応して天井にも多角形や曲線が用いられ、品の良い空間となっている。

（中川奈穂子）

18-1　1 号館　正面全景　Front view of Building No.1

18-2　1 号館　エントランスロビー　Entrance lobby of Building No.1

18-3

18-4

18-3　手前が 2 号館、奥が 1 号館　Building No.2 (front) and No.1 (back)
18-4　1 号館　吹抜　Open ceiling space in Building No.1

19
倉敷レイヨン中央研究所（現・クラレくらしき研究センター）(1968年)
The Kurashiki Rayon Central Research Center
(the present-day Kuraray Kurashiki Research Center) (1968)

　倉敷市中心市街地の北約2km、倉敷レイヨンの創業時の工場跡を眼下に望む青江山の中腹に位置する。中央のパブリックスペースの両側に全幅133mの研究棟が等高線に沿って約10度の折れ曲がりでつながり、配置されている。

　研究所の基本単位は二つの標準実験室が研究室を挟むように構成され、研究棟の折れ曲がり接続部には空調室や共用会議室を設けている。中央のパブリックスペースは地階の客用エントランスホール、1階の講堂、2階の図書室、3階の大会議室で構成され、来客動線はこの部分に集約される。南側の各室からは高梁川や倉敷市街地への眺望が開ける。また、3階から北側に延長する軸線の先に原動機棟、研究別棟が配置される。

　外壁デザインは当時大林組が力を入れていたショックベトン工法を軸に検討が進められたが、工事費と工期を勘案して現場打ちコンクリートに決着した。結果として窓まわりの深い彫とエルミンサッシュが、遮光しつつも部屋奥へ外光を取り込むことを可能にしている。

　　　　　　　　　　　　（西村清是）

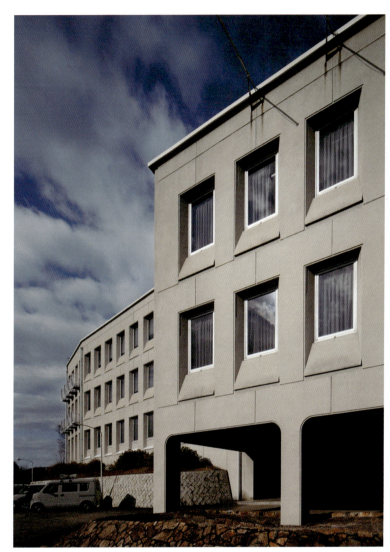

19-1　中央から西を望む外観　Exterior of west side

19-2　エントランス内観　Interior of the entrance

19-3 酒津公園より望む全景　Full view from Sakazu Park

19-4　会議室　Conference room

19-5　模型　Model

column 19
大原總一郎への思い

西村清是

　大原總一郎が浦辺に倉敷レイヨン中央研究所（1968年／現・クラレくらしき研究センター）について具体的に話をしたのは、1965年1月に行われた倉敷建築研究所の役員会のことで、当初は酒津を建設地とし、年内着工の予定というものであった。実際には倉敷レイヨン社内で研究所の概要が定まる翌1966年の7月ごろから設計に着手したものと思われ、同年11月から1967年4月の最終検討案まで、集中して検討している様子がうかがえる。設計の要となる研究所の基本単位の考え方は、残された図面から初期の段階で決まっていたように思われる。それ以後、斜面地への建物の定着［C19-1］と外壁デザインの検討を繰り返しながら、最終案まで中庭回廊型と等高線に沿った弓型を並行して検討している［C19-2, 3］。施主に2案を提示することを嫌った浦辺にとって、ほかの事例では見られない特異なプロセスである。

　設計の途中、1967年3月に大原が癌手術のための緊急入院し、同年5月に浦辺は退院して自宅で療養中の大原を訪ねている。浦辺は考えつくしたうえで弓型案を事前に送っていたと思われるが、その時の記録が手帳に残る。「倉レ新研はあれでよい。下から見上げた姿が嬉しい。壁面の色、絵画などの配置ができれば見せてほしい。西端は離れ。武家屋敷、町人屋敷を計画したい」。実際、大原は窓や廊下や食堂に細かい心遣いを注文し、さらに研究員の住宅や、鳥の声を聴くために飛騨の合掌造りを移築する構想までもっていたようだ。残念ながら完成後の現地に足を運ぶことはできなかったが、おそらく竣工を迎えた"倉レ新研"の写真［C19-4］は見たのであろう、1968年6月に病床を見舞った浦辺に"倉レ新研"を褒め、「倉レパンフレットに設計者の名を落としていたので、入れるように言っておいた」と語り、これが浦辺と大原が最後に交わした言葉となった。

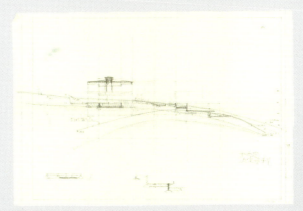
C19-1　断面検討スケッチ（1966年12月10日）
Section sketch (December 10, 1966)

C19-2　回廊型案パース
Perspective of corridor type design

C19-3　弓型案パース
Perspective of arch type design

C19-4　酒津公園より望む竣工時全景
View from Sakazu Park at completion

倉敷文化センター(現・倉敷公民館)(1969年)
The Kurashiki Cultural Center (the present-day Kurashiki Public Hall) (1969)

　市立の公民館の一つである。竣工当時は隣地に図書館が建っていたため、これと合わせて「倉敷文化センター」と名づけられていた。1983年に図書館が現在の中央2丁目に移転し、浦辺鎮太郎の設計により新築された際、現在の名称に変更された。

　建物にはゆったりとしたなだらかな勾配の屋根が架かり、大きな蔵のような姿を見せている。公民館の建設に関わっていた大原總一郎から、「小野家の三階蔵」のようなデザインにしてほしいといわれ、浦辺がそれに応えてデザインしたという。この大屋根は、1960年代を通じて浦辺によって確立された「壁庇」に代わって、この倉敷公民館以降、浦辺の作品で多用されることになる。

　なお、館内には音楽図書室が設置されている。クラシック音楽を愛した大原總一郎の寄付金と、寄贈された2,000枚におよぶレコードをもとに開設されたものである。大原はこの建物と同図書室の竣工を見ることなく、1968年に亡くなった。
（笠原一人）

20-1　倉敷文化センターと旧・第一合同銀行倉敷支店
Kurashiki Cultural Center & Daiichi Godo Bank, Kurashiki branch

20-2　模型　Model

20-3　正面全景
Full front view

20-4　ホール内観　Interior of the hall

20-5　階段室　Staircase

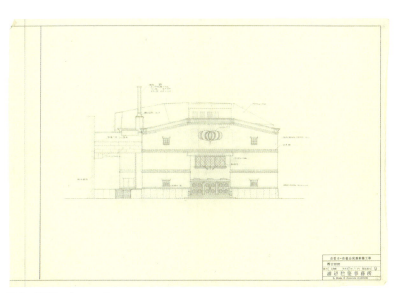

20-6　立面図　Elevation plan

121

21
西鉄グランドホテル（1969年）
The Nishitetsu Grand Hotel (1969)

1969年に博多天神のまちに開業し、低層の建築が立ち並ぶ周囲の街並みに対して、地下1階、地上14階、3階分の塔屋を含めると57.1 mの高さでそびえ立つ最先端の国際ホテルタワーとして誕生した。1964年の東京オリンピックに向けた世界水準のホテルが都内を中心に次々と建設された時代、ほかの都市での国際化を真っ先に実現した夢のホテルであった。

巨額の投資をともなうホテル建築を成功させるためには、晴れがましい場所にふさわしい意匠と工業化部品を巧みに組み合わせ、経済的にも成立するデザインを求めなければならない。高層部分の外壁はプレキャストコンクリートパネルによってリズミカルに構成し、意匠性だけでなく工期短縮を実現している。

低層部のロビーや宴会部門は、部屋ごとに和洋多彩な世界観で彩られ、尾形光琳の波模様を再現したキャストアルミのスクリーンや有田産白磁タイルなど、吟味された素材の使用によって、国際都市として発展する博多のまちを象徴していた。

（槻橋 修）

21-1　正面全景　Full front view

21-2　模型　Model

21-3　尾形光琳の波模様を再現したキャストアルミ
Cast-aluminum screen with wave patterns

21-4 竣工時のロビー内観　Interior of the lobby at completion

21-5 竣工時の東側通りから見た外観。手前は宴会場
Exterior as seen from the east (banquet hall in front)

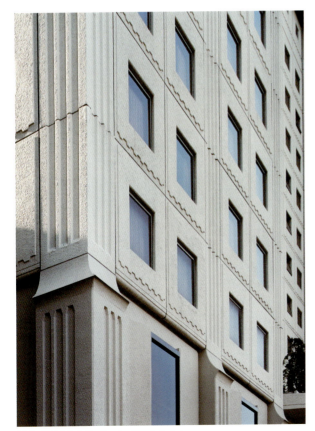

21-6 窓まわりのディテール　Detail of windows

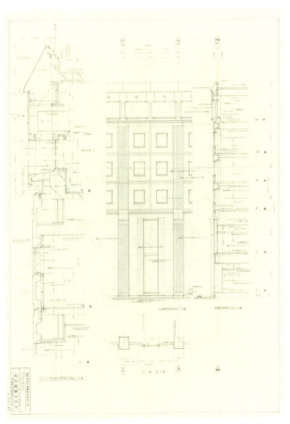

21-7 矩計図　Sectional detail

column 21
浦辺鎮太郎のホテル建築

西村清是

　倉敷国際ホテルから新大阪ホテルに転出していた有森照彦支配人から、1966年夏、浦辺のもとに西日本鉄道が検討していたホテル計画についての情報がもたらされた[註1]。その後の動きは素早く、事務所に残された1966年のファイルを見ると、10月14日付のスケッチではおおむね最終案のボリュームに近い原案が示されている。全体平面計画のみならず、低層階と高層階のそれぞれに寸法の入った矩計スケッチはもとより、面積に基づく概算工事費の項目別積み上げにより1室あたり528千円（什器備品除き）との記載まである。最終の工事台帳では1室あたり630千円となっているが、坪単価30万円は当時としても破格のものであった。このあたりの原価意識は工場建築技師として鍛えられた浦辺の面目躍如たる手腕であるが、有森支配人仕込みのホテル経営の視点もまた、凄みを感じさせるものがある。

　スケッチの意匠に目を転じると、浦辺にとって初めての大規模な中高層ビルディングでもあり、倉敷から離れての創作の苦悩が伝わってくる。ビルの頂部を飾る九州諸侯をシンボライズした連続ペディメントのある立面図［C21-1, 2］と、ベルサイユ宮殿の意匠を引用したと思われる大階段のあるロビーの断面展開図［C21-3, 4］は見るものをのけぞらす迫力を秘めている。4,800 mmスパンの中央部に彫の深いルーム窓が描かれ［C21-5］「privacyを保つ"つながり"のある窓、落ち着いた中の華麗」との書き込みを見ることで、それらも"正気"の苦悩であることがわかる。1967年と記載されたもう1冊のファイルにはホテルのマークと思われるスケッチと大宴会場の意匠原案以外は数枚のマッキム・ミード＆ホワイトの図面コピーが挟まれているのみである。マッキム・ミード＆ホワイトは村野藤吾（1891–1984年）の影響で知るようになってから、F. L. ライト（1867–1959年）とともに浦辺の意匠に大きな影響

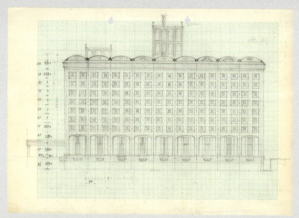

C21-1　初期スケッチ　九州諸侯のペディメント　Early sketch of Kyushu lords' pediments

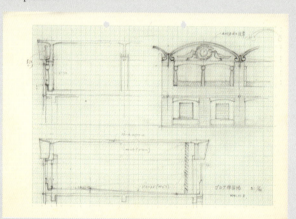

C21-2　初期スケッチ　九州諸侯のペディメント・ディテール　Early sketch of the pediments' detail

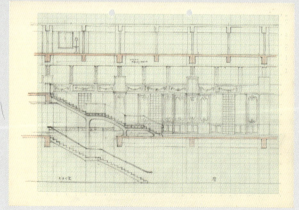

C21-3　初期スケッチ　ホワイエ　Early sketch of foyer

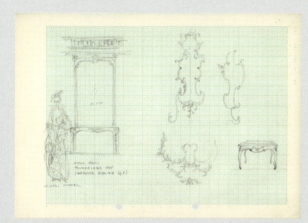

C21-4 初期スケッチ ホワイエのディテール　Early sketch of foyer's detail

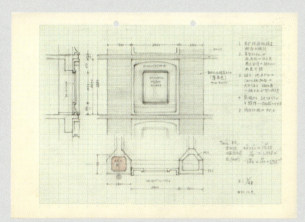

C21-5 初期スケッチ 窓まわり　Early sketch of windows

C21-6 西鉄グランドホテル 外観　Exterior of Nishitetsu Grand Hotel

を与えたと思われるが、和洋いずれとも断じがたい浦辺独特の空間デザインの確立に有用に働いたと想像される。基本設計案の立面は、原案と比較して窓まわりの彫が浅いショックベトン工法のプレキャストコンクリートとリブ付き柱型とで構成されており、「落ち着いた中の華麗」と呼ぶにふさわしい表情を獲得するに至っている［C21-6］。

　実施設計でのコストコントロールは壮絶をきわめたようで、最終段階での構造を含む大変更は、事務所内でも語り草になっていた。結果的には床のゴムタイル、壁のコルク撒きペンキ、天井のミクライト吹付けなど比較的安い材料でベージュ系の色調に統一された空間をベースにし、要所にコストを投入することで高質な内部空間を獲得している。ロビー空間の吹抜柱の頂部は鏡張りとし、囲むシャンデリアの光を増幅させている。吹抜のエントランス側の壁にはめ込まれた緑色のステンドグラスや正面奥の壁のニッチに飾られた一対の舞女姿の龍村織は柔らかい空間の中で呼応し、思わず息をのむ美しさである。筆者は1997年に実施された宴会場の増築・リニューアルを担当したが、少し単調な宴会場のホワイエには手を加えつつ、このロビー空間だけは死守したいと願ったことを鮮明に覚えている。残念ながら、その後の改修でロビーもまた収益空間へと改修され、今はその姿をとどめていない。

［註］
1　松村慶三「ホテルの計画と設計」『新建築』1964年2月号、新建築社

22

倉敷商工会館（1971年）
The Kurashiki Chamber of Commerce and Industry Hall (1971)

倉敷美観地区から南西に1km程離れて位置する、1971年に竣工した鉄筋コンクリート造5階建ての建物である。同年に竣工した倉敷市水道局庁舎（現・倉敷市立自然史博物館／1971年）と同じく壁式ラーメン構造である。グリッドを基準とした四角い平面形状で、3階中央には2層吹抜の多目的室があり、プレストレス工法で無柱空間を実現している。

ショックベトン工法を模した現場打ちコンクリート造の白い外壁、2階より上層階は1,250 × 1,555 mmの正方形に近いエルミンサッシを採用している。光を多く取り込み内部空間を明るくしつつ、内蔵されたブラインドによって光を遮ることもできる。

方立や無目がなく、軽く操作しやすいこの窓は浜幸ビル（1966年）、倉敷レイヨン中央研究所（1968年）でも使用され浦辺のお気に入りであった。

整然とした印象の建物であるが、階段手摺の竪格子や正面エントランス欄間格子にはフラットバーをひねった小花のような意匠があしらわれ、家具を含め当時の趣を残しながら現在も使用されている。

（中川奈穂子）

22-1　正面全景　Full front view

22-2　竣工時の正面外観ディテール　Detail of front exterior at completion

23

倉敷市水道局庁舎（現・倉敷市立自然史博物館）(1971年)
The Kurashiki City Bureau of Waterworks Building
(the present-day Kurashiki Museum of Natural History)（1971）

旧倉敷市庁舎・分庁舎と同じく、倉敷国際ホテル（1963年）や新渓園と向かい合う市の中心に位置する広場内に、旧市庁舎の一部として建てられた。分庁舎とは2階の渡り廊下で通じており、正面は倉敷中央通りに面している。

中央の階段室を囲むように室を配置したセンターコアプランと、建物内外に柱型の出ない構造を採用したシンプルな構成は、官庁建築としての機能を合理的に解決するとともに、将来の多様な用途を見込んだフレキシビリティも兼ね備えている。エルミンサッシュが整然と並ぶ彫りの深い窓まわりは、倉敷レイヨン中央研究所（1968年）や倉敷商工会館（1971年）と類似した意匠であり、この時期の浦辺の特徴を表している。

1982年、新市庁舎建設にともなう倉敷市旧庁舎跡地利用計画の一環で倉敷市立自然史博物館として改修され、現在に至っている。分庁舎の跡地に建てられた市立図書館とともに、今もなお倉敷の文化エリアの一端を担っている。

（櫻本康乃）

23-1　正面全景　Full front view

23-2　竣工時の旧市役所前広場。右手前は、旧・水道局庁舎
Open space in front of the former city hall (right: Bureau of Waterworks Building)

24

倉敷市民会館（1972年）
The Kurashiki City Auditorium (1972)

1972年に約2,000席の大規模多目的ホールとして竣工し、半世紀近く経つ今も倉敷市民に愛され続けている。

当時としては舞台の奥行きや幅はともに広く、フライタワーは高く（ただし、舞台の奥側に傾斜をつけ外観ボリュームを抑制）、残響時間や1席当たりの室容積のスペックも高い。コンサートに軸足を置きながらも、演劇やほかの機能にも対応できる点が、長く使われてきた理由であろう。

近年、公共ホールはコンサートや演劇などの演目に応じた複数の客席数が違うホールを併設するケースが多いが、後に浦辺亡きあとの浦辺設計による倉敷芸文館（1993年、約900席の中規模ホールと約200席の小規模ホールを併設）や倉敷アイビースクエア（1974年）内のエメラルドホール（2018年、立食時で最大1,000人収容の平土間宴会場）を徒歩圏内に整備することにつながり、利用者ニーズに応じた使い分けが実現した点は、倉敷全体の将来を見据え、日本のデュドックをめざした浦辺の高い見識といえる。

（平山文則）

24-1　敷地東側から見た全景　View from the east

24-2　模型　Model

24-3　外壁ディテール　Exterior detail

24-4 ホール内観　Interior of the hall

24-5 階段ホール　Stair hall

24-6 ロビー　Lobby

24-7　東側外観　Exterior of east side

24-8　エントランス外観　Exterior of the entrance

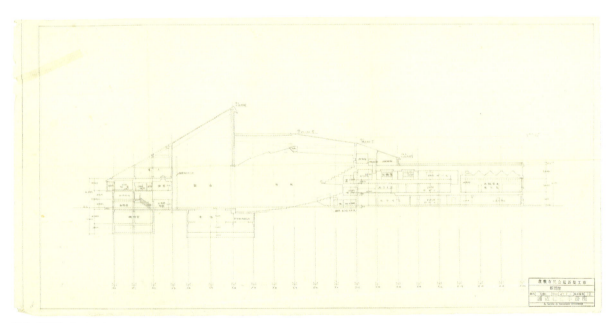
24-9　断面図　Section plan

130

24-10 工事写真（鉄骨建方） Under construction (steel frame construction)

24-11 竣工時の全景 Full view at completion

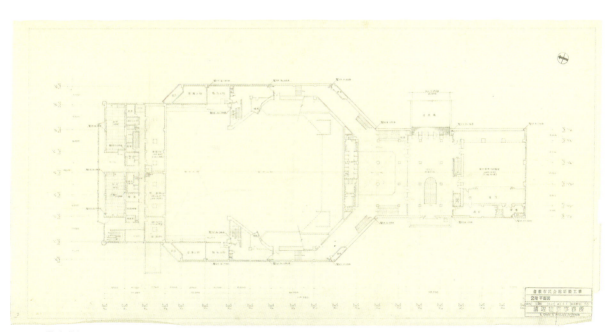

24-12 2階平面図 Floor plan of the 2nd floor

column 24

大原總一郎の夢

西村清是

　浦辺鎮太郎が大原總一郎の夢を書き留めた「1953年ノート」には、高梁川流域連盟[註1]の構想と連盟の盟主たる15万都市倉敷にふさわしい公会堂の記載がある［C24-1］。当時中国地方において、本格的な音楽ホールは村野藤吾が手がけた宇部市の宇部市民会館（1937年／現・渡辺翁記念館）しかなく、音楽に特別な思いを寄せていた大原にとって宇部に勝る公会堂を郷土に求める気持ちは強いものであった。ノートには「建設位置は高梁川水系を考えに入れて旧市中に限らず、前庭のもてる場所がよい。イェテボリの音楽堂は柳宗悦氏も良いと言って居られたが、内面は白木造りだと言うことである」との記載がある。この構想は大原の死後、倉敷市民会館（1969年）として実現することとなる。大ホールの天井は吉備の山野にもなじみの広葉樹数種の練板が市松状に貼られ、白木造りに覆われた温かな空間［C24-2］になっている。敷地は古来高梁川が瀬戸内に流れ込むところにあった島の一つ、鶴形山の裾に得て、浦辺はここにしかない市民会館のthought form（頭の中の形――浦辺が敬愛した村野藤吾に学んだ建築作法）を「鶴の舞い遊ぶ館」とした。外壁は倉敷の蔵を思わせるテクスチャーがショックベトン工法のプレキャストコンクリートの精度によって美しい陰影を描き、鶴が舞う姿をとどめるようなリズミカルな屋根の重なり［C24-3］が、造形的な完成度の高さを示している。その優美で荘厳な印象は、浦辺が大原に捧げたレクイエムに思えてならない。

　もう一つ、大原の音楽ホールへの強い思いを物語るのが、1970年大阪万国博覧会に際して提案した立体音楽堂計画案だ。構想の骨子は、自然の中の小鳥の音楽会のように音の方向性・遠近性・流動性を生かすことにあり、音楽そのものの自由な生命を取り戻すことが意図された。野鳥の囀（さえず）りへの強い関心は、大原の遺稿集『夏の最後のバラ』で生き生きと

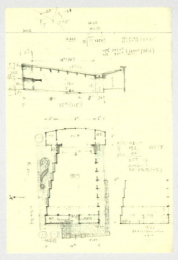

C24-1　1953年ノート『My Kurashiki』の中に描かれた公会堂のデザイン　Public hall design written in 1953 notebook "My Kurashiki"

C24-2　倉敷市民会館　数種の広葉樹の練板によるホールの天井
Kurashiki City Auditorium with ceiling made of several kinds of softwoods

C24-3　倉敷市民会館　鶴が舞う姿を表す屋根の重なり
Kurashiki City Auditorium with overlapping roofs like dancing cranes

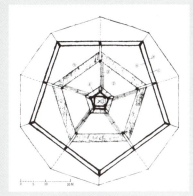

C24-4 正12面体音楽堂平面イメージ図 Floor plan image of the regular dodecahedron-shaped music hall

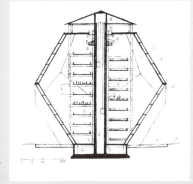

C24-5 同上 断面イメージ図 Section plan image of the music hall

C24-6 同上 聴衆席イメージパース Perspective image of the auditorium of the music hall

C24-7 同上 全体イメージパース Entire perspective image of the music hall

語られているが、飛びながら囀る躍動感を愛でる気持ちは、人間の音楽鑑賞行為もまた技術の進展とともに小鳥たちのような"自在性"を獲得すべきと思い至ったように想像される。

　浦辺は大原の提案に対し、付図の形で具体的なイメージを与えている。浦辺の付図は、正5角形の外壁を組み合わせた正12面体音楽堂の外形スケッチ1点［C24-7］と、平面図［C24-4］・断面図［C24-5］および聴衆席・入口・展望ラウンジのスケッチ3点［C24-6］が解説入りで納められている。これによると内部には8層の聴衆席が設けられて、椅子は固定されず、立っても座ってもいいようになっている。また、高さ78m、3,000人収容、敷地6,000m²、建設費15億円という基本的要件まで示されている。

　この提案は当時大きな衝撃をもって受け止められ、正式な委員会が発足し[註2]、検討が進められたが、規模、コスト、運営の問題があり、万博協会による博覧会の中心施設とはならなかった。しかしながら、規模を縮小し、日本鉄鋼連盟によるパビリオン・鉄鋼館として構想は引き継がれ、前川國男によって設計された。大原は立体音楽堂を断念したのち、同博覧会の別パビリオンである日本工芸館（現・大阪日本藝館）の実現に邁進することとなる。

［註］
1　大原總一郎の構想に基づき1954年に設立された。高梁川流域連盟は高梁川流域における文化向上に寄与する事業を行うことを目的とし、目的に賛同する個人および法人から構成されており、現在新見市、高梁市、総社市、倉敷市、早島町、矢掛町、井原市、浅口市、里庄町、笠岡市などが会員となっている。
2　岡上敏彦「大阪万博の鉄鋼館」（2020年発表予定）

25
倉敷アイビースクエア（1974年）
Kurashiki Ivy Square (1974)

　1889年に竣工した倉敷紡績所の工場建築をホテル、レストラン、ホールなどに改修した観光・文化施設である。

　倉敷美観地区の東に隣接しており、町家の軒下の道を折れると、煉瓦倉庫の外壁と西門に迎えられる。かたや東門の前は、開けた空間で倉敷市民会館（1972年）に面している。倉敷市民会館の竣工当時、紡績工場は敗戦後から続く長い休止状態にあり、地域住民や市からの要望を受けて倉敷紡績が再開発に着手したとされている[註1]。

　一方、さらにその3年前の1969年ごろに浦辺などによって作成された「大原構想」を図化した地図には、紡績工場内に歩行者動線が描かれている[註2]らしく、再開発計画の端緒は定かではないが、市民と建築家の同調があったことに違いはない。長谷川堯はこの建築を「建築史の局面転換を象徴するような建築ではないか」[註3]と評しているが、浦辺の作品を時系列で見る時、建築家自身のターニングポイントであったことにも気づかされる。

（福濱嘉宏）

[註]
1　倉地克直ほか『絵図で歩く倉敷のまち』吉備人出版、2011年
2　草間奏介「倉敷のまちづくりにおける浦辺鎮太郎の角櫓構想」日本建築学会大会学術講演、2012年
3　長谷川堯『建築の出自』彰国社、2008年

25-1　回廊のアーチ　Arch of the corridor

25-2　東門側全景　Full front view of the east gate side

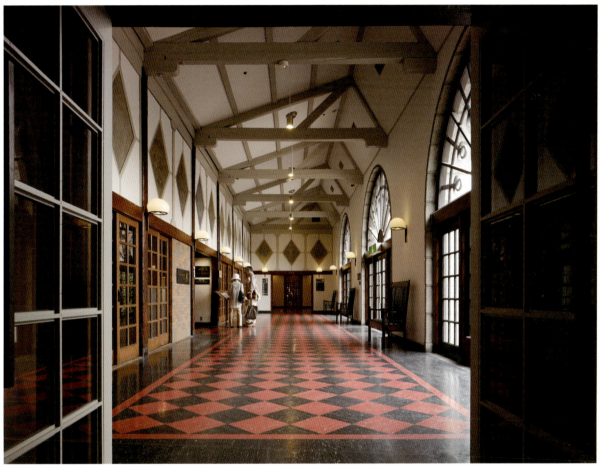

25-3　食堂前廊下　Corridor in front of the dining hall

25-4　宴会場前ロビー　Lobby in front of the banquet hall

25-5　ブリッジをくぐる通路　Passage under the bridge

25-6　中庭に面した水路　Waterway facing the patio

25-7　回廊とスクエア　Corridor and the square

25-8 中央に倉敷アイビースクエア、奥に倉敷中央病院を望む　Kurashiki Ivy Square (center) & Kurashiki Central Hospital (back)

25-9　模型　Model

25-10　フローラルコートから東門を望む　East gate as seen from Floral Court

25-11 竣工時の東門　East gate at completion

25-12 竣工時、北側のアーケードから望むスクエア
The Square as seen through the northern arcade at completion

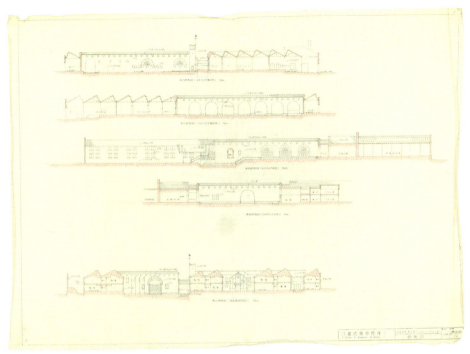

25-13　断面図　Section plan

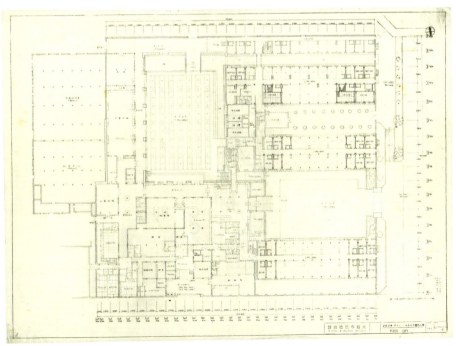

25-14　1階平面図　Floor plan of the 1st floor

column 25-1
コンバージョンの手法から読み解く

福濱嘉宏

倉敷アイビースクエア（1974年）の名称からすれば、広場が象徴的存在である。この「休憩広場」の舗装は、煉瓦、花崗岩、瓦からなる規則的なパターンで構成され、等間隔に配された60cm角の桝型には沓石が埋め込まれている［C25-1-1］。さらに広場を取り囲む建築物と照合すれば、軸線の延長上に沓石は存在するので、広場はかつて周囲の建築と連続した内部空間であったことに気づかされる。こうした建築物を部分的に撤去する方法で、倉敷アイビースクエアは明治の紡績工場から現代のホテルに生まれ変わったのである［C25-1-7］。前身の紡績工場の建築は、同時代の多くの紡績工場と同様に、防火のための無窓の煉瓦造の外周壁、均質的な採光のための天窓が設けられたのこぎり屋根、内部空間は広く木造柱が紡績機に合わせて等間隔に林立するといった特徴を備えていた［C25-1-2］。

改修設計に先立って、建築史的な価値を見きわめる研究調査が行われたが、1889年の竣工から大正期にかけての増改築により原形をとどめていないこともあって、次のように評価された。「外形そのものに記念性を求めるよりは、その位置および一部材料・構造等に創始者たちの創業の精神とわが国紡績産業史上の価値を設定することがより適当」であり、「建造物・史跡を核とする面的保存・開発のモデル地区として、適切な計画と実施が望まれるものである」[註1]。この報告を受けた改修設計は「れんが造の外周はそのまま残し、（中略）創立時の部分は内部もそのまま残しながら、内部の木造柱の林立する空間の一部を間引いて、この広い空間の中に光と風を入れることから始まった」[註2]。こうして誕生したのが冒頭の広場である［C25-1-3］。このほかに宿泊棟が面する外部空間に相当する部分も撤去され、宿泊客は窓から池水や銀杏並木の向こうに隣棟の壁面を見ることになる［C25-1-4, 5］。

C25-1-1　広場の舗装には解体撤去された煉瓦、石材、瓦などが使用された
Removed bricks and stones were reused for the square's pavement

C25-1-2　コンバージョン前の工場内部
Inside the factory before conversion

C25-1-3　広場とするために建築物が撤去された状態　After building was demolished to create the square

C25-1-4　宿泊棟の間のリネン室を通用口から望む　Linen room as seen through a service exit

C25-1-5 水路を挟む客室棟　Hotel building facing a waterway

C25-1-6 宿泊棟 2 階客室　Guest room on the 2nd floor of the hotel

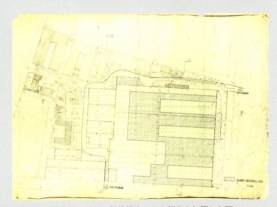

C25-1-7 改修前の図面に解体撤去された部分を加筆した図　Drawing before renovation with demolished part added

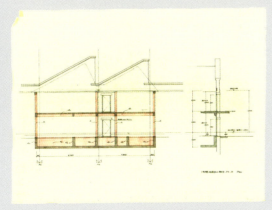

C25-1-8 宿泊棟の断面図　Section plan of the hotel building

さて、宿泊棟の構造体の木柱と小屋組はそのまま利用する方針であったので、平面計画は紡績工場の柱間寸法に支配されたが、「在来の木造の柱スパンが 3,360 × 6,000 mm であったことが幸いし、このスパンごとに宿泊室を差し込んでゆくことができた」のである。ただし、鉛直方向は容易ではなく、紡績工場の床面から小屋組の陸梁下端の距離が 4,575 mm（当時の紡績工場の標準的数値）であるため、客室を 1 層に設けるには高すぎ、2 層にするは低すぎる数字であった。そこで、1 階の床レベルを 370 mm 下げ、小屋組の空間を室内に取り組むために 2 階の天井は斜めにして［C25-1-6］、2 層分の客室を確保している［C25-1-8］。構造的にはコンクリートブロック造、一部鉄筋コンクリート造の壁体と床スラブが木造軸組に挿入され、必要な性能を得ている。

かくして、紡績工場は倉敷アイビースクエアへと再生されたのであるが、その象徴である広場とそれを取り囲む外壁の意匠は建築家の創造の成果であり、アーチや煉瓦の壁面などが醸し出すテイストは、後続の作品に継承されていったように思われる。

［註］
1　村松貞次郎「倉敷記念館旧当初工場建築調査速報」1983 年
2　森本正一「旧倉敷紡績工場　倉敷アイビースクエア」『Re No. 124』（一財）建築保全センター、2000 年

column 25-2
「黒と白」から「白と赤」への作風の転機

西村清是

　1965年に倉敷国際ホテル（1963年）[C25-2-2]で建築学会賞を受賞した浦辺鎮太郎の風土的近代建築のスタイルは、重厚なコンクリート打放しの壁庇と白い漆喰壁の繰り返しが幾重にも重なり、黒い張り瓦と地元の川石をアクセントに、全体がクラシキモデュール（KM）によって美しく組み立てられている。内部空間も、伝統的な漆喰の白壁と工業製品であるアスファルトブロックを黒石に見立てる得意の手法が対比的に空間を引き締めている。京間畳を基本としたKMによってヒューマンな落ち着きの寸法と、要所に用いられる木造作のディテールが民芸的な趣を与えている。このような初期の作風を「黒と白」の時代と呼ぶ[C25-2-1, 2]。倉敷レイヨンの営繕技師からフリーアーキテクトに転身すると同時に、浦辺のもとには多くの設計依頼がやってきた。そのころ大林組の第3代社長・大林芳郎の訪問を受け、オランダの技術移転によるショックベトン工法のコンクリートカーテンウォールを勧められている。大林は丹下健三、前川國男、浦辺に特に協力してほしいと述べており、工業製品好きの浦辺の目に留まった。漆喰の鏝細工の表情につながる細やかなディテールのコンクリート打放しの表情が[C25-2-3]、ショックベトン工法を多く用いるきっかけになったと推測され、これがその後の浦辺建築独自の外壁デザインをつくり出す契機となった。

　倉敷アイビースクエア（1974年）[C25-2-4]、は倉敷紡績（1888年創業）の倉敷本社工場（1889年操業開始～1945年休止）の保存再生を目的としていたため、クラシキモデュール（KM）の適用や使う材料にもおのずから制限が加わった。西洋から輸入された紡績工場とともに古い街並みに突然出現した赤煉瓦であったが、土と鉄と火による生成物である煉瓦が日本人の感性に受け入れられないわけもなく、85年の歳月のなかで倉敷の人々にとっても、近

C25-2-1　大原美術館分館南側外壁　Ohara Museum of Art Annex, southern exterior wall

C25-2-2　倉敷国際ホテル中央通り沿いの景観　Kurashiki Kokusai Hotel on the central street

C25-2-3　倉敷市民会館　Kurashiki City Auditorium

C25-2-4　倉敷アイビースクエア　Kurashiki Ivy Square

C25-2-5　倉敷中央病院　左がⅠ期、中央手前Ⅲ期、その奥がⅡ期
Kurashiki Central Hospital (left: Phase I, center: III, back: II)

C25-2-6　倉敷市庁舎　Kurashiki City Hall

代化に寄与した郷土の誇りとして親しまれてきた。ただしそれはあくまで紡績工場の壁であり、生活に密接に関わるものではなかった。浦辺は設計のなかで、瓦や漆喰と同じような"ヒューマンタッチ"を感じるまで煉瓦に向き合い、行き詰ると大原ならどうするか自問自答した[註1]と語っている。結果的に解体した煉瓦壁から再生した煉瓦の多くは広場の床に敷かれ、大面積の木造工場部を穿ってできた広場の外壁には、高松で生産されたタイルが用いられた。「予算オーバーは相撲取りが土俵を割るに等しい」と、常々大胆な合理化を図れていた浦辺であればこそのタイルの代用であったが、結果的にはイギリス風というより南欧風の温かさをもち、瀬戸内の風土にもよくなじむ空間となっている。

　倉敷市民会館（1972年）[C25-2-3]、までの、日本の地方都市で生きる建築家としての立ち位置を模索するストイックな作風（黒と白の時代）はこれ以降影を潜め、むしろ対象（施主または作品テーマ）と自身が同化しゲマインシャフト（共同体）を形にする、自由奔放な作風へと変化した。このような浦辺晩年の作風を煉瓦タイルの赤とスタッコの白を多く使うことから「白と赤」の時代と呼ぶ[C25-2-5, 6]。

　倉敷アイビースクエアは、浦辺の作風が「黒と白」の時代から「白と赤」の時代へと大きく変化する転機となった作品である。

[註]
1　対談：浦辺鎮太郎＋村松貞次郎「赤レンガと蔦の広場―鮮やかな工場の転身」『建築画報』1974年7月号

topic 02
一丁シャンゼリゼ計画と大原構想

西村清是

"一丁シャンゼリゼ"というアイデアを、大原總一郎が浦辺に語ったのは1963年12月のことで、浦辺はその日の手帳に「倉敷計画（1964年）」として大原の言葉を記録している。それによると、

> 倉敷計画(昭和39年度)をやらないといけない
> 駅から市庁舎に至る町づくりをやりたいが倉建（倉敷建築研究所）でやってくれるかと市長が言っておった。倉建も忙しいので条件次第だと言っておいたが、受けられるか。
> 学校の先生など入れて委員会を造って市民の納得するような予算を出して、工費もその範囲でやり、設計料もそこで線を出す。そうすればやると明日返す。
> 建設はブロック割にするか、或いは連続ものにするか？（中略）ブロック割にするほうが良いと思うが、いずれにしても倉建でやるしかない。私は倉敷の一丁（プチ）シャンゼリゼと呼べるものにしたい。上階に程度の高いアパートが必要であろう。裏町には飲み屋も入る。人が美術館だけでなく、町を見に来るようにならんといかん。

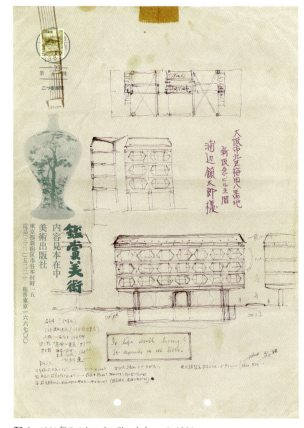

T2-1　1964年のスケッチ　Sketch drawn in 1964

と書かれている。

　文面から、これが大原からの指示であり、しかも空間イメージまで含まれるものであったことがうかがえる。1961〜1984年に浦辺がしたためた手帳のうち、大原が亡くなる1968年までの8年間で、ほかに「倉敷計画」の記載は見当たらないが、大原と浦辺の間で継続的なまちづくり構想が存在したことは間違いないであろう。早速3日後、腹心の部下である武藤倫男、松村慶三ほか一名にスケッチを示して、大原の思いを伝えている［T2-1］。残念ながら、大原の思い通りには進まなかったようで、再び"一丁シャンゼリゼ"の構想が記録に現れるのは、

T2-2 新倉敷市庁舎への提案。四方隅櫓構想
Proposal for new Kurashiki City Hall (Vision of four corner towers)

T2-3 新倉敷市庁舎の提案パース
Proposed perspective of new Kurashiki City Hall

大原亡き後の1969年になってからのこととなる。

「1953年ノート」のうち『MY KURASHIKI』には、1969年8月、浦辺夫人が本棚を整理中にこのノートを見つけたことが浦辺自身によって追記されている。前年の1968年、大原は多くの人々に惜しまれながら病没している。長年にわたる自身の雇用主であるとともに倉敷のまちづくりを支えてきた同志、建築家としての独立を認めてくれた恩人、そして最大のパトロンを失った浦辺は、心の空虚を順調な仕事の多忙によって満たしていたのであろう、ノートに記載された夢が次々と実現されてきた過去を振り返るとともに、今まさに大原の念願であった公会堂を倉敷市民会館（1972年）の設計者として取り組むことができる幸運への感謝が追記されている。おそらくこの時、ノートには記されていない大原の夢を実現することこそ自らの使命と悟ったのではないか。その時から倉敷の中心市街地の青焼き白地図が当時の所長室に張り出され[T2-8]、"1969年 August"の赤鉛筆の文字とともに、1km四方の正方形が城郭を示すように書き込まれている。その四方隅櫓の位置のうち、北西は倉敷市によって具体的な調査が始まっていた倉敷駅前再開発（1980年）、北東は大原が生前に再整備の意思を明確にしていた倉敷中央病院（1975–1981年）、南東はその時点で設計中の倉敷市民会館（1972年）、南西は将来の新市庁舎[T2-2, 3]の建設地（実際の位置とは異なる、現・芸文館の位置）と浦辺自身が見定めた位置であった。浦辺はこの地図を「大原構想」と呼び、試案や実現したプロジェクトを少しずつ加筆していった。

大原が倉敷のモデルと考えた美しき中世の城郭都市ローテンブルクを始め、「歴史的景観都市が1km四方であることは自らの発見である」と、浦辺は後年語っている[註1]ので、四方隅櫓構想は「大原構想」を土台として、新しい市庁舎まで見通した浦辺が生

み出したものと思われる。このように「大原構想」は一気に書き上げられたマスタープランではなく、逐次的に積み上がる性質のものであった。

「1953年ノート」の再発見によって、浦辺が「大原構想」や「一丁シャンゼリゼ構想」[T2-4, 6, 7] の実現への思いを新たにした1969年の夏は、すでに駅前再開発の調査が始まっていた。「一丁シャンゼリゼ構想」の実現のための動きは急がねばならなかった。その年の10月までに提案書がまとめられたが、以下のような骨子が記載されている。

大原構想より発していること
店舗と住宅の共存出来る再開発であること
元町通は大倉敷市の窓口の盛り場
一丁（プチ）シャンゼリゼの名に値したもの
望ましい総合的再開発
提案の範囲と内容として、一丁シャンゼリゼは全市をカバーするマスタープランの中心ではあるが全部ではなく、少なくとも元倉敷（1km四方）をカバーするマスタープランを描いたうえで、それと密接な関係の下に本提案を致すこと

元倉敷（1km四方）をカバーするマスタープランの視点で、当時最も注目を集めていたのは倉敷紡績倉敷工場の跡地利用であった。11月の倉敷市への正式提案に先立ち、倉敷紡績に「一丁シャンゼリゼ構想」とともに倉敷工場保存計画を持って下相談に訪れ、倉敷工場保存計画の公表の可否を問うているが、当時の倉敷工場は、東側社宅敷地を市民会館用地として倉敷市と売却交渉中であったことから、時期尚早との結論に至った。

大原の「一丁シャンゼリゼ構想」は、江戸元禄期に完成した倉敷川沿いの街並みに匹敵する新しい街並みを昭和元禄と呼んだ時期から将来の倉敷市民に引

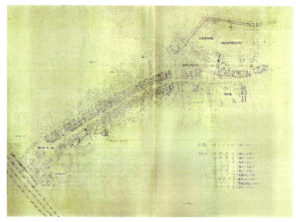

T2-4　倉敷市元町通再開発計画試案
Draft plan for redevelopment of Kurashiki City Motomachi Street

T2-5　一丁シャンゼリゼ計画のスケッチ1
Sketch 1 of Petits Champs Elysées plan

T2-6 一丁シャンゼリゼ計画のスケッチ2
Sketch 2 of Petits Champs Elysées plan

き継ごうとするものであった。浦辺は大原の思いとともに倉敷工場保存計画を示すことで、倉敷川から市民会館までつなぐ構想を加えたかったのであろうが、この時点ではいずれも果たされることはなかった。

［註］

1 対談　浦辺鎮太郎＋村松貞次郎「倉敷のゲマインシャフト」『Process: architecture』プロセスアーキテクチュア、1982年

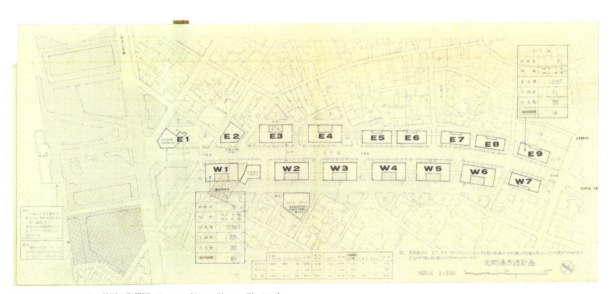

T2-7　一丁シャンゼリゼ計画、配置図　Layout of Petits Champs Elysées plan

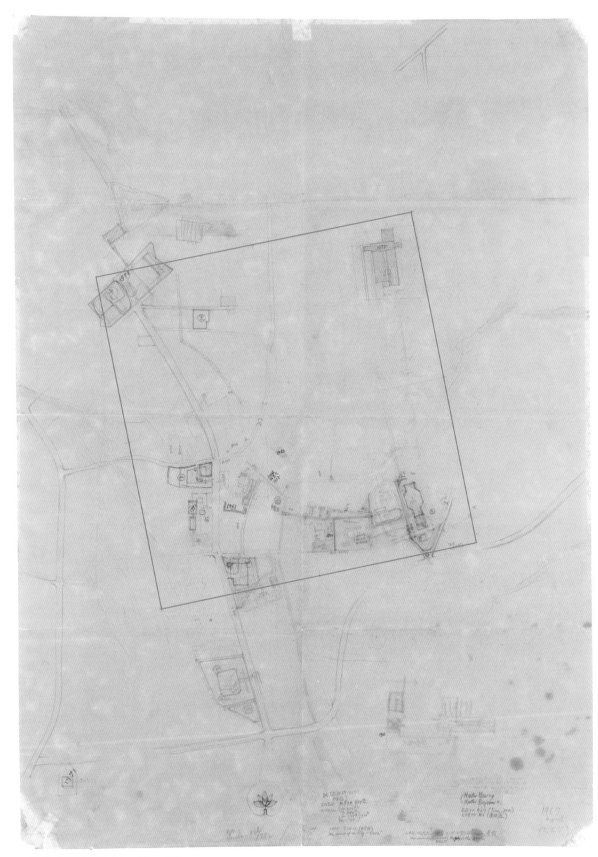

T2-8　大原構想地図　Map of Ohara Vision

第 3 章　ポスト・モダン時代の自在な造形　1970–1984 年
Capter 3　Masterful Form-Creation in the Era of Post-Modernism, 1970–1984

　　倉敷アイビースクエア（1974年）は、高度経済成長の転換点でもある1973年のオイルショックや環境問題への関心の高まりという時代背景のなかで、近代建築を保存再生した先駆的な仕事として高く評価され、1974年に2度目となる日本建築学会賞を受賞する。またそこには、世界的なスケールで席巻したポスト・モダニズムという新しい建築潮流の動きも重なる。このような時代の転換点にあって、浦辺は、地域主義的なデザインによる千里阪急ホテル（1970–1976年）や、コンクリートの荒々しい表情によって土着的な力強さをつくり出した紀伊風土記の丘松下記念資料館（1971年）、木を多用した風土的な宗教建築である黒住教新霊地神道山大教殿（1974年）など、意欲的な造形を次々に試みていく。そして、倉敷のまちづくり構想の核であり、集大成となる倉敷市庁舎（1980年）と倉敷中央病院（1975–1981年）によって、赤と白を基調とする記念碑的な建築を実現させる。また、倉敷アイビースクエアの仕事は、横浜市のアーバンデザインを推進していた都市デザイン室長・田村明（1926–2010年）の目に留まり、それがきっかけとなって、浦辺は、赤と白を基調色にした大佛次郎記念館（1978年）や既存のイギリス領事館との調和を図った横浜開港資料館（1981年）、さらに神奈川県立近代文学館（1984年）を手がけていく。そこでは、それまで培ってきた手法を用いた細部の装飾と様式的なデザインによって、自由で自在な造形が展開されていく。表層的な同時代のポスト・モダニズム建築とは一線を画しつつ、品格と楽しさをあわせもった現代建築をめざす浦辺流の試みでもあった。

1982.6–11　スケッチブックより　1982.9.22　記

浦辺さんとポスト・モダニズム

松葉一清

　大佛次郎の生家と思える記念館を、いかにも生家らしい立地に設計した。浦辺鎮太郎は大佛次郎記念館（1978年）の建築作品発表誌となった『新建築』誌1978年6月号に、そのような建築家の心情を披露している。文豪の出生地は確かに横浜だが、記念館の立地する海の見える丘公園ではない。この地を選んだのは全国の地方自治体の都市づくりを先導していた都市計画家・田村明（1926–2010年）が率いる横浜市役所である。記念館設置を決めたのは、大佛の代表作『パリ燃ゆ』に政治家としての眼を開かれたという市長・飛鳥田一雄で、同公園にフランス領事館の遺構が残ることも立地選定を後押しした。

　偽の立地に偽の生家。誤解されかねない述懐だが、豪胆な浦辺は、飛鳥田と田村という日本の政治家や行政マンには稀有な「都市の視点」をもつコンビの企てにまんまと便乗して、特異な作品を実現した。先述の『新建築』誌では、開館前に公園にやって来た若者たちが「大佛次郎の生家だよ」と噂しているとの逸話（本当か？）まで浦辺は自らの筆で紹介している。新築された擬態の建築による、新たに生まれた都市の「虚構の物語」である。

　1970年代にモダニズムの行き詰まりが動かない事実となったとき、「物語の死、あるいは喪失」が語られた。20世紀に共有されてきた、科学的な理性こそが世界全体の価値観の唯一の規律たりうるとする認識は消滅した。建築はモダニズムに偏してきたがために、「物語の喪失」の有力な証人となった。それへの自己批判からポスト・モダニズムの建築が生まれた。そして、個々のポスト・モダニズムの建築は、過去回帰の意匠を手がけることで、歴史や地域、風土に根ざした「物語の復権」を企てた。

　ポスト・モダニズムという言葉が膾炙するきっかけになったチャールズ・ジェンクスの著書『ポスト・モダニズムの建築言語』が刊行されたのは1977年。浦辺と所員の森本正一が大佛次郎記念館を設計したのは、それ以前の1976年後半である。浦辺らが流行に乗ったのではなく、むしろ、ジェンクスが提示した「新潮流」の一翼を、わが国において担っていたことを示している。

　浦辺らが企てた「偽の物語」は悪か？　そうではないことを大佛次郎記念館は「建築の質」によって示している。わたしはこの建築の中心を占める吹抜の「玄関ロビー」に入ったとき、そこを囲む頭上の照明の数を思わず数えた。一つ、二つ……、そう予想した通り、七つだった。

　ジョン・ラスキンの『建築の七灯』が「建築化」されていると直感したからである。足元の大理石モザイクの華麗さが、ラスキンを起点とする19世紀後半のアーツ・アンド・クラフツ運動を彷彿とさせた。さらに視線を凝らすと、壁の仕上げ、2階資料室のステンドグラスなどラスキン、そしてウィリアム・モリス流

の繊細な美が至るところに認められた。なにより七灯のそれぞれに大佛が収集していた猫の置物が配されている姿に、浦辺がアーツ・アンド・クラフツの美と同列に「物語」を位置づけていることが確かめられた。大佛は、妻に15匹までと約束させられるほど猫好きだった。その記憶を新設の記念館の空間に語り継がせるために、猫たちはそこに配されたのである。

わたしの知る田村明は「アメリカ流＝モダニズム」の都市づくりを理想とする都市計画家だった。しかし、彼は大佛次郎記念館、そして、旧イギリス領事館を保存して表通り側に中庭を囲う配置で新館を建設した横浜開港資料館（1981年）を、モダニズムとは一線を画す浦辺に委ねた。さらに神奈川県知事の長洲一二も賛同し、大佛次郎記念館に連なる敷地に神奈川近代文学館（1984年）が実現した。東京とは一線を画した都市づくりを自負する横浜に、浦辺の作品が三つも揃い踏みしたのである。

ポスト・モダニズムは上辺だけの形態ではない。新たなものをつくるときに、先人の知恵や遺産を参照しながら、次なる時代を構築していく「思考」であり、それは欧米では「思想」となっている。倉敷において大原總一郎とともに江戸の歴史と土地の文脈を尊重する建築を手がけるなかで、学生時代は鉄筋コンクリートを中心とする構造学を専攻した浦辺は、さまざまな「物語」を編みながら実現していく建築家に成長した。

機能と合理の二つを金科玉条としたモダニズムの時代に、村野藤吾や浦辺のような装飾を熟練の手腕で扱う技法に長けた建築家を、モダニズム以前の建築教育のなせる業とする議論が一般的だ。しかし、構造家志望の浦辺は、天領に由来する歴史のまち倉敷で、過去を謙虚に参照し、そこから創造に挑む建築観を身につけた。それは詩人ポール・ヴァレリーの言葉とされ、わが国で健全な保守思想の比喩として流布している「ボートを漕ぎながら見えるのは過ぎ去った風景で、背後に位置する未来を見ることはできない」という物言いに通じるところがある。生来ポスト・モダニストではなかったはずの浦辺が、数多くの作品の設計を経てその境地にたどりついた。

建築がもつ「真理」としてのポスト・モダニズムの思想の真髄が、浦辺の生涯から読み取れよう。

庁舎建築から見る浦辺鎮太郎

笠原一人

　1950〜1960年代にかけて、日本の建築界で表現上の重要な課題となっていたビルディング・タイプとして、庁舎建築が挙げられる[註1]。1945年の終戦まで、自治体は国家の出先機関に過ぎず、庁舎建築は三層構成や線対称といった古典主義的な特徴を備え玄関ホールには大階段をもつという、国家の威信を体現する重厚で古風なデザインが目立っていた。

　しかし1945年を挟んで日本の政治体制は大きく変化する。かつての「臣民」が「国民」や「公民」へとその姿を変え、自治体の独立性も高まった。そんななか、庁舎建築を建設するという行為が、市民の良質な生活を可能にする拠点を整えるという大きな意味をもつようになる。また、1953年に施行された「市町村合併促進法」によって市町村域が拡大され、庁舎建築が必要になったという背景もある。

　この時代の建築系の雑誌を繙いてみると、多数の庁舎建築が掲載されていることに気づくだろう。いずれもモダニズムによる明快で開放的なデザインという点で共通している。建築家は、新たな民主主義の社会にふさわしい庁舎建築を、モダニズムでデザインしたのだ。

　そんな庁舎建築の典型をつくったのは、丹下健三だったといえる。先進例となった旧東京都庁舎（1957年）を、丹下は鉄とガラスとコンクリートによるモダニズム建築で実現させている。また丹下の庁舎建築のなかでも重要なのが、市民ホールのあり方である。ピロティを用いた半屋外に、もしくは室内化されているが透明なガラスで囲われた空間に、市民に対して開かれた市民ホールを生み出している。東京都庁舎の竣工と同時期にも、倉吉市庁舎（1957年）や香川県庁舎（1958年）など、同様の市民ホールを備えたモダニズム建築を各地に実現させている。

　そんななかで、丹下とは異なるタイプの庁舎建築を設計した建築家がいる。浦辺鎮太郎が敬愛し続けた、村野藤吾（1891–1984年）である。村野は戦後、横浜市庁舎（1959年）、尼崎市庁舎（1962年）、宝塚市庁舎（1980年）の三つの市庁舎を設計している。村野のつくる市民ホールは、丹下とは対比的に、天井からペンダントライトが吊り下げられ、外部からは隔離された巨大な居室のような空間となっている。ホールを囲うように吹抜の2階にはベランダが設けられて視線が内側に向けられるという、一見すると閉鎖的な空間である[註2]。

　このような村野の市民ホールは、ヨーロッパの庁舎建築を参照してデザインされたと考えられる。ヨーロッパにおける庁舎建築の成立は11世紀にまでさかのぼるというが、17世紀になるとオランダのアムステルダム市庁舎（1655年）のように、屋内にブルヘルザール（Burgerzaal：オランダ語で公民室の意）と呼ばれる儀式や儀礼のための平土間の大きな室内空間が備えられるようになる[註3]。それは、村野が最も感銘を受けた建築であるというスウェーデンのストックホルム市庁舎

（R. エストベリ／ 1923 年）など、20 世紀の庁舎建築にも引き継がれる。村野は庁舎建築の設計に際して、ヨーロッパの伝統や格式、象徴性を重視したのである。

　さてもうひとり、村野と同様の庁舎建築を設計した建築家がいる。それが浦辺である。浦辺は学生時代、オランダのヒルヴェルスム市庁舎（W. M. デュドック／ 1930 年）に感銘を受け、デュドックのように倉敷で「市庁舎を設計したいと決意」したという[註4]。

　しかしその思いが実現するまでには、約 50 年もの時間を要することになる。浦辺は、倉敷市庁舎の設計に取り組み、1980 年にようやく竣工させている。浦辺にとって、実現した唯一の庁舎建築である。高さ 66m もの塔を備え、ヨーロッパの伝統に基づく豪華な、しかし閉鎖的な市民ホールを備えていることに大きな特徴がある。浦辺は、「塔は市民の目を惹くためのもの」だと説明し[註5]、市民ホールについては「厳格に市民精神を感じさせる儀式的な空間」だと論じた[註6]。

　浦辺は、丹下が想定したような憩いを求める民衆や大衆としての市民ではなく、民主主義の意味を十分に理解し、高い意識や品格を備えた市民のための空間を設計したといえる。それは、単なる憧れからヨーロッパの伝統を模倣したのではなく、庁舎建築は品格や象徴性を備えるべきだと考えた結果、選択した表現であろう。そこには、丹下が設計した旧・倉敷市庁舎（1960 年竣工）への批判も込められていたかもしれない。

　従来ほとんど知られていないことだが、浦辺は倉敷市庁舎の竣工以前に、いくつかの庁舎建築の設計に取り組んでいた[註7]。いずれもアンビルトに終わっているが、すべての案が塔と巨大な居室のような市民ホールを備えたものとなっていた。浦辺が 1930 年代初頭に憧れたヒルヴェルスム市庁舎も同様に、塔を備え室内型の市民ホールをもつものだった。浦辺の庁舎建築の理念とデザインは、約 50 年もの間、一貫していたのである。

[註]
1　戦後の庁舎建築のデザインについては、笠原一人「戦後の庁舎建築にみる『公共の形』 ―庁舎建築の表現とその「語り」をめぐって―」『平成 21 年度科学研究費補助金助成基盤研究（B）　1890-1950 年代日本における《語り》についての学際的研究　成果論集』2012 年、に詳しい。
2　村野藤吾の庁舎建築のデザインについては、笠原一人「村野藤吾の尼崎市庁舎　―その公共の形―」『地域史研究』尼崎市立地域研究史料館、2006 年、に詳しい。
3　ニコラウス・ペヴスナー『建築タイプの歴史〈1〉』中央公論美術出版、2014 年、日本建築学会
4　浦辺鎮太郎「倉敷市庁舎の建築」『新建築』1980 年 11 月号、新建築社
5　筆者の上杉秀隆（元浦辺建築設計事務所所員）へのインタビューによる（2019 年 4 月 16 日）。
6　浦辺設計に残された資料「新庁舎パチリ拝見 2　市民ホール」『山陽新聞』1980 年 5 月 31 日（土）21 面、に浦辺によって書きつけられたもの。
7　本書所収　笠原一人「幻の市庁舎計画案」pp.174–177 参照

都市デザインの横浜と浦辺の関わり

曽我部昌史

　横浜の関内とその周辺エリアには、各時代を代表する建築家の作品が数多くある。震災や戦災で壊滅的な被害を受けたことを考えればその数は異例といってもいい。1964年に田村明が横浜市に入庁してからは、田村が牽引した「都市デザインの横浜」にふさわしく、それらの作品群に広場や通りなども加わった。

　横浜に浦辺鎮太郎が設計をした建物があることは知っていた。観光地の建物として大佛次郎記念館を訪れた記憶もあるが、建築家の作品としては記憶にセットされなかった。建築を学ぶようになってから、倉敷アイビースクエア（1974年）などを見に倉敷まで行ったことはあった。それでも、横浜の建築群を訪れようとは思わなかった。

　今回の展覧会に際して、霧笛橋を含めれば四つの浦辺建築が数百メートルの範囲にあることを、驚きとともに再認識した。特に、その立地と竣工年から田村明との関わりが気になった。「都市デザインの横浜」の黎明期に、浦辺やその建築がどのような関係をもっていたのかに関心が向かったのである。

　高橋志保彦の後任である筆者の研究室には、横浜の都市デザインや田村明に関連した資料が多くある。それらを読み直しているうちに"本当の"背景を知りたいと思うようになった。横浜市創造都市事業本部の活動の推進役だった仲原正治（現・MZarts）に連絡すると一週間ほどしてレポートとともに返信があった。田村の著作とともに、田村と協働した岡村駿（元・横浜市）、掘勇良（元・横浜開港資料館）らへのヒアリングもまとまった労作である。以下に紹介するエピソードの多くは、このレポートがもとになっている。

　横浜の浦辺建築は、竣工年順に大佛次郎記念館（1978年）、横浜開港資料館（1981年）、神奈川近代文学館（1984年）、霧笛橋（1986年）の四つである。初めに田村が浦辺に依頼をしたのは、後に横浜開港資料館として実現する元イギリス領事館の改修プロジェクトである。当初は大佛次郎記念館とするための増改築計画だった。その後、田村が率いる横浜市企画調整局による戦略的な調整が行われ、フランス領事館跡地である港の見える丘公園に大佛次郎記念館を新築することになる。元イギリス領事館は開港資料館としての増改築が決まり、いずれも浦辺に設計を依頼した。この経緯は田村の著作[註1]でもしばしば紹介される興味深いものだが、ここでは割愛する。神奈川近代文学館は県が経緯に配慮し、同じく浦辺に依頼をした（土地は市から県へ譲渡）。田村は1981年に市を退職するが、飛鳥田一雄市長時代である1978年までが企画調整局長として活躍した期間である。この年に「横浜開港資料館設立に関する中間報告」をまとめ、事業を既成事実化し、二つの浦辺建築の実現に向けての道筋をつくった。横浜市での田村の最後の仕事は、浦辺とともにあったといってもよい。

そもそも田村は、なぜ浦辺に仕事を依頼したのか。仲原のレポートによると、田村は歴史的建築物の活用として赤煉瓦倉庫に最大の関心をもっていた。その保全につなげるための「新港埠頭煉瓦上屋調査報告書」は村松貞次郎を中心にまとめられたが、赤煉瓦倉庫を担当するのにふさわしい建築家について田村が村松に相談をしたことが、浦辺につながるきっかけだった可能性が高いという。当時、田村の近くにいた人たちへのヒアリングでも「自分が浦辺の名前をささやいた」という発言がみられた。関係者の間に赤煉瓦倉庫の改修設計は浦辺が適任、というムードが共有されていたようである。倉敷アイビースクエアの建築家に依頼するのが良い、ということだったのだろう。赤煉瓦倉庫は市の所有ではないため具体化の目処がつかず、元イギリス領事館の改修プロジェクトへと向かっていった。

　田村の業績のなかには、単体の建築物に関連したものは多くない。大高正人や槇文彦といった建築家と協働しながらも、あくまでも都市の視点での協働で、関内周辺エリアで行われたものの多くは広場や通りのデザインだった。少々極端な表現にはなるが、田村と最も近い関係にあった"建築家"は浦辺だったのではないか。浦辺は横浜にしばしば訪れ、そのたびにホテルのバーで言葉を交わしたらしい。ほかの建築家たちが田村とともに描かれるのが会議やシンポジウムでの同席が多いこととは対照的にも思える。浦辺のなかでも横浜の都市デザインに関わることへの関心が高まっていったようだ。横浜開港資料館でのタマクスの木の扱いには横浜の歴史への配慮が現れているし、一種独特な存在感をもつ大佛次郎記念館の外観も、"ジャックの塔"で知られる開港記念会館（1917年）のエントランスまわりの建築要素を再構成したもののようにも思えてくる（ポスト・モダニズムの時代でもあった）。浦辺は、田村にとっては唯一無二の、そして「都市デザインの横浜」にとってはシンボル的な建築家だったのである。

［註］
1　田村明『都市プランナー田村明の闘い』学芸出版社、2006年

［参考文献］
・田村明『都市プランナー田村明の闘い』学芸出版社、2006年
・SD編集部『都市デザイン　横浜　―その発想と展開』鹿島出版会、1993年

千里阪急ホテル（第Ⅰ期：1970 年、第Ⅱ期：1976 年）
The Senri Hankyu Hotel (Phase I: 1970, Phase II: 1976)

　千里ニュータウンの中心地区に建つホテルで、大阪万博が開催された1970年に開業した。ニュータウンのコンパクトな住戸に来訪客が宿泊できる余裕はなく、その受け皿としての役割を担った。大阪駅・新大阪駅からの容易なアクセス、伊丹空港（大阪国際空港）にも近い好立地で、ビジネスや観光での利用も想定された。楽しげなデザインのプールがある前庭を抱きこむように湾曲するⅠ期部分は、粗い白壁に赤い庇、ロビーに接続してサンラウンジが設けられ、身近なリゾートホテルでもあった。両端の妻壁はS字を描き、外観のアクセントとなっている。

　1976年に屋根とアーチの開口部が印象的な宴会場棟を増築、さらに1984年に高層棟が増築され、現在に至る。緑豊かな外部空間は北隣の公園も一体となり、千里丘陵の原風景を想起させる。

　Ⅱ期部分はⅠ期に比して重厚な意匠で、緑陰の深さと調和している。宴会場からは手入れされた庭の風景が望め、千里ならではの社交場であり、公共的な空間としてのホテルである。

（橋寺知子）

26-1　西側千里中央ターミナルからの全景。正面・左手にⅢ期、右手にⅠ期
View from the west side Senri Central Terminal (front / left: Phase Ⅲ, right: Phase I)

26-2　Ⅰ期　全景　View of the Phase I

26-3　模型　Model

26-4　II 期　宴会場のホワイエ　Phase II, banquet hall "foyer"

26-5　II 期　外壁・軒裏ディテール
Phase II, detail of exterior and soffit

26-6　II 期　北側の公園入口から見た外観
Phase II, exterior as seen from the north-side park entrance

27
紀伊風土記の丘松下記念資料館（1971年）
The Kii-fudoki-no-oka Museum of Archaeology and Folklore Matsushita Memorial Archives (1971)

　岩橋千塚古墳群を中心とした考古学博物館の中心施設である。この建物には三つの特徴がある。第一はボリュームを小さく見せ、古墳群とのバランスをとっていることである。ピロティでもち上げているにもかかわらず、地形を巧みに使うことで見かけの大きさを抑え、敷地を囲う塀のような印象をもたせている。

　第二は遺跡へのゲートとしてつくられていることである。来訪者は450mの緑道を歩いてアプローチし、そのまま資料館をくぐる。薄暗いピロティには移設された石室が配置され、吹抜けから印象的な光が落ちる。来訪者は現代と古代が交錯する空間を抜けて古墳に出会う。

　第三は、古墳のモチーフである。壁面は石室に用いられる紀州青石（緑泥片岩）が用いられ、エントランスは古墳の入り口を模し、砂利敷のピロティには土の匂いが立ち込め石室が安置されている。銅鐸の模様を模した面格子など、建物全体に古墳を強くイメージさせている。

（平田隆行）

27-1　北側正面全景　View of the north side front

27-2　南西側からの全景　低く抑えられた屋根と沈められたピロティ
Full view from the southeast (low roof and immersed piloti)

27-3　紀州青石の外壁
Exterior of Kishu Aoishi

27-4　模型　Model

27-5 展示室からピロティの移設石室を見下ろす Looking down the relocated stone chamber from exhibition room

27-6 展示室の内観　吹抜天井はトップライトだった
Interior of exhibition room (there was top light in the open ceiling space)

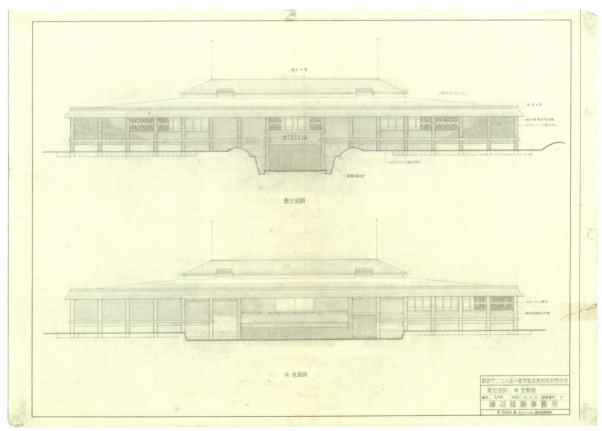

27-7　北立面図・南立面図　North elevation, South elevation

column 27
遺跡へのリスペクトとその現代的「再演」

平田隆行

　1967年に始まった「風土記の丘整備計画」は、「岩橋千塚古墳群」という古代の墓所を「遺跡公園」として整備するプロジェクトであった。都市計画コンサルタント・アルパックは埋蔵文化財への影響を抑えた歩行者中心のマスタープランを描いたが、「歴史」へ意識が薄い地元では理解が及ばず、無理に車道を造成するなど、保存という名の破壊が行われつつあった。それを危惧した専門家たちが松下幸之助の寄付を得て浦辺を召喚し、事態の改善を図った。浦辺には歴史に敬意を払いながら現代を創造する「手本」が求められた。

　ピロティが採用された資料館を「高床式倉庫」の引用だと見る向きもあるが、それは「歴史に敬意を払った」からではない［C27-1］。谷筋にあたるこの場所は鉄砲水のリスクがある。安全な場所にはすでに古墳が築かれており、避けることは難しい。そこでピロティで収蔵品を守る方法が採用された。だが、単に高床にすればボリュームが大きくなりほかの遺跡を圧倒してしまう。さらに「高床式倉庫」のイメージは、この地の歴史を粉飾することになりかねない。そこで斜面を利用してピロティを隠すように石垣を配し［C27-2］、緩い勾配屋根によってボリュームを抑えた床下に暗い穴蔵を生み出すことで、そこに古墳内部［C27-3］が「再演」された。

　なお、2019年6月末、和歌山県は資料館の改修と新館建設の基本計画のプロポーザルを公募した。外観は保存する方針が出ているものの、延べ床面積は4倍に増えるという。遺跡だけでなく、保存への理解を創造につなげた浦辺の遺志がいかに継承されるか、注目したい。

C27-1　鳥瞰全景。歩道が建物中心を貫入する
Bird's-eye view, the walkway penetrating the building

C27-2　正面の暗い入口、古墳石室［C27-3］と類似
Dark front entrance, similar to ancient tomb's stone chamber [C27-3]

C27-3　前山A地区古墳石室入口　Entrance of ancient tomb's stone chamber in Maeyama A district

28
黒住教新霊地神道山大教殿（1974年）
The Kurozumi-Kyo New Daikyoden Prayer Hall in Shintozan (1974)

　吉備中山南東の丘陵地の中ほど、神道山に置かれる黒住教本部の神殿である。かつてはより南の平野部に教団本部が置かれていたが、周辺の市街化にともない、日の出への眺望が可能となる敷地が求められ、1974年に神道山と呼ばれるこの地に移転した。中山の北東および北西の麓部には、中山の南北の稜線によって分かたれた旧備前、備中国それぞれに、吉備津彦神社、吉備津神社が配されるほか、敷地周辺には古墳群も数多く残る。

　大教殿の外部意匠は伊勢神宮や古い民家の屋根形状に由来しつつも、内部は広大な一室空間となり、人々が集い礼拝するための教場となる。一方、大教殿西側の敷地低部に置かれる神結館では、水平のRCスラブが重なり合う屋根の下に、信者らが小集会などを行うための諸室群が配される。

　神結館から東に伸びる直線階段によって、大教殿南側の広縁へと至るとともに、広縁からさらに東方へ向けて、教義たる日の出への礼拝軸が開かれる構成をとる。

（朽木順綱）

28-1　正面全景　Full front view

28-2　模型　Model

28-3　神殿内観　Interior of prayer hall

161

28-4　東側全景　View from the east

28-6　東側から見た竣工時の全景　View from the east at completion

28-5　備前焼の千木・樫木
Ornamental crossbeams (Bizen ware) on the gable

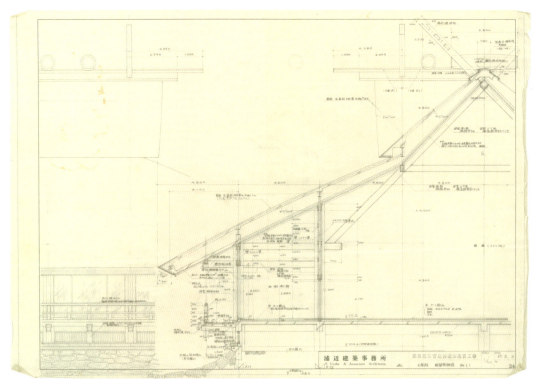

28-7　矩計図　Sectional detail

28-8　縁側南東角から望む　View from the southeast corner of veranda

column 28
近代における宗教建築としての黒住教・太陽の神殿

朽木順綱

　黒住教・太陽の神殿の中心建物である大教殿は、「地形と方位を見事に利用した環境設計」[註1]と評されるように、大教殿と地形から生み出される二つの軸性が、この作品の空間構成を統べている［C28-1］。すなわち、近世に実在した人物でもある教祖神へと祈りを捧げる黒住教固有の南北軸と、「日の縦（たたえ）」と呼ばれ、教義たる日の出への「日拝」、そして教祖自らが崇拝した伊勢神宮への、普遍的でアルカイックな祈りに通じる東西軸である。これら二つの軸性は、この宗教が引き受ける、現実的近世と神話的古代という、交差する二つの時間性ともいえよう。

　南北の参拝軸を形成する大教殿の外観からは、伊勢神宮のみならず、敷地にほど近い吉備津神社、さらには古い民家の形式に由来する意匠が読み取れるとされる[註2]。しかし内部空間をみれば、参拝軸は伊勢神宮や吉備津神社の平入方向とは90度異なっており、垂木が並列する棟方向の奥行性と、屋根勾配を内部から見上げる垂直性が、人々に開かれた内部空間としての近代的なパースペクティブを形成する［C28-2］。その空間的特質はいわば、人間社会の実践的倫理とも解される黒住教の平明な教義にも通じよう。一方で、東西の「日の縦」に沿って大教殿の西麓に接続する、神結館の下階から上階への階段の構成は、より情緒的で非視覚的な性格をもつ。「外光の入らない、比較的暗い参道」[註3]と評されるこの階段は、論理以前の身体感覚を触発する。浦辺自身も日本古来の宗教空間について、「暗さっていうのは神道にもあるでしょう、あの暗さは。（中略）世の中のもの一切見えなくなって、音だけ……。（中略）一番神聖なときは目に見えないんだ」[註4]と述べるように、細かく分節され低く重なり合う水平屋根は、「音だけ」という状況、さらには音すら聞こえない静寂という、抑制された

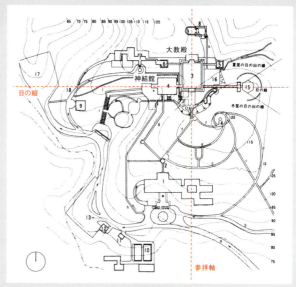

C28-1　太陽の神殿配置図　Layout of Shrine of the Sun

C28-2　大教殿内部　Interior of Daikyoden (prayer hall)

C28-3　吉備中山地形図　Map of Mt. Kibino-Nakayama

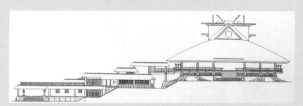

C28-4　太陽の神殿　南立面図　South elevation of Shrine of the Sun

空間表現をもたらす。このように、神結館の水平屋根と、大教殿の勾配屋根には、それぞれ地勢的な凹部の暗がりと凸部の明るみ、宗教的神聖さと倫理的教義、人々の集会と神との対面、祈りに前後する静穏と高揚などが、近代性と様式性という対比的な建築表現をまとい、多義的に重なり合う［C28-4］。

　宗教建築をめぐる浦辺の思想は、論考「吉備と倉敷をめぐる文化」[註5]にその源泉を見出すことができる。この論考において、彼は古来の詩歌や伝承を参照しつつ、吉備、倉敷を「陸の瀬戸内海」と見立て、かつて吉備中山や鶴形山が海運で結ばれていた古代の水景を蘇らせる。現在の中国山地の柔和な山並にも連なる原始のおおらかさを湛えた多島海世界において、いわば神道山に抱かれた大教殿は、国生み神話さながらの浮島の佇まいを凝集する聖所となり、神結館はさしずめ、岸辺と聖所とをつなぐ桟橋、あるいは汀に波打つ海面そのものと見なせようか［C28-3］。浦辺は、こうした万古の風光のなかに自らの建築を繋留することで、そこに一個の建築物を超えた「天地不仁」たる自然世界の包摂と、時空を隔てた宗教的超越性の到来を予期したのではないか。なぜならそのことが、「近代的」であることを自らに課した建築家にとって、機能性や合理性をはるかに超越した存在へと捧げられた空間を現出させるための、唯一かつ周到な方法であったと考えられるからである。

［註］
1　栗田勇監修『現代日本建築家全集 12 浦辺鎮太郎、大江宏』三一書房、p.85
2, 3　安田徹也「再読　関西の建築　6　太陽の神殿［黒住教大教殿］」『建築と社会』2018年12月号、pp.31-34
4　［註1］前掲書所収、p.175
5　［註1］前掲書所収、pp.83-91

倉敷市庁舎（1980年）
The Kurashiki City Hall (1980)

　塔が付属する高層棟と広がりのある低層棟を明るいトップライトの空間により無理なく接合し、象徴的な展望塔が市民を迎え入れる構成である。

　庁舎の外観と合わせた煉瓦タイル張り・アーチ形状の開口部をもつ駐車場のデザインは、同世代の村野藤吾や白井晟一にも共通する西洋への素朴な憧憬に支えられた日本なりの現代建築のあり方を示しており、牧歌的ではあるが設計者として理想を追求する姿勢が垣間見える。デフォルメされた付け柱や柱頭、そして塔の壁面コーナーの石組みなどは古典建築と近現代建築の間に位置する設計手法であり、ポスト・モダンに通じる記号操作も随所に見られ、アジアの辺境における現代建築の精華といいたい。

　1980年当時に竣工した40万人程度の市庁舎、たとえば姫路市役所などと比べるとかなり多様性あふれるデザインだが、公共建築に求められがちな経済性や合理性だけではない、シティホールとしての親和性と倉敷市民の矜持が今も感じられる。

（遠藤秀平）

29-1　高層棟全景　Full view of the high-rise building

29-2　模型　Model

29-3 北側全景。手前から駐車場棟、低層棟、高層棟　View from the north (near to far: parking, low-rise, high-rise buildings)

29-4 高層棟　一階開口部窓まわりディテール
Detail of openings of high-rise building

29-5 低層棟中庭　Patio of the low-rise building

29-6 市民ホール内観　Interior of the citizen's hall

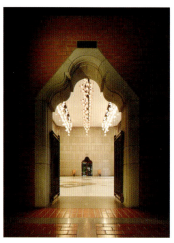

29-7

29-8

29-7　市民ホールエントランス　Entrance of the citizen's hall
29-8　ロビー吹抜階段　Atrium-style stairwell at the lobby

29-9　玄関オーニング　Entrance owning

29-10　オーニングのディテール
Detail of owning

29-11　吸気口のディテール
Detail of air inlet

29-12　竣工時の全景。手前が駐車場棟　Full view at completion with parking building on the near side

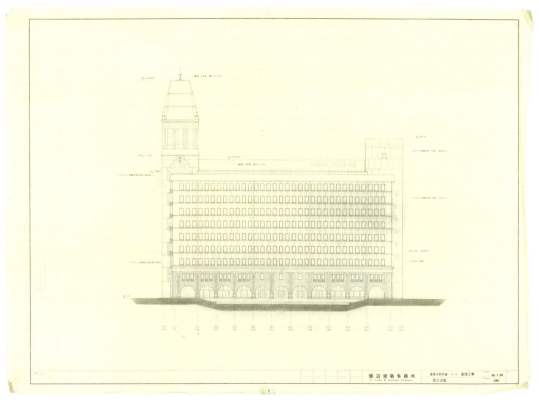

29-13 南立面図　South elevation

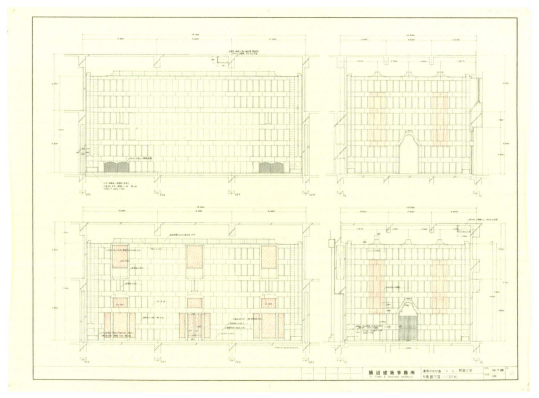

29-14 市民ホール展開図　Interior elevation of the citizen's hall

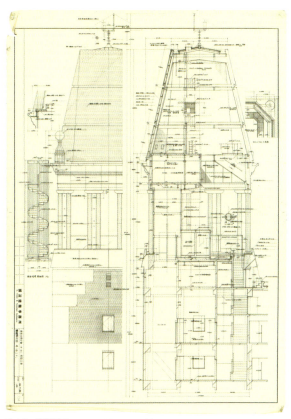

29-15 塔詳細図　Detailed drawing of the tower

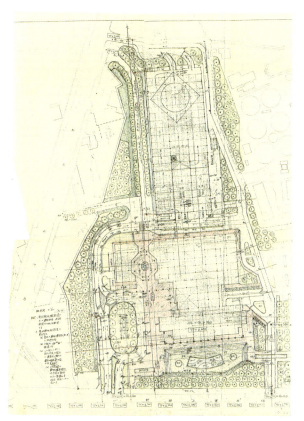

29-16 全体配置図　Entire layout drawing

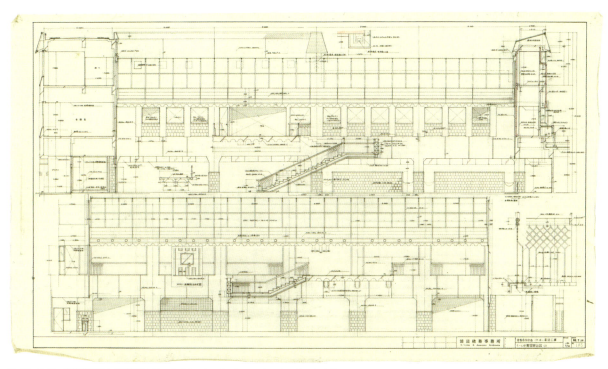

29-17 ロビー吹抜階段まわり詳細図　Detailed drawing of atrium-style stairwell at the lobby

column 29
倉敷市庁舎への思い

笠原一人

　倉敷市庁舎（1980年）は、浦辺鎮太郎が設計し実現した唯一の庁舎建築である。竣工の際浦辺は、「一生の念願としてきた仕事であった」と論じている[註1]。大げさに聞こえるかもしれない。しかし倉敷市庁舎の設計に対しては、積年の思いがあった。それはどのようなものだったのか。

　浦辺によれば、新しい倉敷市庁舎のルーツは、学生時代の1930年代初頭に雑誌上で見たストックホルム市庁舎（1923年）[C29-1]とヒルヴェルスム市庁舎（1930年）[C29-2]の二つの市庁舎にあるという[註2]。「ことに後者は、デュドックの生きざまと共に私をして、ふるさと倉敷に帰住し、その市庁舎を設計したいと決意させたほど印象の深いものであった」と論じている。倉敷市庁舎を設計したいという思いは、約50年間、温められてきたことになる。

　倉敷では、1960年に丹下健三設計の旧・倉敷市庁舎[C29-3]が竣工している。浦辺は当時まだ倉敷レイヨンに勤務する社員に過ぎず、設計することは叶わなかった。悔しい思いを味わったことだろう。その後浦辺は、八王子、大阪、福岡、静岡の各市庁舎の設計に取り組んだが、いずれも実現することはなかった[註3]。庁舎を設計したいという思いは、一層強まっていたに違いない。

　倉敷市庁舎設計の直接のきっかけは、1970年代初頭にさかのぼる。1967年に倉敷市と児島市と玉島市が合併したことで、新しい市庁舎の建設の機運が高まり、その設計が浦辺に打診されたようだ。1972年と1975年には新しい市庁舎の計画案を作成している[註4]。この段階では、現在倉敷芸文館が建っている場所を敷地とするもので、地上6階建て延床面積25,000 m²程度のものだった。丹下の旧倉敷市庁舎に向き合う敷地の角に大きな塔を建てたシンボリックなものである。

C29-1　ストックホルム市庁舎（R. エストベリ／1923年）
Stockholm City Hall (R. Östberg/1923)

C29-2　ヒルヴェルスム市庁舎（W.M. デュドック／1930年）
Town Hall in Hilversum (W.M. Dudok/1930)

C29-3　旧・倉敷市庁舎（現・倉敷市立美術館、丹下健三／1960年）Former Kurashiki City Hall (presently Kurashiki City Art Museum, Kenzo Tange/1960)

C29-4　倉敷市庁舎　市民ホール
The citizen's hall of Kurashiki City Hall

C29-5　ストックホルム市庁舎　市民ホール
The citizen's hall of Stockholm City Hall

C29-6　ヒルヴェルスム市庁舎　市民ホール
The citizen's hall of Hilversum Town Hall

　その後、敷地を現在地に変えて計画が行われ実現した。地上10階建ての延床面積34,000 m² 程度にまで規模が拡大され、西端に高さ66 mもの塔を備え、ヨーロッパの伝統に基づく巨大な居室のような豪華な、しかし閉鎖的な市民ホール［C29-4］を備えている。

　ただ、竣工後の評判は必ずしも良くなかった。新聞には「ぜいたく」「東洋一の無駄遣い庁舎」などと書き立てられた。浦辺は市民ホールを揶揄する新聞記事を切り取ってコピーした紙に、「"市民憩いの場"ではない。厳格に市民精神を感じさせる儀式的な空間。明治期の官庁建築にあった"正庁"のつもりである」と反論を赤ペンで書きつけて残している[註5]。

　浦辺の倉敷市庁舎のデザインの意図は、まさにそこにある。丹下らが設計した戦後の庁舎建築は、民主主義を体現する開放的な市民ホールを備えるなど、機能性を重視した。しかし浦辺は、ヨーロッパの伝統に基づいた象徴性こそを表現したかったのだ。そのための塔であり、閉鎖的な市民ホールだった。ストックホルム市庁舎やヒルヴェルスム市庁舎もまた、同様の塔と市民ホールを備えている［C29-5, 6］。倉敷市庁舎は、約50年間にわたって浦辺が思いを募らせた末の、渾身の作だったのだ。

［註］
1　浦辺鎮太郎「設計者のことば　倉敷らしい市庁舎を」『広報くらしき　新庁舎特集号』1980年、倉敷市
2　浦辺鎮太郎「倉敷市庁舎の建築」『新建築』1980年11月号、新建築社
3　大阪市庁舎と福岡市庁舎は指名コンペが実施されたため、その概要はある程度明らかになっているが、八王子市庁舎や静岡市庁舎は、浦辺のスケッチブックにスケッチが残されている程度である。詳細は、笠原一人「幻の市庁計画案」（pp.174-175）を参照のこと
4　『倉敷市庁舎計画草案』浦辺建築事務所、1972年／『倉敷市・新市庁舎への提案』浦辺建築事務所、1975年
5　浦辺設計に残された資料「新庁舎パチリ拝見2　市民ホール」『山陽新聞』1980年5月31日（土）21面のコピーに浦辺によって書きつけられたもの

topic 03
幻の市庁舎計画案

笠原一人

　浦辺は、1930年代の学生時代に雑誌上でデュドックのヒルヴェルスム市庁舎を見て以来、「倉敷のデュドックになりたい」と思い、故郷で市庁舎を設計したいと考えるようになったという[註1]。その思いが実現するには、倉敷市庁舎が竣工した1980年まで、約50年間待たなければならなかったのだが、実はその間、浦辺は複数の庁舎建築の設計に取り組んでいた。浦辺設計に残された、庁舎建築の計画案から読み取れることを論じてみたい。

　浦辺が最初に庁舎建築の設計に取り組んだのは、東京都の八王子市庁舎で、1971年のことである。敷地は八王子市民球場（現・ダイワハウススタジアム八王子）がある場所。計画案は、浦辺が持ち歩いていたスケッチブックに、簡単なスケッチとして残されているに過ぎないが、中央に5階分が吹抜けた「MALL」が描かれている[T3-1]。大きな市民のための空間を中心に据えようとしていたのだ。しかし浦辺が本格的な設計に取り組むことはなく、久米建築事務所の設計により1983年に現庁舎が完成している。

　次に庁舎の設計に携わったのは倉敷市庁舎である。しかしそれは1972年に計画されたもので、1980年に竣工した現庁舎とは敷地もデザインも異なる。現在、倉敷芸文館が建っている場所を敷地とする、地上6階建てのものだった[註2]。角に大きな塔を建て、玄関付近に大きな居室のような市民ホールが描かれている[T3-2]。ヨーロッパの伝統的な庁舎建築のデザインに基づくものである。少し改良を加えた案が1975年に新庁舎計画案として作成されているが[註3]、いずれもアンビルトに終わっている。

　続いて取り組んだのは、大阪市庁舎の設計だった。旧・大阪市庁舎（片岡安／1921年）を建て替えることになり、指名コンペが1978年に開催されたのである。指名されたのは、浦辺建築事務所、大建設計、東畑建築事務所、日建設計、安井建築事務所の5社。

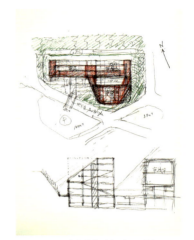

T3-1 八王子市庁舎計画案（1971年） 平面・断面検討図
Planning proposal for Hachioji City Hall (1971), plan and section

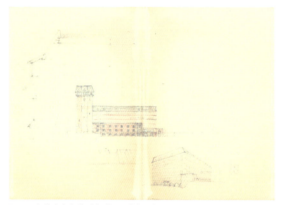

T3-2 倉敷市庁舎計画案（1972年） 立面・パース検討図
Planning proposal for Kurashiki City Hall (1972), elevation and perspective

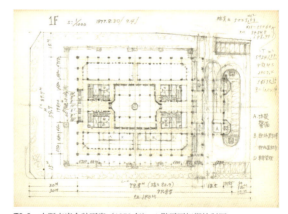

T3-3 大阪市庁舎計画案（1978年） 1階平面初期検討図
Planning proposal for Osaka City Hall (1978), 1st floor plan

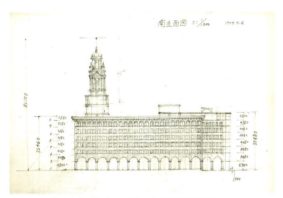

T3-4 大阪市庁舎計画案（1978年） 南立面初期検討図
Planning proposal for Osaka City Hall (1978), south elevation

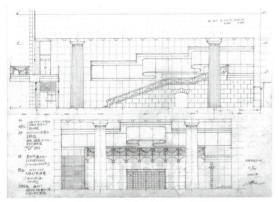

T3-5 大阪市庁舎計画案（1978年） 市民ホール展開検討図
Planning proposal for Osaka City Hall (1978), citizen's hall's interior elevation

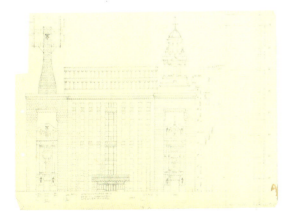

T3-6 大阪市庁舎計画案（1978年） 西立面検討図
Planning proposal for Osaka City Hall (1978), west elevation

村野藤吾や竹腰健造ら7人の審査により日建設計案が当選し、1986年に現在の大阪市庁舎が竣工した[註4]。

したがって浦辺案は実現しておらず、応募した図面資料は浦辺設計にも大阪市にも残されていないが、スケッチブックから浦辺が熱心に取り組んでいた様子が伝わる[T3-3, 4, 5, 6, 7, 8,]。浦辺案の最大の特徴は、旧市庁舎の中央にそびえていたルネサンス様式風の巨大な塔を新庁舎の上部に移築、再建することにある。建て替えを前提とするコンペだったが、唯一浦辺だけが保存案を提示している。今日いうところの「一部保存」や「かさぶた保存」による保存案ではあるが、浦辺が古い街並みや建物が残る倉敷で設計に携わっていた成果ともいえるだろう。

また注目したいのは、玄関を入ったすぐの場所に立派な市民ホールを設けていることである。壁で囲われた平土間の巨大な居室のような空間で、片側に大きな階段がある。それは毎年ノーベル平和賞の授賞式会場に使われるノルウェーのオスロ市庁舎（1950年）の市民ホールに似ている[T3-9, 10]。浦辺設計に残された大阪市庁舎の資料群には、オスロ市庁舎の図面や写真が一緒に綴じられているから、これをモデルとしたのは間違いないだろう。

このように浦辺案は、巨大な塔と市民ホールを備えており、ヨーロッパの伝統的な庁舎建築を意識したシンボリックなものとなっている。浦辺は、大阪市庁舎の設計に際して、ヨーロッパのような「シンボル」となる庁舎こそが必要だと論じている[註5]。庁舎建築には機能以上の、市民の精神の拠り所となるような象徴性こそが重要だと考えたのである。

その後、浦辺は福岡市庁舎の設計コンペにも参加している[T3-11, 12]。指名されたのは、浦辺建築事務所、菊竹清訓建築設計事務所、久米建築事務所、坂倉建築研究所、日建設計の5社だった。審査員は

大谷幸夫、光吉健次ら8人。1979年に審査が行われ、菊竹清訓が当選。1988年に竣工している[註6]。

福岡市庁舎については、スケッチすら残されておらず、当時の雑誌に掲載された小さな図版から判断するしかないが、浦辺案では行政棟と議会棟が大きな「市役所ひろば」をロの字型に囲いながら配置され、また「市民ロビー」と名づけられた市民ホールのようなものが設けられている。倉敷市庁舎と大阪市庁舎に引き続き、ヨーロッパ型を意識したのであろう。

さらにもう一つ、浦辺は静岡市庁舎の設計にも取り組んでいた[T3-13, 14]。中村與資平が設計し1932年に竣工した旧庁舎を議会棟として保存活用しながら、その後ろ（西側）に低層棟と高層棟を新築する計画である。しかしこれも実現されることはなく、その後旧館の南側に隣接する場所に佐藤武夫設計事務所（現・佐藤総合計画）の設計により新庁舎が建設され、1987年に竣工している。

倉敷市庁舎が竣工したのと同じ1980年に繰り返し描かれたスケッチでは、旧館のすぐ後ろに低層棟、その奥に高層棟が置かれている。旧館を尊重したのであろう。また高層棟の1階には、8角形の平面をもつ巨大な居室のような市民ホールが配置されている。ここでも塔状の建物に市民ホールをもたせて、シンボリックなものにしている。

大阪市庁舎や福岡市庁舎のコンペ案を担当した元所員の上杉秀隆によれば、実現した倉敷市庁舎のディテールには、大阪市庁舎で描いていたデザインなどが転用されているという[註7]。これらの実現しなかった庁舎建築の設計は、結果的に、倉敷市庁舎の設計に向けた推敲のプロセスであったといえるかもしれない。言い換えれば、実現した倉敷市庁舎は、それほど長い時間をかけ、いくつもの計画案を積み重ねた結果、生み出されたものだったのだ。

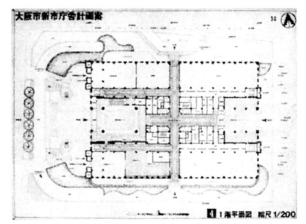

T3-7　大阪市庁舎計画案（1978年）　1階平面図（コンペ応募案）
Planning proposal for Osaka City Hall (1978), 1st floor plan (submitted for competition)

T3-8　大阪市庁舎計画案（1978年）　パース（コンペ応募案）　Planning proposal for Osaka City Hall (1978), perspective (submitted for competition)

[註]
1　浦辺鎮太郎・村野藤吾ほか「近代建築の歩みを聞く」『建築雑誌』1977年4月号、日本建築学会
2　『倉敷市庁舎計画草案』浦辺建築事務所、1972年
3　『倉敷市・新市庁舎への提案』浦辺建築事務所、1975年
4　大阪市都市整備局営繕部編『大阪市庁舎建設記録』大阪都市協会、1987年
5　浦辺鎮太郎「象徴に値する市庁舎を」『朝日新聞』1977年3月26日（土）夕刊
6　「福岡市庁舎指名コンペ報告」『日経アーキテクチュア』1979年11月26日号、日経BP
7　筆者の上杉秀隆（元浦辺建築設計事務所所員）へのインタビューによる（2019年4月16日）

T3-9　オスロ市庁舎（1950年）　Oslo City Hall (1950)

T3-10　オスロ市庁舎　市民ホール　The citizen's hall of Oslo City Hall

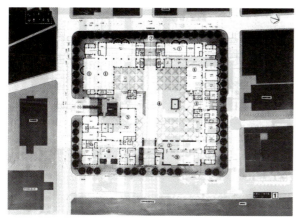
T3-11　福岡市庁舎計画案（1979年）　1階平面図（コンペ応募案）　Planning proposal for Fukuoka City Hall (1979), 1st floor plan (submitted for competition)

T3-12　福岡市庁舎計画案（1978年）　模型（コンペ応募案）　Planning proposal for Fukuoka City Hall (1979), model (submitted for competition)

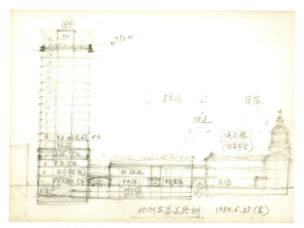
T3-13　静岡市庁舎計画案（1980年）　断面検討図
Planning proposal for Shizuoka City Hall (1980), section plan

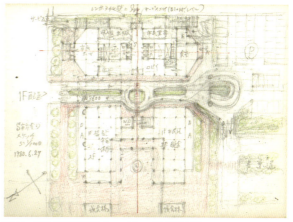
T3-14　静岡市庁舎計画案（1980年）　1階平面検討図
Planning proposal for Shizuoka City Hall (1980), 1st floor plan

倉敷中央病院（第Ⅰ期：1975 年、第Ⅱ期：1980 年、第Ⅲ期：1981 年）
The Kurashiki Central Hospital (Phase I: 1975, Phase II: 1980, Phase III: 1981)

　1923 年、大原孫三郎（1880–1943 年）により倉紡中央病院として創立され、その後 1971 年の新病院の計画時点より浦辺が関わり、三度の増築が重ねられた。

　第Ⅰ期では、高層の病棟である第一棟と、その北側の手術棟が建設された（1975 年）。続く第Ⅱ期では、第一棟の南東部に臨床検査棟（1980 年）が建設され、最後に第Ⅲ期として、南西部に外来診療棟（1981 年）が建設された。そのいずれにおいても、各部のインテリアや内外部におけるディテールに、質感と温かみにあふれた素材と意匠が選択されている。また、第Ⅱ期と第Ⅲ期部分の間には、ガラスで覆われた噴水のある温室が設けられ、ヨーロッパのまちや住居がもつパティオのような雰囲気を漂わせている。それらの空間が共鳴しつつ、患者の心身の傷みを和らげていることがうかがえる。

　浦辺特有のデザインテイストが、病院というビルディングタイプと出会うことで実現された、比類のない温かな病院建築である。

（角田暁治）

30-1　西側全景。左がⅠ期、中央手前がⅢ期、その奥がⅡ期
View from the west (left: Phase I, center: III, back: II)

30-2　Ⅲ期　エントランスホール　Entrance hall of Phase III

30-3　模型　Model

30-4　II期、III期の間の温室　Atrium between Phase II & III

30-5　玄関飾り窓のディテール
Detail of ornamental window at the entrance

30-6　玄関まわりのディテール
Detail of the entrance area

30-7　階段まわりのディテール　Detail of a staircase

30-8 Ⅲ期竣工時の遠景　Distant view of Phase Ⅲ at completion

30-9 Ⅲ期側よりⅠ期を望む　Phase I as seen from Phase Ⅲ side

30-10 Ⅲ期竣工時の温室外観　Green house exterior at Phase Ⅲ completion

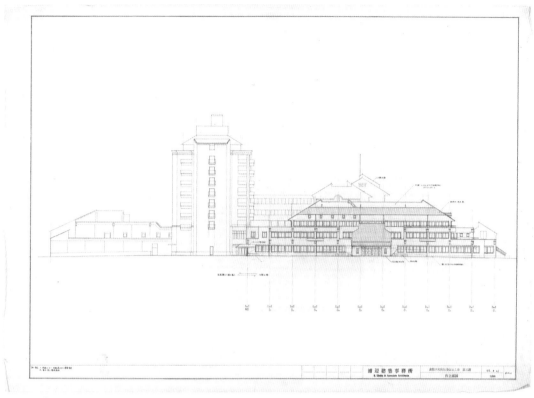

30-11 III期 西立面図　West elevation of Phase III

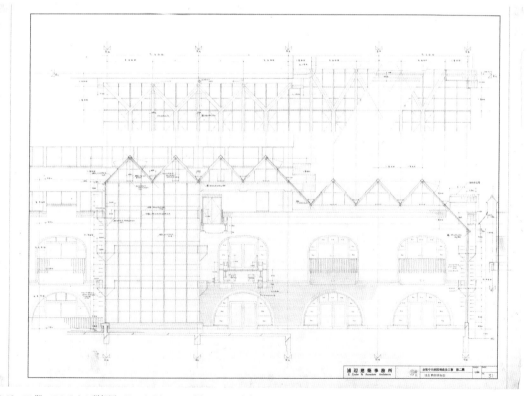

30-12 III期 アトリウム詳細図　Detailed drawing of the atrium of Phase III

column 30
創立の志を受け継ぐ病院

辻野純徳

　1967年5月20日、手術を終え退院後2週間の大原總一郎に呼び出され、音楽図書館への指示を受けた日、浦辺は初めて「大原構想」とメモする。翌年、大原逝去。1971年倉敷中央病院の基本設計が固まったころ、浦辺の執務机の背後の壁に丹下健三の倉敷市庁舎・大原美術館分館（1961年）・倉敷国際ホテル（1963年）が記入された倉敷市街地図が貼られ、「一丁シャンゼリゼ」の夢・元町再開発、また亡き大原にベートーベン交響曲第九番を届けたいと倉敷市民会館、駅前再開発、そして倉敷中央病院の計画が順次描き加えられる。その四隅を角櫓、結んだ線を城壁と呼び、1973年ごろから「大原構想」と語る。

　角櫓の一つである倉敷中央病院は、83床の倉紡中央病院として1923年に開院、翌年220床となる。設立者・大原孫三郎は1899年以来、岡山孤児院長・石井十次と親交を深め、貧困から救うための労働者病院設立の夢を語られていた。一万人の従業員を預かる企業にあっても、従業員の教育と労働・生活の環境改善は、企業も豊かにすると考え、1902年に職工教育部（後に倉敷商業補習学校）を設立、1906年には激しい抵抗を退けて口入れ屋や飯場制度を廃止、工員採用や炊事を直営化し、社宅・寄宿舎（後に家族的分散寄宿舎）を設け、購買組合もつくり、労働環境を生理学的に捉え、改善するため労働科学研究所も設ける。また、これらを支える労働者の健康を考える。

　1918–1919年に世界を襲ったスペイン風邪（インフルエンザ）で、医療にかかれぬまま生命を落とす従業員らを目の当たりにした大原は、各工場の医局の中核となる実費診療の企業内病院を企てる。しかし、開業医を圧迫すると医師会の反対に遭い、一般病院とし、従業員には医療共済制度をつくり、医療費の支払いの負担軽減を図った。病院の施設は当時最新を誇った慶応病院を参考に、理念はヴォー

C30-1　玄関とステンドガラス　Entrance and stained glass

C30-2　再生された温室　Recreated greenhouse

C30-3　大原記念ホール　Ohara Memorial Hall

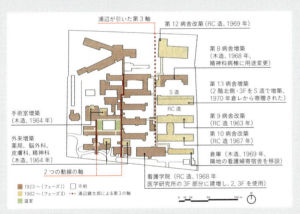

C30-4　「面目一新」までの増築の変遷
History of extensions until "Renewed appearance"

C30-5　「面目一新」計画と2003年設定マスタープラン
"Renewed appearance in ten years" project and the master plan set in 2003

リズの近江療養所に学び[註1]、辻、徳岡、波多腰（医師）是等の人々が種々苦心されて病院の設計を立てられ、倉紡建設課の諸氏が互いにさらに研究を重ねて作図し、大原自らが細部にわたって注文を付けている。建設の責任者、武内潔眞（きよみ）（後に初代大原美術館長）は当時の日記に、「自身ノ住宅建築ヲ見ルガ如キ眼ヲモチテ評サルルハ酷ナリ（中略）被使用人ノ悲哀ヲ感ズ」と記し、後に「設計者は大原」と語った[註2]。必要施設に加えて患者に対する施設に、水洗便所、便所を含めた全館暖房（原則床暖房）、病棟に自炊室を設けず整備した中央炊事場とは、当時としては画期的であった。加えて、名所となった外来および入院患者用の二つの娯楽室（温室）を児島虎次郎に設計させる。しかし大正末から続く紡績不況が企業の経営を圧迫すると、1927年には倉敷中央病院と改名して独立採算性とし、1934年財団法人に改組している。以来、地域医療の中核を担ってきた。

2代目理事長・大原總一郎は、1963年の創立40周年式典で「われわれは10年後に面目を一新した姿で再会したい」と宣言する。その間もニーズに応えて1963年鉄筋コンクリート造3階建ての病棟を増築、1970年には倉レ結核病棟を一般病床化して併合、903床の大病院となっていた。

1968年、大原の遺命、「10年後の面目一新計画」の設計が浦辺に託される。しかし1,000床の大病院設計は経験不足と、経験がある設計者の指導を仰ぐ方針を決め、松本啓俊（当時・厚生省病院管理研究所）に紹介を依頼する。しかし「設計に必要な資料はすべて提供するので、浦辺の持つホテル設計のノウハウを生かした設計を」と勧められ、茨の道を進むこととなる。そのころ、病院管理研究所を中心に、井上宇市らの日本病院設備協会、吉武泰水らの日本病院建築協会が活発に活動しており、資料・学習の

恩恵を得た。浦辺は①鶏小屋を作るな、鶏を作れ（病院を真似るな、医療看護の中に踏み込め）、②伝統の温室［C30-2］、蔦の外装、赤い屋根の再現、③玄関は小さく、内は広く［C30-1］、との注文を付け、機能は担当者に任せた。病院からは①工事中も収入源の病院機能を妨げず、病床を減らさない、②二重投資となる仮設は避ける、③1,000床800人の職員、の条件を受けた。

　そのころ、イギリスでは医療の進歩と施設の効率化のための「病院の成長と変化」が課題であった。病院からの条件を勘案して3期に分けた建て替えとし、棟と棟の間にグリーンベルト、それに沿った東・西・北の幹線廊下を設け、それから直角にオープンエンドの支線廊下を伸ばして所要各室を配置し、一室のみの増築も可能なプランニングとした［C30-4, 5］。結果、外壁面は増築を考慮した梁と簡素な窓や壁面で構成されることとなり、デザインできないファサードは浦辺を苦しめた。デザインポイントとなる既存の瓦を載せた赤い屋根は、病院側から新しい建物に古いイメージと反対されたが、浦辺は押し切り、後に市民にも受け入れられ、再び病院のシンボルとなった。しかしもう一つのシンボルであった蔦で外壁をおおう計画は、創設期からの造園技師が亡くなり、維持できぬと断念した。病棟南の低層棟の屋上は、増築用荷重を見込んでおり、それまでは土を盛り緑化した。防水に悪影響と所内の反対もあったが、結果は防水層の寿命も延び、今も病棟からの眺望は患者の慰めとなっている。

　1981年秋、50周年記念の「面目一新」は500床の既存部分を残して、延べ68,500㎡・1,103床で完了した。その後も成長と変化を続け、現在延べ14万㎡・1,166床となっている。

C30-6　鶴形山からみた遠景　Distant view from Tsurugata-yama

［註］
1　大原孫三郎「倉敷中央病院設計に就いて」倉敷時報 1923年5月15日
2　「歴史に残る病院4　倉敷中央病院」『病院建築 No. 25』日本病院建築協会、1974年10月、執筆のためのヒアリング

倉敷駅前再開発東ビル・西ビル (1980年)
The Kurashiki Station Area Redevelopment: East Building & West Building (1980)

31

JR倉敷駅に隣接し、駅前広場を挟んで向かい合うように配置されている。百貨店を核とする東ビルと、銀行やホテルが入居する事務所ビル兼立体駐車場の西ビルは、ペデストリアンデッキを介して2階部分の動線をつなぐことで、駅を中心とした"まちの玄関口"として一体的に整備された。

東ビルの外観は白を基調とした吹付けタイル仕上げと縦軸回転窓を採用しているのに対し、西ビルは赤を基調とした打ち込みタイル仕上げとエルミンサッシ（横軸回転二重窓）を採用している。一見すると異なる印象をもつものの、ペデストリアンデッキの1階部分に連続する煉瓦張りアーチのアーケードによって、全体の調和がもたらされている。「倉敷を日本のローテンブルクにしよう」という大原總一郎の夢に端を発し1970年から始まった度重なる調査を経て、1980年に完成を迎えた。浦辺が描いた「大原構想」である鶴形山を中心に据えた約1km四方の"四方隅櫓"の一角を担っている。

（八坂真希子）

31-1 西ビル　外観　Exterior of the West Building

31-2 ペデストリアンデッキのアーチ
Arch of the pedestrian deck

31-3 東ビル　外観　Exterior of the East Building

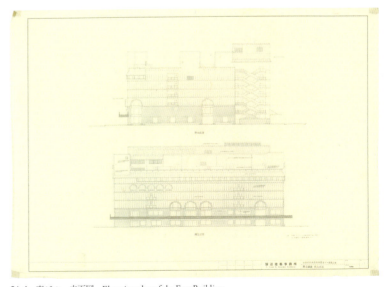

31-4 東ビル　立面図　Elevation plan of the East Building

32 三州足助屋敷 (1980年)
The Sanshu Asuke Yashiki (1980)

　1980年に開館した香嵐渓の一角にある文化観光施設である。約3,000 m² の敷地の中に、母屋、土蔵、長屋門、作業小屋が、畑を囲み分散配置されている。自動車産業で発展する隣の豊田市への人口流出対策の一環で、当時の足助町産業観光課係長（後に館長）・小澤庄一が考案した「足助村」内の一施設として、山里の暮らしや風景、技術の伝承を目的に計画された。

　新築した母屋と長屋門には近在の職人が葺いた茅葺き屋根が、母屋の内部にはケヤキの大黒柱と6ｍスパンを支えるマツの牛梁が構え、土地の材料や地元職人の工法を割普請風に採用している。明治期の山村豪農風の建物の中に、額入り障子や八角形の照明などモダンな意匠も取り入れており、歴史をとどめる風情と近代デザインが見事に調和している。

　足助の文化や技術、特産、人材を総動員してつくられた文化や観光の拠点であり、そして今もなお職人たちの現役の仕事場として、大切に使用されている。

（渡邊桜帆）

32-1　手前に母屋、奥に長屋門を望む　Main house on the right and "Nagaya-mon" gate in back

32-2　土蔵　Earthen storehouse

32-3 母屋から中庭を望む　Viewing the patio from the main house

32-4 長屋門側から望む全景。左側が母屋、奥が土蔵
View from "Nagaya-mon" gate (left: main house, back: earthen storehouse)

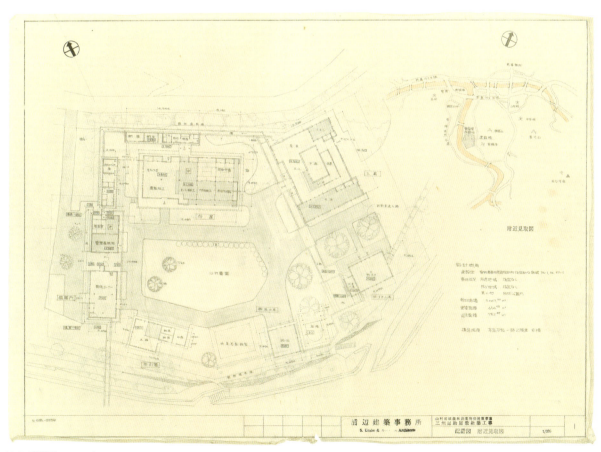

32-5 配置図　Layout drawing

187

六高記念館 (1980年)
The Sixth High School Memorial Hall (1980)

　浦辺鎮太郎の出身校である旧制第六高等学校（現・岡山県立岡山朝日高校）の80周年記念事業として、1980年に竣工した。

　壁式鉄筋コンクリート造の躯体に煉瓦タイルと花崗岩を用いた仕上げを採用し、浦辺が学生時代を過ごした煉瓦造の学生寮を再現することを試みている。地蔵川に面する大きな切妻屋根と片持ちのバルコニーが印象的なファサードの表情をつくり出している。

　1階は玄関ホールを中心に、暖炉のある談話室と、屋根の形を利用した吹抜をもつ会議室、2階は川側から裏庭へ連続するようにして、片持ちのバルコニー、ステンドグラスがはめ込まれた大きな開口をもつ明るい展示室、裏庭に面した出窓をもつ記念寮室が配置されている。裏庭には記念館の建設とともに屋根付きの休憩所が設置され、その屋根裏部分は小さな倉庫となっている。記念寮室の窓辺からは休憩所と六高記念碑と裏庭が一望でき、かつての寮生活を想起させる景色が切り取られている。

（山田　栞）

33-1　正面全景　Full front view

33-3　展示室内観　Interior of the exhibition room

33-2　模型　Model

33-4　階段室　Staircase

33-5　休憩所から奥側全景を望む　Back view from the rest space

33-6

33-7

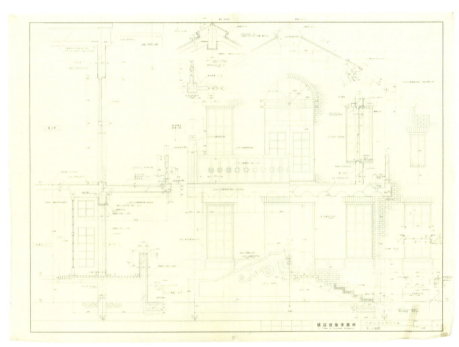
33-8　断面詳細図　Detailed section plan

33-6　階段室にある浦辺鎮太郎が六高時代に描いた油絵　Shizutaro's painting at the stair hall was made while in the Sixth High School
33-7　浦辺の描いた油絵「樹蔭」(1926年校内展覧会出品)　Shizutaro's painting displayed at school exhibition in 1926

日本女子大学成瀬記念館（1984年）
Japan Women's University Naruse Memorial Museum (1984)

　東京都文京区にある日本女子大学の創立80周年記念事業の一環で建設された、同大学の創立者である成瀬仁蔵の記念館。記念室や瞑想室、展示室、図書閲覧室が収められている。

　鉄筋コンクリート造だが、外壁に赤い煉瓦タイルが張られている。それは、かつて敷地の向かいに建っていた旧・豊明図書館兼講堂（1906年）が、赤煉瓦の建物だったからだという。

　建物入口には半円アーチが用いられ、妻側の軒先にはロンバルディア帯風の装飾が施されているなど、ロマネスク様式の教会堂を想起させる特徴的な外観である。浦辺はこの建物を「偉大な人格に捧げられた聖堂」だと説明している。成瀬がかつて牧師としてキリスト教の伝道に関わっていたことを踏まえたものであろう。

　建物内部には、かつて同じ敷地に建っていた木造校舎の木材の一部が用いられている。また中央階段のデザインは、その木造校舎の階段を模している。学園の歴史や記憶が、さまざまな形で盛り込まれた建物となっている。

（笠原一人）

34-1　階段室　Staircase

34-2　模型　Model

34-3　北東側から見た外観　Exterior of the northeast side

34-4　展示室から玄関を見返す
Seeing the entrance from exhibition hall

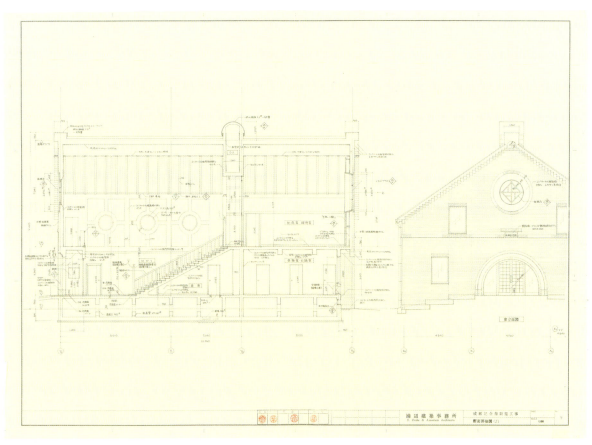

34-5　矩計図　Sectional detail

大佛次郎記念館 (1978年)
The Osaragi Jiro Memorial Museum (1978)

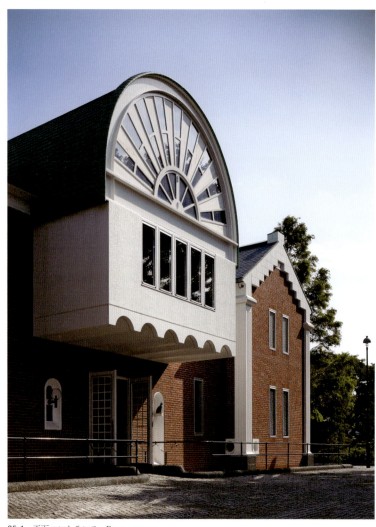

　横浜のフランス山に連なる港の見える丘公園の南側に建てられている。館内には横浜にゆかりの深い作家の業績と身のまわりの机や椅子などのさまざまな愛用品、特に愛猫家らしく猫の置物が多数、展示されている。

　外観の構成はシンメトリーで正面中央の棟は半ヴォールトの屋根、左右の棟は切妻屋根が架けられ、外装は横浜になじみのある赤煉瓦タイルで仕上げられている。外周三面には奥行き1.5–2mほどの堀が巡らされ、中央のブリッジを渡って入口へと至る。エントランスホールを抜けると吹抜のある階段ロビーが現れる。ここは半ヴォールトのサンライズをモチーフとした開口部からフランス三色旗をイメージした青い色ガラスを透過した光が空間を満たし、異次元の様相を呈している。内部は和洋の様式が混在しているが、デザインモチーフは円弧が多用されたアールデコ風であり、大理石、左官材、工業製品などさまざまな材料が自在に扱われている。

（石田敏明）

35-1　正面エントランス　Front entrance

35-2　模型　Model

35-3　猫の置物　Cat figurine

35-4　正面全景　Full front view

35-5　2階展示室
Exhibition room on the 2nd floor

35-6　1階和室　Japanese room on the 1st floor

35-7　大佛次郎の書斎を再現した展示室
Exhibition room replicating Jiro Osaragi's study

35-8 エントランスホール　Entrance hall

35-9　バラ園から望む全景　View from the rose garden

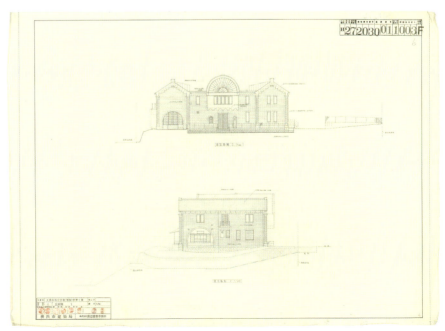
35-10　立面図　Elevation plan

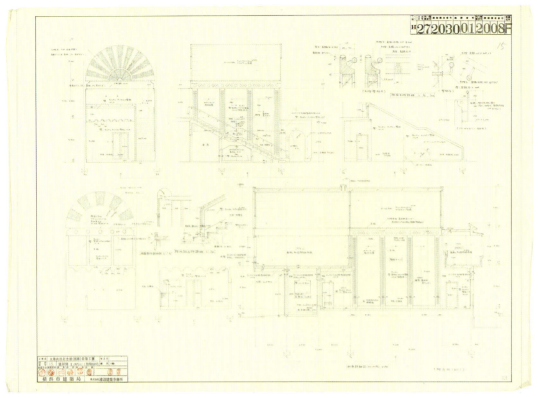

35-11 エントランス詳細図　Detailed drawing of the entrance

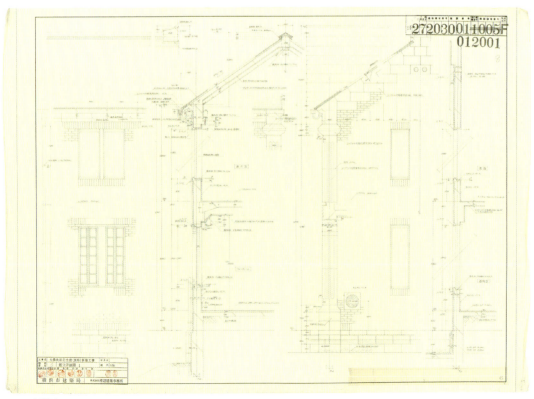

35-12 矩計図　Sectional detail

column 35
撮影を通して見る浦辺建築

奥村浩司

　写真家が建築と向き合うとき、常に課題となるのは、建築家が表現しようとした想念としてのコンセプトと、その結果姿を現した実態としての建築、両者を尊重しながらどう融合・定着させるかという視点を見つけることだ。

　これまで30件を超える浦辺建築を撮り下ろしてきたが、初めて撮影したのは2009年、いずれも代表作として知られる倉敷国際ホテル（1963年）、倉敷アイビースクエア（1974年）、そして大佛次郎記念館（1978年）の3作品であった。

　大佛次郎記念館［C35-1, 2, 3］は、居留地としての異国情緒を大切に残している土地柄、開港時の煉瓦造洋館風と定めたうえで、どこか大佛次郎の生家のイメージが感じられるように意図したもののようである。

　和と洋の積極的な折衷、色使いやコントラストの独創的な組み立て、照明と素材の効果的な組み合わせ、ステンドグラスなど演出技法の吟味、半月窓やサッシュなどディテールへのこだわり……。浦辺が大佛文学の世界に同化し表現した空間は、この建築がずっと以前からここに建っていたかのような、不思議なリアリティを感じさせる。

　浦辺鎮太郎の空間に身を置き、その空間を撮りおさめようと対峙するとき、幾度となく建築を通して浦辺が何を表現しようとしていたのか理解しようと試みてきた。利用者のふるまいや周辺環境との関係性から、建築が与えうる地域性や固有性についても考えさせられてきた。そしてその度に、既存の建築様式に囚われることのない浦辺の柔軟な姿勢を体感しつつ撮影しているように思う。

C35-1　大佛次郎記念館　ガラスエッチング　Glass etching at Osaragi Jiro Memorial Museum

C35-2　大佛次郎記念館　和室のディテール　Detail of a Japanese room at Osaragi Jiro Memorial Museum

C35-3　大佛次郎記念館　大理石のモザイク床　Marble mosaic floor at Osaragi Jiro Memorial Museum

横浜開港資料館（1981年）
Yokohama Archives of History (1981)

　横浜の開港期から戦前までの歴史資料を収集、公開する施設である。敷地は、主要幹線である海岸通りに面して建つ文化財の旧・イギリス総領事館（1931年）の土地で、1854年の日米和親条約締結の地とされ、当時からタマクスの木が前庭に継承されていた。

　浦辺によるコの字型平面をもつ新館は、旧領事館の正面をあえて隠すように前面通り沿いに配置され、奥の旧領事館とともに、タマクスを中心とする中庭を囲むことが意図された。設計過程では中庭は「ペリー・スクエア」と称され、周囲にコリドールや回遊動線なども構想されていた。

　外壁のいわゆる"なまこ壁"風意匠は、開港当時の初代イギリス公使館にあったらしいなまこ壁の長屋門を参照した可能性もあるが、表層だけでなく、向かいの横浜貿易会館（大倉土木／1929年）とともに街並みをつくり、海岸通りの喧騒から中庭を守りつつ、門として来館者をタマクスへと導く。横浜の歴史と都市建築に対する浦辺の思考が読み取れる好例である。

　　　　　　　　　　（中井邦夫）

36-1　外壁の"なまこ壁"風意匠　"Namako-wall" style of the exterior walls

36-2　模型　Model

36-3　道路側から見る外観　Exterior as seen from the street

36-4　展示室内観　Interior of the exhibition room

36-5　南東側、シルク博物館の屋上から見た鳥瞰。右に海岸通り　Bird's-eye view of the Silk Museum from the southeast

36-6 中庭側外観　Exterior of the patio side

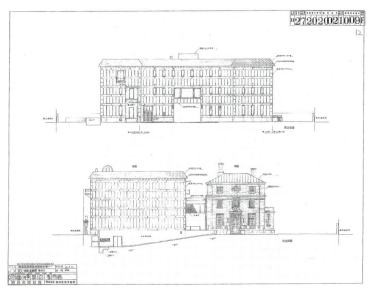

36-8 立面図　Elevation plan

36-7 中庭から旧・イギリス領事館を見る
Patio as seen from the former British consulate

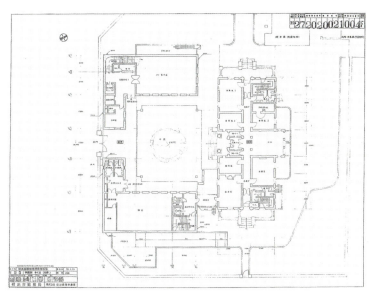

36-9 1階平面図　Floor plan of the 1st floor

column 36
浦辺鎮太郎の建築類型学

中井邦夫

　横浜の浦辺作品のなかでも、浦辺らしい多様な建築言語が用いられた大佛次郎記念館（1978年）や神奈川県立文学館（1984年）とは対照的に、横浜開港資料館新館（1981年／以下、新館）は、目立つ装飾も少なく一見地味な建物である。だがそのシンプルさゆえに、そこには都市と建築に対する浦辺の多角的な思考が読み取れる。

　まず目につくのは外壁のなまこ壁風意匠［C36-1］である（ちなみに当初は波模様が付いた洋風蛇腹を用いたデザイン［C36-2］も検討された）。横浜とイギリスとなまこ壁の関係については、たとえば1864年にF.ベアトが撮った写真［C36-3］をみると、当時谷戸橋の脇にあったイギリス公使館になまこ壁の長屋門が写っている。浦辺がこの資料を参照したかは不明だが、この写真をみて、なまこ壁の外壁よりも興味を惹かれるのは、新館の配置や構成自体が、まさにここにみられるような長屋門そのものだということである。日本の建築類型のひとつである長屋門は、お屋敷や町家などとは異なり塀がなく壁面が直接道に面して建つが、新館も当初はその形式に倣うように、建物の外壁が直接道路に面する予定だった。当時横浜市で開港資料館計画に関わった岡村駿や国吉直行によると、文化財でもある旧イギリス領事館のファサードを道から隠す配置提案に驚いたそうだが、まさに新館は、タマクスの木の中庭と旧領事館へのゲートとなる長屋門として想定されたのである［C36-4］。

　またもう一つ興味深いのは、新館の高さ（約12.9 m）が旧領事館よりも微妙に高く、むしろ道の向かいに建つプレモダンの街路型建築、横浜貿易会館の高さ（約12.5 m）とほぼ同じであることだ。おそらく浦辺は、新館の高さを旧領事館に揃えることよりも、通りの街並みとの調和を重視したように思われる［C36-5］。ちなみに新館が建った頃の横浜には、

C36-1　横浜開港資料館　外壁ディテール　Exterior detail of the Yokohama Archives of History building

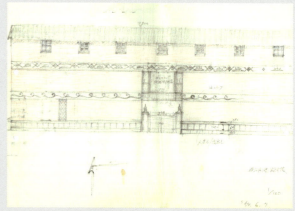

C36-2　横浜開港資料館　立面スケッチ
Elevation sketch of the Yokohama Archives of History building

C36-3　ベアトが撮影した1864年当時の居留地
Photo of the settlement taken by Beato in 1864

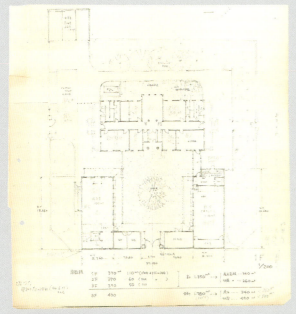
C36-4　横浜開港資料館　平面スケッチ
Plan sketch of the Yokohama Archives of History building

C36-5　シルク博物館の屋上から望む、現在の横浜のまち
Present-day Yokohama City as seen from the rooftop of Silk Museum

欧州的な街路型建築である戦後復興期の「防火帯建築」が数多く残り、それらも高さ約11〜13m程度（3〜4層）であった。浦辺がこうした建物群を認識していたかは不明だが、彼の思考の中にこうした街路型建築への意識があったことは、たとえば「元倉敷計画」（1972年）に関する浦辺の文章などに、当時増えていた単一機能のタワー型ビルへの批判と、伝統的な街路型建築への共感が示されていることからも読み取れる。この元倉敷計画だけでなく、初期の大原美術館分館（1961年）やこの新館などは、そうした街路型建築の系譜といえるだろう。

浦辺は、日本の長屋門や西欧の伝統的な街路型建築、さらには大佛次郎記念館なようなヴィッラ形式なども含めて、長い時間をかけて成立してきた、建築のいわゆる類型的なあり方を、まちの環境資源を保全し活かすものとして信頼していたのだろう。それは、既存の環境や空間を継承し豊かな都市空間の形成をめざす、浦辺独自の建築類型学ともいうべき思考であり、日本の現代建築における先駆的な実践として再評価すべきものである。当時新館の担当であった森本正一によると、「西洋人の目から見れば日本風に、日本人の目からみれば西洋風に」と浦辺が語っていたそうだが、新館はまさに日本の長屋門とも西欧の伝統的な街路型建築ともいえるような、独特の存在感を有している。この新館に限らず、浦辺作品の多くが、どこかで見たことがあるような懐かしい印象を与えるのは、それらが単なる表層的な意匠を超えて、多様な時代や文化を含みこんだ形式論ともいえる、独自の建築類型学に基づいているからのように思える。

神奈川近代文学館(1984年)・霧笛橋(1986年)
The Kanagawa Museum of Modern Literature (1984), Muteki Bridge (1986)

　横浜の名所、港の見える丘公園に入り、大佛次郎記念館を越えて霧笛橋にさしかかると、緑に囲まれた神奈川近代文学館が見える。緑の保存を条件に、横浜市から神奈川県に提供された高台が敷地である。高低差を活かし、高台の上に展示室や集会室などの展示館、下には閲覧室や書庫などの本館が設けられ、2棟が連絡通路で結ばれている。樹木の位置を詳細に検討したうえで建物を配置したことにより、クスやカシの老大樹が残る緑豊かな環境が実現されている。

　外壁の万成石、屋根の緑青銅板といった素材の印象が強い材料と、白く塗られた柱や軒裏天井との対比が、時間の価値を感じさせる佇まいをつくりだしている。

　展示館の1階を巡ると、出口脇に喫茶室があり、そこからは霧笛橋や横浜の都市が望める。2階のバルコニーに出ると、緑がより近くに感じられる。外周沿いに設けられたバルコニーは、周囲の散策路へとつながり、緑の合間から横浜の風景を楽しむことができる。

（吉岡寛之）

37-1　大佛次郎記念館側から見た外観。手前が本館、奥が展示館　Exterior as seen from Osaragi Jiro Memorial Museum (front: main building, back: exhibition hall)

37-2　模型　Model

37-3　会議室　Conference room

37-4　展示館外観　Exterior of the exhibition hall

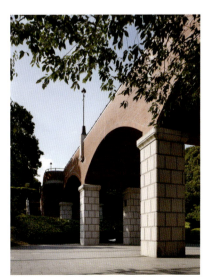

37-5　霧笛橋　Muteki Bridge

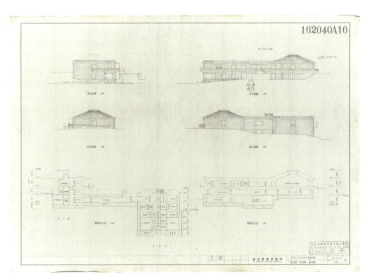

37-6　展示館　立面図・断面図　Elevation and section of the exhibition hall

205

37-7　神奈川近代文学館（左）と霧笛橋（右）奥に大佛次郎記念館
Left: Kanagawa Museum of Modern Literature, right: Muteki Bridge, back: Osaragi Jiro Memorial Museum

37-8　霧笛橋から展示館を見る
Exhibition hall as seen from Muteki Bridge

37-9　展示室内観　Exhibition room

浦辺鎮太郎の言葉

編・松隈 洋

この項は、浦辺鎮太郎の文章や講演、インタビューの中から選んでその一部を掲載したものである。
引用にあたっては、旧漢字を新漢字に改めた以外、原則として原文の記述を尊重した。
時代の制約による、現在からみて差別的表現と思われるものについても、歴史的表現としてそのままとした。

現代社会では「生活の河」が専門の分野を作ってしまう。エキスパートは「専門センス」を多分に持って居るが「コモンセンス」の方は益々失われて行く。（中略）私の同僚の毒舌家は専門家の定義を次のように下した。「日本では専門の事以外は何も知らない人を専門家と言う」と。之では大変だ。こんな人に委員会で長談義をやられると私は居眠り以外に防禦法を知らない。然し一流国では「専門の事を特によく知って居る人」と定義されて居るそうだ。（中略）私共は専門分野で用が足りなくなる事が日常生活でよく起って来る。そこで生活の河に橋を渡す必要を感じる。この橋を渡って別の専門分野にも出かけて用を達したいのだ。文化とはこんな橋が沢山ある場合にも与えられる名称である。（中略）いつから専門という分野が分かれたのか知らないが分かれたままで居ることは人類の不幸だ。私は先ず建築の分野から機械と化学へ通じる小さい板の橋でもかけて行きたい。あの「コモンセンス」というロープを唯一の手がかりとして。

「橋のエッセイ」『建築雑誌』1948 年 4 月号

黄金尺讃 コルビュジエは Modulor でどんな歌でもうたいあげている。（中略）彼ははじめて詩と数字とを結びつけた。空間の作曲家、空間の歌い手。Modulor は人体寸法に原点をおいているからこそ空間の音階たりえた。

KM（Kurashiki-module） 直観的な空間寸法がもっとも人間的なものだと、ほとんどの日本人は信じている。しかし利休は京間の 6 尺 3 寸（私はそれを 1920 ＝ 2 × 960 mm と解釈している）をタテにしヨコにしあるいは割って、彼の建築空間から道具にいたるまでを形成する。1920 はコルビュジエの 1830 のごとく人体の生理的寸法ではなくて人間の生活的寸法であるから、エレベーションにもプランにも使える。その他の点では KM はまったく Modulor と同じ法則性に立っている。そして実用上 8 段階で必要かつ十分だという簡単なものになっている。

日本工芸館 私どもが工場建築から住宅まで KM を使っているとき、その適用例としてこの土着の家のような博物館が最適であったかどうか確信はない。けれども KM が日本の土着の品である民芸品の博物館といったテーマと鉄筋コンクリートという楽器とに対しても使いうる音階であることはきわめて当然だと思う。土着の人である館長の三宅忠一氏とともにこの館がせめて民謡調の歌でもよいから歌いあげてくれることを祈る――若し祈るものが存在しているならば。

『新建築』1960 年 12 月号

この（筆者註・大原美術館）別館は保存地区としての元倉敷と今後開発されるべき新倉敷（市庁舎を先頭に後に水島工業地区をもつ）のボーダーラインにある。私としては、この線をもって保存地区を守る城壁にしたいという発想であった。そこで、古い町家の高さを考慮したスケールと白黒の色調を採用したが、幅の方は当然敷地いっぱいに取った。そして新渓園をふところに抱いた形としてここを休憩小広場化したい考えであった。（中略）一帯は外科手術をやった後のようにバラバラになっている。元倉敷は人と車で日々傷んで行くので、その寿命を伸ばす一方法としてもこの小手術は必要であった。

「古い倉敷の新しい城壁」『建築文化』1961 年 6 月号

現時点で鉄筋コンクリートは日本の木造と同様に貴重な特産物であるという認識は、いよいよ実感をもって迫ってくる。この共同宿舎の場合、外部廂――この廂とも屋根ともつかない部分は壁梁が日本の風土に適応するように一種の生物学的進化を行なったものである――の打放しコンクリートはリブ付きになった手のこんだ代物であるが、外国でわたくしどもの単価でこれだけの名人芸ができるとは思えない。（中略）1961 年の急速な工業化の真只中に、なお日本にはかかるクラフトが存在している。

「石井記念館愛染園の一建築」『新建築』1961 年 11 月号

これだけ人間の感覚という人間のものを大事にするということはだんだんなくなって、何か建築は今一つの理性の所産なんだと。理性でひっぱって行けばすべて建築空間は決まるんだという風になった。(中略)これが行き過ぎると建築空間の生命とかいうことは同時に消えてしまうわけです。今度は建築空間の方が人間をいじめちゃう。(中略)やっぱり人間の感覚から見ればなにか体が棘に刺されているような空間も気がつかずに出来ているというのは私は恐いと思います。

「鼎談・村野藤吾の設計態度／村野藤吾・浦辺鎮太郎・西沢文隆」
『近代建築』1964 年 1 月号

今の近代的な施工法というのは、こりゃもっとほっといても経済的な理由があってだんだん進歩ずる。退歩することは有り得ないと思いますが、クラフトの方はこれは保存して行かなくては全滅寸前にある。(中略)人類の宝を失うようなものなんだというようなことになりがちだと思います。(中略)人間がですね大事なものを失った。これを一番恐れている訳です。

同上

私はだんだん他人の作品には関心がなくなって、やはり自分でなければできないことをやりたいと思います。また自分に要求されたことをやりたいと思っております。(中略)日本では万博の影響を受けて騒々しい建築が表に出ています。しかし、これは 6 ヶ月で消える建築なんで、あれが日本の主流だという認識を皆さんが抱くと、日本の建築界の将来を誤まるのじゃないか。ああいう騒々しい建築は博覧会建築なんで、本当の建築はもう少しドシッとした腰の坐った落着いたものだ、と私は思っております。そういうエグザンプルを一つ作りたい。

「1000 号記念　座談会 2」『建築雑誌』1968 年 8 月号

鶴形山を中心に僅かに 1 km² の地上が切り取られて画布となり、この上に人間の 400 年来のいとなみが描き続けられている未完の絵画＝元倉敷。この画布の上に最初の筆を下

したのは小堀遠州である。(中略)天領の名残は明治維新の激流にもかかわらず、本町、東町、新川町、前神町に色濃く保存されている。種々の理由でそうなって居るが、明治 21 年(1888)の倉敷紡績所創設の中心となった大原家(孝四郎、孫三郎、總一郎とつづく三代)のむしろ革新的とも言えるエネルギーが大きな支えとなったと私は実感する。

画面の西辺は計画中の駅前開発箇所から丹下作品の市役所までの元町通。道路幅を拡幅し、新興の水島地区の表玄関化すと言う現代的構想がある。(私は別に一丁シャンゼリゼとしてはと提案している)。画面の東辺は漸く実現した市民会館を南端とし、北は大増改築計画のある倉敷中央病院までの間に静かな住宅地がある。北辺はなお流動的状態が続いているが将来公園を持った文教地区になれば最適であろう。

かくして僅かに 1 km² の画布に限定して—実際的にはかかる限定は出来ないが—自主的に描きつづけた絵画は少しは構図が見え始めた。故大原總一郎氏は元倉敷を地方のモデル都市としたい構想を持っていた。その遺志が愚直な私の中に生きつづけている。

「地方のモデル都市＝元倉敷」『SD』1972 年 7 月号

古い町にはそれぞれのカラーがある。わが倉敷の町は黒と白が基調色であって、それを市民は守りつづけて来た。(中略)町家の白い壁。仕上に使われた漆喰塗は厚み少く何回も重ねて塗り上げた。この仕事は修練した左官でなければもたない。(中略)仕上塗の感触ある白さは蠣灰という材料と職人の手が造り上げた白さである。この材料は四国の高知産であるから瀬戸内海に舟運の便がなければ入手出来なかった。

白い壁はそのままでは長い風雨に堪えないので黒い水切瓦を何段にも置き、更に水切瓦や腰にナマコ目地で黒い貼瓦を塗り込んで行く工法が生まれた。壁の出隅部分に殊に厳重に貼瓦で武装している。(中略)

母屋の屋根は一見して入母屋造ながら附廂を持った切妻造。軒天井も塗籠めで、防火を考えている。黒い本瓦葺は下家と共に重厚な立体感がある。(中略)倉敷窓(下家の上部)と倉敷格子にも注目されよ！無機質の白と黒の色調に如何に有機的な一抹のやわらか味を添えていることか！(中略)この町並の黒と白の美しさを再発見したのは亡き

大原總一郎（1909–1968）の若い日であった。（中略）この静けさは消えてしまった。町並にハンランするブルー・ジーンズの若者たち。黒と白との狭い一丁江戸では文字通りのハンランである。その旅の人々に流れをつけたい。（中略）その他様々な動機が今度のアイビー・スクエアとなった実現した。（中略）私は故人の墓前でこの赤煉瓦もまた風塵の色に弁じて参りましたと報告し、お許しをいただくことになるだろう。ああ、黒と白と赤！

「黒と白と赤」『近代建築』1974 年 8 月号

ある風土の特性が分かった時、その中の人間は未見の我を見い出すであろう。異なった風土の見聞を重ねる内にいよいよこの特性が明らかとなる。この経験を積んで人間は自分自身が客観的に見られるようになって来る。そこで始めて他人が分かってくるのだ。

　複雑多岐な相互関係の所産である「建築」―必ず特定の風土に存在の宿命を持っている「建築」―それはまず自分自身が分かっている人間でなければ、まとめられないのだ。まとめてはいけないのだ。仮にまとめてみても人間性と風土性に欠けたものとなって、地域社会でも特定の風土の中でも薄命な存在に化してしまうからである。

「風土と建築　―自然に帰れ！ J. J. ルソウ」『建築士』1976 年 10 月号

高度経済成長はあの瀬戸内の魚族の宝庫を埋め立てて、一大工業団地化した。（中略）工業人たちはあまりにも性急に事を運びすぎた。（中略）ここでは風土を「元に姿に帰せ！元の海に帰せ！」と叫ぶものはいない。（中略）ルソウ流の風土観に立って言うならば、帰せ、帰せではなくて、地元も移住工業人も新しい風土の形成のためには、「自然に帰れ！」と自分自身に呼びかけるべき時であろう。自分自身にその意志がなくては、新しい風土に自然との調和が生まれる術（すべ）はない。

同上

私も日本の建築家の 1 人として潜在的には万葉の心を持っていた。殊にわが郷里（倉敷）での諸作では、自然の郷土

愛が鉛筆を取る前からあって、それが対象の如何を問わず沁み出る結果となり、建築と言う"物"に心が着く状態が生まれたのではないかと思う。（中略）

　心を建築に具象化すると言うことは、Thought Form を練り上げて行って、建築材料なる物の一つ一つに心が着いて行くことと同意語であろう。（中略）今は亡き遠藤新先生がかつて"泥脚佩雲"の書を下さった。建築の行者と自他共に許していたあの老建築家―不撓不屈の建築家魂の所有者であった先生の肚中歴然としたのは私も現実と悪戦苦闘して漸く活路を見出した比較的最近のことである。あくまで Originality のある Thought Form を練り上げて行くことを"佩雲"に比し、如何ともしがたい現実を"泥脚"に比したのであろう。泥脚を避けていては建築は実現しない。建築はこの現実的地上にのみ実現する。

「私の視点　心を建築に具象化する」『日経アーキテクチュア』1977 年 3 月 21 日号

私は最近、人間は感覚と理論とが合体した動物だと思っている。感覚には「繊細な感覚」と「ガサツな感覚」があって、何れもそれが育った背後は深くかつ長い。数世代、数十世代の背景をもって感覚は存在する。しかし感覚は経験しないものごとに対しては迷う。理論にも「尖端的理論」と「後れた理論」とがある。理論は意識したとき初めて取捨選択できる。理論は無経験の世界に入ったとき威力を発揮する。

「若い時点と地点から」『建築雑誌』1977 年 4 月号

1934 年に京都帝国大学の建築学科を出たが製図教室では、ドイツ映画"会議は踊る"やフランス映画"巴里の屋根の下"の主題歌がよく合唱されていた。インターナショナルのレコードが鳴り響くこともあった。（中略）1932 年の 5・15 事件も学生時代で、その時、私はたまたま東京に居って狂瀾怒涛時代への突入を目撃した。

　卒業設計のテーマを"トーキー・スタジオ"としたのは、ドイツやフランス映画にあこがれていた建築学生の気持があってのことだろうが、（中略）先端的なことをやろうという若気が添っていたことも事実である。（中略）立面には、オランダ、ヒルベルサム市の建築家 DUDOK の作風が未

熟な姿であるが顔を出している。(中略)ディテールは、(中略)当時としては一生懸命なもので、この詳細を裏付けたのは、私の卒業論文"音響遮断の研究"であった。(中略)この卒業設計を大学に残して私は、かねてからの志の通りDUDOKの先例に習って故郷の倉敷に帰った。

「1930年代としての卒業設計」『建築知識』1977年7月号

大原總一郎(1909–1968)という人は先見性と文化性の高い実業家として有名でしたが、民芸運動でも忘れられない人でした。私なども若い日にその人の影響を受けて参りました。(中略)三宅忠一氏とは同郷のよしみもあって今日まで親交を頂いて居ります。1960年竣工の財団法人日本工芸館の本館は三宅館長の依嘱と大原さんの快諾も得て私がクラレ建築技師としての最後の設計でした。あのような鉄筋コンクリート造に屋根型や廂型を附した建築は地上になかったので当時評判でしたが今日では住宅やマンション建築にそれを模したものが目につく位普及して居ります。(中略)ラスキンにせよモリスにせよともに英国の栄光あるヴィクトリア女王治政下の人で"美と経済と徳と"を以て怪物機械をコントロールしようと試みた点で民芸運動の源流とされて居ります。柳宗悦は日本のウィリアム・モリスだとも称す史家が居ります。

怪物たる機械が人間の手を離れて益々猛威をふるう今日、民芸は時にその解毒剤となり、時にその対立者として暴威から人間精神を救う役目を持って来たのだと思います。

「美と経済と徳と」『日本の民芸』268号(日本工芸館30周年記念号)、1978年1月号

1938年10月、大原總一郎夫妻は2年6ヶ月に及んだ英・独・米諸国の外遊を終えて倉敷に帰った。(中略)若い日の大原總一郎に対して最も印象を与えたのは、ロマンティシュ・シュトラーセに添うバイエルンの古都ローテンブルグであった。(中略)日頃から"倉敷は利益共同体ではない。運命共同体だ"と主張していた当人は、発生も歴史もそれ以外の何物でもない運命共同体的城砦都市(ブルグ)が現前したのであるから感激は大きかった。その感激は、帰朝第一声となって筆者にも伝えられた。"倉敷を日本のロー

テンブルグにしようではないか。倉敷の町は決して引けは取らないョ"。この時にこの自覚が生れなかったとすれば今日の倉敷は存在しなかったであろう。

「大原總一郎と倉敷」環境文化研究所『歴史的町並のすべて』1978年2月号

港の見える丘公園の南に、ちょうど公園を前庭にしたような姿で大佛次郎記念館が建っている。(中略)私がはじめて、フランス山の敷地を案内された時、(中略)"どんな構想ですか?"と端的な質問を受けたことがある。

「大佛先生の生家というイメージです。ここならば、何かそんな伝説も生れるかもしれませんね。」

色調は三色旗、開港期の横浜絵にあるような煉瓦洋風建築そしてスケールは邸宅級というのが直感的なイメージであった。(中略)ここは人目につく場所だから、公開以前に若者たちが見にきて「アッ!大佛次郎の生家だよ」と噂をしているそうである。私は市の人びとにも、そういわれているならそのままにして、あまり科学的、歴史的に否定しないで下さいとお願いしている。

「大佛次郎生家のイメージ」『新建築』1978年6月号

意匠をやりたいから構造をやったんです。デザインをやりだすと、社会へ出たって構造の勉強をする機会がない。構造の勉強は学生の時に限ると思ったから、構造へ行ったんです。もちろん同じようにデザインもやっていた。(中略)僕が(大学を)出たのは昭和9年ですが、当時は5年頃から大変不況でしてね、それもあって倉敷へ帰ろうと思ったんです。それと僕の場合は、デュドックですね、デュドックのやり方に非常に感銘しましてねぇ。これだと思いましたよ。(中略)第一僕がその人(デュドック)に魅かれたのはね、ライトを1番理解してそしてヨーロッパ化した人だというのがあるんです。(中略)遠藤(新)さんっていう人がね、ライトの思想を一番早くつかんだんでしょうかね、頭のいい人でね、スケッチもうまいし、……しかも楽しそうな人でね、図面をひくのが。理屈抜きに楽しい。それを見て大いに反省しましてね、理屈ばっかりこねとっちゃいかんなぁ。ああいう楽しさが出ないと設計にならんですね。

「浦辺鎮太郎氏に聞く」『建築とまちづくり』1978年7月号

大原構想は一口で申しますと郷里倉敷を"地方のモデル都市にしよう"と言うことでした。古い町は東西古今を通じて人間の歩行範囲である 1 km 四方のスケールのもので、倉敷もその例外ではありません。その中心になるべき市庁舎の設計を 20 年前丹下健三先生にお願いした時大原さんは"新市庁舎が民家の方を見る必要はありません。民家の方が新市庁舎を見るようにして下さいと"希望しておりました。私など丹下先生ほどの力（リキ）のないものは実践家としての感覚もあって、民家の方を見てしまう。そして新旧の調和ということに重点を置いてしまう。

「町並み保存の実践 ―倉敷の場合―」『環境文化』No. 39、1979 年 4 月

この倉敷の町をつくったのも塩飽なのです。塩飽の大工は曲がった木をつかうのがうまい。あれは造船技術が大いに生きているわけです。この倉敷の古い家を見ますと、厨子といいますが 2 階の部分が実に見事です。あの合掌の太いものを立て、牛梁を真ん中に置いてキールを真ん中にして合掌を投げかけにくるのは船と同じですね。あの構造を見ていると、なるほど塩飽大工だということを感じます。

「座談会・瀬戸内風土記 ―瀬戸内文化圏／浦辺鎮太郎・山本忠司」『建築士』1979 年 6 月号

鉄とコンクリートとガラスが現代文明をつくった 3 大建築材料であるわけです。これだけに頼るからそうなるので、これをまた合理的に使おうということになれば、合理主義の方が先に立ちますから人間性の方は少し置いてきぼりになる。この自然材料を使っていると、人間のつくった 3 大材料ほど自由にこなせませんし、非常に抵抗力があるわけです。下手に使ったらさっぱり値打ちがないが、上手に使えば驚くほど深みが出る。（中略）アイビー・スクエアでも讃岐産のれんがを使っています。

同上

私の大学のころに計画原論の開祖である藤井厚二さんという方がいた。この方は日本建築の気候調整の要点はひさしにあるということで、これが博士論文になった。その影響

を受けて私が言っているひさしがつきだしたのです。そうしたら、いまマンションでみな何かまねしている。先祖は私なのですよ。しかし計画原理学的に使っていない、形だけ残っている。あれは間違いです。

同上

若い日に、大原さんご夫妻は 3 年近く欧米に滞在され、その間に『世界に通用する』考え方を身につけて帰国された。その時、私にはローテンブルグでの印象を、写真を示して熱心に話されたものである。その目で足元の天領倉敷に現前する町並みを再発見され、ローテンブルグに劣らないとまで断言された。愚直な私は、未見の古都とわが町とを重ね合わせてきた。大市民と建築技師とは暗い時代も忘れて夢を描きつづけていた。戦後、大原家は時代の波を大きく受けてしまったが、倉敷は残った。（中略）大原さんは神の申し子にふさわしい純真無垢の魂を秘し、暗い時代も、乱れた時代も、その魂を汚すことはなかった。同時に深慮の人でもあったから、世間では、先見の明ある人という印象が、誠実謙虚なお人柄と共に消えていないと思う。この人とのめぐりあいは、私には運命的であった。

「無垢の魂 大原總一郎社長」毎日新聞 1979 年 9 月 14 日夕刊

〔瀬戸内海は日本の地中海〕瀬戸内海にもオリーブは育つのであって、それがこの私説を生んだ。ただ歴史の深さ、スケールの大きさでは比較にならない。瀬戸内海はミニサイズの地中海であり、或いはエーゲ海であるが、日本の国造りに始まる歴史を持ち、四季それぞれの美景に於ては本場よりも優れている。すべて小味だが日本人には美味である。そこにアイデンティティーがある。（中略）古い港は歴史コースに組み入れられる。（中略）昔の水軍のエネルギーを瀬戸内圏によみがえらせたいと願うのは私に限らず高松の山本忠司氏、松山の松村正恒氏等同じ思いであろう。

「視点は低く瀬戸内海へ！」『日経アーキテクチュア』1980 年 3 月 3 日号

ぼくは（クラレ）で 28 年間技師をしてたんですよ。建築家なんてことはいわないし、営繕技師ですよ。初めから建築

事務所で修業したというようなタイプとはちがうんだから。技師なんですよ、ぼくは。特殊なんです、育ちが。図面を渡したらそれで終わりだっていうのとちがうんですよ。(中略) 技師の根性があるからね。ディテールがないといやだしね、そういう頭がいるもある。ぼくのスケッチは、そのものが設計図になるんだから。ぼくの(スケッチ)はサシあててみるとスケールが合うとるといわれる。正確が唯一の取り柄であってね、寸法が決まらんことには……。

「状況への直言　一自然と人間、自然と建築の本質を見つめて」
『新建築』1980年4月号

ぼくは昔から、村野(藤吾)先生にはつとめて学ぶチャンスをつくろうと思っていた。大阪に出て来たときに一番に村野先生のところへ行ったんだ。そうしたら思ったとおりの人だったから本当にいろんなこと教えてもらった。おそらくね、村野先生を勉強した中ではぼくは人に負けんと思っているよ、その点は。

同上

今の経済社会というものはね、悪貨が良貨を駆逐する、そういう社会なんです。それが通例なんです。そういう経済法則がね、社会現象となってあらゆるところで見られ出している。代議士でも悪いヤツのほうがいいのを駆逐する。建築家でもそうですよ。これがこわいんですよ。そういう現象があるときには、良貨たるものは悪貨を駆逐する努力を大いにしなくちゃ。自然のなりゆきに任せておいたらもう必ずそうなるから。

同上

ぼくには、建築は厚みと長持ちをしなくちゃいかんという根強い建築観がある。すぐみっともなくなるというヤツはいかんというのが非常に根強いですからねえ。自分では自信がありますけどね、軽くやってはいかんということに。

同上

建築と私との出会いは、1932(昭和7)年の時点であって、半世紀以前のことである。京大の建築学生の時代に起こったことで、平和友好裡の幸福な出会いではなかったと覚えている。(中略) 1932年は国際的にも激動期であった。不況は世界を覆っていた。(中略) いつまでも学生気分でいることは許されない。建築家としての現実の活路を見出さなければならない。縁あって、ライトの高弟であった遠藤新の事務所の食客となった。そして、ライトの作風をオランダの小都市ヒルバーサムで風土化し、その町造りに一生をささげてきたW. M.デュドックの生きざまに出会って、"あ、これだ！"ということになって、郷里倉敷に帰住したのである。

「建築　一私との出会い」『建築文化』1983年4月号

国際様式(中略)について一考したい。
　第1のMassというよりVolumeとしての建築ということ。西欧建築史の主流として登場する各種の様式化された建築の特性はMassivということである。組積構造でポッシェが大きいそれを、R. C.とかS. R. C.とか、あるいはS造カーテンウォール化した国際様式では極端なまででポッシェが小さくなり、Volume感のほうが勝ってきたことへの認識から生まれた信条であろう。しかし今日では第1の教義は、Spaceに置き換えなければならない。しかもSpaceという建築概念は建築の本質にふれるもので、"室の室たるはその空(spece)にあり"(老子)という認識は古来より東洋、したがって日本にあった。
　第2は、設計を統合するための軸線上の対称よりも規則性の教条。この教義は50年後も生きており、新しく発展する可能性をふくむ。当初は人体寸法、動線、材料規格、モジュール等から生まれた規則性を含み、接地面との取扱いやプレーンな壁面の独特の処理方法なとに及んだのであろうが、やや画一化、マンネリズム化してしまったきらいがある。(中略)
　第3の装飾の禁止。この第3は、全員賛成で成立した共産党の大会宣言の趣がある。西欧伝統様式との訣別宣言は簡にして要を得た教条である。ただ私は、"では何故装飾がいけないのか？"と今も思っている。Decolationか Ornamwntかいずれを否定しているのか？ただ人間性の否

定であってはいけない。

「建築 —私との出会い」『建築文化』1983 年 4 月号

デュドックが H 市の建築技監として定住したのは 1915 年
から 1947 年までである。（中略）彼はアムステルダム生
まれで Royal Military Academy を卒業した陸軍技師。特に
専門コースとして建築を学んではいない。赴任前から田園
都市構想を持っていた。それが田園都市 H 市の落着いた
住宅街という環境の中での小学校に、民家の伝統様式の採
用となったとしても自然な成行きである。（中略）彼はよ
くライトの作風をオランダ化したといわれるが、自らはそ
れを否定して、ルーツは H. ベルラーへだといっている。
　私見によれば大都市を離れたところで定住する地方建築
家はナイーヴであって、ライトの草原の家（複数）とか、
このデュドックの草葺きの小学校とか時代性にこだわらな
い風土性ある建築を自然に生むのであって、別の条件下で
は生まれにくいように思われる。

「私の建築印象 —ヒルベルスムの小学校」『新建築』1983 年 11 月号

屋根にはロマンがあった。アティック・ルーム（屋根裏部
屋）は子供の天国と言われてきた。モダニズムの建築が屋
根を追放して以来、ロマンは消え去ったかに見えたが、建
築が天空の下、地の上に存在する限り、屋根は生き残って
新しいロマンを生むこともある。屋根は自然に対しての気
配りであるからだ。

「屋根のロマン」『タイル情報』No. 22、1985 年 1 月号

私は次代の人々が相続して最も大切にするのは、結局日本
列島の自然であると感じているが果してどうであろうか。
日本が輸入する原材料やエネルギー資源の 90% は産業廃
棄物となると聞いたことがある。又日本列島の海岸線に日
本の総人口が並ぶとすれば 1 人当り僅かに 30 cm 巾に過ぎ
ないと同じ九大教授が話していた。この現状では、芭蕉の
様な自然派詩人が感動して名句を吐いた自然は少なくなる
一方であるが、僅かに残った自然を守って行くことを次代
に願わざるを得ない。われわれ現代人が不用意にやってし
まったことをそのまま受取らざるを得ない次代は、相続大

難と言う他はない。

「次代への手紙」『INAX REPORT』NO. 73、1987 年

日本の風土の中で、ヒューマニズムを追い詰めていけば、
やはり不易の感じになって、それが芭蕉ではないかと思っ
ております。（中略）それでは流行というのは、何かとい
いますと、芭蕉もちゃんと認めており（中略）時代が変わ
れば必ず流行も変わるというようなことを言っておりま
す。（中略）伝統とかある流派をじいっと守っていくと、
必ずそこに腐敗が起きるという現象を見ておりまして、（中
略）停滞するから、あるいはマンネリズムに陥るから、（中
略）どんどん変えていくべしとこう言ったのが、流行の考
え方であります。不易というのは精神的なものだから、こ
れが時代の流行に合わなくては肉体化しない、作品になら
ない。流行の中に乗って初めて作品化するというのが、「不
易流行」でありまして、離して不易があり流行がありでは
ない。（中略）それはある作家の精神状態がみんな肉体化
したものでありますから、これは作品化をしようと思うと、
どうしても流行の現象の中でしかうまれない。やはり人間
が精神だけでは生きて存在しないように、肉体を持って存
在している、それと全く同じ不易が流行の中で作品になる、
あるいは肉体化するんだという思想であります。

「芭蕉 —不易流行の説（下）」『ニューファニチャー』
No. 276　Vol. 23、1988 年 11 月

この建物（倉敷アイビースクエア）の外回りは本当の煉瓦
で構造的に使っていますが、この中庭のまわりは煉瓦風タ
イルです。昔からあったようにしたいと、どうしたら一体
感が出るのかと多少苦労しました。その時、煉瓦の目地が
一番大事だろうと、やはり赤い色には目地は白でなくては
ならない、セメントモルタルで灰色の目地をつけるともう
さっぱりで、色が映えません。そこで普通の寸法より少し
目地幅をとって白い色を塗りました。すべての色を含んだ
ような白を使いました。赤と白。それは同時に黒と白の場
合も同じで、白というのはすべての色に調和する色ではな
いか、と思ったわけです。

公共の色彩を考える会編『公共の色彩を考える』1989 年 9 月

掲載作品地図

編・山田 栞
現存しない作品には、末尾に * 印を付けた。

全国

[京都]
10 京都航空ビル (1961) *

[高槻]
04 プレファブ住宅・PH-1 (1963) *
06 倉敷レイヨン高槻アパート (RC-60型)・独身寮 (1964) *

[豊中]
26 千里阪急ホテル (第I期:1970、第II期:1976) *

[岡山]
05 倉敷レイヨン岡山第2工場 (1960)
倉敷レイヨン岡山アパート (RC-60型)・独身寮 (1961) *
15 両備バス西大寺ターミナル (1966)
28 黒住教新霊地神道山大教殿 (1974)
33 六高記念館 (1980)

[倉敷]
02 倉敷考古館増築 (1957)
03 旅館くらしき (改修/1957)・珈琲館 (1971)
11 大原美術館分館 (1961)
12 倉敷国際ホテル (1963)
13 倉敷ユースホステル (1965)
19 倉敷レイヨン中央研究所 (現・クラレくらしき研究センター) (1968)
20 倉敷文化センター (現・倉敷公民館) (1969)
22 倉敷商工会館 (1971)
23 倉敷市水道局庁舎 (現・倉敷市立自然史博物館) (1971)
24 倉敷市民会館 (1972)
25 倉敷アイビースクエア (1974)
29 倉敷市庁舎 (1980)
30 倉敷中央病院 (第I期:1975、第II期:1980、第III期:1981)
31 倉敷駅前再開発東ビル・西ビル (1980)

[富山]
倉敷レイヨン富山アパート (RC-60型)・独身寮 (1961)

[八王子]
16 東京造形大学 (第I期:1966) *

[東京]
18 東京女子大学研究本館1号館 (1968)・2号館 (1967)
34 日本女子大学成瀬記念館 (1984)

[市川]
倉敷レイヨン国府台アパート (RC-60型)・独身寮 (1963)

[横浜]
35 大佛次郎記念館 (1978)
36 横浜開港資料館 (1981)
37 神奈川近代文学館 (1984)・霧笛橋 (1986)

[豊田]
32 三州足助屋敷 (1980)

[大阪]
07 日本工芸館 (1960) *
08 石井記念愛染園女子単身者住宅 (1961)・保育所 (1962) *
09 石井記念愛染園愛染橋病院 (1965) *

[和歌山]
27 紀伊風土記の丘松下記念資料館 (1971)

[高知]
14 浜幸ビル (1966)

[西条]
01 日本基督教団西条栄光教会 (礼拝堂・牧師館・西条栄光幼稚園) (1951)
17 西条市立郷土博物館東予民芸館 (1967)

[福岡]
21 西鉄グランドホテル (1969)

倉敷美観地区周辺

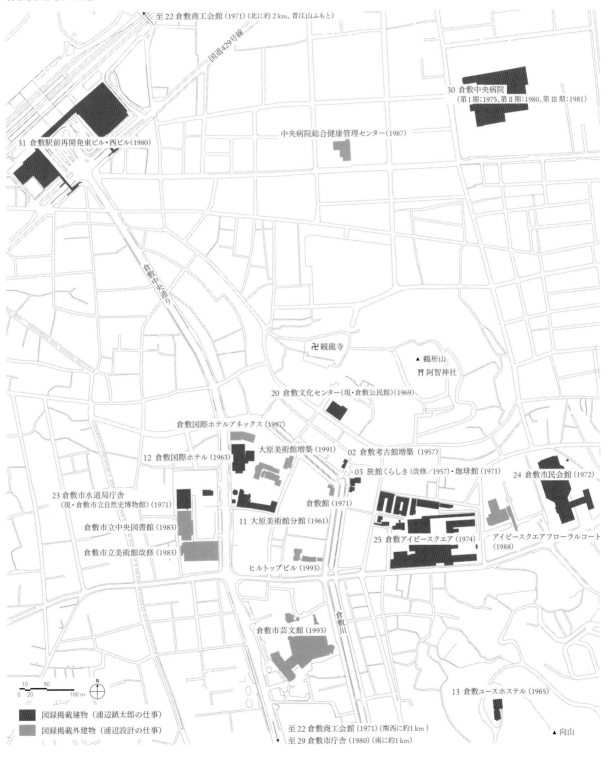

年表

編・八坂真希子、中川奈穂子、渡邊桜帆
この年表は、「浦辺鎮太郎作品集」（新建築社、2003 年）所収の浦辺作品一覧を増補改訂したものである。
本年表で新たに加えた作品には、末尾に + 印を付けた。
本展で取り上げた作品には、末尾に * 印を付けた。
岡山県倉敷市外の作品の所在地は（ ）にて示した。

西暦（和暦）	年齢	建築作品	浦辺鎮太郎略歴	大原総一郎略歴／（株）クラレ 沿革
1909 （明治 42）	0 歳		3 月 31 日　生誕　岡山県児島郡粒江村（現・倉敷市粒江）	7 月 29 日　大原總一郎　生誕
1921 （大正 10）	12 歳		岡山県第一岡山中学校　入学	
1922 （大正 11）	13 歳			岡山県第一岡山中学校 入学
1926 （昭和元）	17 歳		第六高等学校（理科甲類）　入学	第六高等学校（文科乙類）　入学 倉敷絹織（株）創立
1929 （昭和 4）	20 歳			東京帝国大学経済学部経済学科 入学
1930 （昭和 5）	21 歳		京都帝国大学工学部建築学科 入学	
1932 （昭和 7）	23 歳			東京帝国大学経済学部経済学科 卒業、倉敷絹織（株）入社
1933 （昭和 8）	24 歳		遠藤新事務所で学ぶ（デュドックのヒルベルスムの市庁舎を知る）	
1934 （昭和 9）	25 歳		京都帝国大学卒業〈卒業論文音響遮断の研究〉 卒業設計（トーキースタヂオ）最優秀賞 倉敷絹織（株）（現・（株）クラレ）入社	
1938 （昭和 13）	29 歳			倉敷絹織（株）常務取締役　就任
1939 （昭和 14）	30 歳			倉敷絹織（株）社長　就任
1941 （昭和 16）	32 歳			倉敷紡績（株）社長　就任
1943 （昭和 18）	34 歳			倉敷航空化工（株）に社名変更
1945 （昭和 20）	36 歳		建築設計課長　就任 「クラケン型組立住宅」生産担当	倉敷絹織（株）に社名復帰
1948 （昭和 23）	39 歳	倉敷民芸館《協力》+		
1949 （昭和 24）	40 歳		倉敷レイヨン（株）大阪本社 営繕部長　就任	倉敷レイヨン（株）に社名変更
1950 （昭和 25）	41 歳	倉敷考古館《協力》+ 倉敷レイヨン 富山工場　第 I 期（富山県富山市）*		

西暦（和暦）	年齢	建築作品	浦辺鎮太郎略歴	大原総一郎略歴／（株）クラレ 沿革
1951 （昭和26）	42歳	日本基督教団西条栄光教会　礼拝堂・牧師館・西条栄光幼稚園（愛媛県西条市）*		
1952 （昭和27）	43歳	夙川の住宅（兵庫県西宮市）+		
1954 （昭和29）	45歳	新前神橋+ 倉敷レイヨン岡山アパート（岡山県岡山市）+ 守屋博士の医院（京都府京都市）+		
1955 （昭和30）	46歳		大阪大学　非常勤講師「建築一般材料学」を教える DAS（総合デザイナー協会）副理事長を務める（〜1995年）	
1957 （昭和32）	48歳	倉敷考古館増築* 旅館くらしき改修《設計協力》* 倉敷レイヨン倉敷工場社宅共同浴室+		
1958 （昭和33）	49歳	倉敷レイヨン西宮第3アパート（兵庫県西宮市）		
1959 （昭和34）	50歳	喫茶店〈エル・グレコ〉改造+ 倉敷西小学校+ 倉敷レイヨン健康保険組合蒼海寮（愛媛県今治市） 大阪菱和自動車株式会社　社屋及びサービス工場（大阪府）+		
1960 （昭和35）	51歳	倉敷レイヨン岡山工場共同浴場（岡山県岡山市）*+ 日本工芸館（大阪府大阪市）* 倉敷レイヨン岡山第2工場（岡山県岡山市）*	ソビエト連邦　視察	
1961 （昭和36）	52歳	京都航空ビル（京都府京都市）* 大原美術館分館* 倉敷レイヨン名古屋独身寮（愛知県名古屋市）+ 倉敷レイヨン岡山RC-60型アパート（岡山県岡山市）*+ 倉敷レイヨン富山RC-60型アパート（富山県富山市）*+ 石井記念愛染園女子単身者住宅（大阪府大阪市）		
1962 （昭和37）	53歳	石井記念愛染園愛染橋保育所（大阪府大阪市）* 倉敷レイヨン中条工場（新潟県北蒲原郡）* スエヒロアミダ池倉庫（大阪府大阪市）	7月7日　倉敷レイヨン（株）内に、（株）倉敷建築研究所設立 代表取締役　就任 京都大学　非常勤講師「建築計画法各論」を教える（〜1969年）	（株）倉敷建築研究所 取締役会長　就任
1963 （昭和38）	54歳	浜寺幼稚園（大阪府高石市）《設計協力》 日本道路公団名神高速道路　大阪・豊中インターチェンジ管理事務所他（大阪府豊中市） 日本道路公団名神高速道路　尼崎インターチェンジ管理事務所（兵庫県尼崎市） 倉敷レイヨン高槻独身寮（大阪府高槻市）*+ 倉敷レイヨン国府台RC-60型アパート、管理事務所（千葉県市川市）* 日本道路公団名神高速道路西宮インターチェンジ管理事務所（兵庫県西宮市） 瀧澤鐵工所岡山工場（岡山県都窪郡） 倉敷国際ホテル* 日本道路公団大山道路管理事務所・料金所（鳥取県西伯郡） プレファブ住宅（大阪府高槻市）*+ 一丁シャンゼリゼ通り［制作開始］+		

西暦（和暦）	年齢	建築作品	浦辺鎮太郎略歴	大原総一郎略歴／(株)クラレ 沿革
1964 （昭和39）	55歳	ジェコー玉川工場（神奈川県川崎市） 武内邸（兵庫県西宮市） 倉敷レイヨン高槻 RC-60型アパート（大阪府高槻市）＊＋ クラレスポーツセンター野田ボウリング（大阪府大阪市）	倉敷レイヨン株式会社(株) 退社（営繕部長） 社名を(株)倉敷建築研究所から (株)倉敷建築事務所に変更 アメリカ、メキシコ 視察	
1965 （昭和40）	56歳	石井記念愛染園愛染橋病院（大阪府大阪市）＊＋ ジェコー相模寮（神奈川県相模原市） 両備バス門真営業所（大阪府門真市） 安田火災海上保険武庫荘家族寮（兵庫県尼崎市） 倉敷ユースホステル＊	日本建築学会賞 作品賞 「倉敷国際ホテル」 大阪府知事より建築行政への功 労による表彰 近畿建築士会協議会出版の「ひ ろば」の編集人を務める （～1967年）	
1966 （昭和41）	57歳	浜幸ビル（高知県高知市）＊ 東京造形大学第I期（東京都八王子市）＊ 大阪府服部緑地レストハウス（大阪府豊中市） 名神高速道路吹田レストハウス京阪レストラン（大阪府吹田市） 帝塚山学院聖山 山の家（長野県東筑摩郡） クラレスポーツセンター野田プール（大阪府大阪市） 朝日放送社屋（大阪府大阪市）＋ 両備バス小島営業所独身寮 安田火災海上保険阿倍野営業所（大阪府大阪市） 出光興産調布南給油所（東京都調布市） 出光興産小平南給油所（東京都小平市） 出光興産阪急梅田給油所（大阪府大阪市） 府内信用金庫本店（大分県大分市） スエヒロ高松店（香川県高松市） 両備バス西大寺ターミナル（岡山県西大寺市）＊ 立体音楽堂《案》＋	社名を(株)浦辺建築事務所に 変更	
1967 （昭和42）	58歳	両備バス玉島ターミナル 高橋ビル（東京都文京区） 奈良ユースホステル（奈良県奈良市） ジェコー行田工場（埼玉県行田市） 野口邸（兵庫県芦屋市） 西条市立郷土博物館東予民芸館（愛媛県西条市）＊ 山陽放送蒜山 山の家（岡山県真庭郡） 出光興産初芝社宅（大阪府堺市） 六甲阪急ビル（兵庫県神戸市） 岡田鋼機本社屋（静岡県静岡市） 東京女子大学研究本館第I期（東京都杉並区）＊ 安田火災海上保険徳島営業所（徳島県徳島市） 東名高速道路等々力宿舎（東京都）	日本建築協会より表彰	
1968 （昭和43）	59歳	堀田邸（兵庫県神戸市） 日本道路公団大阪・天理道路事務所・営業所（奈良県天理市） 日本道路公団小田原・厚木道路料金所（神奈川県小田原市・ 平塚市） 倉敷レイヨン中央研究所（現・クラレくらしき研究センター）＊ 安田火災海上保険自由が丘家族寮（愛媛県名古屋市） 両備バス塩釜ロッジ（岡山県真庭郡） サッポロビール門司工場従業員アパート（福岡県北九州市） 東京女子大学研究本館第II期（東京都杉並区） 山陰明治乳業新工場（鳥取県米子市） 東京造形大学第II期（東京都八王子市） 浜寺幼稚園増築（大阪府高石市）	欧州、メキシコ 視察	7月27日 大原總一郎 逝去［註5］
1969年 （昭和44）	60歳	津村順天堂バスクリーン製造工場（静岡県） 花咲繊維工業本社屋（東京都）	建設大臣より表彰 コンゴ 視察	

西暦(和暦)	年齢	建築作品	浦辺鎮太郎略歴	大原総一郎略歴／(株)クラレ 沿革
1969 (昭和44)	60歳	国道2号線高峰サービスエリアレストラン(奈良県天理市) 倉紡記念館 西鉄グランドホテル(福岡県福岡市)* 安田火災海上保険藤が丘家族寮(神奈川県横浜市) 堀部邸(東京都) ドライブインレストランガーデンオカヤマ(現・OKAYAMA GARDEN)(岡山県上道郡) 大日本印刷健康保険組合芦ノ湖山荘(神奈川県足柄下郡) 日本道路公団阪奈道路富雄及び生駒山上口管理事務所(奈良県天理市・大阪府四條畷市) 倉敷文化センター(現・倉敷公民館)* 東京女子大学研究本館第III期(東京都杉並区) 安田生命保険相互会社山科月掛事務所(京都府京都市) 大正海上火災保険八王子営業所(東京都八王子市) ホテルプラザ(大阪府大阪市)《コンサル》+ 一丁シャンゼリゼ通り《試案》[倉敷市提出]+		
1970 (昭和45)	61歳	松下電器貿易大阪地区第2独身寮(大阪府高槻市) 千里阪急ホテル第I期(大阪府豊中市)* 安田生命保険相互会社大船月掛営業所(神奈川県鎌倉市) 東京都江東市場総合庁舎(東京都江東区) 星和京橋ビルサッポロビールコンピューターセンター(東京都) 大日本印刷北6号棟(東京都) 第一製薬健康保険組合川奈保養所(静岡県伊東市) 安田火災海上保険神戸支店改装(兵庫県神戸市) 志村スターレーン改装(東京都) 近畿高速道路大阪線茨木バリア管理事務所(大阪府茨木市) 倉敷駅前再開発基本計画立案調査+		(株)クラレに社名変更
1971 (昭和46)	62歳	中国自動車道路三次職員宿舎(広島県三次市) 川崎製鉄水島製鉄所第10寮 マンションロイヤルパレス(東京都) マウント・フジファッション富士吉田工場(山梨県富士吉田市) 日本合成化学工業中央研究所(大阪府茨木市) 珈琲館* 倉敷館改修 倉敷商工会館* 安田火災海上保険福山営業所(広島県福山市) NHK神戸放送会館(兵庫県神戸市) 明治乳業岡山工場 郷鉄工所事務所棟(岐阜県不破郡) 紀伊風土記の丘松下記念資料館(和歌山県和歌山市)* 倉敷市水道局庁舎(現・倉敷市立自然史博物館)* 岡山県歯科医師会館(岡山県岡山市) スエヒロ本店(大阪府大阪市)	黄綬褒章　受賞	
1972 (昭和47)	63歳	玉野市総合文化センター(岡山県玉野市) ニッカウヰスキー西宮工場附属独身寮(兵庫県西宮市) 泉北ニュータウン槙塚台近隣センター(大阪府堺市) 東京都立狛江高等学校(東京都狛江市) 鐘紡迎賓館(兵庫県芦屋市) 大日本印刷今井浜保養所(静岡県賀茂郡) 両備バス玉野営業所(岡山県玉野市) 倉敷市民会館* 川崎製鉄芦屋独身寮(兵庫県芦屋市) 郷鉄工所家族寮(岐阜県不破郡) ニューフジビル(東京都) 指宿観光ホテル新館(鹿児島県指宿市) 郷鉄工所高周波鋳造第2工場(岐阜県不破郡) 京阪電気鉄道松下前停留所他3駅上屋(大阪府門真市)	倉敷市文化賞　受賞 「倉敷市民会館」	

西暦（和暦）	年齢	建築作品	浦辺鎮太郎略歴	大原總一郎略歴／（株）クラレ 沿革
1972 （昭和47）	63歳	両備西大寺ボウル（岡山県岡山市） 津村順天堂生薬倉庫（静岡県藤枝市） 桃山台グランドマンション（大阪府豊中市） 星和高麗橋ビル（大阪府大阪市） 静清フレンドボウル（静岡県静岡市）		
1973 （昭和48）	64歳	都営高層住宅赤羽西5丁目団地（東京都） 北陸高速道路加賀－丸岡間管理施設（石川県加賀市） 安田生命保険相互会社昭島月掛事務所（東京都昭島市） 安田生命保険相互会社西新井月掛事務所（東京都） 小柳證券独身寮（千葉県松戸市） 東部方面大阪城公園事務所（大阪府大阪市） 秋田書店本社屋（東京都） NHK津放送会館（三重県津市） 鎌倉河岸ビル（東京都） 中国高速道路美作－落合間管理施設（岡山県美作郡） 大阪府警曾根崎庁舎（大阪府大阪市） 安田火災海上保険武庫之荘第2家族寮（兵庫県尼崎市） 横浜スポーツセンター（神奈川県横浜市） 泉北ニュータウン槇塚台団地賃貸住宅（大阪府堺市） 大阪市立西成同和解放会館（大阪府大阪市） 西名阪自動車道路香芝サービスエリア（奈良県北葛城郡） 国家公務員共済組合立川病院看護婦宿舎（東京都立川市） 玉野市民病院（岡山県玉野市）	毎日芸術賞　受賞 「倉敷市民会館」	
1974 （昭和49）	65歳	北陸高速道路福井北インターチェンジ管理施設（福井県福井市） 福岡銀行奈良屋町支店（福岡県福岡市） 福岡銀行東領住宅（福岡県福岡市） RSKバラ園レストハウス（岡山県岡山市） 倉敷アイビースクエア * 夕陽ヶ丘図書館（大阪府大阪市） 和歌山県埋蔵文化財収蔵庫（和歌山県和歌山市） 大阪府立藤井寺高等学校第II期（体育館）（大阪府藤井寺市） 西鉄グランドホテル増築（福岡県福岡市） 黒住教霊地神道山大教殿・太陽の神殿（岡山県岡山市）* 福岡市渡辺通再開発基本計画		
1975 （昭和50）	66歳	トヨサキ産業国鉄新幹線博多駅店他2店内装（新幹線博多駅構内） 鐘紡病院女子寄宿舎（兵庫県神戸市） 鐘紡ガン研究所（兵庫県神戸市） 倉敷中央病院増改築第I期 * 川崎製鉄水島研修センター 玉野市立勤労青少年ホーム（岡山県玉野市）† 川崎製鉄芦屋研修センター（兵庫県芦屋市） 宮崎県青少年研修の森（宮崎県小林市）	日本建築学会賞　作品賞 「倉敷アイビースクエア」	
1976 （昭和51）	67歳	鐘紡病院（兵庫県神戸市）《建築せず》 千里阪急ホテル第II期（大阪府豊中市）* 浜寺幼稚園増築（大阪府高石市） 辰巳邸（兵庫県芦屋市）		
1977 （昭和52）	68歳	増田邸（福岡県北九州市） 大阪市平野区民センター／平野消防署（大阪府大阪市） ニッカウヰスキー西宮家族寮（兵庫県西宮市） 黒住教学院（岡山県岡山市） 田村耳鼻咽喉科医院 福岡銀行南ヶ丘支店（福岡県大野城市） JMP社宅 大原美術館オリエント室		

西暦（和暦）	年齢	建築作品	浦辺鎮太郎略歴	大原総一郎略歴／（株）クラレ 沿革
1978 （昭和53）	69歳	神戸市鈴蘭台北町保育所（兵庫県神戸市） ホテル日航成田（千葉県成田市） 大佛次郎記念館（神奈川県横浜市）＊ 大阪市東淡路第2住区（1・2区）（大阪府大阪市） 横山ビル（香川県高松市） 福岡銀行月隈支店（福岡県福岡市） 安田火災海上保険徳島支店改築（徳島県徳島市） 浜幸製菓工場増築（高知県高知市）		
1979 （昭和54）	70歳	両備ストア連島店改築 安田火災海上保険泉ノ町家族寮（石川県金沢市） 牟礼病院新改築（香川県小豆郡） 大阪市東淡路第2住宅Ⅱ期（大阪府大阪市） 黒住教教主邸（岡山県岡山市） 福岡銀行小郡支店（福岡県福岡市） 倉敷アイビースクエア宴会場増築		
1980 （昭和55）	71歳	安田火災海上保険一宮支店（愛知県一宮市） 安田火災海上保険行橋営業所（福岡県行橋市） 倉敷河畔重要伝統的建造物群保存修理 三州足助屋敷（愛知県東加茂郡）＊ 六高記念館（岡山県岡山市）＊ 倉敷市庁舎＊ 安田火災海上保険水前寺寮（熊本県熊本市） 新交通システムポートアイランド線駅舎（兵庫県神戸市） 新交通システムポートアイランド線駅舎内装及び設備（兵庫県神戸市） 倉敷駅前再開発東ビル・西ビル＊ 安田火災海上保険今治支店増改築（愛媛県今治市） 倉敷中央病院増改築第Ⅱ期＊ 富士銀行倉敷支店		
1981 （昭和56）	72歳	ポートアイランドビル（兵庫県神戸市） 倉敷河畔重要伝統的建造物群保存修理（昭和55年度） 横浜開港資料館（神奈川県横浜市）＊ 楽ビル・青泉社ビル（大阪府大阪市） 多摩丘陵病院（東京都町田市） 大原美術館西洋絵画室 福岡銀行宗像支店（福岡県宗像市） 大阪市音楽団事務所（大阪府大阪市） 大阪城野外音楽堂（大阪府大阪市） 栗原産業堺寮（大阪府堺市） 富士銀行岡山第2家庭寮第1棟・第2棟（岡山県岡山市） 倉敷中央病院増改築第Ⅲ期＊ 武蔵野赤十字病院（東京都武蔵野市）	代表取締役会長　就任	
1982 （昭和57）	73歳	安田火災海上保険津山支店（岡山県津山市） 因島医師会病院（広島県因島市） 倉敷河畔重要伝統的建造物群保存修理（昭和56年度） 岡山電気軌道自動車部事務所及びバス停留所（岡山県岡山市） 雇用促進事業団摂津職員宿舎（大阪府摂津市） 奈良ユースホステル（奈良県奈良市） ポパース記念病院（大阪府大阪市） 武蔵野赤十字病院改修（東京都武蔵野市） 滋賀県琵琶湖研究所（滋賀県大津市） 岡山電気軌道本社及び電車部（岡山県岡山市）		
1983 （昭和58）	74歳	倉敷国際ホテル宴会場増築 あすけ楓門（愛知県東加茂郡） 八木病院増改築（福岡県福岡市）《コンサル》		

西暦（和暦）	年齢	建築作品	浦辺鎮太郎略歴	大原総一郎略歴／(株)クラレ 沿革
1983 （昭和 58）	74 歳	倉敷河畔重要伝統的建造物群保存修理（昭和 57 年度） 玉野市レクレセンター（岡山県玉野市） 中国短期大学増築（岡山県岡山市） 大阪府服部緑地レストハウス及び野外音楽堂改修（大阪府豊中市） 自然史博物館並びに展示美術館改修 倉敷市立中央図書館 夢二郷土美術館（岡山県岡山市） 難波宮祉休憩所他（大阪府大阪市） 喜多メイヨー・クリニック（大阪府東大阪市） 川崎製鉄六本木クラブ（東京都港区） ラピーヌ大阪本社（大阪府大阪市）		
1984 （昭和 59）	75 歳	毛利マンション（大阪府大阪市） 安田火災海上保険大曽根支社（愛知県名古屋市） 神奈川近代文学館（神奈川県横浜市）* 倉敷河畔重要伝統的建造物群保存修理（昭和 58 年度） 特別養護老人ホーム海南荘（長崎県佐世保市） 玉野レクレセンター柔剣道棟保健センター棟（岡山県玉野市） 農業公園（ワインパーク）センターゾーン（兵庫県神戸市） 湊屋（岡山県岡山市） 大阪府住宅供給公社野畑団地（大阪府豊中市） 范曽美術館改装（岡山県岡山市） 倉敷中央病院保存棟増築改修 日本女子大学成瀬記念館（東京都文京区） 足助町農業者トレーニングセンター（愛知県東加茂郡） 千里阪急ホテル第 III 期（大阪府豊中市）		
1985 年 （昭和 60）	76 歳	大阪市第 2 淀川寮増築（大阪府大阪市） 倉敷市中央 1 丁目横断地下道 倉敷市中央 2 丁目地下駐車場 足助町公民館（愛知県東加茂郡） 足助サロン「参州楼」（愛知県東加茂郡） 倉敷河畔重要伝統的建造物群保存修理（昭和 59 年度） 両備ストア中島店 パイル社宅（大阪府豊中市） 栗原産業小浜寮（福井県小浜市） ホテルパークイン（東京都新宿区） プランテック本社屋（大阪府大阪市） クラレトレーディング本社屋（大阪府大阪市） 両備バス児島観光センター改装 神戸市農業公園（ワインパーク）陶芸館（兵庫県神戸市） ホテル日航成田増築（千葉県成田市） 両備ストア勇崎店 両備バス玉島観光センター 大阪市淀川寮改修（大阪府大阪市） 黒住教主新公邸新座敷（岡山県岡山市） 武蔵野赤十字病院外来 CT 棟増築（東京都武蔵野市）	相談役　就任	
1986 （昭和 61）	77 歳	倉敷河畔重要伝統的建造物群保存修理（昭和 60 年度） 山陽学園上代淑記念館（岡山県岡山市） 神戸市農業公園（ワインパーク）学童農園附属施設・バーベキュー施設・ゲート他（兵庫県神戸市） アンカーハウス神戸（兵庫県神戸市） 霧笛橋（神奈川県横浜市）* +	日本建築学会大賞 「地域に根ざした町づくりと優秀な建築の創造活動による建築界への貢献」	
1987 （昭和 62）	78 歳	西神南ニュータウン駅 I 期工事（兵庫県神戸市）	社名を（株）浦辺設計に変更	
1991 （平成 3）	82 歳	浦上玉堂美術館《案》+	6 月 8 日　逝去	

文献目録

編・中川奈穂子、櫻本康乃、渡邊桜帆、八坂真希子

本目録（1. 論文／エッセイ、2. アンケート／インタビュー、3. 座談会／対談／講演／シンポジウム、4. 記事掲載／特集号、5. 参考文献）は『浦辺鎮太郎作品集』（新建築社、2003 年）所収の「浦辺鎮太郎主要文献」を増補改訂したものである。

5. 参考文献は『現代建築家全集 12 ―浦辺鎮太郎　大江宏』（三一書房、1973 年）所収の「浦辺鎮太郎文献目録」を増補改訂したものである。

新たに加えたものには、末尾に ⁺ 印を付けた。

1. 論文／エッセイ

1941（昭和 16）年
・「寄宿舎建築様式の変遷　―倉敷絹織会社の場合―」『月刊民藝』3 月号、日本民藝協会

1942（昭和 17）年
・「民家採集行」『岡山県民芸協会会報』創刊号、岡山県民芸協会[+]

1948（昭和 23）年
・「橋のエッセイ」『建築雑誌』4 月号、日本建築学会[+]
・「住宅生産工業の展望」『新住宅』6 月号、洪洋社

1950（昭和 25）年
・「社会随想 工場新八景と逆八景」『クラレ連絡月報』9 月号、クラレ[+]

1951（昭和 26）年
・「年頭所感　―回顧 50 年将来計画 50 年―」『クラレ連絡月報』1 月号、クラレ[+]
・「我社五工場の特質」『クラレ連絡月報』7 月号、クラレ[+]

1952（昭和 27）年
・「夙川の住宅」『新住宅』1 月号、洪洋社[+]
・「日本の工場建築　一―つの疑問に対する探究―」『建築と社会』3 月号、日本建築協会
・「ビニロンの求める立地」『新都市』「工場地帯振興特集」3 月号、都市計画協会[+]
・「民芸の生活」『クラレ連絡月報』3 月号、クラレ[+]
・「夙川の住宅・仕事室」『新住宅』4 月号、洪洋社[+]
・「Industrial　Design について」『クラレ連絡月報』5 月号、クラレ[+]
・「会議の数学」『クラレ連絡月報』10 月号、クラレ[+]
・「健康の不思議」『クラレ連絡月報』12 月号、クラレ[+]

1953（昭和 28）年
・「父と呼びたい人」『守屋松之助』（非売品）友雪会[+]

1954（昭和 29）年
・「女性のふしぎ　―消費者の半は女性―」『クラレ連絡月報』1 月号、クラレ[+]
・「紡績工場から合成繊維工場まで　―夫々の工場の過去・現在・未来―」『建築と社会』3 月号、日本建築協会
・「青年建築家への挨拶」『建築と社会』6 月号、日本建築協会
・「〈紫煙室〉倉敷のグロピウス教授」『建築と社会』10 月号、日本建築協会
・「村野藤吾氏邸」『建築と社会』11 月号、日本建築協会[+]
・「〈紫煙室〉民謡の時間（相川音頭）」『建築と社会』11 月号、日本建築協会[+]
・「倉敷レイヨン岡山アパート」『建築と社会』12 月号、日本建築協会[+]
・「年齢の不思議」『クラレ連絡月報』12 月号、クラレ[+]

1955（昭和 30）年
・「〈白線区域〉建築評価の問題　―第 2 部会森田報告を読んで―」『建築雑誌』5 月号、日本建築学会[+]
・「民家風な家　守屋博士の医院　クライエントと京都」『新住宅』6 月号、洪洋社[+]
・「〈紫煙室〉老人よ、しばらく御遠慮を!」『建築と社会』6 月号、日本建築協会

・「組織と個人　―龍安寺石庭の感―」『クラレ連絡月報』6 月号、クラレ[+]
・「ガラス帳壁の解説　―その断面に学ぶ―」『建築と社会』8 月号、日本建築協会
・「色彩の数学」『クラレ連絡月報』10 月号、クラレ[+]
・「河内の民家」『日本の工芸』12 月 25 日

1956（昭和 31）年
・「東京 1955 年グリンプス」『建築と社会』2 月号、日本建築協会
・「建築・生活用具の統一感について」『日本の工芸』4 月 25 日号
・「倉敷の三日間　―古い町家、大原美術館、倉敷民芸館その他―」『グロピウスと日本文化』グロピウス会[+]
・「わが家の雑煮」『日本の工芸』12 月 25 日号

1957（昭和 32 年）
・「生産性向上街の裏通」『クラレ連絡月報』2 月号、クラレ[+]
・「ライフとは？　―問題の提起―」『建築と社会』4 月号、日本建築協会
・「〈けんちくの眼〉分裂核反応と融合核反応年建築と社会』7 月号、日本建築協会[+]
・「〈けんちくの眼〉大阪駅での失望年」『建築と社会』8 月号、日本建築協会
・「小鳥と幾何学」『クラレ連絡月報』8 月号、クラレ
・「〈けんちくの眼〉高く建てたい」『建築と社会』9 月号、日本建築協会[+]
・「〈けんちくの眼〉VISION と TOOL（先見と分析要具）」『建築と社会』10 月号、日本建築協会[+]
・「〈けんちくの眼〉建築的空間の認識」『建築と社会』11 月号、日本建築協会[+]
・「〈けんちくの眼〉後進的な建築生産方式」『建築と社会』12 月号、日本建築協会[+]
・「小林善雄さんに」『日本の工芸』12 月 1 日号[+]

1958（昭和 33）年
・「第十二回大会記（私録）」『日本の工芸』9 月 1 日号[+]

1959（昭和 34）年
・「〈年頭所感〉血色のよい造型力を」『建築雑誌』1 月号、日本建築学会
・「時間・空間・建築家」『建築と社会』1 月号、日本建築協会
・「偉大的大阪の時と形」『新建築』2 月号、新建築社[+]

1960（昭和 35）年
・「若い時点と地点から」『クラレ連絡月報』1 月号、クラレ[+]
・「科学とその対立概念」『建築と社会』3 月号、日本建築協会[+]
・「瀬戸内海に建つ海の家」『新建築』5 月号、新建築社
・「〈鑑賞席〉巨匠の空間の詩　ル コルビュジエ展」『朝日ジャーナル』朝日新聞社[+]
・「1960 年のソ連」『新建築』12 月号、新建築社
・「日本工芸館　―KM の適用例として」『新建築』12 月号、新建築社

1961（昭和 36）年
・「古い倉敷の新しい城壁」『建築文化』6 月号、彰国社
・「建築物の維持管理からみた効用の持続性」『建築雑誌』8 月号、日本建築学会
・「京都の計算」『近代建築』8 月号、近代建築社
・「大阪と成人建築家」『近代建築』9 月号、近代建築社

・「石井記念館愛染園の一建築」『新建築』11 月号、新建築社

1962（昭和 37）年
・「コノイド屋根を持つ無塵工場」『建築文化』4 月号、彰国社
・「村松学説と浜口予測」『新建築』6 月号、新建築社
・「工場建築計画における建築家の参画問題」『建築と社会』9 月号、日本建築協会
・「まえがき」『ふるさとのすまい』日本建築協会[+]

1963（昭和 38）年
・「大阪のフトコロ　―中からの大阪論―」『新建築』2 月号、新建築社
・「〈投稿〉性能と機能はどう違うか」『新建築』4 月号、新建築社
・「村野藤吾のクラフト的魅力」『建築と社会』11 月号、日本建築協会
・「プレファブ建築をどう思うか」『建築雑誌』12 月号、日本建築学会[+]

1964（昭和 39）年
・「村野作品のプリンシプル」『近代建築』1 月号、彰国社
・「倉敷の町づくり」『新建築』2 月号、新建築社
・「〈上方こんじょう〉物の目方、金の目方」『ひろば』6 月号、近畿建築士会協議会
・「Kurashiki, New & Old」『国際建築』7 月号、美術出版社
・「黄金尺讃（モデュロール）」『倉敷建築研究所経歴書』（私版本）、倉敷建築研究所[+]

1965（昭和 40）年
・「私見　フランク・ロイド・ライト」『国際建築』3 月号、美術出版社
・「社会福祉法人石井記念愛染園附属　愛染橋病院」『新建築』3 月号、新建築社
・「私見　―スペースと評価―」『建築と社会』4 月号、日本建築協会
・「倉敷の環境保全」『建築雑誌』4 月号、日本建築学会[+]
・「古都の人びと」『SD』6 月号、鹿島出版会
・「石井十次先生の片鱗」『近代建築』7 月号、近代建築社
・「倉敷国際ホテル　―二賞三笑―」『建築雑誌』8 月号、日本建築学会
・「50 年、100 年後に一流品たり得るか／京都タワー　奈良県庁舎」『ひろば』8 月号、近畿建築士会協議会
・「近畿圏整備計画によせて『Industralization To Oasis!』」『ひろば』10 月号、近畿建築士会協議会
・「〈夢〉人工土地の上に」『ひろば』11 月号、近畿建築士会協議会
・「大阪ロイヤルホテル讃」『新建築』12 月号、新建築社[+]

1966（昭和 41）年
・「エルミンサッシ」『ひろば』1 月号、近畿建築士会協議会
・「浜幸ビル」『新建築』3 月号、新建築社
・「日本万国博に期待する」『新建築』3 月号、新建築社
・「経済的な空間のスタディ／東京造形大学　―建築以後のことば―」『建築文化』6 月号、彰国社
・「芽をふいた伝統の地下茎　国立京都国際会館評」『国際建築』7 月号、美術出版社
・「構造とヒューマンのスケール」『新建築』8 月号、新建築社[+]
・「〈ひろば書評〉建築見積ハンドブック」『ひろば』11 月号、近畿建築士会協議会

- 「兵庫にものもうす　騒音税」『ひろば』12 月号、近畿建築士会協議会[+]

1967（昭和 42）年
- 「〈建築の眼〉三笑主義」『建築と社会』1 月号、日本建築協会[+]
- 「〈建築の眼〉三カク主義」『建築と社会』2 月号、日本建築協会[+]
- 「〈建築の眼〉三笑主義の採算」『建築と社会』3 月号、日本建築協会[+]
- 「〈建築の眼〉三笑主義由来」『建築と社会』4 月号、日本建築協会[+]
- 「〈建築の眼〉コスト・ダウン」『建築と社会』5 月号、日本建築協会[+]
- 「〈建築の眼〉俗説　―進歩と調和」『建築と社会』6 月号、日本建築協会[+]
- 「すいせんのことば（石井記念愛染園愛染橋保育所と宿舎、倉敷国際ホテル）」『建築と社会』11 月号、日本建築協会[+]
- 「万博コンペ／選んだ人・選ばれた人　水準の高かったコンペ！」『ひろば』12 月号、近畿建築士会協議会[+]
- 「フランク・ロイド・ライト」『現代建築家シリーズ　フランク・ロイド・ライト 1』美術出版社[+]

1968（昭和 43）年
- 「〈わたしのマテリアルわたしのエレメント〉強力ギルソイドとアスタイル」『ひろば』2 月号、近畿建築士会協議会[+]
- 「想い起こすあの日々　―格調高く簡素な告別式―」『クラレ時報』故大原社長追悼号、8 月号、クラレ[+]
- 「平田雅哉　一人と作品」『数寄屋建築：平田雅哉作品集　第 1』創元社[+]

1969（昭和 44）年
- 「大阪の建築家　渡辺節」『建築家　渡辺節』大阪府建築士会[+]
- 「新しいホテル建築の創造を」『新建築』1 月号、新建築社[+]
- 「'69　建築界の課題と展望」『ひろば』1 月号、近畿建築士会協議会[+]
- 「アフリカ産銅地帯の旅　―フロンティアの日本人たち―」日刊建設通信新聞 6 月 13 日[+]
- 「〈ぴ・い・ぷる〉凡家凡庭」『芸術新潮』7 月号、新潮社[+]
- 「国際ホテル私見」『新建築』8 月号、新建築社[+]
- 「〈海外ネットワーク〉コンゴ」『新建築』8 月号、新建築社[+]
- 「随想　―天満屋バスターミナル」『Approach Winter 1969』竹中工務店[+]
- 「〈書評〉建築家　渡辺節　1969 年刊」『ひろば』10 月号、近畿建築士会協議会[+]
- 「倉敷の町づくり」『建築画報』「浦辺建築事務所作品集」12 月号、建築画報社[+]

1970（昭和 45）年
- 「建築とは何か？」『ひろば』4 月号、近畿建築士会協議会[+]
- 「倉敷市民会館　―その背景と構想―」『倉敷市の手引き』昭和 45 年版、倉敷新聞社[+]

1972（昭和 47）年
- 「追憶（順不同）―浦辺鎮太郎」『岸田日出刀（上）別冊』相模書房[+]
- 「母なる高梁川と倉敷市民会館」高梁川流域連盟[+]
- 「自然と人間との関係」『新建築』7 月号、新建築社[+]
- 「地方のモデル都市＝元倉敷」『SD』7 月号、鹿島研究所出版会[+]
- 「鶴と亀の館」『建築画報』7 月号、建築画報社[+]
- 「〈ひろば通巻 100 号にあたって〉創刊当時の原則を顧みて」『ひろば』100 号、近畿建築士会協議会[+]

1973（昭和 48）年
- 「時すでに遅しの感」『近代建築』1 月号、近代建築社[+]

- 「吉備と倉敷をめぐる文化」『現代日本建築家全集 12　―浦辺鎮太郎　大江宏―』三一書房[+]
- 「〈しんけんちく・にゅうす〉地方建築家」『新建築』2 月号、新建築社[+]
- 「大阪の BLACK&WHITE」『建築と社会』3 月号、日本建築協会[+]
- 「仕上と材料のかかわり」『建築と社会』10 月号、日本建築協会[+]
- 「天領倉敷」『建築雑誌』12 月号、日本建築学会[+]

1974（昭和 49）年
- 「DOING NOTHING IS DOING ALL」『MAIS OUI OU MAIS NON ?』珈琲館[+]
- 「最近の建築工事への助言　設計者の立場から」『建築雑誌』6 月号、日本建築学会[+]
- 「村野藤吾語録」『新建築』6 月号、新建築社[+]
- 「鶴と亀の館」『建築画報』7 月号、建築画報社[+]
- 「流行不易」『新建築』7 月号、新建築社[+]
- 「黒と白と赤」『近代建築』8 月号、近代建築社[+]
- 「〈随筆〉建築の全体像を以て精細に！」『建築と積算』9 月号、日本建築積算協会[+]
- 「〈新建築社創業 50 周年記念特別号に寄せて〉大阪と『新建築』」『新建築』10 月号、新建築社[+]

1975（昭和 50）年
- 「太陽の神殿　―黒住宗忠は生きている―」『新建築』4 月号、新建築社[+]
- 「竹腰健造先生米寿を祝う会　米寿を祝う日」『建築と社会』4 月号、日本建築協会[+]
- 「太陽の神殿　―黒住教大教殿―」『建築文化』4 月号、彰国社[+]
- 「倉敷アイビー・スクエア」『建築雑誌』9 月号、日本建築学会[+]

1976（昭和 51）年
- 「試験所・機関誌への提言」GBRC: General Building Reseach Corporation[+]
- 「歴史的環境、記念建造物保全の理念と技法」『建築雑誌』5 月号、日本建築学会[+]
- 「風土と建築　―自然に帰れ！J. J. ルソウ―」『建築士』10 月号、日本建築士連合会[+]

1977（昭和 52）年
- 「若い時点と地点から」『建築雑誌』VOL. 92　NO. 1121　4 月号、日本建築学会[+]
- 「建築家の随想〈西宮文化考〉　西宮市のコア　―明治 110 年―」『グラフにしのみや　'77　NO. 22』西宮市役所広報課[+]

1978（昭和 53）年
- 「美と経済と徳と」『日本の民芸』268 号[+]
- 「〈特別寄稿〉大原總一郎と倉敷」『環境文化「歴史的町並みのすべて」』環境文化研究所[+]
- 「大佛次郎氏家のイメージ」『新建築』6 月号、新建築社[+]
- 「〈随想〉只の家に住んで」『新建築』8 月号、新建築社[+]
- 「ウィトルーウィウス建築書 VITRUVII DE ARCHITECTURA 森田慶一訳註」『建築雑誌』10 月号、日本建築学会[+]
- 「新旧の接点に立って」『続　現代建築の再構築』彰国社[+]

1979（昭和 54）年
- 「万博跡地での所感」日刊建設工業新聞新年号[+]
- 「〈私の提言〉80 年代の観光レクリエーションにのぞむ　―瀬戸内海に歴史コースを再開発しよう」『月刊　観光』NO. 150、日本観光協会[+]
- 「まちはよみがえるか　―都市再開発法施行から 10 年再開発をめぐって〔倉敷駅前再開発計画について〕」『建築画報』3 月号、NO. 131、建築画報社[+]
- 「町並み保存の実践　―倉敷の場合―」『環境文化』NO. 39、環境文化研究所[+]

- 「大所高所は常に脚下にあるか？！」『建築士』4 月号、日本建築士会 連合会[+]
- 「雅俗九十年　書評　竹腰健造著『雅俗九十年』（非売品）、リーチ」
- 「第 11 回毎日 DAS 学生デザイン賞　―審査にのぞんで―」『DAS』第 108 号、総合デザイナー協会[+]
- 「第 11 回毎日 DAS 学生デザイン賞　講評　―人間への愛情」『DAS』第 109 号、総合デザイナー協会[+]
- 「〈建築の眼〉イメージの再現」『建築と社会』7 月号、日本建築協会[+]
- 「〈建築の眼〉村野藤吾先生と“きれいさび”」『建築と社会』8 月号、日本建築協会[+]
- 「〈建築の眼〉東畑病は一病息災」『建築と社会』9 月号、日本建築協会[+]
- 「無垢の魂　大原總一郎社長　倉敷の町並みは残った」毎日新聞 9 月 14 日夕刊[+]
- 「〈建築の眼〉機能主義と装飾」『建築と社会』10 月号、日本建築協会[+]
- 「公取委問題私見」『新建築』11 月号、新建築社[+]
- 「甲斐路　洋酒の旅」毎日新聞 11 月 3 日[+]
- 「陶磁遍歴」『風声　京洛便り　8』岡澤[+]
- 「〈建築の眼〉公取委問題とデモ」『建築と社会』11 月号、日本建築協会[+]
- 「〈建築の眼〉不易流行の説」『建築と社会』12 月号、日本建築協会[+]
- 「象徴に値する市庁舎」朝日新聞夕刊[+]

1980（昭和 55）年
- 「'80 年は私にとって」『DAS』第 113 号、総合デザイナー協会[+]
- 「分析行い難く、総合成し難し」『ひろば　1 月号』近畿建築士会協議会[+]
- 「〈マイライフ西宮〈20〉〉岡田山」『マイライフ西宮（西宮市政ニュース）』2 月 10 日号、西宮市[+]
- 「〈私の視点〉視点は低く瀬戸内海へ！」『日経アーキテクチュア』3 月 3 日号、日経 BP 社[+]
- 「〈状況への直言〉　自然と人間、自然と建築の本質を見つめて」『新建築』4 月号、新建築社[+]
- 「三州足助屋敷」『新建築』9 月号、新建築社[+]
- 「古代伝承のロマンを統一の象徴と願う」『日経アーキテクチュア』9 月 29 日号、日経 BP 社[+]
- 「倉敷市庁舎の建築」『新建築』11 月号、新建築社[+]
- 「〈設計者のことば〉倉敷らしい市庁舎を」『広報くらしき』新庁舎特集号、倉敷市[+]

1981（昭和 56）年
- 「人間・内井昭蔵　新旧世代間のとりまとめ役」『別冊　新建築　日本現代建築家シリーズ 2　内井昭蔵』新建築社[+]
- 「ふるさと随想」『月刊　岡山　56』1 月号、おかやま同郷誌[+]
- 「アメニティーと住みよし」『室内』2 月号、工作社[+]
- 「元倉敷と大原構想」『かんきょう』3 月号、ぎょうせい[+]
- 「民家の復元と生業の復活　三州足助屋敷」『自然と文化　81』春季号、日本ナショナルトラスト[+]
- 「倉敷の街づくり(1)」『建築とまちづくり』第 10 巻 47 号、新建築家技術集団[+]
- 「倉敷の街づくり(2)」『建築とまちづくり』第 10 巻 48 号、新建築家技術集団[+]
- 「倉敷の街づくり(3)」『建築とまちづくり』第 10 巻 49 号、新建築家技術集団[+]
- 「倉敷の街づくり　最終回」『建築とまちづくり』第 10 巻 50 号、新建築家技術集団[+]
- 「横浜開港資料館・断片」『日経アーキテクチュア』8 月 17 日号、日経 BP 社[+]
- 「〈しんけんちく・にゅうす〉竹腰先生を追憶して」『新建築』9 月号、新建築社[+]
- 「横浜開港資料館」『新建築』9 月号、新建築社[+]

1982（昭和 57）年
- 「私にとって '82 年は」『DAS』第 125 号、総合デザイナー

協会+
- 「第 14 回 DAS 学生デザイン賞講評 —超常識の発想」『DAS』第 127 号、総合デザイナー協会
- 「子への手紙」『室内』9 月号、工作社+

1983（昭和 58）年
- 「建築 —私との出会い 39—」『建築文化』4 月号、彰国社+
- 「私の建築印象 —ヒルベルスムの小学校」『新建築』11 月号、新建築社+

1984（昭和 59）年
- 「〈特集・建築家の随想〉住宅に始まり住宅に終わる」『大阪建築設計監理協会ニュース 25 1984』早春号、大阪建築設計監理協会+
- 「Architect's Gallery —絵空事」『ina REPORT』no. 53、伊奈製陶
- 「木は青空に、根は土に —設計者の言葉—」『創立 80 周年記念事業 日本女子大学 成瀬記念館』学校法人 日本女子大学+
- 「神奈川方式」『新建築』12 月号、新建築社

1985（昭和 60）年
- 「ああ、村野藤吾先生」『新建築』1 月号、新建築社
- 「修練の一生・村野藤吾先生」『ひろば』1 月号、近畿建築士会協議会+
- 「屋根のロマン」『タイル情報』NO. 22、タイル情報センター+
- 「ヒューマニズムの建築家」『建築雑誌』2 月号、日本建築学会+
- 「適齢期」『新建築』12 月号、新建築社

1986（昭和 61）年
- 「日本建築学会大賞 風土と建築」『建築雑誌』第 1249 号、日本建築学会
- 「大阪圏のトータルデザイン」『都市美研究 DAS』NO. 7、DAS 都市美委員会+

1987（昭和 62）年
- 「大阪人の典型」『小河吉之助先生追悼誌』小河吉之助先生追悼誌編集委員会+
- 「巻頭言 次代への手紙」『INAX REPORT NO. 73』INAX REPORT 編集室+

1988（昭和 63）年
- 「建築 —私との出会い 39—」『建築 —私との出会い』（単行本）、彰国社+
- 「〈特別寄稿〉現代に通用する芭蕉：不易流行の説」『松本デザイン交流誌 M VOL. 3』松本デザイン交流会議事務局+
- 「建築とは何か?」『WELCOME 1988 京大工学部建築学科』新入生歓迎実行委員会+
- 「『建築と社会』の歩みと将来の展望」『建築と社会』11 月号、日本建築協会+

1989（平成元）年
- 「卒業設計の本質」『卒業設計作品集 VOL. 9』卒業設計作品編集会+
- 「芭蕉 不易流行の説（附）文学・数学と建築」『建築と社会』4 月号、日本建築協会+
- 「回想 —昭和と私と地方—」『建築士』7 月号、日本建築士会連合+
- 「屋根のロマン」『タイルエッセイ II』タイル情報センター+
- 「〈特集：近代建築の生きた保存〉近代建築の再生 —建築家としての実践について 倉敷アイビー・スクエアの場合—」『文化月報』12 月号、NO. 255、ぎょうせい+

1990（平成 2）年
- 「70 周年の所感」『京大建築会会報』VOL. 55、京大建築会+

- 「〈ミニ・レター〉倉敷の保存と開発」『室内』9 月号、No. 429、工作社+

2. アンケート／インタビュー

1958（昭和 33）年
- 「〈アンケート〉1958 年の建築」『新建築』12 月号、新建築社+

1960（昭和 35）年
- 「法規アンケート 法規と経済」『建築と社会』6 月号、日本建築協会+

1961（昭和 36）年
- 「〈てーぷ・いんたびゅう〉L.C. 大阪展」『新建築』3 月号、新建築社+

1962（昭和 37）年
- 「都市計画についてのイメージ —人物論を通じて」『建築と社会』1 月号、日本建築協会+
- 「〈アンケート〉1962 年の建築」『新建築』12 月号、新建築社+

1963（昭和 38）年
- 「〈アンケート〉建築士法・建築士行政・建築士・建築士会のあり方などについて」『大阪建築士会会報』No. 30、大阪府建築士会

1964（昭和 39）年
- 「設計者から プレハブ住宅アンケート回答」『建築と社会』2 月号、日本建築協会

1965（昭和 40）年
- 「〈わたしの健康法〉不養生も養生のひとつ」『ひろば』6 月号、近畿建築士会協議会

1966（昭和 41）年
- 「万国博アンケート」『近代建築』1 月号、近代建築社
- 「クラスメート」『建築と社会』6 月号、日本建築協会
- 「淡路開発・井植三洋（電機）社長大いに語る 大阪湾埋立ての青写真と住宅のあり方」『ひろば』12 月号、近畿建築士会協議会

1967（昭和 42）年
- 「両備バスターミナルとその一連作」『建築文化』10 月号、彰国社+

1969（昭和 44）年
- 「装飾や設備に配慮 —鍵はコルビンを採用」日刊建設通信新聞 4 月 19 日+

1973（昭和 48）年
- 連載対談（全 9 回）「この人と —都市と建築／浦辺建築事務代表取締役所長・浦辺鎮太郎氏」『毎日新聞』1973 年 1 月

1976（昭和 51）年
- 「〈アンケート〉私の受けた建築教育」『建築雑誌』4 月号、日本建築学会+

1977（昭和 52）年
- 「〈いんたびゅー〉倉敷の町造りは私の執念 古い町の市民意識大切に」『日経アーキテクチュア』7 月 11 日号、日経 BP 社+

1978（昭和 53）年
- 「新生 DAS の発展めざす —華やかに新年懇談会」

『DAS』第 101 号、総合デザイナー協会
- 「浦辺鎮太郎氏に聞く —その歩んだ道と作品」『建築とまちづくり』+

1980（昭和 55）年
- 「ご先輩の皆様 お元気でしょうか」『ひろば』9 月号付録、近畿建築士会協議会+

1983（昭和 58）年
- 「大徳寺孤篷庵・忘筌 —私の好きな数寄屋」『新建築』1 月号、新建築社+
- 「人・建築家 —浦辺鎮太郎氏 守護神の宿る男・浦辺鎮太郎」『ひろば』3 月号、近畿建築士会協議会+

1985（昭和 60）年
- 「東畑謙三 建築人生を語る」『日刊建設通信』1 月 30 日号、日刊建設通信新聞社+
- 「建築家の世界 浦辺鎮太郎」『ひろば』2 月号、近畿建築士会協議会+

1988（昭和 63）年
- 「大先輩に聞く —浦辺鎮太郎—」『建築と社会』1 月号、日本建築協会+

1990（平成 2）年
- 「アンケート 1989」『新建築』2 月号、新建築社+

3. 座談会／対談／講演／シンポジウム

1954（昭和 29）年
- 「〈座談〉建築材料としてのポリエステル樹脂」『樹脂加工』5 月号、高分子化学刊行会+

1955（昭和 30）年
- 「ソヴェト建築を語る —村野藤吾氏を囲んで—」『建築と社会』4 月号、日本建築協会+

1956（昭和 31）年
- 「構造とデザイン座談会」『建築と社会』4 月号、日本建築協会
- 「〈鼎談〉施主・設計者・施工者をめぐる諸問題」『建築と社会』10 月号、日本建築協会+
- 「創立 70 周年記念ゼミナール 現代建築の探究」『建築雑誌』11 月号、日本建築学会

1957（昭和 32）年
- 「〈座談会〉民芸品の真の定義 アンケートに答えて」『日本の工芸』10 月 1 日号+

1958（昭和 33）年
- 「〈座談会〉コマーシャリズムの建築をめぐって」『建築雑誌』4 月号、日本建築学会

1959（昭和 34）年
- 「〈座談会〉建築におけるローカリティについて」『建築と社会』12 月号、日本建築協会+

1960（昭和 35）年
- 「〈座談会〉関西建築の底流にあるもの 遺産多き関西の建築」『新建築』7 月号、新建築社

1961（昭和 36）年
- 「1961 年の建築を占う」『近代建築』1 月号、近代建築社

1962（昭和 37）年
- 「〈第 4 回現代建築シンポジューム〉設計機構 —組織と建築家たち—」『新建築』7 月号、新建築社

1963 (昭和 38) 年
・「造園と建築をめぐっての座談会」『建築と社会』3 月号、日本建築協会
・「シンポジウム・京都に国際会館を建てること」『国際建築』10 月号、美術出版社+

1964 (昭和 39) 年
・「〈鼎談〉村野藤吾の設計態度 空間に生命を…現代建築は創造する」『近代建築』1 月号、彰国社
・「〈座談会〉みんなの外部空間 ―建築・都市・広場・彫刻の空間―」『建築と社会』3 月号、日本建築協会

1965 (昭和 40) 年
・「〈新春座談会〉近畿圏のビジョン」『ひろば』1 月号、近畿建築士会協議会
・「〈座談会〉建築生産の工業化」『建築雑誌』2 月号、日本建築学会+

1966 (昭和 41) 年
・「〈座談会〉現代建築の天井材をどう考える」『近代建築』2 月号、近代建築社
・「〈座談会〉万国博の成功とは何か」『ひろば』3 月号、近畿建築士会協議会
・「〈座談会〉渡辺節先生を囲んで」『ひろば』5 月号、近畿建築士会協議会
・「〈シンポジウム〉現代ヨーロッパのリビングアート展」『近代建築』5 月号、近代建築社

1968 (昭和 43) 年
・「1000 号記念 座談会 2」『建築雑誌』8 月号、日本建築学会

1969 (昭和 44) 年
・「〈座談会〉時間と建築」『建築雑誌』11 月号、日本建築学会

1973 (昭和 48) 年
・「〈座談会〉建築の実像と虚像」『現代日本建築家全集 12 ―浦辺鎮太郎 大江宏―』三一書房+

1974 (昭和 49) 年
・「〈対談〉赤レンガと蔦の広場 ―鮮やかな工場の転身―」『建築画報』7 月号、建築画報社+

1976 (昭和 51) 年
・「〈対談〉郷土倉敷の保存と再生 ―経営者とプランナーの出会いについて―」『争点』5 月号+

1977 (昭和 52) 年
・「〈講演〉光と建築 ―明暗について―」『照明学会雑誌』3 月号、第 61 巻、第 3 号
・「〈創立 90 周年記念講演会〉近代建築の歩みを聞く」『建築雑誌』VOL. 92 NO. 1121、4 月号、日本建築学会+

1978 (昭和 53) 年
・「村野・浦辺建築対談 ―ヒューマニズムの建築―」『建築雑誌』3 月号、日本建築学会+
・「〈対談〉風土と建築 浦辺鎮太郎 神代雄一郎」『ina REPORT』NO. 17、伊奈製陶+

1979 (昭和 54) 年
・「〈座談会〉 瀬戸内風土記 ―瀬戸内文化圏―」『建築士』6 月号、日本建築士会連合会+

1980 (昭和 55) 年
・「よい都市によい理念が脈々と、流れつづけている 瀬戸内に花ひらくブルグの思想」『TOMORROW'S 大日本土木』第 1 号、大日本土木株式会社企画室広報課+

1982 (昭和 57) 年
・「倉敷のゲマインシャフト ―対談：浦辺鎮太郎＋恒成一訓 」『PROCESS Architecture 31 倉敷 浦辺建築事務所』プロセスアーキテクチュア+

1983 (昭和 58) 年
・「〈座談会〉大阪の心意気」『approach』'83 年冬号、竹中工務店+

1984 (昭和 59) 年
・「広場づくりをテーマに」『ラジオ対談集・瀬戸大橋時代を創る』山陽放送+

1985 (昭和 60) 年
・「対談 安井武雄と自由様式」『建築と社会』3 月号、日本建築協会+

1988 (昭和 63) 年
・「芭蕉 ―不易流行の説（上） 伝統文化のこころ」『ニューファニチャー』10 月号、NO. 275、ファニチャー出版社
・「芭蕉 ―不易流行の説（下） 伝統文化のこころ」『ニューファニチャー』11 月号、NO. 276、ファニチャー出版社

1989 (平成元) 年
・「1987 年倉敷シンポジウムから」『公共の色彩を考える』公共の色彩を考える会、青娥書房+

1990 (平成 2) 年
・「特別講演／倉敷における保存と開発」『実践教育』No. 1」、実践教育建築デザイン系研究会+

4. 記事掲載／特集号

1964 (昭和 39) 年
・『倉敷建築研究所経歴書』（私版本）倉敷建築研究所+

1968 (昭和 43) 年
・川添登「建築家 人と作品 （下）」井上書院+

1969 (昭和 44) 年
・「浦辺建築事務所作品集」『建築画報』12 月号、建築画報社+

1970 (昭和 45) 年
・「クラスメート」『建築と社会』8 月号、日本建築協会+

1973 (昭和 48) 年
・「現代日本建築家全集 12 ―浦辺鎮太郎 大江宏―」三一書房+

1974 (昭和 49) 年
・「倉紡が誕生した倉敷の聖地 創立記念日特集 いま現代に甦える」『同心』3 月号、倉敷時報社+
・「倉紡発生の地に倉敷アイビースクエア誕生」『同心』6 月号、倉敷時報社+
・「倉敷散策考」『都市住宅』12 月号、鹿島研究所出版社+

1977 (昭和 52) 年
・「「原点」としての卒業設計 トーキースタヂオ」『建築知識』7 月号、日本ハウジングセンター+

1978 (昭和 53) 年
・「〈竣工ハイライト〉大佛次郎記念館 生地横浜に誕生」『清水建設社報』2 月号、清水建設広報室+
・「大佛次郎記念館」神奈川新聞 4 月 30 日+
・「DAS 理事会―総会後初の理事会開く」『DAS』第

104 号、総合デザイナー協会+
・「村野前理事長・浦辺副理事長 両氏に栄冠 神奈川県第 23 回建築コンクールで」『DAS』第 106 号、総合デザイナー協会+

1979 (昭和 54) 年
・「六高記念館 建設へ」『DAS』第 108 号、総合デザイナー協会+
・「浦辺・田中理事長"出会い"を語る」『DAS』第 111 号、総合デザイナー協会+
・「倉敷アイビースクエア」『デザインテクニック ―つくっていく手懸かりを考える』建築知識+

1980 (昭和 55) 年
・「総合デザインセミナー "国際化時代に生きる"(講演)」『DAS』第 114 号、総合デザイナー協会+
・「ウエストミンスターの鐘の音が響く」『月刊 岡山』6 月号、おかやま同郷会+
・「第 12 回 毎日 DAS 学生デザイン賞講評 愛すべき提案」『DAS』第 116 号、総合デザイナー協会+

1981 (昭和 56) 年
・「産業デザイン都市への道」毎日新聞 6 月 11 日+
・「第 13 回 毎日 DAS 学生デザイン賞講評 建築は美学と工学との結婚」『DAS』第 122 号、総合デザイナー協会+

1982 (昭和 57) 年
・「PROCESS Architecture 31 倉敷 浦辺建築事務所」プロセスアーキテクチュア+
・「美しい街・倉敷を歩く」『DAS』第 129 号、総合デザイナー協会+

1983 (昭和 58) 年
・「第 15 回 毎日 DAS 学生デザイン賞 講評 ロマンティシズムに感動」『DAS』第 132 号、総合デザイナー協会+

1985 (昭和 60) 年
・「浦辺鎮太郎氏の叙勲を祝う会」『建築と社会』8 月号、日本建築協会+

1986 (昭和 61) 年
・「推薦理由 日本建築学会大賞 地域の風土に根ざした町づくりと優秀な建築の創作活動による建築界への貢献」『建築雑誌』第 1249 号、日本建築学会+
・小川正「〈墨書掲載〉陶瓷在長山居」『りんごのうた』現代人物書院+

1989 (平成元) 年
・「〈シリーズ証言〉浦辺鎮太郎 倉敷クラシックに韜晦する吉哲人 その塔に至る思想」『にっけいでざいん』2 月号、日経 BP 社+

1991 (平成 3) 年
・「浦辺鎮太郎先生を悼む」『建築と社会』8 月号、日本建築協会+

2003 (平成 15) 年
・『浦辺鎮太郎作品集』新建築社+

5. 参考文献

1958 (昭和 33) 年
・「旅館くらしき」『新住宅』5 月号、洪洋社+
・「倉敷レーヨン西宮第三アパート」『新建築』11 月号、新建築社+

1961 (昭和 36) 年
・「〈今月の建築〉建築のアクセサリー」『芸術新潮』5 月号、

- 彰国社[+]
- 「新しい大原美術館」『芸術新潮』6月号、新潮社[+]
- 松村慶三「大原美術館分館案内記」『新建築』6月号、新建築社
- 「航空ビル」『建築文化』9月号、彰国社[+]

1963（昭和38）年
- 「石井記念愛染園愛染橋保育所　子供の城」『新建築』2月号、新建築社

1964（昭和39）年
- 二川幸夫「倉敷国際ホテルを撮影して」『近代建築』2月号、近代建築社
- 松村慶三「ホテルの計画と設計」『新建築』2月号、新建築社
- 西沢文隆「倉敷国際ホテルに泊ってみて」『新建築』2月号、新建築社
- 松村慶三「倉敷レイヨン国府台アパート」『新建築』3月号、新建築社
- 浜正喜（藤木工務店）「倉敷国際ホテル　施工者のことば」『建築と社会』4月号、日本建築協会[+]

1965（昭和40）年
- 辻野純徳「愛染橋病院の設計から」『新建築』3月号、新建築社[+]
- 「愛染橋病院」『近代建築』7月号、近代建築社[+]
- 辻野純徳「倉敷ユース・ホステル」『新建築』12月号、新建築社[+]

1966（昭和41）年
- 二川幸夫「浜幸の建築」『近代建築』3月号、近代建築社
- 松村慶三「東京造形大学」『新建築』6月号、新建築社
- 加藤義宏「東京造形大学の技術的考察」『建築文化』6月号、彰国社
- 「東京造形大学」『近代建築』6月号、近代建築社[+]
- 辻野純徳「石井十次記念施設の設計メモ」『近代建築』7月号、近代建築社
- 「P・Cの新しい可能性・ショックベトン」『新建築』10月号、新建築社

1967（昭和42）年
- 「立体音楽堂　EXPO'70への提案」『近代建築』7月号、近代建築社
- 辻野純徳「奈良ユースホステル」『新建築』9月号、新建築社
- 横山貞子「若人の夢を育てる奈良ユースホステル」『新建築』9月号、新建築社
- 松村慶三「両備バスのデザインポリシィ／ショッピングをもつ西大寺と玉島のターミナル」『新建築』10月号、新建築社
- 辻野純徳「青年建築家としてのことば」『建築と社会』11月号、日本建築協会

1968（昭和43）年
- 武藤倫男「プレハブ住宅の居住性　─或る試作品について─」『新住宅』8月号、洪洋社[+]
- 「東京女子大学　研究本館　1・2号館」『新建築』9月号、新建築社[+]
- 松村慶三「東京女子大学　研究本館　1・2号館」『建築文化』9月号、彰国社
- 「倉敷レイヨン中央研究所」『新建築』9月号、新建築社
- 辻野純徳「倉敷レイヨン中央研究所」『建築文化』9月号、彰国社
- 辻野純徳「クラレスポーツセンター」『建築文化』12月号、彰国社

1969（昭和44）年
- 辻野純徳「浜寺幼稚園」『新建築』6月号、新建築社
- 松村慶三「ガーデンオカヤマ」『新建築』8月号、新建築社

- 浅野雅彦「西鉄グランドホテル　豊かな内部空間」『新建築』8月号、新建築社
- 松村慶三「西鉄グランドホテル」『近代建築』8月号、近代建築社
- 葉祥栄「西鉄グランドホテル特集　インテリア」『建築画報』8月号、建築画報社[+]
- 多田美波「西鉄グランドホテル特集　照明の造形」『建築画報』8月号、建築画報社[+]

1970（昭和45）年
- 辻野純徳「千里阪急ホテル」『新建築』6月号、新建築社[+]
- 加藤義宏「星和京橋ビル　コンピューター専用ビル設計の着眼点」『新建築』12月号、新建築社

1972（昭和47）年
- 「紀伊風土記の丘と資料館建設」『新建築』3月号、新建築社
- 松村慶三「倉敷市民会館　オーマンディが開いた一ページ」『新建築』7月号、新建築社
- 松村慶三「市民会館　倉敷風」『SD』7月号、鹿島研究出版会
- 「倉敷市民会館」『建築文化』7月号、彰国社[+]
- 吉田義男「倉敷市民会館の建設とその意義」『建築画報』7月号、建築画報社[+]

1973（昭和48）年
- 辻野純徳「市立玉野市民病院」『新建築』12月号、新建築社
- 辻野純徳、北村睦夫、川崎福則「緑道と集合住宅をもつ近隣センター　泉北ニュータウン泉ヶ丘地区　槙塚台近隣センターおよび高層賃貸住宅」『建築文化』12月号、彰国社[+]

1974（昭和49）年
- 浜口隆一「関西の重鎮・浦辺鎮太郎」『建築画報』7月号、建築画報社[+]
- 桑沢洋子「浦辺先生と東京造形大学」『建築画報』7月号、建築画報社[+]
- 大林芳郎「工場建築・浦辺さんの業績に触れつつ」『建築画報』7月号、建築画報社[+]
- 森本正一「WASTE NOT.WANT NOT」『新建築』7月号、新建築社[+]
- 伊藤ていじ「浦辺鎮太郎と倉敷」『建築文化』7月号、彰国社[+]
- 辻野純徳「倉敷とアイビースクエア」『建築文化』7月号、彰国社[+]
- 辻野純徳「倉敷中央病院について」『建築文化』7月号、彰国社[+]
- 森本正一「倉敷駅前再開発基本構想」『建築文化』7月号、彰国社[+]
- 山下三郎「倉敷アイビースクエアの誕生」『建築と社会』7月号、日本建築協会[+]
- 森本正一「担当者のメモ」『建築と社会』7月号、日本建築協会[+]
- 森本正一「倉敷アイビースクエア設計メモ」『新住宅』8月号、洪洋社[+]
- 上林博雄「『倉敷アイビースクエア』との対話、そして」『新住宅』8月号、洪洋社[+]
- 森本正一「アイビー・スクエアへの変身」『都市住宅』8月号、鹿島研究所出版会
- 辻野純徳「倉敷　その歴史と現在」『都市住宅』8月号、鹿島研究所出版会
- 村松貞次郎「倉敷の町に想う　─かくし（隠し）味のきいた町─」『近代建築』8月号、近代建築社[+]

1975（昭和50）年
- 「太陽の神殿〔黒住教大教殿〕」『建築と社会』4月号、日本建築協会[+]
- 辻野純徳「倉敷中央病院第一期工事について」『近代建築』11月号、近代建築社[+]

- 辻野純徳「赤い屋根の再現　─倉敷中央病院改築計画─」『新建築』11月号、新建築社[+]

1976（昭和51）年
- 「川崎製鉄水島研修所・鐘紡ガン研究所」『建築と社会』1月号、日本建築協会[+]
- 「倉敷中央病院第1期」『建築と社会』3月号、日本建築協会[+]
- 「〈デザイン・ズームアップ〉千里阪急ホテル増築工事（第Ⅱ期）」『ina REPORT』NO.6、伊奈製陶
- 辻野純徳・西井美恭「倉敷中央病院」『建築画報』11月号、建築画報社[+]

1977（昭和52）年
- 石原道子・辻野純徳「倉敷中央病院の中央滅菌材料センター　その計画と運営について」『病院』第36巻、第1号、別刷、医学書院
- 「〈有名建築その後〉倉敷国際ホテル　理念の出合いにはぐくまれ20年後の"完成"まで歩み半ば」『日経アーキテクチュア』4月4日号、日経BP社[+]

1978（昭和53）年
- 森本正一「大佛次郎記念館　杉作少年の記」『建築文化』6月号、彰国社[+]
- 森本正一「大佛次郎記念館」『近代建築』6月号、近代建築社[+]
- 「大佛次郎記念館」『日経アーキテクチュア』6月12日号、日経BP社[+]
- 長谷川堯「倉敷国際ホテル　1963」『新建築』11月臨時増刊号、新建築社[+]
- 山口廣「倉敷アイビースクエア　1974」『新建築、11月臨時増刊号、新建築社[+]

1980（昭和55）年
- 「倉敷市新庁舎の建設　─外壁のゴム型枠工事など」『施工』8月号、彰国社[+]
- 「三州足助屋敷」『新建築』9月号、新建築社[+]

1981（昭和56）年
- 「〈特集○地域集積への実践〉地域集積実践の"原点"倉敷　大原精神と浦辺氏の夢結実」
- 文化としての都市創造へ新たな時代の幕開け」『日経アーキテクチュア』4月13日号、日経BP社[+]
- 森本正一「横浜開港資料館　担当メモ」『日経アーキテクチュア』8月17日号、日経BP社[+]
- 森本正一「横浜開港資料館」『新建築』9月号、新建築社[+]

1982（昭和57）年
- 辻野純徳「倉敷中央病院」『病院建築』1月号[+]
- 辻野純徳「倉敷中央病院のナースステーション」『病院建築』1月号[+]
- 辻野純徳「倉敷中央病院」『建築と社会』3月号、日本建築協会[+]
- 辻野純徳「倉敷中央病院について」『新建築』5月号、新建築社[+]
- 長澤泰「病院建築の原点」『新建築』5月号、新建築社[+]
- 辻野純徳「武蔵野赤十字病院」『新建築』5月号、新建築社[+]
- 伊藤ていじ「倉敷　先覚者と近代工業に支えられた伝統」『PROCESS Architecture 31　倉敷　浦辺建築事務所』プロセスアーキテクチュア
- 「倉敷中央病院」『日経アーキテクチュア』12月6日号、日経BP社[+]

1983（昭和58）年
- 「因島市医師会病院」『病院建築』1月号[+]
- 松村慶三「滋賀県琵琶湖研究所」『新建築』4月号、新建築社[+]

1984（昭和 59）年
・「横浜開港資料館　ヨコハマ・メモリー」『建築画報』2月号、建築画報社[+]
・松村慶三「中国短期大学本部棟・音楽棟・合奏棟　キャンパスは蘇ったか」『新建築』4月号、新建築社[+]
・森本正一「県立神奈川近代文学館　設計メモ」『新建築』12月号、新建築社[+]

1985（昭和 60）年
・松村慶三「千里阪急ホテル（2、3期）」『新建築』3月号、新建築社[+]
・松村慶三「足助からの提案」『新建築』11月号、新建築社[+]
・陣内秀信「地域づくりのフロンティア　―足助の町の仕掛け人たち―」『新建築』11月号、新建築社[+]

1988（昭和 63）年
・畠山繁子「倉敷川流れるままに　旅館くらしき」私版本[+]
・松村慶三「町づくり　25年目の中間報告」『新建築』2月号、新建築社[+]
・西和夫「古都倉敷の都市設計を織りなす大切な「横糸」―建築家・浦辺鎮太郎とそのスタッフ―」『新建築』2月号、新建築社[+]

1996（平成 8）年
・松隈 洋「遺産としての戦後近代建築／倉敷国際ホテル　―《クラフトとインダストリーの間》に」『建築とまちづくり』1996年10月号、松隈 洋『近代建築を記憶する』建築資料研究社、2005年

2000（平成 12）年
・西条栄光教会記念誌編集委員会編『あゆみ栄光五十年』日本基督教団西条栄光教会

2003（平成 15）年
・伊藤ていじ「作ですから」『浦辺鎮太郎作品集』新建築社[+]
・松村慶三「浦辺哲学の薫陶」『浦辺鎮太郎作品集』新建築社[+]
・辻野純徳「浦辺鎮太郎と倉敷」『浦辺鎮太郎作品集』新建築社[+]
・長谷川 堯「浦辺鎮太郎と建築」『浦辺鎮太郎作品集』新建築社[+]
・浦辺太郎・浦辺真郎・浦辺徹郎「あとがきにかえて」『浦辺鎮太郎作品集』新建築社[+]

2005（平成 17）年
・笠原一人「関西のモダニズム建築・補遺／大阪の浦辺鎮太郎　―日本工芸館と愛染園の一連の施設を通じて―」『まちなみ』2005年9月号、大阪府建築士事務所協会
・西村陽子「倉敷における浦辺鎮太郎の建築　―1950～60年代を中心として―」2004年度京都工芸繊維大学大学院修士論文

2007（平成 19）年
・笠原一人「モダン建築への招待・空間の美学／日本工芸館」産経新聞1月10日夕刊

2010（平成 22）年
・松隈 洋「記憶の建築／倉敷アイビースクエア―過去と未来をつなぐ」『建築人』2010年12月号、松隈 洋『モダニズム建築紀行　―日本の1960～80年代の建築』六耀社、2016年

2011（平成 23）年
・松隈 洋「モダニズム建築のメッセージ 31／倉敷国際ホテル　―永続性と連続性をもつ建築へ」『建築ジャーナル』2011年7月号、松隈 洋『残すべき建築　―モダニズム建築は何を求めたのか』誠文堂新光社、2013年
・松隈 洋「記憶の建築／西条栄光教会　―浦辺鎮太郎の出発点」『建築人』2011年12月号、松隈 洋『モダニズム建築紀行　―日本の戦前期・戦後1940～50年代の建築』六耀社、2016年

2012（平成 24）年
・草間奏介「浦辺鎮太郎による倉敷のゲマインシャフトの保存・構築・調和　―四つの角櫓構想を通して―」2011年度東京理科大学大学院修士論文

2013（平成 25）年
・小坂 藍「浦辺鎮太郎のKM（クラシキ・モデュール）について　―日本工芸館、大原美術館分館、倉敷国際ホテルを中心に―」2012年度京都工芸繊維大学大学院修士論文

2014（平成 26）年
・笠原一人「再読関西近代建築／千里阪急ホテル」『建築と社会』11月号
・笠原一人「日本工芸館・愛染園の一連の施設　―大阪の浦辺鎮太郎―」石田潤一郎監修『関西のモダニズム建築』淡交社

2017年（平成 29）年
・上塘耀己「病院建築の成長と変化に応じた計画手法と設計者の取り組みに関する研究」首都大学東京大学院都市環境科学研究科修士論文

2019年（平成 31）年
・松隈 洋「松隈洋の近代建築課外授業 26／倉敷国際ホテル　―クラフトとインダストリーをつなぐ」『住む。』2019年春号　NO.69、農山漁村文化協会
・松隈 洋「記憶の建築／日本工芸館　―浦辺鎮太郎の出発点」『建築人』2019年8月号、大阪府建築士会
・山田尚史「倉敷の街並み保存における建築家・浦辺鎮太郎の役割について」2018年度京都工芸繊維大学大学院修士論文

作品リスト

編・渡邊桜帆、八坂真希子、中川奈穂子
このリストは『浦辺鎮太郎作品集』（新建築社、2003 年）所収の「浦辺鎮太郎作品一覧」を増補改訂したものである。
新たに加えたものには、+印を付した。
本展で取り上げた作品は、［ ］内に出品番号と掲載頁を記した。
発表誌は、以下の略号で示した。
文＝『建築文化』、新＝『新建築』、近＝『近代建築』、画＝『建築画報』、社＝『建築と社会』、P ＝『PROCESS（31 号）』、現＝『現代日本建築家全集 12』、年＝『建築年鑑』

［凡例］
作品名
竣工年月
発注者
所在地
構造　階数、件数　延床面積　施工者
作品掲載誌
受賞歴

・倉敷民芸館《協力》+
1948 年 11 月
岡山県倉敷市

・倉敷考古館《協力》+
1950 年 11 月
岡山県倉敷市

・倉敷レイヨン富山工場第 I 期
1950 年 11 月
倉敷レイヨン（株）
富山県富山市
木造　1 階

・日本基督教団西条栄光教会（礼拝堂・牧師館・西条栄光幼稚園）［01 / pp.44-45］
1951 年 10 月
日本基督教団
愛媛県西条市
木造　礼拝堂：2 階、牧師館：2 階、幼稚園：1 階
幼稚園：351 m²　藤木工務店

・夙川の住宅+
1952 年
兵庫県西宮市
RC 造　1 階
藤木工務店
『新住宅』1952 年 1 月号、『新住宅』1952 年 4 月

・新前神橋+
1954 年
岡山県倉敷市

・倉敷レイヨン岡山アパート+
1954 年 9 月
倉敷レイヨン（株）
岡山県岡山市
RC 造　3 階　842 m²　藤木工務店
社 1954 年 12 月号

・守屋博士の医院+
1954 年
守屋 正
京都府京都市
木造　2 階　209 m²　藤木工務店
『新住宅』1955 年 6 月号

・倉敷考古館増築［02 / pp.48-49］
1957 年 9 月
倉敷考古館
岡山県倉敷市
RC 造　2 階　藤木工務店
P 1982 年 7 月号

・旅館くらしき改修［03 / pp.52-53］
1957 年 12 月
旅館くらしき
岡山県倉敷市
木造　2 階　藤木工務店
『新住宅』1958 年 5 月号

・倉敷レイヨン倉敷工場社宅共同浴室+
1957 年
倉敷レイヨン（株）
岡山県倉敷市

・倉敷レイヨン西宮第 3 アパート
1958 年 6 月
倉敷レイヨン（株）
兵庫県西宮市
RC 造　5 階　2,005 m²　竹中工務店
新 1958 年 11 月号、画 1969 年 12 月号

・喫茶店〈エルグレコ〉改造+
1959 年
岡山県倉敷市

・倉敷西小学校+
1959 年
倉敷市
岡山県倉敷市
RC 造

・倉敷レイヨン健康保健組合蒼海寮
1959 年 7 月
倉敷レイヨン（株）健康保健組合
愛媛県今治市
木造　2 階　257 m²　大林組
新 1960 年 5 月号、年 1961 年版、現 1973 年 2 月

・大阪菱和自動車社屋及びサービス工場+
1959 年 8 月
大阪菱和自動車（株）
大阪府
RC 造、S 造　2 階、1 階　1,750 m²　大林組
文 1960 年 11 月号

・倉敷レイヨン岡山工場共同浴場+
1960 年 3 月
倉敷レイヨン（株）
岡山県岡山市
RC 造、シャーレ構造　1 階　318 m²　藤木工務店
年 1961 年版

・日本工芸館［07 / p.68］
1960 年 9 月
三宅忠一
大阪府大阪市
RC 造　3 階　300 m²　森上工務店
新 1960 年 12 月号、『芸術新潮』1961 年 5 月号、『週間朝日』1961 年 11 月 13 日号、『This is Japan』1962 年 9 月号、画 1969 年 12 月号

・倉敷レイヨン岡山第 2 工場［05 / pp.60-61］
1960 年 11 月
倉敷レイヨン（株）

岡山県岡山市
S 造　2 階　12,277 m²　大林組
文 1962 年 4 月号、画 1969 年 12 月号

・京都航空ビル［10 / p.79］
1961 年 5 月
武内亀之助
京都府京都市
RC 造　地上 4 階地下 1 階　1,142 m²　藤木工務店
近 1961 年 8 月号、文 1961 年 9 月号、画 1969 年 12 月号

・大原美術館分館［11 / pp.80-85］
1961 年 5 月
大原總一郎
岡山県倉敷市
RC 造　1 階　768 m²　藤木工務店
新 1961 年 6 月号、『芸術新潮』1961 年 6 月号、文 1961 年 6 月号、『This is Japan』1962 年 9 月号、『This is Japan』1966 年、『建築とまちづくり（第 10 巻 48 号）』1981 年 6 月、新 1988 年 2 月号、画 1969 年 12 月号、P 1982 年 7 月号、現 1973 年 2 月
平成 6 年度 BELCA 賞ロングライフビルディング部門（1995 年）、DOCOMOMO100 選（2003 年）

・倉敷レイヨン名古屋独身寮+
1961 年 7 月
倉敷レイヨン（株）
愛知県名古屋市
木造　1 階　大林組

・倉敷レイヨン岡山アパート（RC-60 型）+
1961 年 9 月
倉敷レイヨン（株）
岡山県岡山市
S 造　5 階　2,006 m²　藤木工務店
社 1954 年 12 月号

・倉敷レイヨン富山アパート（RC-60 型）+
1961 年 10 月
倉敷レイヨン（株）
富山県富山市
RC 造　4 階

・石井記念愛染園女子単身者住宅［08 / p.74-76］
1961 年 9 月
（社福）石井記念愛染園
大阪府大阪市
RC 造　5 階　999 m²　藤木工務店
新 1961 年 11 月号、年 1963 年、社 1962 年 12 月号、社 1967 年 11 月号

・石井記念愛染園愛染橋保育所［08 / p.74-76］
1962 年 8 月
（社福）石井記念愛染園
大阪府大阪市
RC 造　2 階　511 m²　藤木工務店
社 1962 年 12 月号、新 1963 年 2 月号、年 1963 年、近 1963 年 2 月号、建築士会報・保育所建築実例集、近 1966 年 7 月号、社 1967 年 11 月号
大阪府建築コンクール知事賞（1963 年）

- 倉敷レイヨン中条工場
  1962 年 11 月
  倉敷レイヨン（株）
  新潟県北蒲原郡
  RC 造、SRC 造、CB 造　43,900 m²　大林組
  社 1962 年 9 月号、画 1969 年 12 月号

- スエヒロアミダ池倉庫
  1962 年 12 月
  （株）スエヒロ
  大阪府大阪市
  RC 造　3 階　505 m²　森上工務店
  『建築士会報』

- 浜寺幼稚園
  1963 年 3 月
  （学）浜寺幼稚園
  大阪府高石市
  S 造　1 階　234 m²　藤木工務店
  新 1963 年 9 月号

- 日本道路公団名神高速道路大阪・豊中インターチェンジ管理事務所他
  1963 年 6 月
  日本道路公団
  大阪府豊中市
  S 造、CB 造　1 階　339 m²　清水建設
  近 1963 年 9 月号

- 日本道路公団名神高速道路尼崎インターチェンジ管理事務所
  1963 年 6 月
  日本道路公団
  兵庫県尼崎市
  S 造、CB 造　1 階　393 m²　間組
  近 1963 年 9 月号

- 倉敷レイヨン高槻アパート（RC-60 型）・独身寮[+]
  [06 / pp.64–65]
  1963 年 6 月
  倉敷レイヨン（株）
  大阪府高槻市
  RC 造　6 階　1,813 m²　藤木工務店
  画 1969 年 12 月号

- 倉敷レイヨン国府台アパート（RC-60 型）、管理事務所
  1963 年 8 月
  倉敷レイヨン（株）
  千葉県市川市
  RC 造　5 階　2,011 m²　大林組
  新 1964 年 3 月号、年 S39 年度

- 日本道路公団名神高速道路西宮インターチェンジ管理事務所
  1963 年 11 月
  日本道路公団
  兵庫県西宮市
  S 造、CB 造　1 階　393 m²

- 瀧澤鐵工所岡山工場
  1963 年 11 月
  （株）瀧澤鐵工所
  岡山県都窪郡
  S 造　1 階　6,345 m²　鹿島建設
  画 1969 年 12 月号

- 倉敷国際ホテル[12 / pp.90–95]
  1963 年 11 月
  （株）倉敷国際ホテル
  岡山県倉敷市

RC 造　地上 4 階地下 1 階　5,574 m²　藤木工務店
新 1964 年 2 月号、近 1964 年 2 月号、年 S39 年度、社 1964 年 4 月号、『ひろば』1965 年 3 月増大号、『建築雑誌』1965 年 8 月号、『This is Japan』1966 年、社 1967 年 11 月号、『日経アーキテクチュア』1977 年 4 月 4 日号、『望ましい観光地づくりの方向』1977 年 11 月号、新 1978 年 11 月臨時増刊号、新 1988 年 2 月号、『昭和の文化遺産（第 10 巻「建築」）』1990 年 11 月、画 1969 年 12 月号、P 1982 年 7 月号、現 1973 年 2 月
昭和 39 年度建築学会賞作品賞（1965 年）、昭和 39 年建築年鑑賞（1964 年）、DOCOMOMO 172 選（2013 年）

- 日本道路公団大山道路管理事務所・料金所
  1963 年 12 月
  日本道路公団
  鳥取県西伯郡
  木造、S 造　1 階　86 m²　多田建設

- プレファブ住宅・PH-1[04 / pp.56–57]
  1963 年
  大阪府高槻市
  S 造　2 階　64 m²
  『新住宅』1968 年 8 月号

- ジェコー玉川工場
  1964 年 2 月
  ジェコー（株）
  神奈川県川崎市
  RC 造、S 造　5 階　3,439 m²　藤木工務店

- 武内邸
  1964 年 4 月
  武内潔
  兵庫県西宮市
  RC 造、木造　2 階　254 m²　藤木工務店
  『新住宅』1964 年 10 月号、画 1969 年 12 月号

- 倉敷レイヨン高槻アパート（RC-60 型）・独身寮
  [06 / pp.64–65]
  1964 年 6 月
  倉敷レイヨン（株）
  大阪府高槻市
  RC 造　5 階　4,024 m²　藤木工務店

- クラレスポーツセンター野田ボウリング
  1964 年 11 月
  クラレ不動産（株）
  大阪府大阪市
  R 造　2 階　3,357 m²　大林組
  近 1968 年 8 月号、画 1969 年 12 月号

- 石井記念愛染園愛染橋病院[+][09 / p.77]
  1965 年 1 月
  （社福）石井記念愛染園
  大阪府大阪市
  RC 造　地上 6 階地下 2 階　5,383 m²　藤木工務店
  新 1965 年 3 月号、近 1965 年 7 月号、『SD』1966 年 7 月号、『ひろば』1965 年 3 月増大号、画 1969 年 12 月号

- ジェコー相模寮
  1965 年 2 月
  ジェコー（株）
  神奈川県相模原市
  RC 造　5 階　1,288 m²　藤木工務店

- 両備バス門真営業所
  1965 年 7 月
  両備バス（株）
  大阪府門真市

RC 造、木造　2 階　398 m²　藤木工務店
新 1967 年 10 月号、近 1967 年 10 月号

- 安田火災海上保険武庫荘家族寮
  1965 年 7 月
  安田火災海上保険（株）
  兵庫県尼崎市
  RC 造　5 階　2,293 m²　西松建設
  画 1969 年 12 月号

- 倉敷ユースホステル[13 / pp.100–101]
  1965 年 10 月
  （財）日本ユースホステル協会
  岡山県倉敷市
  RC 造　2 階　646 m²　藤木工務店
  新 1965 年 12 月号、画 1974 年 7 月号、画 1969 年 12 月号、P 1982 年 7 月号

- 浜幸ビル[14 / p.102]
  1966 年 1 月
  浜田麟一
  高知県高知市
  RC 造　地上 5 階地下 1 階　549 m²　藤木工務店
  新 1966 年 3 月号、近 1966 年 3 月号、画 1969 年 12 月号

- 東京造形大学第 I 期[16 / pp.112–113]
  1966 年 3 月
  （学）桑沢学園
  東京都八王子市
  RC 造　地上 4 階地下 1 階　5,188 m²　大林組
  新 1966 年 6 月号、文 1966 年 6 月号、近 1966 年 6 月号、『SD』1966 年 6 月号、画 1969 年 12 月号、現 1973 年 2 月

- 大阪府服部緑地レストハウス
  1966 年 4 月
  大阪府服部緑地監理事務所
  大阪府豊中市
  RC 造　2 階　848 m²　藤木工務店

- 名神高速道路吹田レストハウス京阪レストラン
  1966 年 4 月
  （財）道路施設協会及び京阪レストラン
  大阪府吹田市
  RC 造　2 階　708 m²　安藤建設
  新 1966 年 7 月号

- 帝塚山学院聖山〈山の家〉
  1966 年 5 月
  （学）帝塚山学院
  長野県東筑摩郡
  RC 造　地上 2 階地下 1 階　782 m²　麻績森林建設

- クラレスポーツセンター野田プール
  1966 年 5 月
  クラレ不動産（株）
  大阪府大阪市
  S 造　2 階　7,502 m²　大林組

- 朝日放送社屋[+]
  1966 年 5 月
  朝日放送（株）
  大阪府大阪市
  S 造、RC 造　地上 9 階地下 2 階　29,655 m²　大成建設
  新 1966 年 9 月号、画 1969 年 12 月号

- 両備バス児島営業所独身寮
  1966 年 7 月
  両備バス（株）
  岡山県倉敷市

RC 造　4 階　810 m²　竹中工務店
新 1967 年 10 月号、文 1967 年 10 月号

- **安田火災海上保険阿倍野営業所**
1966 年 10 月
安田火災海上保険 (株)
大阪府大阪市
RC 造　4 階　561 m²　鴻池組

- **出光興産調布南給油所**
1966 年 10 月
出光興産 (株)
東京都調布市
S 造　1 階　128 m²　柴山建設

- **出光興産小平南給油所**
1966 年 10 月
(株) 大進商会
東京都小平市
S 造　1 階　117 m²　不二建設

- **出光興産阪急梅田給油所**
1966 年 11 月
北野土地 (株)
大阪府大阪市
S 造　1 階　84 m²　竹中工務店

- **府内信用金庫本店**
1966 年 11 月
府内信用金庫
大分県大分市
RC 造　4 階　1,046 m²　鹿島建設
画 1969 年 12 月号

- **スエヒロ高松店**
1966 年 12 月
岩佐辰蔵商店
香川県高松市
RC 造　2 階　158 m²　藤木工務店

- **両備バス西大寺ターミナル** [15 / pp.103–104]
1966 年 12 月
両備バス (株)
岡山県西大寺市
RC 造　4 階　1,565 m²　藤木工務店
新 1967 年 10 月号、文 1967 年 10 月号、画 1969 年 12 月号

- **両備バス玉島ターミナル**
1967 年 4 月
両備バス (株)
岡山県倉敷市
RC 造、S 造　2 階　1,285 m²　大本組
新 1967 年 10 月号、文 1967 年 10 月号

- **高橋ビル**
1967 年 4 月
高橋休四郎
東京都文京区
RC 造　地上 5 階地下 1 階　919 m²　藤木工務店

- **奈良ユースホステル**
1967 年 4 月
(財) 日本ユースホステル協会
奈良県奈良市
RC 造　地上 2 階地下 1 階　838 m²　村本建設
新 1967 年 9 月号、画 1969 年 12 月号

- **ジェコー行田工場**
1967 年 5 月

ジェコー (株)
埼玉県行田市
RC 造　2 階　1,279 m²　藤木工務店

- **野口邸**
1967 年 5 月
野口清隆
兵庫県芦屋市
RC 造　2 階　247 m²　藤木工務店

- **西条市立郷土博物館東予民芸館 (現・愛媛民芸館)**
[17 / pp.114–115]
1967 年 6 月
(財) 東予民芸館
愛媛県西条市
RC 造、木造　2 階　612 m²　藤木工務店

- **山陽放送蒜山〈山の家〉**
1967 年 6 月
山陽放送 (株)
岡山県真庭郡
RC 造、木造　2 階　408 m²　大本組

- **出光興産初芝社宅**
1967 年 7 月
出光興産 (株)
大阪府堺市
RC 造　5 階　1,930 m²　大日本土木

- **六甲阪急ビル**
1967 年 7 月
京阪神急行電鉄 (株)
兵庫県神戸市
S 造、RC 造　地上 2 階地下 1 階　3,916 m²　竹中工務店
画 1969 年 12 月号

- **岡田鋼機本社屋**
1967 年 8 月
岡田鋼機 (株)
静岡県静岡市
RC 造　5 階　1,255 m²　木内建設
画 1969 年 12 月号

- **東京女子大学研究本館 2 号館** [18 / p.116]
1967 年 8 月
(学) 東京女子大学
東京都杉並区
RC 造　3 階　2,116 m²　清水建設
新 1968 年 9 月号、文 1968 年 9 月号、『芸術新潮』1968 年 9 月号、画 1969 年 12 月号、現 1973 年 2 月

- **安田火災海上保険徳島営業所**
1967 年 11 月
安田火災海上保険 (株)
徳島県徳島市
RC 造　4 階　664 m²　西松建設

- **東名高速道路等々力宿舎**
1967 年 12 月
日本道路公団
東京都
RC 造　3 階　495 m²　大日本土木

- **堀田邸**
1968 年 4 月
堀田正之
兵庫県神戸市
RC 造　地上 2 階地下 1 階　248 m²　清水建設

- **日本道路公団大阪・天理道路事務所・営業所**
1968 年 4 月
日本道路公団
奈良県天理市
S 造、RC 造　3 階　2,225 m²　青木建設、日本国土開発、淺沼組

- **日本道路公団小田原・厚木道路料金所**
1968 年 5 月
日本道路公団
神奈川県小田原市、平塚市
S 造、RC 造　1 階　753 m²　大末組、田中建業

- **倉敷レイヨン中央研究所 (現・クラレくらしき研究センター)** [19 / pp.117–118]
1968 年 6 月
倉敷レイヨン (株)
岡山県倉敷市
RC 造、SRC 造　3 階　9,114 m²　大林組
新 1968 年 9 月号、文 1968 年 9 月号、画 1974 年 7 月号、画 1969 年 12 月号、P 1982 年 7 月号、現 1973 年 2 月

- **安田火災海上保険自由が丘家族寮**
1968 年 6 月
安田火災海上保険 (株)
愛知県名古屋市
RC 造　3 階　1,388 m²　大成建設
画 1969 年 12 月号

- **両備バス塩釜ロッジ**
1968 年 6 月
両備バス (株)
岡山県真庭郡
RC 造、木造　2 階　368 m²　中山工務店

- **サッポロビール門司工場従業員アパート**
1968 年 7 月
サッポロビール (株)
福岡県北九州市
RC 造　4 階　1,061 m²　三井建設

- **東京女子大学研究本館 1 号館** [18 / p.116]
1968 年 7 月
(学) 東京女子大学
東京都杉並区
RC 造　3 階　1,770 m²　清水建設
新 1968 年 9 月号、文 1968 年 9 月号、現 1973 年 2 月

- **山陰明治乳業新工場**
1968 年 10 月
山陰明治乳業 (株)
鳥取県米子市
S 造、木造　2 階　879 m²　銭高組

- **東京造形大学第 II 期**
1968 年 10 月
(学) 桑沢学園
東京都八王子市
S 造　2 階　4,578 m²　大林組
現 1973 年 2 月

- **浜寺幼稚園増築**
1968 年 11 月
(学) 浜寺幼稚園
大阪府高石市
RC 造、S 造　2 階　657 m²　藤木工務店
新 1969 年 6 月号

- **津村順天堂バスクリーン製造工場**
1969 年 1 月

（株）津村順天堂
静岡県
S 造　5 階　1,500 m²　清水建設

・花咲繊維工業本社屋
1969 年 2 月
花咲繊維工業（株）
東京都
RC 造、S 造　4 階地下 1 階　4,023 m²　鹿島建設
画 1969 年 12 月号

・国道 2 号線高峰サービスエリアレストラン
1969 年 3 月
（財）道路施設協会
奈良県天理市
RC 造、S 造　1 階　324 m²　森組

・倉紡記念館
1969 年 3 月
倉敷紡績（株）
岡山県倉敷市
B 造、木造　2 階　730 m²　藤木工務店
P 1982 年 7 月号

・西鉄グランドホテル [21 / pp.122-123]
1969 年 4 月
（株）西鉄グランドホテル
福岡県福岡市
SRC 造、RC 造　14 階地下 1 階 21,343 m²　鹿島建設
新 1969 年 8 月号、近 1969 年 8 月号、画 1969 年 8 月
号、『日刊建設通信新聞』1969 年 4 月 19 日、画 1969
年 12 月号、現 1973 年 2 月

・安田火災海上保険藤が丘家族寮
1969 年 6 月
安田火災海上保険（株）
神奈川県横浜市
RC 造　5 階地下 1 階　1,907 m²　東急建設
画 1969 年 12 月号

・堀部邸
1969 年 7 月
堀部文雄
東京都
RC 造　3 階　360 m²　木内建設

・ドライブインレストランガーデンオカヤマ
（現・OKAYAMA GARDEN）
1969 年 7 月
岡山交通（株）
岡山県上道郡
RC 造、S 造　2 階　1,115 m²　藤木工務店
新 1969 年 8 月号、『商店建築』1969 年 9 月号、画
1969 年 12 月号

・大日本印刷健康保険組合芦ノ湖山荘
1969 年 7 月
大日本印刷（株）健康保健組合
神奈川県足柄下郡
RC 造　1 階地下 1 階　668 m²　藤田組
画 1969 年 12 月号

・日本道路公団阪奈道路富雄及び生駒山上口管理事務
所
1969 年 8 月
日本道路公団
奈良県天理市、大阪府四
S 造　2 階　710 m²　佐藤工業、松村組

・倉敷文化センター（現・倉敷公民館）[20 / pp.120-121]
1969 年 9 月
倉敷市
岡山県倉敷市
RC 造、S 造　3 階地下 1 階　2,059 m²　藤木工務店
年 1970 年号、画 1969 年 12 月号、P 1982 年 7 月号、
現 1973 年 2 月

・東京女子大学研究本館第 III 期
1969 年 9 月
（学）東京女子大学
東京都杉並区
RC 造　3 階　2,379 m²　清水建設
現 1973 年 2 月

・安田生命保険相互会社山科月掛事務所
1969 年 10 月
安田生命保険相互会社
京都府京都市
RC 造　2 階　397 m²　鹿島建設

・大正海上火災保険八王子営業所
1969 年 12 月
大正海上火災保険（株）
東京都八王子市
RC 造　3 階　301 m²　三井建設

・ホテルプラザ《コンサル》+
1969 年 9 月
大阪府大阪市
SRC 造　地下 3 階地上 22 階　50,422 m²　大成建設
画 1969 年 12 月号

・松下電器貿易大阪地区第 2 独身寮
1970 年 2 月
松下電器貿易（株）
大阪府高槻市
RC 造　3 階　1,368 m²　栗田組

・千里阪急ホテル第 I 期 [26 / p.156-157]
1970 年 2 月
（株）大阪エアポートホテル
大阪市豊中市
RC 造　3 階地下 1 階　6,711 m²　竹中工務店
新 1970 年 6 月号、画 1969 年 12 月号
第 18 回大阪府建築コンクール知事賞（1972 年）

・安田生命保険相互会社大船月掛営業所
1970 年 3 月
安田生命保険相互会社
神奈川県鎌倉市
RC 造　3 階　500 m²　飛鳥建設

・東京都江東市場総合庁舎
1970 年 3 月
東京都
東京都江東区
RC 造　3 階　4,972 m²　村本建設

・星和京橋ビルサッポロビールコンピューターセンター
1970 年 4 月
星和不動産（株）
東京都
RC 造　6 階地下 1 階　8,034 m²　大成建設
新 1970 年 12 月号、画 1969 年 12 月号

・大日本印刷北 6 号棟
1970 年 5 月
大日本印刷（株）
東京都

RC 造　3 階　3,506 m²　飛島建設

・第一製薬健康保険組合川奈保養所
1970 年 7 月
第一製薬（株）健康保険組合
静岡県伊東市
RC 造　2 階　1,020 m²　清水建設

・安田火災海上保険神戸支店改装
1970 年 8 月
安田火災海上保険（株）
兵庫県神戸市
RC 造　6 階　1,830 m²　西松建設

・志村スターレーン改装
1970 年 8 月
昭和産業（株）
東京都
アド菅野

・近畿高速道路大阪線茨木バリア管理事務所
1970 年 12 月
日本道路公団
大阪府茨木市
RC 造　1 階　479 m²　三井建設

・倉敷駅前再開発基本計画立案調査+
1970 年

・中国自動車道路三次職員宿舎
1971 年 2 月
日本道路公団
広島県三次市
RC 造　3 階　574 m²　奥村組

・川崎製鉄水島製鉄所第 10 寮
1971 年 2 月
川崎製鉄（株）
岡山県倉敷市
RC 造　5 階　10,640 m²　鴻池組

・マンションロイヤルパレス
1971 年 3 月
中野建物（株）
東京都
SRC 造　11 階　6,650 m²　東急建設

・マウント・フジファッション富士吉田工場
1971 年 3 月
（株）マウント・フジファッション
山梨県富士吉田市
RC 造　3 階　2,300 m²　小野建設

・日本合成化学工業中央研究所
1971 年 3 月
日本合成化学工業（株）
大阪府茨木市
RC 造、S 造　4 階　5,650 m²　清水建設
年 1971 年版

・珈琲館 [03 / pp.52-53]
1971 年 3 月
畠山瑞穂
岡山県倉敷市
木造　2 階　79 m²　藤木工務店
『商店建築』1971 年 11 月号、月刊食堂 1971 年 11 月号、
P 1982 年 7 月号

・倉敷館改修
1971 年 3 月

倉敷市
岡山県倉敷市
木造　2 階　48 m²　大林組

- **倉敷商工会館**［22 / p.126］
1971 年 4 月
倉敷市
岡山県倉敷市
RC 造　5 階　3,461 m²　大本組
画 1969 年 12 月号、P 1982 年 7 月号

- **安田火災海上保険福山営業所**
1971 年 4 月
安田火災海上保険（株）
広島県福山市
RC 造　4 階　555 m²　五洋建設

- **NHK 神戸放送会館**
1971 年 5 月
日本放送協会
兵庫県神戸市
RC 造　4 階地下 1 階　4,636 m²　村本建設
年 1971 年版

- **明治乳業岡山工場**
1971 年 5 月
明治乳業（株）
岡山県倉敷市
RC 造、S 造、木造　2 階　2,453 m²　大本組

- **郷鉄工所事務所棟**
1971 年 6 月
（株）郷鉄工所
岐阜県不破郡
RC 造　3 階　2,137 m²　東急建設

- **紀伊風土記の丘松下記念資料館**［27 / pp.158–159］
1971 年 7 月
和歌山県
和歌山県和歌山市
RC 造　1 階地下 1 階　1,687 m²　島田組
新 1972 年 3 月号、現 1973 年 2 月

- **倉敷市水道局庁舎（現・倉敷市立自然史博物館）**
［23 / p.127］
1971 年 7 月
倉敷市
岡山県倉敷市
RC 造　3 階地下 1 階　3,732 m²　大林組
P 1982 年 7 月号

- **岡山県歯科医師会館**
1971 年 10 月
（社）岡山県歯科医師会
岡山県岡山市
RC 造　6 階　2,640 m²　鹿島建設

- **スエヒロ本店**
1971 年 10 月
（株）スエヒロ本店
大阪府大阪市
RC 造　6 階地下 1 階　1,272 m²　青木建設

- **玉野市総合文化センター**
1972 年 2 月
玉野市
岡山県玉野市
RC 造　3 階　3,786 m²　錢高組
第 14 回建築業協会賞（BCS 賞）（1973 年）

- **ニッカウヰスキー西宮工場附属独身寮**
1972 年 2 月
ニッカウヰスキー（株）
兵庫県西宮市
RC 造　4 階　894 m²　錢高組

- **泉北ニュータウン槙塚台近隣センター**
1972 年 3 月
大阪府
大阪府堺市
RC 造　2 階　6,113 m²　竹中工務店

- **東京都立狛江高等学校**
1972 年 3 月
東京都
東京都狛江市
RC 造　5 階　13,936 m²　竹中工務店

- **鐘紡迎賓館**
1972 年 4 月
鐘紡不動産（株）
兵庫県芦屋市
RC 造、木造　2 階　989 m²　藤木工務店

- **大日本印刷今井浜保養所**
1972 年 4 月
大日本印刷（株）
静岡県賀茂郡
RC 造　5 階　3,678 m²　東急建設

- **両備バス玉野営業所**
1972 年 4 月
両備バス（株）
岡山県玉野市
RC 造　2 階　420 m²　戸田建設

- **倉敷市民会館**［24 / pp.128–131］
1972 年 5 月
倉敷市
岡山県倉敷市
RC 造、SRC 造　4 階地下 1 階　10,080 m²　大林組
新 1972 年 7 月号、文 1972 年 7 月号、画 1972 年 7 月号、『SD』1972 年 7 月号、P 1982 年 7 月号、現 1973 年 2 月
第 14 回毎日芸術賞（1973 年）

- **川崎製鉄芦屋独身寮**
1972 年 6 月
川崎製鉄（株）
兵庫県芦屋市
RC 造　5 階地下 1 階　6,870 m²　鴻池組

- **郷鉄工所家族寮**
1972 年 7 月
（株）郷鉄工所
岐阜県不破郡
RC 造　4 階　1,785 m²　東急建設

- **ニューフジビル**
1972 年 9 月
（有）富士商会
東京都
SRC 造、RC 造　8 階地下 1 階　2,014 m²　藤木工務店

- **指宿観光ホテル新館**
1972 年 9 月
指宿観光（株）
鹿児島県指宿市
SRC 造、RC 造　10 階地下 3 階　35,717 m²　大成建設

- **郷鉄工所高周波鋳造第 2 工場**
1972 年 9 月
（株）郷鉄工所
岐阜県不破郡
S 造　1 階　3,339 m²　間組

- **京阪電気鉄道松下前停留所ほか 3 駅上屋**
1972 年 10 月
京阪電気鉄道（株）
大阪府門真市
S 造高架　10,281 m²

- **両備西大寺ボウル**
1972 年 11 月
両備バス（株）
岡山県岡山市
S 造　2 階　3,190 m²　大本組

- **津村順天堂生薬倉庫**
1972 年 11 月
（株）津村順天堂
静岡県藤枝市
S 造　2 階　1,470 m²　清水建設

- **桃山台グランドマンション（A・B・C 棟）**
1972 年 12 月
北大阪急行電鉄（株）
大阪府豊中市
SRC 造、RC 造　A 棟 8 棟、B 棟 9 階地下 1 階、C 棟 11 階　25,958 m²　竹中工務店

- **星和高麗橋ビル**
1972 年 12 月
星和不動産（株）
大阪府大阪市
RC 造　8 階地下 1 階　4,450 m²　大成建設

- **静清フレンドボウル**
1972 年 12 月
西原産業
静岡県静岡市
RC 造、S 造、SRC 造　4 階、一部寮棟：6 階　17,030 m²　大林組

- **都営高層住宅赤羽西 5 丁目団地**
1973 年 1 月
東京都
東京都
RC 造　7 階　7,706 m²　竹中工務店

- **北陸高速道路加賀－丸岡間管理施設**
1973 年 1 月
日本道路公団
石川県加賀市
RC 造　1,952 m²

- **安田生命保険相互会社昭島月掛事務所**
1973 年 2 月
安田生命保険相互会社
東京都昭島市
S 造　3 階　608 m²　大林組

- **安田生命保険相互会社西新井月掛事務所**
1973 年 2 月
安田生命保険相互会社
東京都
S 造　3 階　621 m²　大林組

- **小柳證券独身寮**
1973 年 2 月

小柳證券独身寮
千葉県松戸市
RC 造　4 階　1,290 m²　富士工

- 東部方面大阪城公園事務所
1973 年 3 月
大阪市
大阪府大阪市
RC 造　2 階　527 m²　今西組

- 秋田書店本社屋
1973 年 3 月
（株）秋田書店
東京都
SRC 造　8 階　2,452 m²　池田建設

- NHK 津放送会館
1973 年 4 月
日本放送協会
三重県津市
RC 造　4 階　3,552 m²　村本建設

- 鎌倉河岸ビル
1973 年 5 月
昭和産業（株）、弘済建物（株）
東京都
SRC 造　10 階地下 1 階　15,240 m²　清水建設

- 中国高速道路美作～落合間管理施設
1973 年 5 月
日本道路公団
岡山県美作郡
RC 造　4,200 m²　戸田建設

- 大阪府警曾根崎庁舎
1973 年 5 月
大阪府
大阪府大阪市
SRC 造、RC 造、S 造　11 階 地下 3 階　13,447 m²
大林組

- 安田火災海上保険武庫之荘第 2 家族寮
1973 年 6 月
ユニバース開発（株）
兵庫県尼崎市
RC 造　6 階　3,790 m²　西松建設

- 横浜スポーツセンター
1973 年 6 月
（株）横浜スポーツセンター
神奈川県横浜市
RC 造　1 階　2,519 m²　杉浦鐵工

- 泉北ニュータウン槇塚台団地賃貸住宅
1973 年 6 月
大阪府住宅供給公社
大阪府堺市
SRC 造、RC 造　北 14 階、南 15 階　北 6,691 m²
南 7,200 m²　竹中工務店
文 1973 年 12 月号

- 大阪市西成同和解放会館
1973 年 7 月
大阪市
大阪府大阪市
RC 造、SRC 造　6 階　3,066 m²　榎並工務店

- 西名阪自動車道路香芝サービスエリア
1973 年 7 月
日本道路公団

奈良県北葛城郡
RC 造　2 階　2.574 m²　村本建設

- 国家公務員共済組合立川病院看護婦宿舎
1973 年 8 月
国家公務員共済組合連合会
東京都立川市
RC 造　5 階　3,471 m²　鴻池組

- 玉野市民病院
1973 年 9 月
玉野市
岡山県玉野市
RC 造　6 階　10,656 m²　前田建設工業
新 1973 年 12 月号、『病院』1974 年 11 月号、『病院
設備』1975 年 3 月号

- 北陸高速道路福井北インターチェンジ管理施設
1974 年 2 月
日本道路公団
福井県福井市
RC 造　2 階　4,009 m²

- 福岡銀行奈良屋町支店
1974 年 3 月
福岡銀行（株）
福岡県福岡市
RC 造　2 階地下 1 階　1,340 m²　大成建設

- 福岡銀行東領住宅
1974 年 3 月
福岡銀行（株）
福岡県福岡市
RC 造、SRC 造　7 階　3,230 m²　鹿島建設

- RSK バラ園レストハウス
1974 年 4 月
山陽放送（株）
岡山県岡山市
RC 造　2 階　648 m²　松本組
昭和 49 年度岡山市優秀建築物表彰（1975 年）

- 倉敷アイビースクエア [25 / pp.134–139]
1974 年 5 月
倉敷紡績（株）
岡山県倉敷市
木造、CB 造、RC 造　2 階地下 1 階　9,931 m²　藤木
工務店
新 1974 年 7 月号、文 1974 年 7 月号、画 1974 年 7 月号、
『商店建築』1974 年 7 月号、近 1974 年 8 月号、『同心』
1974 年 3 月号、『同心』1974 年 6 月号、社 1974 年 7
月号、『新住宅』1974 年 8 月号、『都市住宅』1974 年
8 月号、『望ましい観光地づくりの方向観光政策審議会
報告』1977 年 11 月号、文 1980 年 2 月号、『建築とまちづく
り（第 10 巻 49 号）』1981 年 7 月、『建築とまちづくり（第
10 巻 50 号）』1981 年 8 月、『望ましい観光地づくりの
方向観光政策審議会報告』1983 年 11 月号、『建築雑
誌』1985 年 2 月号、文化庁月報（12 月号）No.255）
1989 年 12 月、『昭和の文化遺産（第 10 巻『建築』）』
1990 年 11 月、P 1982 年 7 月号
昭和 49 年度建築学会賞作品賞（1975 年）、昭和 49
年度日本インテリアデザイナー協会賞（1975 年）、昭和
51 年度商業空間デザイン賞特別賞（1976 年）、第 1 回
公共の色彩賞（1986 年）、第 1 回おかやま景観賞（1990
年）、2002 年度 JIA25 年賞（2002 年）

- 夕陽ヶ丘図書館
1974 年 5 月

大阪府
大阪府大阪市
RC 造　4 階地下 1 階　6,363 m²　竹中工務店、米田
工務店
社 1975 年 1 月号
第 21 回大阪府建築コンクール知事賞（1975 年）

- 和歌山県埋蔵文化財収蔵庫
1974 年 7 月
和歌山県
和歌山県和歌山市
RC 造　1 階　165 m²　島田組

- 大阪府立藤井寺高等学校第 II 期（体育館）
1974 年 7 月
大阪府
大阪府藤井寺市
RC 造、S 造　2 階　2,640 m²　宮部建設

- 西鉄グランドホテル増築
1974 年 7 月
（株）西鉄グランドホテル
福岡県福岡市
SRC 造　3 階地下 1 階　1,735 m²　鹿島建設

- 黒住教新霊地神道山大教殿 [28 / pp.161–163]
1974 年 11 月
（宗）黒住教
岡山県岡山市
RC 造、S 造　2 階地下 1 階　2,542 m²　清水建設
新 1975 年 4 月、文 1975 年 4 月、社 1975 年 4 月号、
『建築雑誌』1975 年 9 月号、現 1973 年 2 月

- 福岡市渡辺通再開発基本計画+
1974 年

- トヨサキ産業国鉄新幹線博多駅店ほか 2 店内装
1975 年 3 月
トヨサキ産業（株）
新幹線博多駅構内
95 m²　東建インテリアほか

- 鐘紡病院女子寄宿舎
1975 年 3 月
鐘紡（株）
兵庫県神戸市
RC 造　5 階　5,532 m²　竹中工務店

- 鐘紡ガン研究所
1975 年 5 月
鐘紡（株）
兵庫県神戸市
RC 造　5 階地下 1 階　3,262 m²　竹中工務店

- 倉敷中央病院第 I 期 [30 / pp.178–181]
1975 年 5 月
（財）倉敷中央病院
岡山県倉敷市
SRC 造　9 階地下 1 階　28,881 m²　藤木工務店
新 1975 年 11 月、近 1975 年 11 月、社 1976 年 3 月、
『病院建築』No.50、画 1974 年 7 月号、『病院』第 36
巻第 1 号別刷、『日経アーキテクチュア』1977 年 4 月 4
日号、P 1982 年 7 月号

- 川崎製鉄水島研修センター
1975 年 9 月
川崎製鉄（株）
岡山県倉敷市
RC 造　4 階　4,980 m²　清水建設
社 1976 年 1 月号、P 1982 年 7 月号

- 玉野市立勤労青少年ホーム⁺
  1975 年 4 月
  玉野市役所
  岡山県玉野市
  RC 造　2 階　770 m²　錢高組

- 川崎製鉄芦屋研修センター
  1975 年
  川鉄エンジニアリング（株）
  兵庫県芦屋市
  RC 造　3 階地下 1 階　3,300 m²

- 宮崎県青少年研修の森
  1975 年
  宮崎県
  宮崎県小林市
  RC 造、S 造　2 階　2,954 m²

- 鐘紡病院
  1976 年 3 月
  鐘紡（株）
  兵庫県神戸市
  SRC 造　2 階地下 2 階　20,000 m²　竹中工務店

- 千里阪急ホテル第 II 期［26 / pp.156–157］
  1976 年 4 月
  （株）大阪エアポートホテル
  大阪府豊中市
  RC 造　2 階地下 1 階　2,979 m²　竹中工務店
  『inaREPORT No.6』1976 年 9 月号

- 浜寺幼稚園増築
  1976 年 12 月
  （学）浜寺幼稚園
  大阪府高石市
  RC 造　2 階　401 m²　藤木工務店

- 辰巳邸
  1976 年 12 月
  辰巳通夫、辰巳ふさ子
  兵庫県芦屋市
  RC 造　2 階　309 m²　藤木工務店

- 増田邸
  1977 年 1 月
  増田貞満
  福岡県北九州市
  RC 造　2 階　150 m²　藤木工務店

- 大阪市平野区民センター／平野消防署
  1977 年 2 月
  大阪市
  大阪府大阪市
  RC 造、S 造　5 階　2,129 m²　大洋建設

- ニッカウヰスキー西宮家族寮
  1977 年 2 月
  ニッカウヰスキー（株）
  兵庫県西宮市
  RC 造　5 階　1,721 m²　西松建設

- 黒住教学院
  1977 年 4 月
  （宗）黒住教
  岡山県岡山市
  RC 造　2 階　472 m²　清水建設

- 田村耳鼻咽喉科医院
  1977 年 4 月
  田村耳鼻咽喉科医院

岡山県倉敷市
RC 造　2 階　212 m²　藤木工務店

- 福岡銀行南ヶ丘支店
  1977 年 7 月
  （株）福岡銀行
  福岡県大野城市
  RC 造　2 階　630 m²　白川建設工業

- JMP 社宅
  1977 年 10 月
  JMP（株）
  岡山県倉敷市
  RC 造　2 階　98 m²　仁熊建設

- 大原美術館オリエント室
  1977 年 12 月
  （財）大原美術館
  岡山県倉敷市
  煉瓦造　1 階　226 m²　藤木工務店

- 神戸市鈴蘭台北町保育所
  1978 年 3 月
  神戸市
  兵庫県神戸市
  RC 造　2 階　540 m²　前田建設工業

- ホテル日航成田
  1978 年 4 月
  日本航空開発（株）
  千葉県成田市
  SRC 造　11 階　22,381 m²　竹中工務店

- 大佛次郎記念館［35 / pp.192–196］
  1978 年 4 月
  横浜市
  神奈川県横浜市
  RC 造　2 階　768 m²　清水建設
  新 1978 年 6 月号、文 1978 年 6 月号、近 1978 年 6 月号、
  『清水建設社報』2 月号、『神奈川新聞』1978 年 4 月
  30 日号、『日経アーキテクチュア』1978 年 6 月 12 日号
  昭和 53 年度神奈川県下建築コンクール最優秀賞（1978
  年）、第 20 回建築業協会賞（BSC 賞）（1979 年）、第
  1 回横浜まちなみ景観賞（1986 年）

- 大阪市東淡路第 2 住区（1・2 区）
  1978 年 5 月
  大阪市
  大阪府大阪市
  RC 造　9 階　15,420 m²　松村組、鐘紡建設 J.V.、岸
  組、甲南建設 J.V.

- 横山ビル
  1978 年 6 月
  横山申孝
  香川県高松市
  RC 造　6 階地下 1 階　417 m²　清水建設

- 福岡銀行月隈支店
  1978 年 8 月
  （株）福岡銀行
  福岡県福岡市
  RC 造　2 階　561 m²　タカマツ

- 安田火災海上保険徳島支店改築
  1978 年 9 月
  安田火災海上保険（株）
  徳島県徳島市
  S 造　4 階　237 m²　岡田組

- 浜幸製菓工場増改築
  1978 年 12 月
  （株）浜幸
  高知県高知市
  S 造　2 階　4290 m²　大旺建設

- 両備ストア連島店改築
  1979 年 5 月
  両備バス（株）
  岡山県倉敷市
  S 造　1 階　1,022 m²　大本組

- 安田火災海上保険泉ノ町家族寮
  1979 年 5 月
  安田火災海上保険（株）
  石川県金沢市
  RC 造　4 階　660 m²　真柄建設

- 牟礼病院新改築
  1979 年 6 月
  牟礼病院
  香川県小豆郡
  RC 造　7 階地下 1 階　3,097 m²　清水建設

- 大阪市東淡路第 2 住宅 II 期
  1979 年 6 月
  大阪市
  大阪府大阪市
  S 造、RC 造　7 階地下 1 階　7,262 m²　大木建設

- 黒住教教主邸
  1979 年 7 月
  （宗）黒住教
  岡山県岡山市
  RC 造、木造　2 階地下 2 階　636 m²　清水建設

- 新交通システムポートアイランド線駅舎
  1979 年 7 月
  神戸市
  兵庫県神戸市
  S 造　5 駅　熊谷組、三井建設、大林組

- 福岡銀行小郡支店
  1979 年 9 月
  （株）福岡銀行
  福岡県福岡市
  RC 造　2 階　995 m²　辻組

- 倉敷アイビースクエア宴会場増築
  1979 年 9 月
  倉敷紡績（株）
  岡山県倉敷市
  煉瓦造、S 造　1 階　949 m²　藤木工務店

- 安田火災海上保険一宮支店
  1980 年 2 月
  安田火災海上保険（株）
  愛知県一宮市
  RC 造　3 階　1,323 m²　前田建設工業

- 安田火災海上保険行橋営業所
  1980 年 2 月
  安田火災海上保険（株）
  福岡県行橋市
  RC 造　2 階　1,149 m²　大成建設

- 倉敷河畔重要伝統的建造物群保存修理
  1980 年 3 月
  倉敷市
  岡山県倉敷市

木造　5件　藤木工務店
P 1982 年 7 月号

・**三州足助屋敷** [32 / pp.186–187]
1980 年 4 月
足助町
愛知県東加茂郡
木造　2 階　752 m²　足助建築共同企業体
新 1980 年 9 月号、『自然と文化 81 春季号』1981 年 3 月
第 6 回 JIA25 年賞東海支部奨励賞（2006 年）、第 13
回中部建築賞（1981 年）

・**六高記念館** [33 / pp.188–189]
1980 年 5 月
第六高等学校同窓会
岡山県岡山市
RC 造　2 階　406 m²　錢高組
『DAS』第 108 号

・**倉敷市庁舎** [29 / pp.166–171]
1980 年 5 月
倉敷市
岡山県倉敷市
SRC 造、RC 造　10 階地下 2 階 34,216 m²　大林大
本組 J.V.、大気社新日本空調 J.V.、太陽工藤工事川鉄
電気設備工業 J.V.
『月刊　岡山』1980 年 6 月号、『施工』1980 年 8 月
号、新 1980 年 11 月号、『広報くらしき　新庁舎特集号』
1980 年、『日経アーキテクチュア』1980 年 9 月 29 日号、
新増刊号 1991 年 8 月号、P 1982 年 7 月号
第 15 回日本サインデザイン賞（SDA 賞）（1981 年）、
平成 10 年公共建築百選（1991 年）

・**安田火災海上保険水前寺寮**
1980 年 6 月
安田火災海上保険（株）
熊本県熊本市
RC 造　4 階　2,123 m²　東急建設

・**新交通システムポートアイランド線駅舎内装及び設備**
1980 年 3 月
神戸新交通（株）
兵庫県神戸市
三井建設

・**倉敷駅前再開発東ビル・西ビル** [31 / p.185]
1980 年 9 月
倉敷市
岡山県倉敷市
東ビル RC 造、西ビル SRC 造　6 階地下 1 階、12 階
地下 1 階　延:63,885 m²、東ビル:36,300 m²、西ビル:
27,585 m²　清水建設問組アイサワ工業 J.V.、近畿電気
工業、太陽電気工業、琴浦電気工業、川崎設備工業
朝日管工 J.V.、第一工業丸紅設備 J.V.
P 1982 年 7 月号

・**安田火災海上保険今治支店増改築**
1980 年 9 月
安田火災海上保険（株）
愛媛県今治市
S 造　3 階　253 m²　安藤工業

・**倉敷中央病院第 II 期** [30 / pp.178–181]
1980 年 11 月
（財）倉敷中央病院
岡山県倉敷市
RC 造、S 造　6 階地下 1 階　10,972 m²　藤木工務店
『病院建築』1982 年 1 月号、新 1982 年 5 月号、『病院』
1982 年 5 月号、『日経アーキテクチュア』1982 年 12 月
6 日号、P 1982 年 7 月号

・**富士銀行倉敷支店**
1980 年 11 月
（株）富士銀行
岡山県倉敷市
SRC 造　3 階　1,856 m²　大成建設

・**ポートアイランドビル**
1981 年 3 月
神戸市、（財）神戸開発管理事業団
兵庫県神戸市
SRC 造、RC 造　13 階地下 1 階　10,054 m²　東急建
設

・**倉敷河畔重要伝統的建造物群保存修理（昭和 55 年度）**
1981 年 3 月
倉敷市
岡山県倉敷市
木造　5 件　藤木工務店
P 1982 年 7 月号

・**横浜開港資料館** [36 / pp.198–201]
1981 年 5 月
横浜市
神奈川県横浜市
RC 造、S 造　3 階地下 1 階　2,887 m²　清水建設、
共栄社、第一設備
新 1981 年 9 月号、画 1984 年 2 月号、『昭和の文化遺
産（第 10 巻『建築』）』1990 年 11 月、『日経アーキテ
クチュア』1981 年 8 月 17 日号
昭和 56 年度神奈川県下建築コンクール優秀賞(1981 年)

・**楽ビル・青泉社ビル**
1981 年 6 月
梶本尚靖、（株）青泉社
大阪府大阪市
RC 造　5 階地下 1 階　755 m²　大林組

・**多摩丘陵病院**
1981 年 6 月
（株）多摩医療
東京都町田市
RC 造　4 階　6,500 m²　松村組

・**大原美術館西洋絵画室**
1981 年 7 月
（財）大原美術館
岡山県倉敷市
煉瓦造、S 造　2 階　163 m²　藤木工務店

・**福岡銀行宗像支店**
1981 年 8 月
（社）福岡銀行
福岡県宗像市
RC 造　2 階　919 m²　守谷組

・**大阪市音楽団事務所**
1981 年 9 月
大阪市
大阪府大阪市
RC 造　3 階　1,396 m²　大林組

・**大阪城野外音楽堂**
1981 年 9 月
大阪市
大阪府大阪市
RC 造　2 階　764 m²　大橋組
社 1982 年 7 月号

・**栗原産業堺寮**
1981 年 11 月

栗原産業（株）
大阪府堺市
RC 造　3 階　536 m²　中野工務店

・**富士銀行岡山第 2 家庭寮第 1 棟・第 2 棟**
1981 年 11 月
（株）富士銀行
岡山県岡山市
RC 造　3 階　590 m²　大本組

・**倉敷中央病院第 III 期** [30 / pp.178–181]
1981 年 11 月
（財）倉敷中央病院
岡山県倉敷市
RC 造、S 造　4 階地下 1 階　10,638 m²　藤木工務店
社 1982 年 3 月号、『新建築』1982 年 5 月号、『病院』
1982 年 5 月号、『病院建築』1982 年 1 月号、P 1982
年 7 月号
第 17 回日本デザイン賞（SDA 賞）（1983 年）

・**武蔵野赤十字病院**
1981 年 12 月
（恩賜）日本赤十字社武蔵野赤十字病院
東京都武蔵野市
SRC 造、RC 造　8 階地下 1 階 23,250 m²
大成建設戸田建設五洋建設 J.V.
新 1982 年 5 月号、『病院』1982 年 8 月号、『病院建築』
1990 年 7 月号
第 17 回日本サインデザイン賞（SDA 賞）（1983 年）

・**安田火災海上保険津山支店**
1982 年 1 月
安田火災海上保険（株）
岡山県津山市
RC 造、S 造　3 階地下 1 階　1,688 m²　アイサワ工業

・**因島医師会病院**
1982 年 3 月
（社）因島医師会
広島県因島市
RC 造　4 階　4,279 m²　大林組
『病院建築』1983 年 1 月号

・**倉敷河畔重要伝統的建造物群保存修理（昭和 56 年度）**
1982 年 3 月
倉敷市
岡山県倉敷市
木造　5 件　藤木工務店
P 1982 年 7 月号

・**岡山電気軌道自動車部事務所及バス停留所**
1982 年 3 月
岡山電気軌道（株）
岡山県岡山市
RC 造　2 階　459 m²　竹中工務店
昭和 57 年岡山市緑化コンクール優秀賞（1982 年）、岡
山市優秀建築物表彰（1983 年）

・**雇用促進事業団摂津職員宿舎**
1982 年 5 月
雇用促進事業団
大阪府摂津市
RC 造　4 階　868 m²　小林工務店

・**奈良ユースホステル**
1982 年 5 月
（財）日本ユースホステル協会
奈良県奈良市
RC 造　4 階　2,208 m²　村本建設

- ポパース記念病院
1982 年 5 月
（医）大道会
大阪府大阪市
RC 造　4 階　7,665 m²　松村組

- 武蔵野赤十字病院改修
1982 年 10 月
武蔵野赤十字病院改修院
東京都武蔵野市
RC 造、RC 造、S 造　6 階地下 1 階、2 階地下 1 階、
1 階　10,406 m²　大成建設

- 滋賀県琵琶湖研究所
1982 年 11 月
滋賀県
滋賀県大津市
RC 造　3 階　3,000 m²　松井工業
新 1983 年 4 月号
麗しの滋賀建築賞（1988 年）

- 岡山電気軌道本社及び電車部
1982 年 12 月
岡山電気軌道（株）
岡山県岡山市
S 造　2 階　455 m²　竹中工務店

- 倉敷国際ホテル宴会場増築
1983 年 2 月
（株）倉敷国際ホテル
岡山県倉敷市
S 造　1 階　307 m²　藤木工務店

- あすけ楓門
1983 年 2 月
足助町
愛知県東加茂郡
木造　2 階　414 m²　鈴木建築

- 八木病院増改築
1983 年 3 月
（医）八木厚生会
福岡県福岡市
RC 造　4 階　3,000 m²　高木工務店

- 倉敷河畔重要伝統的建造物群保存修理（昭和 57 年度）
1983 年 3 月
倉敷市
岡山県倉敷市
木造　5 件　藤木工務店

- 玉野市レクレセンター
1983 年 3 月
玉野市、三井造船（株）玉野事業所
岡山県玉野市
RC 造、S 造　2 階　7,946 m²　錢高組、玉野土建 J.V.

- 中国短期大学増築
1983 年 6 月
（学）平田学園
岡山県岡山市
S 造、RC 造　4 階　5,679 m²　錢高組
新 1984 年 4 月

- 大阪府服部緑地レストハウス・野外音楽堂改修
1983 年 8 月
大阪府北公園事務所
大阪府豊中市
RC 造　2 階　1,028 m²　藤木工務店

- 自然史博物館・展示美術館改修
1983 年 8 月
倉敷市
岡山県倉敷市
RC 造　3 階地下 1 階、5 階地下 1 階　6,825 m²　大林組・山室建設 J.V.
第 1 回倉敷市都市建築優秀賞（1986 年）、第 2 回公共の色彩賞（1987 年）

- 倉敷市立中央図書館
1983 年 8 月
倉敷市
岡山県倉敷市
SRC 造　4 階地下 1 階　4,367 m²　大林組山宝建設 J.V.、栗原工業旭電業 J.V.、高砂熱学貝原水道 IV
第 2 回日本図書館協会建築賞特定賞（1986 年）、第 1 回倉敷都市建築優秀賞（1986 年）、第 2 回公共の色彩賞（1987 年）

- 夢二郷土美術館
1983 年 9 月
（財）両備檉園記念財団
岡山県岡山市
RC 造　1 階地下 1 階　669 m²　大成建設
受賞昭和 59 年度岡山市優秀建築物表彰（1984 年）

- 難波宮祉休憩所他
1983 年 10 月
大阪市
大阪府大阪市
S 造、RC 造　1 階　休憩所 317 m²、ほか 35 m²　日本土建工業所

- 喜多メイヨー・クリニック
1983 年 11 月
喜多成价
大阪府東大阪市
RC 造　2 階　240 m²　淺沼組

- 川崎製鉄六本木クラブ
1983 年 11 月
川鉄エンジニアリング（株）
東京都港区
RC 造　2 階地下 1 階　1,358 m²　大林組

- ラピーヌ大阪本社
1983 年 12 月
（株）ラピーヌ
大阪府大阪市
SRC 造、RC 造　8 階地下 2 階　4,251 m²　竹中工務店

- 毛利マンション
1984 年 3 月
毛利多美子
大阪府大阪市
RC 造、SRC 造　8 階　2,298 m²　前田建設

- 安田火災海上保険大曽根支社
1984 年 3 月
安田火災海上保険（株）
愛知県名古屋市
RC 造　3 階　1,390 m²　前田建設

- 神奈川近代文学館　［37 / pp.204–206］
1984 年 3 月
神奈川県
神奈川県横浜市
RC 造　3 階地下 2 階　5,407 m²　清水建設、西山電気、第一設備、三井産業

新 1984 年 12 月号
第 1 回公共建築賞優秀賞（1988 年）、昭和 59 年度神奈川県下建築コンクール最優秀賞（1984 年）、第 4 回横浜まちなみ景観賞（1992 年）

- 倉敷河畔重要伝統的建造物群保存修理（昭和 58 年度）
1984 年 3 月
倉敷市
岡山県倉敷市
木造　5 件　藤木工務店

- 特別養護老人ホーム海南荘
1984 年 3 月
（社福）寛壽会
長崎県佐世保市
RC 造　2 階　2,011 m²　梅村組

- 玉野レクレセンター柔剣道棟保健センター棟
1984 年 3 月
玉野市
岡山県玉野市
RC 造　2 階　1,189 m²　錢高組玉野土建 J.V.

- 農業公園（ワインパーク）センターゾーン
1984 年 3 月
神戸市
兵庫県神戸市
RC 造、S 造　3 階　10,560 m²　今津建設、兵庫建設、馬田工務店、宮田組
第 6 回神戸市建築文化賞（1990 年）

- 湊屋
1984 年 3 月
両備バス（株）
岡山県岡山市
S 造　1 階　113 m²　両備住宅
昭和 59 年岡山市優秀建築物表彰（1984 年）

- 大阪府住宅供給公社野畑団地（A・B・C 棟）
1984 年 3 月
大阪府住宅供給公社
大阪府豊中市
SRC 造、RC 造　A 棟 7 階、B 棟 10 階、C 棟 11 階　23,240 m²　竹中工務店

- 范曽美術館改装
1984 年 3 月
両備バス（株）
岡山県岡山市
RC 造　4 階　1,565 m²　両備住宅

- 倉敷中央病院保存棟増築改修
1984 年 7 月
（財）倉敷中央病院
岡山県倉敷市
木造、RC 造　2 階、3 階　6,365 m²　藤木工務店

- 日本女子大学成瀬記念館　［34 / pp.190–191］
1984 年 8 月
（学）日本女子大学
東京都文京区
RC 造　2 階　586 m²　清水建設
『創立 80 周年記念事業　日本女子大学　成瀬記念館』
1984 年 10 月

- 足助町農業者トレーニングセンター
1984 年 8 月
足助町
愛知県東加茂郡
RC 造、S 造　2 階　1,070 m²　鴻池組

新 1985 年 3 月号

- 千里阪急ホテル第 III 期
1984 年 9 月
（株）大阪エアポートホテル
大阪府豊中市
SRC 造、S 造　7 階地下 1 階 14,348 m²　竹中工務店
新 1985 年 3 月

- 大阪市第 2 淀川寮増築
1985 年 3 月
大阪市
大阪府大阪市
RC 造　3 階　2,796 m²　野村建設工業

- 倉敷市中央 1 丁目横断地下道
1985 年 3 月
倉敷市
岡山県倉敷市
RC 造　1 階地下 1 階　254 m²　大林組、三宅建設 J.V.

- 倉敷市中央 2 丁目地下駐車場
1985 年 3 月
倉敷市
岡山県倉敷市
RC 造　1 階地下 1 階　3,181 m²　大林組、三宅建設 J.V.

- 足助町公民館
1985 年 3 月
足助町
愛知県東加茂郡
RC 造、SRC 造、S 造　3 階　2,200 m²　鴻池組
新 1985 年 11 月号

- 足助サロン〈参州楼〉
1985 年 3 月
足助町
愛知県東加茂郡
木造　2 階　256 m²　樫山技研
新 1985 年 11 月号

- 倉敷河畔重要伝統的建造物群保存修理（昭和 59 年度）
1985 年 3 月
倉敷市
岡山県倉敷市
木造　6 件　藤木工務店

- 両備ストア中島店
1985 年 3 月
両備バス（株）
岡山県倉敷市
S 造　1 階　984 m²　両備住宅

- パイル社宅
1985 年 4 月
（株）パイル
大阪府豊中市
RC 造　4 階　348 m²　藤木工務店

- 栗原産業小浜寮
1985 年 6 月
栗原産業（株）
福井県小浜市
RC 造　4 階　1,365 m²　大林組

- ホテルパークイン
1985 年 9 月
（株）オリエンス
東京都新宿区

SRC 造　11 階　1,441 m²　清水建設

- プランテック本社屋
1985 年 9 月
（株）プランテック
大阪府大阪市
S 造　6 階　658 m²　大林組

- クラレトレーディング本社屋
1985 年 9 月
（株）クラレトレーディング
大阪府大阪市
S 造、RC 造　7 階　1,996 m²　藤木工務店

- 両備バス児島観光センター改装
1985 年 10 月
両備バス（株）
岡山県倉敷市
RC 造　1 階　80 m²　両備住宅

- 神戸市農業公園（ワインパーク）
1985 年 10 月
陶芸館
神戸市
兵庫県神戸市
S 造　1 階　304 m²　江藤建設工業

- ホテル日航成田増築
1985 年 11 月
日本航空開発（株）
千葉県成田市
RC 造、S 造　2 階　3,028 m²　竹中工務店

- 両備ストア勇崎店
1985 年 11 月
両備バス（株）
岡山県倉敷市
S 造　1 階　916 m²　両備住宅

- 両備バス玉島観光センター
1985 年 11 月
両備バス（株）
岡山県倉敷市
S 造　1 階　56 m²　両備住宅

- 大阪市淀川寮改修
1985 年 11 月
大阪市
大阪府大阪市
RC 造　2 階　761 m²　新栄建設

- 黒住教主新公邸新座敷
1985 年 11 月
（宗）黒住教
岡山県岡山市
木造　1 階　76 m²　清水建設

- 武蔵野赤十字病院外来 CT 棟増築
1985 年 12 月
（恩賜）日本赤十字武蔵野赤十字病院
東京都武蔵野市
RC 造　1 階　147 m²　大成建設

- 倉敷河畔重要伝統的建造物群保存修理（昭和 60 年度）
1986 年 3 月
倉敷市
岡山県倉敷市
木造　6 件　藤木工務店

- 山陽学園上代淑記念館
1986 年 7 月
（学）山陽学園
岡山県岡山市
RC 造　2 階　1,023 m²　大本組

- 神戸市農業公園（ワインパーク）学童農園附属施設・バーベキュー施設・ゲート他
1986 年 7 月
神戸市
兵庫県神戸市
RC 造、木造　1 階　1,828 m²　山根工務店、丸正建設ほか

- アンカーハウス神戸
1986 年 10 月
本山産業（株）
兵庫県神戸市
RC 造、SRC 造、PC 造　4 階地下 2 階　1,489 m²　松村組

- 霧笛橋* ［37 / pp.204–206］
1986 年
神奈川県横浜市
RC 造
横浜まちなみ景観賞（1992 年）

- 西神南ニュータウン駅 I 期工事
1987 年 3 月
神戸市
兵庫県神戸市
S 造　3 階　2,690 m²　大成建設

出典

表紙 , p.26, 27, 37, 105, 149　浦辺設計蔵

column I　営繕技師を志すまで―京都大学の師弟交友関係から pp.28-29
CI-1　『建築雑誌』1977 年 4 月号、日本建築学会
CI-2–6　京都大学蔵

column II　デュドックへの思い [pp.30–31]
CII-1–5　すべて撮影：笠原一人
CII-6　『村野藤吾建築図面集第 1 巻　モダニズムへの展開　解説篇』同朋舎出版、1991 年

column III　薬師寺主計との出会い [pp.32–33]
CIII-1　提供：薬師寺家
CIII-2　提供：平松安吉
CIII-3, 4, 6　撮影：上田恭嗣
CIII-5　倉敷絹織建築設計図書（提供：クラレ）を筆者ら複製
CIII-7　1971 年複製平面図（提供：クラレ）

column IV　1953 年ノート [pp.34–35]
CIV-1–10　すべて浦辺設計蔵

p.36　浦辺設計蔵

01　日本基督教団西条栄光教会（礼拝堂・牧師館・西条栄光幼稚園） [pp.44–45]
1-1–5　すべて撮影：矢原 亮／Forward Stroke
1-6　西条栄光教会保存再生ワーキンググループ編「西条栄光教会保存再生調査報告書」日本建築学会四国支部、2018 年
1-7　西条栄光教会蔵（複写版）

column 01　西条栄光教会の調査から見えてくるもの [pp.46–47]
C1-1–5　すべて撮影：矢原 亮／Forward Stroke
C1-6　撮影：多比良敏雄

02　倉敷考古館増築 [pp.48–49]
2-1, 3–6　すべて撮影：奥村浩司／Forward Stroke
2-2　模型制作：京都工芸繊維大学笠原・三宅（田原・笠原）研究室

column 02　倉敷考古館にみる「調和と区別」のデザイン [pp.50–51]
C2-1, 2　撮影：奥村浩司／Forward Stroke
C2-3–5　すべて撮影：笠原一人

03　旅館くらしき・珈琲館 [pp.52–53]
3-1, 4–6　すべて撮影：奥村浩司／Forward Stroke
3-2, 3　浦辺設計蔵

Topic 01　倉敷美観地区の街並み [pp.54–55]
T1-1–3, 6　すべて撮影：奥村浩司／Forward Stroke
T1-4　筆者所有の複写スケッチ
T1-5　作成：浦辺設計

04　プレファブ住宅・PH-1 [pp.56–57]
4-1–3　「PH-1（ある試作住宅）」『新住宅』1968 年 8 月号、新住宅社
4-4　模型制作：神戸芸術工科大学畑研究室
4-5　武藤倫男「プレファブ住宅の居住性 ―或る試作品について―」『新住宅』1968 年 8 月号、新

住宅社
4-6–11　すべて浦辺設計蔵

column 04　プレファブ住宅の詳細について [pp.58–59]
C4-1, 2　武藤倫男「プレファブ住宅の居住性―或る試作品について―」『新住宅』1968 年 8 月号、新住宅社
C4-3–6　すべて浦辺設計蔵図面を加工

05　倉敷レイヨン岡山第 2 工場 [pp.60–61]
5-1, 2　撮影：多比良敏雄
5-3–5　すべて撮影：奥村浩司／Forward Stroke
5-6–8　すべて浦辺設計蔵

column 05　工場建築から読み解く浦辺流 [pp.62–63]
C5-1, 3　提供：山下 拓
C5-2　文化財建造物保存技術協会蔵
C5-4, 7, 8　すべて撮影：奥村浩司／Forward Stroke
C5-5　浦辺設計蔵
C5-6　撮影：多比良敏雄

06　倉敷レイヨン高槻アパート（RC-60 型）・独身寮 [pp.64–65]
6-1, 3, 4, 8, 9　すべて撮影：多比良敏雄
6-2　模型制作：京都大学柳沢研究室
6-5–7　すべて浦辺設計蔵

column 06　浦辺鎮太郎の社員寮建築 [pp.66–67]
C6-1–4　すべて撮影：奥村浩司／Forward Stroke
C6-5　浦辺設計蔵

07　日本工芸館 [pp.68–69]
7-1, 4–6　撮影：奥村浩司／Forward Stroke
7-2　模型制作：浦辺設計
7-3　撮影：多比良敏雄
7-7, 8　浦辺設計蔵

column 07-1　クラシキモデュール（KM）について [pp.70–71]
C7-1-1, 4–6　浦辺設計蔵
C7-1-2　作成：浦辺設計
C7-1-3　撮影：奥村浩司／Forward Stroke

column 07-2　民芸運動と壁庇 [pp.72–73]
C7-2-1–4　すべて撮影：奥村浩司／Forward Stroke

08　石井記念愛染園女子単身者住宅・保育所 [pp.74–76]
8-1　撮影：二川幸夫
8-2　模型制作：摂南大学白須研究室
8-3, 6, 7　撮影：多比良敏雄
8-4, 5, 8　すべて浦辺設計蔵

09　石井記念愛染園愛染橋病院 [p.77]
9-1　撮影：多比良敏雄
9-2　浦辺設計蔵

column 08・09　一連の愛染園の施設 [p.78]
C8・9-1　撮影：大塚守夫
C8・9-2　撮影：多比良敏雄

10　京都航空ビル [p.79]
10-1, 2　撮影：恒成一訓、協力：日本写真保存センター
10-3　撮影：二川幸夫

11　大原美術館分館 [pp.80–85]
11-1–10　すべて撮影：奥村浩司／Forward Stroke
11-11　模型制作：京都工芸繊維大学松隈研究室
11-12, 14–17　すべて浦辺設計蔵
11-13　撮影：多比良敏雄

column 11　大原美術館分館の八つの計画をめぐって [pp.86–89]
C11-1–12　すべて浦辺設計蔵

12　倉敷国際ホテル [pp.90–95]
12-1–10　すべて撮影：奥村浩司／Forward Stroke
12-11, 12, 15　撮影：多比良敏雄
12-13　模型制作：京都工芸繊維大学松隈研究室
12-14　撮影：二川幸夫
12-16–18　すべて浦辺設計蔵

column 12　倉敷国際ホテルに結実する大原と浦辺のホテル構想 pp.96–99
C12-1–10　すべて浦辺設計蔵

13　倉敷ユースホステル [pp.100–101]
13-1, 3　撮影：奥村浩司／Forward Stroke
13-2　模型制作：大阪市立大学小池研究室
13-4, 5　撮影：新建築社写真部
13-6　浦辺設計蔵

14　浜幸ビル [p.102]
14-1　撮影：奥村浩司／Forward Stroke
14-2　模型制作：福山大学大島研究室
14-3　撮影：二川幸夫
14-4　撮影：新建築社写真部

15　両備バス西大寺ターミナル [pp.103–104]
15-1–3, 5　すべて撮影：奥村浩司／Forward Stroke
15-4　撮影：彰国社写真部
15-6　模型制作：福山大学大島研究室
15-7　浦辺設計蔵

16　東京造形大学 [pp.112–113]
16-1, 3　撮影：村井 修 ©
16-2　模型制作：東京造形大学上田研究室
16-4　撮影：新建築社写真部
16-5　浦辺設計蔵（図面を加工）
16-6　浦辺設計蔵

17　西条市立郷土博物館東予民芸館 [pp.114–115]
17-1, 3, 4　撮影：奥村浩司／Forward Stroke
17-2　模型制作：福山大学大島研究室
17-5　浦辺設計蔵

18　東京女子大学研究本館 1・2 号館 [p.116]
18-1–4　すべて撮影：奥村浩司／Forward Stroke

19　倉敷レイヨン中央研究所（現・クラレくらしき研究センター） [pp.117–118]
19-1–4　すべて撮影：奥村浩司／Forward Stroke
19-5　模型制作：浦辺設計

column 19　大原總一郎への思い [p.119]
C19-1–3　すべて浦辺設計蔵
C19-4　撮影：新建築社写真部

20　倉敷文化センター（現・倉敷公民館）
[pp.120–121]
20-1, 3–5　すべて撮影：奥村浩司／Forward Stroke
20-2　模型制作：京都工芸繊維大学笠原・三宅（田原・笠原）研究室
20-6　浦辺設計蔵

21　西鉄グランドホテル [pp.122–123]
21-1, 3, 6　すべて撮影：奥村浩司／Forward Stroke
21-2　模型制作：神戸大学槻橋研究室
21-4, 5　撮影：二川幸夫
21-7　浦辺設計蔵

column 21　浦辺鎮太郎のホテル建築
[pp.124–125]
C21-1–5　すべて浦辺設計蔵
C21-6　撮影：二川幸夫

22　倉敷商工会館 [p.126]
22-1　撮影：奥村浩司／Forward Stroke
22-2　撮影：加藤嘉六

23　倉敷市水道局庁舎（現・倉敷市立自然史博物館）
[p.127]
23-1　撮影：奥村浩司／Forward Stroke
23-2　浦辺設計蔵

24　倉敷市民会館 [pp.128–131]
24-1, 3–8　すべて撮影：奥村浩司／Forward Stroke
24-2　模型制作：岡山理科大学平山研究室
24-9–12　すべて浦辺設計蔵

column 24　大原總一郎の夢 [pp.132–133]
C24-1, 4–7　浦辺設計蔵
C24-2, 3　撮影：奥村浩司／Forward Stroke

25　倉敷アイビースクエア [pp.134–139]
25-1–8, 10　すべて撮影：奥村浩司／Forward Stroke
25-9　模型制作：岡山県立大学福濱研究室
25-11　撮影：恒成一訓、協力：日本写真保存センター
25-12　撮影：新建築社写真部
25-13, 14　浦辺設計蔵

column 25-1　コンバージョンの手法から読み解く
[pp.140–141]
C 25-1-1　撮影：福濱嘉宏
C 25-1-2, 3, 5–8　すべて浦辺設計蔵
C 25-1-4　撮影：新建築社写真部

column 25-2　「黒と白」「白と赤」へ作風の転機
[pp.142–143]
C 25-2-1–6　すべて撮影：奥村浩司／Forward Stroke

topic 02　一丁シャンゼリゼ計画と大原構想
[pp.144–148]
T2-1–8　浦辺設計蔵

26　千里阪急ホテル [pp.156–157]
26-1, 2, 4–6　すべて撮影：奥村浩司／Forward Stroke
26-3　模型制作：関西大学橋寺研究室

27　紀伊風土記の丘松下記念資料館 [pp.158–159]
27-1-3, 5, 6　すべて撮影：奥村浩司／Forward Stroke
27-4　模型制作：和歌山大学平田研究室
27-7　浦辺設計蔵

column 27　遺跡へのリスペクトとその現代的「再演」
[p.160]
C27-1–3　すべて撮影：平田隆行

28　黒住教新霊地神道山大教殿 [pp.161–163]
28-1, 3–5, 7, 8　すべて撮影：奥村浩司／Forward Stroke
28-2　模型制作：大阪工業大学朽木研究室
28-6　撮影：新建築社写真部

column 28　近代における宗教建築としての黒住教・太陽の神殿 [pp.164–165]
C28-1　栗田勇監修『現代日本建築家全集 12 浦辺鎮太郎、大江宏』三一書房、p.86 をもとに筆者作成
C28-2　撮影：奥村浩司／Forward Stroke
C28-3　国土地理院基盤地図情報をもとに筆者作成
C28-4　『建築文化』1975 年 4 月号、彰国社、p. 78

29　倉敷市庁舎 [pp.166–171]
29-1, 3–11　すべて撮影：奥村浩司／Forward Stroke
29-2　模型制作：神戸大学遠藤研究室
29-12　撮影：新建築社写真部
29-13–17　すべて浦辺設計蔵

column 29　倉敷市庁舎への思い [pp.172–173]
C29-1–6　すべて撮影：笠原一人

topic 03　幻の市庁舎計画案 [pp.174–177]
T3-1–6, 13, 14　すべて浦辺設計蔵
T3-7, 8　『大阪市庁舎建設記録』大阪都市協会、1987 年
T3-9, 10　撮影：笠原一人
T3-11, 12　『日経アーキテクチュア』1979 年 11 月 26 日号、日経 BP

30　倉敷中央病院 [pp.178–181]
30-1, 2, 4–7　すべて撮影：奥村浩司／Forward Stroke
30-3　模型制作：京都工繊維大学角田研究室
30-8–10　すべて撮影：三輪晃久写真研究所
30-11, 12　浦辺設計蔵

column 30　創立の志を受け継ぐ病院
[pp.182–184]
C30-1–3, 6　すべて撮影：三輪晃久写真研究所
C30-4, 5　上塘耀己（2017）「病院建築の成長と変化に応じた計画手法と設計者の取り組みに関する研究」首都大学東京大学院都市環境科学研究科修士論文を一部改変

31　倉敷駅前再開発東ビル・西ビル [p.185]
31-1–3　すべて撮影：奥村浩司／Forward Stroke
31-4　浦辺設計蔵

32　三州足助屋敷 [pp.186–187]
32-1–4　すべて撮影：奥村浩司／Forward Stroke
32-5　浦辺設計蔵

33　六高記念館 [pp.188–189]
33-1, 3–7　すべて撮影：奥村浩司／Forward Stroke
33-2　模型制作：浦辺設計
33-8　浦辺設計蔵

34　日本女子大学成瀬記念館 [pp.190–191]
34-1, 3, 4　すべて撮影：奥村浩司／Forward Stroke
34-2　模型制作：日本女子大学宮研究室
34-5　浦辺設計蔵

35　大佛次郎記念館 [p.192–196]
35-1, 2, 4–9　すべて撮影：奥村浩司／Forward Stroke
35-3　模型制作：神奈川大学石田研究室
35-10–12　すべて浦辺設計蔵

column 35　撮影を通して見る浦辺建築 [p.197]
C 35-1–3　すべて撮影：奥村浩司／Forward Stroke

36　横浜開港資料館 [p.198–201]
36-1, 3–7　すべて撮影：奥村浩司／Forward Stroke
36-2　模型制作：神奈川大学中井研究室
36-8, 9　浦辺設計蔵

column 36　浦辺鎮太郎の建築類型学
[p.202–203]
C36-1, 5　撮影：奥村浩司／Forward Stroke
C36-2, 4　浦辺設計蔵
C36-3　横浜開港資料館蔵

37　神奈川近代文学館・霧笛橋 [p.204–206]
37-1, 3–5, 7–9　すべて撮影：奥村浩司／Forward Stroke
37-2　模型制作：神奈川大学曽我部・吉岡研究室
37-6　浦辺設計蔵

English Texts

Foreword 244

Shizutaro Urabe, Kurashiki, and Soichiro Ohara / Ken-ichiro Oohara 245

The Unknown Architecture of Shizutaro Urabe / Terunobu Fujimori 247

In Pursuit of Architecture for Citizens / Kazukiyo Matsuba 249

Connecting Craft and Industry / Hiroshi Matsukuma 252

Introduction — The Starting as a Facilities Engineer and the Encounter with Folk Art, 1934–1950 254

column I   Before Deciding to Be a Facilities Engineer –Based on the Relationships with Teachers and Friends at Kyoto University / Hiroshi Matsukuma 255

column II   Admiration for Dudok / Kazuto Kasahara 256

column III   Meeting with Kazue Yakushiji / Yasutsugu Ueda 257

column IV   The 1953 Notes / Kiyoshi Nishimura 258

Chapter 1 — Practice of Regionalism Rooted in Kurashiki, 1951–1963 259

Town Development of Kurashiki that Continued for Two Generations / Yasutsugu Ueda 259

Shizutaro Urabe and Industrialization / Yoshiaki Hanada 261

Dialogic Sensibility to Connect Different Things / Yoshiji Takehara 262

project 01   **The United Church of Christian in Japan Saijo Eiko Kyokai (Saijo Glory Church) (a chapel, a rectory, and Saijo Eiko kindergarten) (1951)** 263

column 01   The Things That Can Be Seen from an Investigation of the Saijo Eiko Kyokai (Saijo Glory Church) / Koichi Wada 264

project 02   **The Kurashiki Archaeological Museum Extension (1957)** 265

column 02   Design of "Harmony and Distinction" in the Kurashiki Archaeological Museum / Kazuto Kasahara 265

project 03   **Ryokan Kurashiki (Renovation / 1957) & Coffee Kan (1971)** 266

topic 01   The Townscape of the Kurashiki Bikan Historical Quarter / Yoshinori Tsujino 267

project 04   **PH-1 Prefabricated House (1963 / Not existing)** 268

column 04   About the Details of the PH-1 Prefabricated House / Yoshiaki Hanada 268

project 05   **Kurashiki Rayon Co., Ltd., Second Okayama Plant (1960)** 269

column 05   The Urabe's Way Deciphered from His Factory Architecture / Kiyoshi Nishimura 270

project 06   **Kurashiki Rayon Takatsuki Apartment (Type RC-60) & Singles' Dormitory (1964 / Not existing)** 271

column 06   Type RC-60: Shizutaro Urabe's Employee Housing Architecture / Kiwamu Yanagisawa 271

project 07　**Japan Folk Art Museum (1960 / Not existing)** 272

　　　column 07-1　On the Kurashiki Module (KM) / Kiyoshi Nishimura 273

　　　column 07-2　The Mingei (Folk Crafts) Movement and Pent Roof Walls / Kazuto Kasahara 274

project 08　**The Ishii Memorial Aizen-en Single Female Housing (1961 / Not existing) and Nursery School (1962 / Not existing)** 275

project 09　**Ishii Memorial Aizen-en Aizenbashi Hospital (1965 / Not existing)** 275

　　　column 08・09　The Series of Facilities for Aizen-en / Kazuto Kasahara 276

project 10　**The Kyoto Airlines Building (1961 / Not existing)** 276

project 11　**The Annex for the Ohara Museum of Art (1961)** 277

　　　column 11　Eight Plans for the Ohara Museum of Art, Annex / Hiroshi Matsukuma 277

project 12　**The Kurashiki Kokusai Hotel (1963)** 279

　　　column 12　Ohara and Urabe's Hotel Concept that Comes to Fruition in the Kurashiki Kokusai Hotel / Hiroshi Matsukuma...... 279

project 13　**The Kurashiki Youth Hostel (1965)** 281

project 14　**The Hamako Building (1966)** 281

project 15　**The Ryobi Saidaiji Bus Terminal (1966)** 282

Chapter 2　**From the Development of the Kurashiki Model to Its Transformation, 1964–1974** **282**

　　　Modernism and "Japan" –Struggle and Position of Shizutaro Urabe's Architecture / Tsutomu Shigemura 283

　　　What the Town of Kurashiki Inherits from Urabe / Toru Naramura 284

　　　The Urabe Spirit that Remains Today / Kiyoshi Nishimura 286

project 16　**Tokyo Zokei University (Phase I: 1966 / Not existing)** 287

project 17　**The Toyo Folk Art Museum of the Saijo City Folk Museum (the present-day Ehime Museum of Folkcraft) (1967)** 288

project 18　**Tokyo Woman's Christian University, Building No. 1 (1968) & No. 2 (1967)** 288

project 19　**The Kurashiki Rayon Central Research Center (the present-day Kuraray Kurashiki Research Center) (1968)** 289

　　　column 19　Thoughts Toward Soichiro Ohara / Kiyoshi Nishimura...... 289

project 20　**The Kurashiki Cultural Center (the present-day Kurashiki Public Hall) (1969)** 290

project 21　**The Nishitetsu Grand Hotel (1969)** 290

　　　column 21　Shizutaro Urabe's Hotel Architecture / Kiyoshi Nishimura 291

project 22　**The Kurashiki Chamber of Commerce and Industry Hall (1971)** 292

project 23   The Kurashiki City Bureau of Waterworks Building
(the present-day Kurashiki Museum of Natural History) (1971) 292

project 24   The Kurashiki City Auditorium (1972) 293

column 24   Soichiro Ohara's Dream / Kiyoshi Nishimura 293

project 25   Kurashiki Ivy Square (1974) 294

column 25-1   Deciphering from the Conversion Method / Yoshihiro Hukuhama 295

column 25-2   The Turning Point in Style from "Black and White" to "White and Red" / Kiyoshi Nishimura 296

topic 02   The Petits Champs Élysées and the Ohara Vision / Kiyoshi Nishimura 297

Chapter 3   Masterful Form-Creation in the Era of Post-Modernism, 1970–1984 298

Mr. Urabe and Post-Modernism / Kazukiyo Matsuba 299

Shizutaro Urabe Seen from the Perspective of Municipal Hall Architecture / Kazuto Kasahara 300

How was Shizutaro Urabe Involved in Urban Design City Yokohama? / Masashi Sogabe 301

project 26   The Senri Hankyu Hotel (Phase I: 1970 , Phase II: 1976) 303

project 27   The Kii-fudoki-no-oka Museum of Archaeology
and Folklore Matsushita Memorial Archives (1971) 303

column 27   Respect for Historical Ruins and Their Modern "Recreation" / Takayuki Hirata 304

project 28   The Kurozumi-Kyo New Daikyoden Prayer Hall in Shintozan (1974) 304

column 28   The Kurozumi-Kyo's Shrine of the Sun as Religious Place of Modern Architecture / Yoshitsuna Kutsuki 305

project 29   The Kurashiki City Hall (1980) 306

column 29   Desire for the Kurashiki City Hall / Kazuto Kasahara 306

topic 03   Unrealized City Hall Planning / Kazuto Kasahara 307

project 30   The Kurashiki Central Hospital (Phase I: 1975, Phase II: 1980, Phase III: 1981) 309

column 30   Hospital Inheriting the Phylosophy of Foundation / Yoshinori Tsujino 309

project 31   The Kurashiki Station Area Redevelopment: East Building & West Building (1980) 311

project 32   The Sanshu Asuke Yashiki (1980) 311

project 33   The Sixth High School Memorial Hall (1980) 312

project 34   Japan Women's University Naruse Memorial Museum (1984) 312

project 35   The Osaragi Jiro Memorial Museum (1978) 313

column 35   The Urabe Architecture Seen Through Photo Shooting / Koji Okumura 313

project 36   Yokohama Archives of History (1981) 314

column 36   The Architectural Typology of Shizutaro Urabe / Kunio Nakai 314

project 37   The Kanagawa Museum of Modern Literature (1984) , Muteki Bridge (1986) 315

pp.2–3

Foreword

We are pleased to announce the opening of exhibition "The Work of Architect Shizutaro Urabe: from Kurashiki to the World, from Craft to Town Development."

Shizutaro Urabe (1909–1991) was born in Tsubue-Mura, Kojima-gun, (present-day Tsubue, Kurashiki City), Okayama Prefecture, and after having studied at Okayama First Junior High School and the former (pre-war) Sixth High School, he enrolled in the Department of Architecture in the Faculty of Engineering at Kyoto Imperial University in 1930. It was a tough time when Japan was in the midst of the Showa Depression, having been influenced by the Great Depression of 1929, and advancing from the Manchurian Incident toward the Sino-Japanese War, followed by the Pacific War. Nevertheless, the architectural academia at that time had distinguished teachers such as Koji Fujii, Keiichi Morita, Shizuo Ban and others led by Goichi Takeda, who was an important figure in the architecture world of the Kansai region (the southern-central region of Japan's main island), and a liberal atmosphere was being preserved. Through architectural magazines, Urabe came to be fascinated by the avant-garde modern architecture movement, which was beginning afar in Europe, and he started to admire Peter Behrens (1868–1940) and W. Gropius (1883–1969) in Germany (the latter founded the art school, the Bauhaus) as well as Le Corbusier (1887–1965) in France. However, he was arrested because of the Marxism-influenced pro-Communist Party activities in which he took part with his classmates Uzo Nishiyama (1911–1994) and others, and he ended up being suspended from the school for half a year. Because of this, Urabe moved to Tokyo and had the opportunity to learn from Arata Endo (1889–1951), a distinguished disciple of F. L. Wright (1867–1959), who completed Koshien Hotel (present-day Mukogawa Women's University, 1930). While working with him, Urabe was strongly attracted to the life of the architect, W. M. Dudok (1884–1974), who vernacularized Wright's style in a small Dutch city of Hilversum and dedicated his life to town development; this experience helped Urabe find his own direction in life.

Graduating from the university in 1934, Urabe joined Kurashiki Rayon Co., Ltd., (present-day Kuraray) and began working as a facilities engineer in an effort to become a "Dudok of Kurashiki." There, he had a fateful encounter with Soichiro Ohara (1909–1968) who went to junior high school and the Sixth High School with Urabe and joined the company as a full-time employee in the same year as Urabe to be the successor to the founder of the company and his father, Magosaburo Ohara (1880–1943). Urabe's boss was the talented senior architect, Kazue Yakushiji (1884–1965), who worked on the Ohara Museum of Art (1930) after transferring from the Army Ministry to Kurashiki Rayon

Co., Ltd. at the request of Magosaburo. This way, Urabe, together with Ohara, started his design activities to make Kurashiki a city that protected and nurtured history like the old German city of Rothenburg. In 1962, under the direction of Ohara, Urabe established the Kurashiki Architecture Research Institute as an organization to conduct research and development broadly on design in general and prefabricated housing while taking over the work of the facility management department, and in 1964, he opened his Kurashiki Architecture Office to become independent and began his career as an architect. During half a century of his design activities, just to count the major postwar buildings, he designed as many as 300 pieces of architecture. Of these, the architecture built in Kurashiki accounts for nearly 20%, so it is clear that Urabe, along with Ohara, developed his own way by rooting himself in Kurashiki's culture and tradition.

What is noteworthy about Urabe's work is that he broke new ground by combining crafts (handwork) and industry (industrialization), which no other architects could achieve, in his pursuit of the modern architecture that harmonized with the traditional cityscape of Kurashiki as represented by his early works of the Ohara Museum of Art (1961) and Kurashiki Kokusai Hotel (1963). Furthermore, in Kurashiki Ivy Square (1974), he successfully made a pioneering attempt to convert a red brick spinning factory to a lodging facility, and by so doing he brought to the impasse of modern architecture a self-awareness about the importance of dialogue with history. In addition, in the Kurashiki City Auditorium (1972), the Kurashiki Central Hospital (1975–1981), the Kurashiki City Hall (1980), etc., Urabe created the architecture with splendor and richness that incorporated decoration and the color and material textures of roofs, which modern architecture had dismissed. Then, in Osaragi Jiro Memorial Museum (1978), the Yokohama Archives of History (1981), and Kanagawa Museum of Modern Literature (1984), which he worked on in Yokohama, he pioneered, with more flexible design, a unique world of architecture that differed from the post-modernism of the same period. For his work, he received many awards including the Prize of the Architectural Institute of Japan for Architectural Design Division (twice), the Grand Prize of the Architectural Institute of Japan for "contribution to the field of architecture through community-based town planning and creation of excellent architecture," the architecture yearbook award, the Mainichi Art Award, etc.

In commemoration of the 110th anniversary of his birth, this exhibition, the first after his death, will introduce the entire trajectory from the early days when Urabe started working as a facilities engineer at Kurashiki Rayon Co., Ltd. to the final years of his career. At this very moment when we celebrate the 150th

pp.9–11

Shizutaro Urabe, Kurashiki, and Soichiro Ohara

Ken-ichiro Oohara
Honorary Director, Ohara Museum of Art

anniversary of the Meiji Restoration, it is being widely asked what Japanese modernity was. In addition, at this exact moment when we stand at the outset of an era of a declining population that we have never experienced, the work of Shizutaro Urabe, who continued to seek the modern architecture suitable for its scale on the basis of the local communities and in dialogue with traditions and climates, will provide significant clues for the architecture and town development of the future. We hope that this exhibition will be a starting point for fostering a better living environment.

Lastly, we would like to express our sincere gratitude to the parties concerned and the organizations that have helped us organize this exhibition.

Organizers

Mr. Shizutaro Urabe was a genuinely Kurashiki person born and raised in Kurashiki. He grew up while absorbing all the nutrients developed by the history and the culture of this region, and throughout his life, he maintained strong feelings toward Kurashiki, so one may call him a genuinely Kurashiki person with particularly strong Kurashiki characteristics.

At the same time, Mr. Urabe was a world citizen. He was an architect who practiced architecture looking at the world from Kurashiki while being rooted in Kurashiki.

In the summer of 1954, Mr. W. Gropius visited this town, Kurashiki, and spent three days. Mr. Urabe, who, along with Mr. Kenzo Tange and his wife, guided Mr. Gropius around the town of Kurashiki, which had retained the image of a commercial city from the Edo period, later recalled, saying, "We had the old-fashioned appearance (of Kurashiki) exposed to the acute vision of the modern architect so he can see it straightforward." He used to talk about this nostalgically, remembering how Mr. Gropius would respond interestedly to Kurashiki's townscape and the rows of the roof tiles, as well as the attention given to every corner of the buildings.

For Mr. Urabe, who saw the world with a gaze nurtured in Kurashiki, the way the modern architect, intrigued by the townscape of Mr. Urabe's own town, looked intently at the details with a gaze of the world must have been something that caused him to make various discoveries and to have a deep feeling of sympathy.

Mr. Urabe had such a deep attachment to Kurashiki and keen eyes toward the world. And it seems that Soichiro Ohara, who should be called Mr. Urabe's sworn friend, was the one who understood that most.

Meeting with Soichiro Ohara

Soichiro Ohara was an entrepreneur born in Kurashiki in 1909, the same year as Mr. Urabe. As the eighth generation of a traditional local merchant family, he was an opinion leader about the town of Kurashiki, while at the same time, as the president of Kurashiki Rayon Co., Ltd. (present-day Kuraray), he worked on, among other things, the commercialization of vinylon, a synthetic fiber made with domestic technologies, led expansion into various new fields, and built the foundation of Kuraray, which later grew into a unique chemical manufacturer.

He also had loved music since his youth, developed familiarity with philosophy, and was a thinker with especially deep feelings toward art and folk art. Always with unwavering values backed by profound reasoning, he was also called a "philosophizing businessman."

Right after graduating from Kyoto Imperial University, Mr. Urabe returned to the hometown Kurashiki and joined Kuraray (then Kurashiki Kenshoku Co., Ltd.), where Soichiro served as the president. It is noted that he said, "I worked as an engineer rather than an architect."

This way, while developing techniques and skills, he became very close to Soichiro and came to discuss with him fine art, art, architecture, and the city of Kurashiki as well as its hidden values. Mr. Urabe focused his attention to the 1km-square area in the center of Kurashiki which kept a beautiful townscape and had a plan to create a unique area where history and tradition would coexist with a contemporary spirit, and this too was born out of the dialogues with Soichiro.

The plan came to fruition in the Kurashiki Kokusai Hotel (1963), which should be called a joint work. And after 1968, when Soichiro Ohara died young, the same thought continued to exist and was inherited in the works created thereafter.

The Group of Works such as the Kurashiki Kokusai Hotel and Kurashiki Ivy Square

The Kurashiki Kokusai Hotel is a compact, the beautiful hotel completed next to the Ohara Museum of Art in Kurashiki. In 1964, it received the Prize of the Architectural Institute of Japan for Architectural Design Division.

Mr. Urabe shared with Soichiro Ohara the desire for "making Kurashiki a world's first-class city and making it high in value though small in size." Also, Soichiro used to say, "There is always a world's first-class hotel in a world's first-class city."

The "first-class hotel" that Soichiro had envisioned was not one just with excellent techniques of "hospitality." "The one with first-class value and character beyond hospitality" was a "first-class hotel" according to Soichiro.

Mr. Urabe shared the same thought with Soichiro, and to realize it through the Kurashiki Kokusai Hotel, he poured his heart to its design while discussing with Soichiro day and night.

This is how the Kurashiki Kokusai Hotel was completed, and it received many awards, including the Prize of the Architectural Institute of Japan. The episode that Mr. Kenzo Tange's wife who visited there said, "Ah cute, I want to wrap this hotel in Furoshiki wrapping cloth and take it back to Tokyo," continues to be talked about even to this date.

Even after Soichiro's death, this "first-class" philosophy continued to be passed down in Kurashiki from generation to generation. One of the typical examples of it was the hotel, Kurashiki Ivy Square (1974), which President Atsushi Tanaka (then) of Kurabo Industries Ltd., a great supporter of Soichiro, poured his heart into and completed through repeated discussions with Mr. Urabe. This unique hotel, which incorporated a variety of progressive concepts while retaining the remains of the Kurabo

Industries' founding factory, has become a popular destination not only for architectural professionals but also for many local citizens and tourists.

In addition, Mr. Urabe used to tell that the concepts that he discussed and tried to achieve with Soichiro were alive in those works of his completed after Soichiro's death including the Kurashiki Civic Hall (1972), which is still loved by many classical music performers as a comfortable concert hall, the Kurashiki City Hall (1980), and the Kurashiki Cultural Center (the present-day Kurashiki Public Hall, 1969).

Mr. Urabe, Kurashiki, and Soichiro

Mr. Urabe deeply understood that there were local people who "loved their land" in cities all over Japan and the world because he himself was deeply in love with Kurashiki, and to incorporate the desire of such people, he thought very hard and was very considerate. Building on the experience of having great achievements by paying attention to the accumulation of history and culture in Kurashiki and to the voices of the spirits who lived there, he remained consistent in paying respect to history and culture in other towns as well and in his attitude to try to find out the meaning of his involvement as an architect.

For example, when starting the design for the Nishitetsu Grand Hotel (1969) in Fukuoka, completed six years after the completion of the Kurashiki Kokusai Hotel, Mr. Urabe conducted an in-depth investigation of Fukuoka's history and culture and heeded the origin and the memory of the land known as Fukuoka. During that time, he said something like, "I was glad to feel that the deep relationship between Josui Kuroda, who built the foundation of Fukuoka, and my home country Okayama, is there even to this date."

Now, looking back on Mr. Urabe's work with fresh eyes, I can feel that the unique sensibility born out of his love for the hometown and the strong aspiration that was formed through his discussion with Soichiro Ohara, who was his comrade with the same affection, are alive in every corner of his work.

I would like to express my deep gratitude and respect to Mr. Urabe again as a genuine Kurashiki person myself and as the son of Soichiro Ohara, who was Mr. Urabe's sworn friend.

pp.12–15

The Unknown Architecture of Shizutaro Urabe

Terunobu Fujimori
Director, Edo-Tokyo Museum / Professor Emeritus, Tokyo University

I remember hearing the interesting sounding name "Urachin" for the first time when I was a graduate student in the early 1970s during a meeting between Prof. Teijiro Muramatsu (1924–1977), my dissertation advisor, and Shozo Baba, the editor-in-chief of the "Shinkenchiku (New Architecture)" magazine. As we talked about the architecture community of Osaka, it was brought up along with Togo Murano (1891–1984).

After I had advanced to the doctoral course, when the Urabe's office was to work on the conversion (1974, currently Kurashiki Ivy Square) of Kurabo Industries Ltd. 's (present-day Kurabo) red brick factory, Prof. Muramatsu was requested to conduct a survey on the existing conditions, the whole laboratory stayed in the wooden dormitory within the factory and spent several days investigating the actual conditions of the spinning factory from the Meiji period. At that time, we were treated well by Mr. Keizo Matsumura from Urabe's office, and "Mr. Urachin" stopped by to greet Prof. Muramatsu. His thin, gentle face with white hair stayed in my memory.

An Osaka architect deeply rooted in Kurashiki and a contemporary architect who valued historical heritage. These two attitudes, especially the latter, were greatly divergent from the interests of the Japanese architectural community at that time, and graduate students had no interest in Shizutaro Urabe's work.

When I stayed at the Kurashiki Kokusai Hotel (1963) for a symposium or something after some time had passed since our first meeting, Mr. Urabe, who were staying there too, kindly explained to me the difficulty and key points of hotel design, and looking around inside and outside the following morning, I was strongly impressed.

"An expression that fits in with one's heart while being a form no one has ever tried."

It was the first time I encountered architecture that gave such an impression.

I was particularly impressed with the exterior appearance. First, the overall form is based on a trapezoid in exposed concrete with two trapezoidal penthouses lined up on the roof, and the walls of each floor from the upper to the ground floors are also inclined slightly inward, leaving an impression of the trapezoidal form on one's mind.

The finish materials are also exceptional. First, the trapezoidal layers that look like a wall or an eave are in exposed concrete, and sandwiched between these layers are the layers with operable windows painted white with a band of flat roof tiles running at the bottom.

While the expression of exposed concrete in the postwar modernist architecture is based on either the rectangular box shape of walls or framing, or the undulation of emphatically curved surfaces, the expression conveying an image of a trapezoid gives its spectators a mysterious impression as if they were looking at the ruins of ancient civilizations standing in a desert in the Middle East, and further the combination of the gray backdrop of the concrete and the white of the plaster and the black of the flat roof tiles somehow makes one feel the tradition of Kurashiki, but at the same time it does not fit in with that tradition.

While making full use of exposed concrete that led the postwar Japanese architecture, it has, however, a quality that deviates significantly from the 20th century modernism that gave rise to exposed concrete.

Regarding the quality of deviation from modernism, Togo Murano had been ahead, but unlike Murano's deviation, if Murano's is said to be a deviation out of 'play' or 'historicism', Urabe's, to me in those days, appeared to be a deviation of an unknown kind.

Urabe who derailed from modernism

Why did Urabe cause such an unknown deviation? Let's look at his personal history.

Urabe finished the architecture program at Kyoto University in 1934. The ambitious students at the time were inclined to Marxism in terms of social thought, and for architectural thought, they were deeply influenced by modernism. Naturally, active Urabe, along with his classmates Uzo Nishiyama and Sanai Hashimoto, was inclined to Marxism, and although Nishiyama escaped, Urabe was arrested and detained by the Special Higher Police, and as a result suspended from school. On the other hand, as for Nishiyama, who managed to escape, the circumstances changed completely when he graduated and joined the army. Nishiyama, who was questioned as a witness when Hashimoto was suspected of having a relationship with the Communist Party, was allowed to express his conversion that night, and was later retired from the army as a veritable army lieutenant.

When Urabe was studying architecture, young architects were all enamored with modernism, but that modernism was divided into two. Preceded by the Bauhaus group led by Mamoru Yamada, Kikuji Ishimoto, Kameki Tsuchiura, and Bunzo Yamaguchi, and a little later, the Corbusier group led by A. Raymond, Kunio Mayekawa, and Junzo Sakakura was on the rise.

If Urabe had entered the architecture world without being suspended from school, he must have attempted the modernism with a large glass in a white box as a Bauhaus group member, or turned to the Corbusier group and pushed ahead with exposed concrete on all sides, but that did not happen due to the influence of Arata Endo, for whom Urabe went to Tokyo to work while he was suspended from school.

247

Endo as Wright's disciple was keeping a distance from Modernism, so Urabe met the architecture of W. M. Dudok from the Netherlands on a newly arrived magazine. It was a thatched elementary school with a modern design. Thatched modern is nothing but the design of the Amsterdam School, which emerged in the Netherlands slightly before the establishment of modernism by the Bauhaus, and it shared with Wright the use of modernized traditional materials and forms.

It is unknown why Urabe was attracted to Endo and the Amsterdam School that were one step behind the time, but it must be said that this was a very unique realization and choice among the Urabe's generation.

The background as described above shows that deviation from modernism was occurring while he was a student, but one cannot help perceiving in Urabe's subsequent architectural design qualities different from that of the Amsterdam School, Endo or Murano. Specifically, the Amsterdam School, Endo, or Murano never brought concrete to the foreground of their expression, while Urabe in the Ohara Museum of Art Annex (1961) and the Kurashiki Kokusai Hotel, which are representative of his early works, let exposed concrete combined with natural materials play the central role.

Thinking about why the difference among Endo (born in 1889), the Amsterdam School, Murano (born in 1891), and Urabe (born in 1909) appeared prominently in the treatment of concrete, one begins to notice a generational gap of nearly 20 years.

The former three established themselves as an architect prior to the establishment of modernism by the Bauhaus in the early 1930's, while Urabe began to learn architecture in the midst of nothing but modernism, and, in the middle of the way, derailed from the railroad track of modernism.

Nishiyama as well as Mayekawa, Sakakura, and Tange turned away from Marxism and liberalism in terms of social thought in the tumultuous history of the 1930s, leaned to the right, and became nationalistic, but in architectural thought, they remained as a straightforward modernist. Under such circumstances, Urabe dropped out of Marxism as early as he was still attending school, and at the same time derailed from modernism.

Having dropped out twice, the young Urabe had no position to hang onto.

Watching from afar his classmate lean to the right, become nationalistic, and succeed as a veteran army lieutenant at the Japan Housing Corporation and Kyoto University, Urabe found himself alone in the facility management department of Kurashiki Rayon (present-day Kuraray) in his hometown, a humble position for him to hang onto, and he would have had nothing but to immerse himself in the world of hobbies.

His hobby at that time was "antiques," and what Urabe, as a designer became aware of as an extension of his hobby, might have been "Mingei (folk art)." While as an architectural expressionist, Urabe had kept a low profile in society and in the architectural community, antiques and folk art provided salvation to his eyes.

Another international

Having passed the modernism of the early 1930s and the period when modernists turned nationalist during the war, Urabe finally after the war posed a question for the first time to the public and the architectural community about his own architectural expression with the two projects of the Ohara Museum of Art Annex and the Kurashiki International Hotel. In those projects, the "unknown deviation" from modernism which was enjoying its prime was occurring and was different in quality from that of Arata Endo, the Amsterdam School, or Togo Murano.

When one thinks about what that quality was, the "antiques" and "folk art" that provided salvation to his eyes during his low-profile period in Kurashiki give some clues.

Antiques have the property that they can be placed anywhere. Even in front of a red brick wall of European architecture, even with a wooden panel wall of an old folk house in the background, and even within a pure white room of modernism, they sit comfortably anywhere and do not create discord in the space. Originally, they were created in a certain place and history (time), but "the passage of time" washed away the specificity of time and place, and they transcended place and time. The same phenomenon is found in flowers as well, as they fit well wherever in whatever country they are placed.

One can understand that folk art has the same nature by visiting the Japan Folk Crafts Museum in Komaba to look anew at how the building is made, or by holding the pottery by Kanjiro Kawai and Shoji Hamada. Kawai's is especially good.

Both have a weak connection with traditional Japanese aesthetics and share the same qualities found anywhere in the world. Therefore, nothing feels out of place when Hamada brings the art of the British countryside slipware to Mashiko.

Folk art, too, transcends the specific place and time in which it is created.

Antiques, folk art, and flowers are without nationality. If without nationality sounds offensive, say international.

Urabe as an architect was born after modernism but fell off from modernism in the middle of the way, and while keeping a low profile in Kurashiki, he might have noticed the existence of another international which is different from modernism.

The grounds for modernism's domination in the twentieth century are the conviction that it is the godsent child for the

pp.16–20

In Pursuit of Architecture for Citizens

Kazukiyo Matsuba
Professor, Musashino Art University

century of science and technology that began with the Industrial Revolution and that as science and technology are international so is modernist architecture. Yet, at least with respect to qualities found anywhere in the world, Urabe observed from antiques and folk art that another international was possible.

However, I do not believe that Urabe was aware that his eyes had acquired this empirically.

If I were to list likes and dislikes of Urabe's works in Kurashiki and Yokohama as examples, in Kurashiki, the former would be the Kurashiki International Hotel, and the latter would be the Kurashiki City Hall (1980). In Yokohama, the former would be the Yokohama Archives of History (1981), and the latter would be the Osaragi Jiro Memorial Museum (1978).

While the Kurashiki Kokusai Hotel and the Yokohama Archives of History show internationality without being bound by place and time, the Kurashiki City Hall and the Osaragi Jiro Memorial Museum openly refer to European historicism.

It is regrettable that Urabe was not aware of and did not theorize the essence he had acquired by himself during his low time. This is because articulation in language and theorization bring consistency to design.

If my idea of regarding the essence of antiques and folk art as international can be reasonably justified, the cityscape of Kurashiki with its Namako walls must also be truly borderless and international.

With its black-and-white contrast and diagonally running lines, not only are the Namako walls far from the tradition of the Japanese wooden construction, but also there are no aesthetics similar to them anywhere in the world either.

The prewar Kurashiki period might have been a challenging time for the architect Shizutaro Urabe, but it was that very Kurashiki that provided a stage for his postwar success.

"In Heisei 11 (1999), 11 people from UR Sekkei visit the Town Hall in Hilversum with a photograph of Mr. Shizutaro Urabe and his wife. Sincerely. "

Architect Yoshinori Tsujino, who was involved with Shizutaro Urabe in the design of his various works, concluded with the above words the essay titled "Urabe Architecture and Kurashiki" which he contributed to the "Collected Works of Shizutaro Urabe" (Shinkenchiuku-Sha, 2003) published after Urabe's death.

The year Heisei 11 (1999) is the eighth year after Urabe's death. Mrs. Urabe died in the 1995 Great Hanshin-Awaji Earthquake. The successors who inherit Urabe's posthumous virtue carry a photo of the couple and visit the town hall in the regional city in the Netherlands which Urabe affectionately admired as ideal architecture all his life. With the scene of the visit in mind, let us start the investigation of "the essence" of the architect Shizutaro Urabe by inheriting the concluding words of Tsujino in response to the holding of this exhibition.

The Town Hall in Hilversum was completed in 1930 with the design of the architect W. M. Dudok. Hilversum is a regional city in the Netherlands with a population of about 90,000, located about 25 km east-southeast of the capital city of Amsterdam. Dudok spent all his life there working on the design of public buildings including the town hall, schools, and others.

It is believed that Urabe became aware of Dudok's existence in 1933 when he was a student at Kyoto University. It is said that he was then a design apprentice under Arata Endo (1889–1951, an architect who implemented F. L. Wright's works in Japan as his right-hand man). Urabe was intoxicated with Dudok to such an extent that his successors visit Hilversum after the deaths of Urabe and his wife in a manner as if they visit on behalf of him. This is also supported by the fact that a framed photo of the Town Hall in Hilversum was hung on the wall in his own office.

For what part of Dudok did Urabe feel sympathy so much, even throughout his life?

Of course, there is an underlying common denominator of Hilversum and Kurashiki being a regional city. Urabe materialized the conviction of Soichiro Ohara, the commander of Kurashiki Kenshoku (present-day Kuraray), that "Kurashiki can be the Rothenburg (an old city in Germany) of Japan" with many architectural works that still exist in Kurashiki, such as Kurashiki Ivy Square (1974). In this regard, it is understandable that he projected himself onto Dudok. However, since the Town Hall in Hilversum is modernist architecture composed of overlapping three-dimensional geometries without decoration, it is rather not necessarily compatible with Urabe's style as we recognize it. There must have been "something" beyond the dimension of regional cities and the architects' contribution to them. It may be deeply related to Urabe's view of architecture and that of cities. Let us find out about it.

A Small Rural City as "Chamber Music"

It was the architect Kenji Imai who introduced Dudok to Japan. Imai went to Europe via the Soviet Union in 1926 at the request of Tokyo Chikatetsudo (Tokyo Subway), which was planning to open the first subway in Japan between Ueno and Asakusa, met with emerging architects who were responsible for modernism which was the latest architectural expression and thoughts, and reported the result of the meetings in a small booklet "AIJ Pamphlet" (1928) published by the Architectural Institute of Japan. This booklet is believed to have been the main contributor to the spread of modernism in Japan. The last item "the Netherlands" in the booklet is about the visit to Dudok, and four pages are devoted to the dialogue at Dudok's house in Hilversum. There, the following words of Dudok are presented.

" Compared with the big problem of urban planning, village planning is merely chamber music. But even chamber music can be conceived as a symphony as well. "

Considering the awkwardness of the conversations through an interpreter at that time, and the old-fashioned expressions, if we guess Dudok's true intent, it may be as follows:

"City planning is a symphony," "Village planning is chamber music," but "chamber music can be considered at the same level as a symphony." Village directly means Hilversum. In the report of his visit, Imai describes Hilversum as "a small rural city where the sound of wooden shoes of the local people passing by each other is echoing amid the morning mist." Year 1933 when Urabe learned about Dudok was the year before he started working at Kurashiki Kenshoku. Having Dudok as a lifelong object of admiration is probably deeply related to his going to Kurashiki. It is also not difficult to imagine that young Urabe was struck by the emotional expression of the sound of wooden shoes, etc. that Imai wrote. When Urabe became aware of the commander of Kurashiki Kenshoku, Soichiro Ohara's enthusiasm and determination for Kurashiki's town development, his responsibilities to be fulfilled in Kurashiki beautifully overlapped with Dudok's activities.

Incidentally, Urabe's graduation thesis at Kyoto University was "acoustic isolation" and the graduation design was "Toki Studio." Soichiro Ohara was a classical-music enthusiast, and asked Urabe to pay attention to the acoustic design of the concert hall when he founded the Kurashiki Civic Hall (1972). It is

said that until the night before his death, Urabe was apparently working on the preparation for a lecture at a gathering for listening to Soichiro Ohara's collection of SP records. As a stage for playing "chamber music" that Dudok talked about, Kurashiki had a perfect set of performers and stage equipment. Dudok says to Imai, "I would like to thank master composers more than architects," and Imai concludes that "I have recognized a common ground between architecture and music." Kurashiki became a place where Ohara conducted the orchestra to play Urabe's "rural symphony" sonorously.

Vernacular and Modernism, with Hidden Talons and Fangs

The Town Hall in Hilversum was in the planning stage when Imai visited. Dudok spread a design drawing at his office and showed it to Imai to explain the concept. This drawing is included in the "AIJ Pamphlet." However, its figure was embodying the abstract beauty of modernism that would be better suited on the streets of Amsterdam, Berlin, etc. than in a small rural city.

Dudok's architecture, which had already been realized in the city, was in a rural-Dutch-village style, as demonstrated by the Fabritius Elementary School (Fabritius is a painter in Delft, the Netherlands) with thatched sloping roofs. Urabe recommends Soichiro Ohara paying a visit to Hilversum when he visits Europe in 1937, and after his return to Japan, Urabe asks Ohara about his impression of this elementary school. Ohara's answer was "It was naive," and it became a common understanding of the conductor and the player that it had an appearance suitable for chamber music in a small rural city.

For Dudok, the transformation from the elementary school to the town hall was a natural consequence reflecting the upheaval in the Dutch architecture world at that time. There were the modernization of architecture based on Holland's cultural climate by the master architect H. P. Berlage (1856–1934), the prominence of the Amsterdam School by De Klerk and others with fantastic details that transcend the said modernization, and the rise of De Stijl by P. Mondrian and others that criticized all of them and aimed for ultimate abstraction and "dominated the aesthetics of the modernism." For Dudok, the modernism of the Town Hall in Hilversum was the "promised land" to drift onto.

While having a photograph of the Town Hall in Hilversum hung in his office, Urabe continued to create works that were distinct from the inflexible modernist architecture. For example, the details around the windows of the Kurashiki Kokusai Hotel (1963) where contemporary architecture was possessed by the spell of storehouses from the Edo period make one strongly feel the presence of the vernacular context and Urabe's subtle skills and underlying power of audacious form-creation. There was majestic

Japanese beauty that was clearly different from that of the former Kurashiki City Hall by Kenzo Tange (1913–2005) which reflected the "Shosoin Repository"-like board walls on its concrete exterior walls. In a sense, it is safe to say that Urabe continued to pursue Kurashiki's identity until the last years of his life without giving a clue about the aesthetics of modernism related to the Town Hall in Hilversum.

However, while being humble and yet with acquired shrewdness in the positive sense of the term, when Shizutaro Urabe worked on the new Kurashiki City Hall (1980) in place of Tange, he asked us for "a genuine evaluation," with his talons and fangs fully exposed from his conviction.

A Town Hall with a "Tower"

For Urabe, the "promised land" was to work on a "city hall" in Kurashiki where he had dedicated all his power to the formation of a vernacular context over his lifetime. Ohara died in 1968. However, the achievements of Urabe, who had contributed to the development of Kurashiki City, had reached such an unwavering level that all people acknowledged him as the designer of the new city hall. Then, seeing the Kurashiki City Hall (1980) that Urabe worked on, the critics including myself were stunned.

A blatant return to the history; Kurashiki's identity was condensed into the red brick used in factory buildings that formed the basis of Kurashiki Ivy Square (1974), and he let it soar on the west elevation where many visitors come and go. The roof, with a steeple with the top cut off, slopes down a considerable height on the four sides, and it is treated as if it were supported by the twelve columns under the decorative eaves. The shaft of the tower has seemingly redundant corner-stone-like trims at the four corners, enclosing the red brick tile walls.

The cliché Western-style treatment would be a theme park today? Or a love hotel? Urabe unabashedly treated the Kurashiki City Hall with the most banal form of return to the history. The design of the same taste can also be observed on the colonnade at the base of the high-rise building, but one would not pay attention to it since the form created by return to the history was towering in the air so intensely and materialistically.

However, when one considers Urabe's inclination toward Dudok's Town Hall in Hilversum, it will occur to one that the tower is the main element of this architecture and that it can be said to be the vital part of the Kurashiki City Hall.

The role of the "town hall" in a regional city (a small rural city) in Europe is highly significant. Especially in central Europe of the Germanic ethnic groups, city halls were a symbol of the citizens' solidarity originating in the free-city period of the Middle Ages, many of which had a tower that is the first or second in height in the town, and they were tailored in the Gothic style characterized with cathedrals. Dudok, in Hilversum, erected a tower, which was also a clock tower, to one side of the main building while composing the whole out of unadorned three-dimensional geometries of modernism to make the silhouette of the overall architecture something of high quality. In the Collège Néerlandais (Dutch College) (1928) which occupies one corner of the Cité Universitaire in Paris and other works, which are known as modernist works, Dudok assigns to the soaring towers a symbolic quality that breaks the monotony of the horizontal roofs of modernism.

Not to be afraid of extreme comparison, Tange's former Kurashiki City Hall has no towers. Instead, there is a balcony that looks like a platform for speech sticking out of the wall on the north side. There, one can see the "tailbone" that modernist architecture was regarded as the spearhead of democracy, the center of the agora of debates, in the post-World-War-II Japanese society. It probably reflects the status of a city hall as a place for citizens to debate freely.

On the other hand, Urabe's Kurashiki City Hall is trying by using the high tower to convey to the citizens "Kurashiki's identity" and the "tradition of the beauty of the vernacular landscape" that the small rural city has, in an easy-to-understand manner. When given the opportunity to realize the tower of the Town Hall in Hilversum by Dudok, Urabe did not give the slightest consideration to the Tange-style idea of modernism-equals-humanism, or the spearhead of democracy, which was preferred by experts, but unpretentiously managed to realize the form that citizens could intuitively understand.

I like Urabe's Kurashiki City Hall. Aside from the tower, in the hall (foyer) open to the public, the concrete expression of the marble tiles with the very nineteenth-century British arts and crafts recreated in the present world constitutes the floor, and from above, the lighting with glass of exuberant colors reminiscent of wisteria flowers, the city flower of Kurashiki, gently and softly illuminates the citizens relaxing there. Knowing the fact that the room suitable for honored guests is open to the public, one realizes Urabe's love for Kurashiki.

"For whom is architecture of a city hall?"

Whenever I stand there, I cannot help but feel being asked by gentle Urabe with his firm conviction.

pp.22–26

Connecting Craft and Industry

Hiroshi Matsukuma
Professor, Kyoto Institute of Technology

What did Shizutaro Urabe seek in architecture? Several watershed encounters reveal the trajectory of his 82-year journey. Evident too, is the heavy shadow of themes Japanese postwar modern architecture was confronted with. Introduced here is the expanding scope of the architectural world Urabe demonstrated, and how it affects us today.

Admiration for Modern Architecture, and Choosing the Path Forward

Born in Kurashiki in 1909 and enrolled in the Department of Architecture at Kyoto Imperial University in 1930, Urabe faced an unkind era. The Showa Depression pushed into the mire of a fifteen-year war that began with the Mukden Incident. Unluckily, he was arrested for his part in the student movement. Forced to take a leave of absence from his studies, Urabe moved to Tokyo, where he had the opportunity to grow close to Arata Endo (1889–1951), a disciple of F. L. Wright. Later, Urabe would describe his meeting with Endo thus:

"I was fascinated by [Dudok] because he understood Wright the most and pushed his philosophy toward a European aesthetic …This individual named Endo, he was clever, grasped Wright's ideas the fastest, good at sketching too … And he had such fun, drafting up drawings. Fun, and free from reasoning. I saw that and realized you can't always wrestle with reason. Can't produce good design if you're not having fun."

From Endo, Urabe learned not only of the work of the modernist pioneer Wright but also the lifestyle of the architect W. M. Dudok and the joy of architectural design. This mentorship must have raised him from previous despair and steeled him in grave times to emulate Dudok and make his life as an architect. After Urabe's return, the university selected his capstone project, which had been influenced by Dudok, as the best in his graduating class, and Urabe then returned to his hometown of Kurashiki and joined Kurashiki Kenshoku. There, he started on the path of architectural engineering for Soichiro Ohara.

Gropius's Encouragement and Perspective on Mingei

Twenty years later, on July 6, 1954, Harvard University professor W. Gropius (1883–1969) visited Japan for the first time for the International House of Japan's Intellectual Interchange Program and accepted Soichiro Ohara's invitation to meet in Kurashiki, where Gropius stayed for three days. Urabe attended this historical visit, and from Gropius, the founder of the Bauhaus and whom Urabe had admired since his days in school, he received encouragement that would guide him through life. Urabe faithfully wrote down the words Gropius spoke on Radio Sanyo:

"Kurashiki has impressed me. Today was a rare sort of day in that I looked around and saw a city of a particularly unified bearing. In some ways it gives the feeling of it being a city from a past era, with unique characteristics and a great reality the city's existence is not disturbed by new architecture or any other obstacle, just like to the uninterrupted shape of roofs I admired from the Art Museum. I quite like the simplicity of the roofs' uniform slopes. I felt then this city is awash with an awareness of its own cultural heritage and the willingness to uphold these ways. I visited the Museum of Folkcraft. Its displays are high quality even now, in this heyday of industrialism. It was extremely valuable for one seeking solutions to today's industrial processes in fine examples of crafts from past eras to learn of the simplicity of fabrics"

Gropius added, "The new and the old should be in harmony. I don't have an answer to what that means for Japan in my pocket now. That is something I must leave to all of you." Urabe himself had in 1948 taken part in renovating the traditional Japanese homestead that would become the Kurashiki Museum of Folkcraft under its first president, Kichinosuke Tonomura (1898–1993). Moved by Gropius's praise of the museum, Urabe must have decided in that moment to seize this "harmony" between "the new and the old" as his personal calling.

Simultaneously, Gropius's gaze must have prompted Urabe to discern the novelty of Mingei (or "art of the people") and traditional cityscapes. Even then, concepts for the Ohara Museum of Art Annex (1961) and Kurashiki Kokusai (International) Hotel (1963) had gathered momentum since their inception a year earlier in 1953.

And so, together with Ohara, Urabe would examine the rationale of Kurashiki's cityscapes and test what concrete shapes would harmonize with the old in building these two architectural structures. Another interesting record was found in the lecture notes for "General Architectural Materials," that Urabe taught at the architectural division of Osaka University's School of Engineering, which described Gropius, Le Corbusier, and Kunio Maekawa as "objective-minded," and Wright and Togo Murano as "subjective-minded (in the Gothic vein)." In comparing the works of his predecessors, Urabe was assessing his own path forward.

New Beginnings as an Architect, and Revelation

It is fair to believe the successes of the Ohara Museum of Art Annex and the Kurashiki Kokusai (International) Hotel led to confidence in Urabe's life as an architect. But he was also awakening to the reality of losses in the architectural world under the onslaught of rapid modernization in the 1960s. He remarked in a 1964 discussion:

"Modern construction methods will advance more and more for economic reasons, with or without our input. I doubt it'll regress. But crafts are on the verge of disappearing, unless they're saved. . . . I expect it would be like losing a treasure of mankind. . . . So, we, as a human race, lose something very important to us. This is what I fear most."

Perhaps this revelation led to his remarks in 1968, at a discussion attended by agitated architects of the Architectural Institute of Japan in advance of Expo '70:

"I'm becoming increasingly uninterested in the works of others and wishing to work on things only I can accomplish. I also wish to do what is requested specifically of me ... In Japan, the expo is bringing out restless architecture. In six months, these designs will disappear, but should they give others the impression of being mainstream, the future of Japanese architecture is surely at risk ... I believe real architecture is calm, sitting solid and steady. I aim to make such an example ... I'm aiming for whatever is the opposite of this expo architecture."

Further, twenty-eight years of experience in architectural engineering must have turned his awareness to the honest subject of the need for architectural structures to be maintained. In 1973, he penned his architectural philosophy:

"From the minute it's completed, a building steadily starts on the road to age, degradation, and ruin ... With time, it bakes in the sun, gets pelted by rain, and scarred and exhausted by people. Moreover, it has its limits. Architects fundamentally seek timelessness in our life's creations, and we have strived for them not to be disposable ... As before, we must build with enduring materials like iron, concrete, and brick so architecture can center on its human inhabitants, and we must push our human intellect to produce materials, especially finishing materials, in the pursuit of permanence. Disposable architecture is a mistake of the rapid modernization of the '60s. Permanence is a fundamental architectural principle."

Though Urabe recognized the limitations of industrial materials and construction methods, he pursued the concept of enduring architecture that centered on its human inhabitants. And in the postscript of the same document, he described the intentions behind the design of the Kurashiki Ivy Square, then under construction.

"This factory of the Meiji and Taisho eras-functionally removed from production purposes, and these materials barely retaining it

permanence-are at last being appreciated for the historical beauty of their environment and architecture. We are tasked with repurposing it as a hotel. It is the task of extolling the interplay of parts and finishes, the enduring nature of architecture and its materials."

Easily read here is the perception that will serve as a turning point for an era seeking and leveraging new meaning in old architecture.

Exploration and Dilemmas in Rapidly Changing Times

Indeed, what did Urabe seek in what would be the masterwork of his later years, Kurashiki's town hall (1980), designed to relocate its facility from the one designed by Kenzo Tange (1960)? What loomed before Urabe was the new predicament of rapid urban change. A merger of three cities (Kurashiki, Kojima, and Tamashima) would expand Kurashiki City to cover four hundred thousand municipalities. These urban areas, however, were scattered and lacked unity. Therefore, Urabe could not resist writing his thoughts about the town hall after its construction.

"My greatest struggle was in exploring the three cities' commonalities and incorporating them into the architecture of the town hall, as a symbol of the merger. Formerly, I'd considered only one three hundredth of the new city limits, one square kilometer, the old Kurashiki; but I soon felt this Ohara Vision wasn't right for this new reality."

The merger stretched the city limits three hundredfold, and Urabe hesitated about how to express civic spirit based on these commonalities. Nevertheless, he looked back to his origins and went on to aspire as follows. "Fifty years ago, when I was a student, these two municipal buildings engraved themselves in my mind," these two structures being the Stockholm City Hall (1923) and Hilversum Town Hall (1930). "The latter especially so impressed me, I decided to go homeward to Kurashiki, emulating the life of Dudok, and design this town hall. The new city hall's architecture does not perfectly resemble my memory of fifty years ago, but it is true that the image remains there, somewhere," he admits. He furthers the point, "The importance lies in whether citizens can feel pride and affection in this new city hall they themselves have built, and whether that will last."

This shift in intention of design, however, forced the design to embrace a new hurdle of crafting a symbol of Kurashiki somewhere rather out of touch with the central Kurashiki and its cityscapes etched in its rich history. Herein lies a clue to aid in comprehending the meaning to be found in Urabe's later works. Echoes of it are found in his observations of Yokohama's Osaragi Jiro Memorial

p.27

Introduction: The Starting as a Facilities Engineer and the Encounter with Folk Art

1934–1950

Museum, then also in its design stages:

"Fortunately, Yokohama had a big-time city planner, Akira Tamura, to manage everything. Before we architects started studying climates and cityscapes, there was a political master plan for Yokohama. It's been a high-class, cosmopolitan city since the end of the Edo period and since its port opened to foreign trade, but no structures remain to evince that history after the Great Kanto Earthquake and air raids. Perhaps the meaning behind that evocation was also a subject matter for me."

Urabe's revelation was also a question: whether a new structure could be erected to evoke history in a situation where no historically significant architecture remained. In retrospect, this dilemma Urabe faced was significant for all architectural creatives in the postmodern world. In Urabe's apprehensions squarely lay the difficult challenge of reviving craft (hands-on work) and its accompanying sense of quality and intimacy, lost to the modernization (industrialization) of architecture.

From Shizutaro Urabe's works, we can identify a sustained will to find a way for modern architecture to inherit the historical context that so appeals to our sentimentality, as in Kurashiki's streets once thickly lined with wooden buildings, and, at the heart of the matter, the accumulation of his personal efforts to join craft and industry. As we look upon his life exhibited in broad perspective for the first time, we are drawn to question our own views for modern architecture.

In April 1934, Urabe graduated from the Department of Architecture at Kyoto Imperial University and joined Kurashiki Kenshoku Co., Ltd. (present-day Kuraray) as a facilities engineer. The person who was overseeing the construction department at that time was Kazue Yakushiji (1884–1965), the executive director and plant manager who worked on the Ohara Museum of Art (1930). Under his direction, Urabe was tasked with many plant facilities, including the ones in Kurashiki, Okayama, Saijo, Maruoka, and Toyama. In May 1943 during the Pacific War, he was loaned to Kurabo Industries Ltd. (present-day KURABO) and had business trips to Tokyo as a technical section manager for Kurashiki koku-kako, and in May 1945 he was dispatched to the Takamatsu factory of the same company to get involved in the production of wooden airplanes as the manager of the construction department. He returned to Kurashiki with Japan's defeat in August, rejoined Kurashiki Kenshoku in September, and following the opinion of Soichiro Ohara that "It would be a pity to allow an aircraft engineer who produced wooden airplanes to fall away," he also worked as a section manager on the Kuraken-type kit-of-parts house (1947), which was to become a forerunner in wooden prefabricated construction. In December 1949, he became the manager of the Facility Department at Kurashiki Rayon's Osaka headquarters and went on working on welfare facilities such as apartments, singles' dormitories, and public baths. Besides this kind of work, Urabe became a member of the Japan Folk Craft Association in 1942 with Ohara's recommendation and began to deepen his knowledge of folk art, which was being advocated by Muneyoshi Yanagi. Then, when the Okayama branch of the Japan Folk Craft Association was established in 1946, he became a headquarters committee member, and through 1948, he also carried out activities to collect private houses in Okayama Prefecture in photos with Kichinosuke Tonomura who would later become the first president of the Kurashiki Museum of Folkcraft. From these experiences, a unique style was to be formed that incorporated modern design with folk art as its core.

Introduction / column I / pp.28–29

Before Deciding to Be a Facilities Engineer —Based on the Relationships with Teachers and Friends at Kyoto University

Hiroshi Matsukuma
Professor, Kyoto Institute of Technology

In April 1930, Shizutaro Urabe entered the Department of Architecture in the Faculty of Engineering at Kyoto Imperial University and began studying architecture [C I-1]. According to his recollection later, he pursued architecture because Tadashi Moriya, a close friend from the time of Okayama Junior High School and the Sixth High School, changed his future course to medicine from architecture in which he had been initially interested, and it occurred to Urabe, "then I should go with architecture (laughs), which was actually what happened," so it was apparently based on a "very shallow motive." Even so, he was good at mathematics, and he went to the local Ohara Museum of Art influenced by Moriya and gained an artistic perspective. But it was a dark time during the Showa Depression when no one could look forward to the future. However, in the Department of Architecture at that time, a free and open atmosphere was preserved by the prominent faculty including Goichi Takeda as its core member who had just completed the Osaka Mainichi Newspapers Co.'s Kyoto Branch (the present-day 1928 Building, 1928), Koji Fujii who taught environmental engineering, published the book 'The Japanese Dwelling-House,' and completed Chochikukyo (1928), his own house and the fifth experimental house he worked on, Keiichi Morita who worked on Kyoto Imperial University's Rakuyu Kaikan alumni hall (1924) and was a member of the Bunriha Kenchiku Kai (Secessionist Architectural Group) which is considered the forerunner of the modern architecture movements in Japan and was formed in 1920 by aspiring alumni of the Architecture Department at Tokyo Imperial University, and Shizuo Ban who was an authority on reinforced concrete engineering, and so on.

Under such circumstances, Urabe was fascinated by the modern architecture movements that had started in faraway Europe through foreign magazines, sympathized with the German architect Peter Behrens and W. Gropius who was taught by Behrens and the founder of the school of art Bauhaus and began to admire Le Corbusier in France. In addition, he formed an architectural research group called "dezam" with enthusiastic classmates. There must have been longing for the activities of the young generation who pursued the modern architecture for the new era as well including the "Shinko Kenchikuka Renmei (League of New Architects)," which was formed in 1930 by Kunio Mayekawa and Yoshiro Taniguchi. However, Urabe was arrested for being misunderstood as an activist and was suspended from school for half a year because of the Marxist-influenced activities sympathetic to the communist party that he participated in with his classmate Uzo Nishiyama and others. In retrospect years later, he said, "I think it was a very left-wing tendency. It was such a time. Because it was around the 5th, 6th and 7th years of the Showa era (1930, 1931, and 1932)," but at the same time, he said, "If I think about it now, I was doing something that had nothing to do with civil society," so it can be understood that it was an idealistic activity characteristic of students.

This setback must have been a big turning point. Perhaps partially because he was introduced by Takeda who acquainted with F.L. Wright, Urabe left Kyoto to move to Tokyo and had an opportunity to learn from Arata Endo (1889–1951) who was Wright's senior disciple and had just finished the Koshien Hotel (present-day Mukogawa Women's University, 1930). Under Endo, he was strongly attracted by W.M. Dudok (1884–1974), a facilities engineer who made town development his lifework and vernacularized Wright's style in the small city of Hilversum in the Netherlands. Consequently, Urabe made up his mind, saying "I want to be the Dudok of Kurashiki," and thus found his way forward. Then, Urabe returned to the university and won the highest award for his graduation design "Toki Studio," [C I-2, 3, 4, 5, 6] which was inspired by Dudok, and introduced by Moriya and recommended by Soichiro Ohara, who also had been a classmate at Okayama Junior High School and the Sixth High School, in April 1934, he joined Kurashiki Kenshoku (present-day Kuraray) in his hometown of Kurashiki starting his career as a facilities engineer.

Introduction / column II / pp.30–31

Admiration for Dudok

Kazuto Kasahara
Assistant Professor, Kyoto Institute of Technology

When Shizutaro Urabe talked about his role, he repeatedly referred to the Dutch architect W. M. Dudok (1884–1974) and regarded him as the origin of his activities as an architect. What kind of architect was Dudok, what attracted Urabe, and how was he attracted?

Dudok was a municipal engineer working at the city hall in the small town of Hilversum in the central Netherlands and was an architect who continued to design numerous high-quality public buildings, including the Town Hall in Hilversum (1931) [C II-1]. Its design was modern, but it had some old-fashioned and vernacular features such as brick tiles on the walls and thatching on the roof [C II-2,3,4,5].

It goes back to Urabe's school days when he became attracted to Dudok. At that time, he seemed to have developed an interest when he saw Dudok's work published in Western architectural magazines, including the German architectural magazine "Moderne Bauformen." Eventually, it would be reflected in his graduation design as well.

Regarding the graduation design that won the highest award of the year entitled "Toki Studio," Urabe himself said later, "The style of the architect DUDOK in Hilversum, the Netherlands, can be observed on the elevations though prematurely developed". Certainly, Urabe's graduation design looks similar to the Town Hall in Hilversum.

Urabe also said that he wanted to "become the Dudok of Kurashiki" when he was hired as a facilities engineer at Kurashiki Kenshoku (present-day Kuraray) run by Soichiro Ohara. At that time, Urabe compared Kurashiki to Hilversum and himself to Dudok.

Dudok is one of the foreign architects that drew great interest in the world of architecture in Japan from the 1920s to 1930s. According to Saori Shiotani's research, Dudok was the second most followed architect only after J. J. P. Oud (1890–1963), as far as the number of articles in Japanese architectural magazines about Dutch architecture at that time was concerned. However, back then, Dudok was considered "romantic" and "from the past," while Oud was regarded as a progressive architect.

Soichiro Ohara visited Hilversum with the advice from Urabe and described Dudok's work as "naive" as well, but in response, Urabe argued that it was "vernacular architecture that was not bound by trends." Urabe highly regarded Dudok as a universal existence, not as something outdated or naive, and probably saw himself in the same position. It is surprising that this decision was made during his school days that were supposed to have been under the huge influence of modernism.

Urabe continued to look up to Togo Murano (1891–1984), who was based in Osaka like himself. Murano himself once told that Murano's early work, the Morigo Company Tokyo Branch (the present-day Kinsan Building, 1931) [C II-6], had been modeled after Dudok's design of a newspaper company building in Amsterdam. It is also interesting that Urabe, Murano, and Dudok shared similar positions. However, it should be noted that this was not a mere coincidence but one universal way in which architects took their positions, which were shared across countries and regions in the era when modernism flourished.

Introduction / column III / pp.32–33

Meeting with Kazue Yakushiji

Yasutsugu Ueda
Specially Appointed Professor, Notre Dame Seishin University

If there had been no meeting with Kazue Yakushiji (1884–1965) [C III-1], an architect in Okayama who worked for the entrepreneur, Magosaburo Ohara (1880–1943), Shizutaro Urabe (1909–1991) [C III-2] as an architect born out of Kurashiki would have never existed.

Though Yakushiji and Urabe have as much an age difference as a parent and child, they were connected in regards to school. Yakushiji was born in Soja City, Okayama Prefecture, and after graduating from former (pre-war) Okayama Junior High School in Okayama City in 1903, he entered the Sixth Senior High School (first category engineering class), and was accepted to the Department of Architecture in the Faculty of Engineering at Tokyo Imperial University in 1906 right after the high school. Also, Urabe was born in Kurashiki City, and after graduating from Okayama Junior High School, he entered the Sixth High School (first category science class) in 1927 and advanced to the Department of Architecture in the Faculty of Engineering at Kyoto Imperial University in 1930. What they had in common was that they advanced to the same pre-war-system junior high school and high school and that they decided to major in architecture.

Urabe leaned toward the socialist thought of Marxism in his college days and was labeled as a Red. During the job search period, he thought of returning to Kurashiki and wished to join the construction department of Kurashiki Kenshoku Co., Ltd. (present-day Kuraray), which was run by Magosaburo Ohara. At the time, Kurashiki Kenshoku was a state-of-the-art rayon chemical fiber company, and surprisingly it had an in-house construction department. The department had a two-group system consisting of a design group and a facility management group with about eleven members tasked with design and construction administration. This is because Yakushiji had managed the construction group organization at the Construction Section of the Accounting Department in the Ministry of the Army where had worked previously as the highest-ranking construction engineer in the Ministry with an imperial appointment. Yakushiji was Magosaburo's right-hand man entirely in charge of the factory management, and, as the executive director and plant manager, he was tasked with the design and construction administration of all the buildings necessary for business development. Urabe had obtained this information and having labeled as a Red in his college days, apparently, approached his recruitment process full of fear. On top of that, the interviewer was Yakushiji. Yet, despite Urabe's concerns, his hiring was smoothly decided.

There was a good reason for this. In 1921, when Yakushiji was ordered by the Ministry of the Army to tour and inspect architecture in Europe, he was also asked by Ohara to observe the development status of rayon, a new textile industry, so he stayed in

Germany for a long time as well. During this time, he thoroughly inspected the state-of-the-art German corporate society, including the Friedrich-Krupp steel foundry ("Krupp" hereafter), which at that time had become a global company based in Essen, Germany. Yakushiji was greatly impressed by the way the workers and the business owner were at Krupp. It was represented, for example, by the words of the company owner, "The purpose of labor shall be welfare for the whole, happiness for all."

Yakushiji practiced this in the construction of the factory village where workers lived next to the Kurashiki Kenshoku's headquarters plant. Near the factory, he even built company houses for workers' families, a nursery school, a kindergarten, a shop run by the cooperative association, a clinic, a bathhouse, and a public square. Also, within the factory, he designed surprisingly cultural facilities [C III-3, 4, 5, 6, 7] with respect for human dignity including a dormitory for female workers. Yakushiji had been with the Ministry of the Army but also, he was a "civil servant engineer," a man of noble character who adopted a wide range of ideas. Urabe at the time was inclined to socialist thinking, but he is thought to have found something that he can nod to.

Introduction / column IV / pp.34–35

The 1953 Notes

Kiyoshi Nishimura
President, URABESEKKEI

Among the articles, Shizutaro Urabe left behind are the four notebooks he used in 1953. On the cover of one of the books is written "My KURASHIKI, " [C IV-1] and on the back, there is an emblem with roosters [C IV-2], and on the first page, it reads "for my hometown of Kurashiki, a record of the dreams drawn by a free architect." The next page, it continues to read "I want to leave one thing for Kurashiki every year. Magosaburo Ohara monument, 1953. Kurashiki City Library, 1954. Pub at HASHIMA, 1955. Kurashiki Public Hall, 1956. These alone don't make much sense, but fortunately, there are some notes that Urabe himself added in subsequent years, according to which the emblem represents Kurashiki, and the two roosters that support it are Soichiro Ohara and Urabe himself, both of whom were born in the same year of the rooster. And it seems that Ohara responded to Urabe's wish that "I want to leave one thing for Kurashiki every year" by discussing the four dream projects. Above all, about Pub at HASHIMA, there seems to have been a strong desire of Ohara who wanted a hotel suitable for people visiting Kurashiki, and Urabe wrote and spelled out its vision in detail in the remaining three books. In "Inn with Pub project at Kurashiki," [C IV-3] a story is developed describing the context of this project and the interaction with an imaginary operator [C IV4, 5, 6], in "Hotel" sketches of architectural details are drawn [C IV-7, 8], and in "English Notes," English-style study sketches are drawn [C IV-9,10].

1953 was the time when Ohara changed the company name from Kurashiki Kenshoku Co., Ltd. to Kurashiki Rayon Co., Ltd., which started having full-fledged domestic production of vinylon, and it was also the time when he had his position in the business world established and the number of distinguished guests visiting Kurashiki was increasing. As the manager of Kurashiki Rayon's facility management department, Urabe was busy working on the construction of factories developed at various locations, but he wrote down his thoughts in his notebooks as if he were thoroughly tasting the happiness of supporting Ohara not only from the business side but also from the cultural side. Urabe's career as an architect consists largely of the realization of the dreams described in the "1953 Notes" and the "Ohara Vision" that remained in Urabe's heart even after Ohara's death as he later called his own life as an architect the life of "Soichiro Ohara's engineer." In this sense, the "1953 Notes" can be said to be the origin of the architect, Shizutaro Urabe.

Another characteristic of the "1953 Notes" is that it is a memorandum of various thoughts that appeared in Urabe's mind. The images of the English cottage architecture that can be seen in the sketches of Pub at HASHIMA came to its fruition in Kurashiki Kokusai Hotel (1963), which is one of the representative works of the vernacular modern architecture in Japan. The note,

which reads "It is not trying to be like a cottage in England, nor is it approximating a private house in Japan. It is a discovery of what is common to both. It is through the common attitude toward human life, rustic and secure," seems to have predicted this. The "DOING NOTHING IS DOING ALL" carved into a beam in the Coffee Hall in 1971 also remains as a note along with the original English aphorism. In addition, regarding the themes of modern architecture such as function and form, Urabe quotes F. L. Wright on a certain page, and replaces the inorganic expression of function with the more human expression of "functional feeling," of which we cannot help but think as the beginning of the thought "giving shape to the Gemeinschaft" that he developed in the final years of his career.

p.37

Chapter 1: Practice of Regionalism Rooted in Kurashiki

1951–1963

In the background for Urabe's deep involvement in the town development of Kurashiki was the presence of Soichiro Ohara. Directed by his father Magosaburo, Soichiro had spent two years traveling around Europe and the United States to learn about them since 1936, and when he returned home, he told Urabe that he was impressed by the fortified medieval city of Rothenburg in Germany, which embodied the way local communities should be, and said, "Let's make the Moto-Kurashiki area the Rothenburg of Japan." In 1939, Ohara became the president of Kurashiki Kenshoku succeeding his father Magosaburo and began to work with Urabe toward the realization of this dream. What marked the beginning of the realization of such a community after the war, was the foundation of the United Church of Christian in Japan Saijo Eiko Kyokai (the chapel, the rectory, and Saijo Eiko Kindergarten, 1951), which was to become the spiritual home for the female workers at the Saijo factory in Saijo City, Ehime Prefecture. In Kurashiki too, starting with the renovation of Ryokan Kurashiki (1957), he worked on, among others, the extension of the Kurashiki Archaeological Museum (1957), an addition to the Kurashiki Museum of Folkcraft (1948) which was converted from an old Japanese-style house. The extension is made of reinforced concrete in the style of a traditional Japanese warehouse and has a shell-structure roof, above which there is a second layer of a roof covered with Western-style roof tiles. It has Namako walls continuing from the existing building while incorporating contrasting new elements. In addition, in the Single Female Housing (1961), the Nursery School (1962), and Aizenbashi Hospital (1965) for the social welfare service corporation Ishii Memorial Aizen-en, which had been established by Magosaburo to inherit the will of the "Father of Child Welfare" Juji Ishii (1865-1914), ingenious ideas were to be introduced to incorporate warmth and friendliness in the simple shapes made of concrete. Then, by the series of works starting with the Japan Folk Art Museum (1960), which was composed of shapes defined by the sloping concrete pent roofs designed to cope with the climatic and natural features of rainy Japan, through the Annex for the Ohara Museum of Art (1961) to the Kurashiki Kokusai Hotel (1963), the architecture that can be called the Urabe style which combined crafts and technologies of industrialization was formed. There, the "Kurashiki Module (KM)," a unique dimension system inspired by Le Corbusier's Modulor, was used.

Chapter 1 / essay 01 / pp.38–39

Town Development of Kurashiki that Continued for Two Generations

Yasutsugu Ueda

Specially Appointed Professor, Notre Dame Seishin University

A very rare town development was unfolding in Kurashiki. Although it has not been discussed much, it is no exaggeration to say that, owing to it, the current town of Kurashiki has become distinctive and come to receive public attention. It is a town development that continued for two generations from the pre-war period when the footsteps of the war were approaching, to the post-war period when the change in direction to an era of democracy was made.

The modern architecture in which the two generations were involved include the Daiichi Godo Bank Kurashiki Branch (the previous Chugoku Bank Kurashiki Honcho Branch / currently under consideration for preservation uses), Kurabo Central Hospital (present-day Kurashiki Central Hospital), the Imabashi Bridge, Shonotochi Co., Ltd. Headquarters Building (present-day Cafe El Greco), Yurinso, the Ohara Museum of Art, the former Kurashiki Chamber of Commerce and Industry Hall. After the war, it includes Ryokan Kurashiki, the Kurashiki Archaeological Museum, the Annex for the Ohara Museum of Art, the Kurashiki Kokusai Hotel, the Kurashiki Cultural Center (the present-day Kurashiki Public Hall), Kurashiki Ivy Square, Kurashiki Central Hospital, etc. with each representing Kurashiki.

These buildings were created because of the existence of the entrepreneur Magosaburo Ohara (1880–1943), his eldest son Soichiro Ohara (1909–1968), the architect Kazue Yakushiji (1884–1965), his apprentice Shizutaro Urabe (1909–1991), as well as the builder Shoichi Fujiki (1891–1967). These people were involved in Kurashiki's town development and made significant contributions to it in their respective periods. A wealthy father and his son who committed their assets to Kurashiki's town development, a master architect and his pupil who under the father and son generated brilliant ideas and single-handedly designed many buildings, and a loyal contractor who thoroughly understood the design methods of the two generations of architects. The commitment of the three parties over two generations would refine many local resources to create new values and establish Kurashiki as a visible town.

Magosaburo Ohara was born into a wealthy Kurashiki family and took over Kurabo Industries Ltd. in his mid-20s. From the end of the Meiji period, he expanded into various business fields and eagerly worked on the town development of Kurashiki as well. He converted to Christianity at the age of 25 and was greatly influenced by the ideas of Christian socialism and the teachings of Sontoku Ninomiya. He was a person who was able to think about the return of wealth to society and the prosperity of the local community. Chosen as a scholarship student funded by the Ohara family, Kazue Yakushiji graduated from Tokyo Imperial University, and after graduation, with the recommendation of Toshikata Sano, then an Associate Professor at the Imperial University, he joined the Ministry of the Army as a construction engineer. At the end of the Taisho period, he climbed to the position of the highest-ranking construction engineer (imperial appointment) in the Ministry of the Army. However, since Yakushiji was implored by Magosaburo, who regarded him as "a person necessary for business development in various fields," he returned to his home country of Okayama for the establishment of Kurashiki Kenshoku Co., Ltd. He planned, designed, and administered most of the buildings in the group of buildings that Magosaburo envisioned and realized.

Shoichi Fujiki took over the construction company of Kannoshin Yamamoto who was taught by Kingo Tatsuno and established present-day Fujiki Komuten Co., Ltd. (Yamamoto belonged to the first class of graduates from Koshu Gakko, and founded a construction firm after working in the construction department at the Bank of Japan, etc.) He was a loyal contractor, whose construction skills and track record were recognized by Yakushiji, grew his business by single-handedly accepting the construction work of the facilities led by Ohara.

In the peaceful period that followed, town development and building construction were carried out even more actively. After graduating from Tokyo Imperial University, Soichiro Ohara joined Kurashiki Kenshoku (present-day Kuraray) where Yakushiji served as the plant manager. In 1939, after Magosaburo fell ill, he took over and became the president. After graduating from Kyoto Imperial University, Shizutaro Urabe joined the construction department of Kurashiki Kenshoku as Yakushiji's subordinate and was taught Yakushiji's way of making things though only for three years. Following Yakushiji's departure after the war, Urabe developed and implemented design activities for the town development in Kurashiki under Soichiro Ohara, who was the same age.

Here, I would like to mention a few things about the connection between the two architects who served the Ohara family. First, as for Yakushiji, his eldest son Atsushi (married to the third daughter of Toshikata Sano) graduated from the Department of Architecture in the Faculty of Engineering at Tokyo Imperial University. He was four years younger than Urabe, and after Yakushiji left Ohara and returned to his home in Bunkyo-ku, Tokyo, he graduated from the Imperial University and worked as a facilities engineer at the Ministry of Communications. If times had not been heading toward war, there might have been other options as an architect. While the war was imminent, Yakushiji designed a variety of buildings inside and outside the prefecture under Magosaburo. On the other hand, Urabe, in the postwar years, worked hard at design activities under Soichiro in an effort to incorporate into Kurashiki the concepts of the town he wished

to realize. The master and his pupil created concepts for the town to realize the desire of the two generations of the Ohara family, and Fujiki gave them shape in the actual space. In 1989, Urabe looked back on the memories of Yakushiji from whom he received instructions as a subordinate for three years. Asked whether Yakushiji, who was also the factory manager of the Kurashiki Plant, worked on textile-machine-related tasks as well at the time of his joining the company, he said, "No, he is an architect. He was on the side of construction, so he didn't know about machines but made decisions as a business owner." When asked about Yakushiji as his boss, he said, "He came around sometimes (to check my drawings). It is like he is the one who let me join Kuraray. So I couldn't finish drawings without his signature. But he gave me a free pass. Confidentially. Then, when he resigned, it was nice of him to say to me, 'I'll pass the baton to you. You are serving the Ohara family so the later years of your life will be happy.'"

Yakushiji entrusted Urabe with two consecutive generations of town development and building construction and left Kurashiki in the year when the 2-26 Incident occurred.

Chapter 1 / essay 02 / pp.40–41

Shizutaro Urabe and Industrialization

Yoshiaki Hanada
Professor, Kobe Design University

Shizutaro Urabe has a strong reputation of being a regionalist architect. However, he had a different type of work, namely the industrialization of housing, between the years shortly after the war and the early 1960s. It was the challenges for the Kuraken-type kit-of-parts house intended to provide housing for the people who had lost their homes due to the war and for the prefabricated houses intended to cope with the housing shortage during the period of Japan's rapid economic growth.

Urabe graduated from Kyoto University in 1934 and joined Kurashiki Rayon Co., Ltd. (present-day Kuraray), but as the war intensified, the company changed its name to Kurashiki Koku-Kako (Kurashiki Aeronautical Chemicals Industries) in 1943 and became an aircraft manufacturer to produce training aircraft for the navy. Since these were wooden airplanes, after the war, the Kuraken-type kit-of-parts house was conceived using the wooden panels manufactured by using the materials and the equipment for the airplanes. Urabe was tasked with this work and poured his heart into it.

The Kuraken-type kit-of-parts house was published as the "Kuraken Type C Kit-of-Parts House" in the "Special Feature Section for Prefabricated Constructions" in the May 1947 issue of the "Shinkenchiku (New Architecture)" magazine. It is a single-story wooden house with a gable roof covered with diamond-shaped cement roof tiles, the main walls are wood panels, the floor area is 10 tsubo (approx. 33 m^2), and the floor layout consists of a 6-tatami-mat room, a 4-1 / 2-tatami-mat room, and a 2-tatami-mat room as well as spaces with plumbing. The article contains photographs during and after assembly, floor plans, elevations, enlarged building sections, bills of required materials, assembly processes, and data on work hours and manpower. There are seven assembly steps, and the work is calculated as requiring 8 people for 20 hours.

Furthermore, Jun Adachi from Kurashiki Rayon wrote, in the June 1947 issue of the "Shinkenchiku" magazine, the article "a Proposal on Factory Management Method for Production of Houses: In the Case of the "Kuraken" Type "Panel" Structure," indicating a plan for applying it to hospitals and offices etc. , and describing the quantity of parts, the production method, the cost calculation method, etc. in detail.

Urabe himself also published the article "the Prospect of the House Production Industry" in the June 1948 issue of the "Shinkenchiku" magazine, but that was also a declaration of the end of the Kuraken-type kit-of-parts house. According to the article, the design and two rounds of prototyping were carried out by the end of 1945, the production was started at the beginning of 1946, and the business was terminated at the end of 1947. The number of units produced was 265, the number of floor area

produced was 2,553 tsubo (approx. 8,440 m^2), and apparently, a loss of about 70,000 was incurred every month. Urabe devotes many pages to a comparison between Japan and the United States on prefabrication, the lack of social understanding, and a description of the prospect for the future, and concludes by saying, "If I am allowed to say this much, that will atone for the loss of 1.7 million."

The regrets at that time must have led Urabe to the challenge for prefabricated houses. In 1963, the PH-1 prefabricated house with steel sheet panels was completed. This building, which was realized with the cooperation of Kinki Sharyo, was hardly known even though it was a highly experimental attempt.

Nevertheless, Urabe's enthusiasm was considerable, and among the materials discovered this time are writings that describe his thoughts about prefabricated houses, many sketches concerning the completed PH-1 prefabricated house, notes examining transportation and production methods, construction drawings, etc. At the end of the company profile booklet called "the Resume of the Kurashiki Architectural Research Institute" prepared back then, a perspective view based on a night photo of the completed unit is featured, and an article by Kenzo Tange entitled "Looking Forward to the Prefab by the Kuraken" is attached. At the same time, Urabe sent two staff members to Europe to observe the forefront of industrialization in architecture, and in the interview manuscript entitled "the Dream of Prefabricated Houses," it is noted that he had them visit Jean Prouvé as well.

One of the few writings in which Urabe mentioned the completed PH-1 prefabricated house is "Prefab" (the December 1963 issue of the "Kenchiku Zasshi" (the Architectural Magazine)). There, after he touches on the fact he has been interested in "prefabricated architecture" since his student days and the experience of the "Kuraken-type kit-of-parts house," he notes, "And today, in 1963, I am trying to do another prefabricated house (abbreviated as PH hereafter). This is not only a request of the times but also an obsession from my student days." Also in this writing, there is a passage that says, "I am willing to think highly of the achievements of Jean Prouvwho is regarded as the leading expert in this field, but his position is a consultant, from which it can be confirmed that Urabe was interested in Prouvé .

In addition, in the round-table conference "the Industrialization of Building Production" featured in the February 1965 issue of the "Kenchiku Zasshi," Urabe, probably with the PH-1 prefabricated house in mind, enthusiastically talks about the number of units to be produced to make industrialization possible, the cost issues, as well as comparison with auto manufacturing.

The PH-1 prefabricated house was handed over to Michio Muto, who remained in Kurashiki Rayon after Urabe and his

Chapter 1 / essay 03 / pp.42–43

Dialogic Sensibility to Connect Different Things

Yoshiji Takehara
President, Moo Architect Workshop

group formed an organization called the Kurashiki Architectural Office in 1964, and unfortunately, it was terminated without reaching the mass production stage. It is assumed that there were many issues ranging from cost to habitability. However, the challenges for the Kuraken-type kit-of-parts house and for prefabricated houses symbolize Urabe's view of architecture and architects filled with a sense of mission for society, given the public character that they had despite being a work of a private enterprise.

Osaka City launched the Nakanoshima Eastern Area Development Plan in 1971 when the Japan World Exposition, Osaka (1970) ended and the period of Japan's rapid economic growth came to an end. It was a plan to demolish a group of historic buildings on the Nakanoshima Island located between the Tosaborigawa River and the Dojimagawa River including the Bank of Japan, the Osaka City Hall, the Osaka Prefectural Library, and the Osaka City Central Public Hall, and replace with new buildings. I was an architecture student at the time and joined the Nakanoshima Townscape Preservation Movement as opposed to this outrageous plan.

At the same time, many noteworthy Japanese townscapes were published in the "Kokusai Kenchiku (International Review of Architecture)" and the "Kenchiku Bunka (Architectural Culture)" magazines owing to the "Design Survey" (research about design) conducted by Mayumi Miyawaki, which began in 1966. I was carrying out a "Design Survey" at the Satoshi Togashi Laboratory in Osaka City University as well and soon found myself in Kurashiki.

From the Edo to the Meiji period, there were still many traditional townscapes built and transformed over a long time, but at the time when we were in the midst of drifting with economic growth, we witnessed their rapid destruction in many regional cities. Under these circumstances, the accomplishments of an architect named Shizutaro Urabe, who was active in Kurashiki, were pointing the way like a ray of light. An especially impressive building was the Kurashiki Archaeological Museum (1957), located at the foot of the Nakabashi Bridge that spanned over the Kurashiki River. I was fascinated by its appearance of standing in a small surviving alley and the way it fitted there. In contrast to the existing traditional warehouse finished with Namako walls with three-dimensional joints, the extension is made of reinforced concrete, but its exterior walls are finished with white plaster so it looks like a traditional warehouse. Furthermore, the connecting wall between the two buildings is finished with flat square roof tiles. The joints are finished in the form of the running bond like brick coursing, connecting the two contrasting structures. What I noticed was that melody-like gaps were created at the bases of the buildings and the lower parts of the walls that interfaced the connecting wall, the openings were arranged in a rhythmic balance, and the beautiful facade added character to the view of the alley. As these three different wall surfaces came together in harmony while developing their own distinctive expressions, I felt a dialogic sensibility that allowed some things to meet each other as if they were meant to. In other words, it is an appearance in which different things correspond by making a knot at some point, accepting, and becoming each other while having a dialogue,

Chapter 1 / project 01 / pp.44–45

The United Church of Christian in Japan Saijo Eiko Kyokai (Saijo Glory Church) (a chapel, a rectory, and Saijo Eiko kindergarten) (1951)

facing each other, bringing about each other's differences and contradictions.

Also, when we look at the roof, we can see that the second layer of the roof with deep eaves is placed on a shell-structure roof. Such a design and details create deep shadows and form a single piece of architecture while contrasting with the existing warehouse. And above all, the contact point between the walls and the ground from which the architecture is erected, or the way they are fitted with each other, is beautiful. Urabe's architecture responds to changing things, yet has appropriate knowledge of things that remain unchanged, and never hesitates to arrange the gaps between their boundaries as design. As a result, in the design and its details, it exhibits a craft-like and dynamic appearance in which we feel as if we sensed forces of gravitation and attraction. I felt in the way it was finished in a folk-art-like style the possibility that beauty and newness without preestablished harmony would come out.

Subsequently, Urabe created architecture by applying this method in various forms including the Annex for the Ohara Museum of Art (1961), the Kurashiki Kokusai Hotel (1963), and Kurashiki Ivy Square (1974). All fascinated many people with the design of the perimeter elements such as eaves, exterior walls, building bases, and the skillful use of materials and colors. He fuses old and new things and beautifully weaves traditions and foreign cultures into single pieces of fabric. We can see the true unity and harmony of architecture in the attitude of accepting the gaps created by connecting different things and carefully designing them.

In contrast to Kenzo Tange whose field was rapidly developing cities, Urabe's activities which continued to explore the way vernacular architecture and folk-art design in regional cities were while being exposed to modernism anticipated the beginning of a new "Japanese Style." It can be said that they are achievements of one of the few architects who, in the face of the destructions carried out without due consideration as the price of the renewal of the times, lived in their localities, redefined the times and culture by themselves as they lived there, called for the necessity of defining townscapes, and continued to practice these for their entire lives.

Modernism preached unchangeable universality, but after experiencing friction with foreign cultures, it took root in all parts of the world and assimilated in each land. One of its practitioners was Urabe. Modernism in Japan has become a mark of coexistence with nameless vernacular architecture in regional cities exposed to the tide of modernism, in contrast to the world-famous cities like Tokyo and Osaka, and is semi-paradoxically presenting to the world as well as to us the heads and tails of "Modern and Japan" simultaneously today.

The group of church structures built in the moat on the former site of a Jinya camp for Saijo Fiefdom has a chapel, a rectory, and a kindergarten building arranged in an L-shape layout. These are three buildings designed by Urabe during the period when he was with Kurashiki Rayon (present-day Kuraray), and each has a different design.

The chapel is a two-story wooden structure with a bell tower protruding from the tiled gable roof without soffits on the gable faces. The plan is the classic cruciform, but the transepts are shortened, and the white exterior with the high narrow windows as a central feature is orderly without the protrusion of the transepts being felt. The wooden trusses with a tie-bar structure give character to the ceiling and new and old styles fuse with each other.

The rectory has a large two-story wooden roof, and the exterior is a white plaster exposed-timber-framing wall without crossbeams emphasizing only vertical columns. The interior is divided into the public and private spaces by the high-ceiling space at the entrance, and the public YMCA room has a high-ceiling space with a stairway connecting to the private second floor space full of variation unique to large roof construction. This is a folk-art-style design.

The kindergarten is a single-story wooden building, with a simple white-wall exterior with tiled gable roof without soffits on the gable faces. The outdoor corridor on the playground side is lined with piloti-like columns, and clerestories are provided to let natural light into the classrooms through the horizontal band of windows. Its modernist design is evident.

(Koichi Wada)

Chapter 1 / column 01 / pp.46–47

The Things That Can Be Seen from an Investigation of the Saijo Eiko Kyokai (Saijo Glory Church)

Koichi Wada
President, Wada Architect Office

Among the records and photographs that have been carefully preserved at the Saijo Eiko Kyokai (1951), there is a report called "Construction Progress of the Saijo Eiko Kyokai (November 1,1951)." Along with the description of the site purchasing process and the geotechnical characteristics, what is noteworthy is the sentence "thus, the church, the kindergarten, and the rectory were designed with a great deal of enthusiasm by Mr. Shizutaro Urabe, the manager of the Facility Management Department at Kurashiki Rayon, and the kindergarten was to be in a modern style, the church was to have modern colors and a classical flavor, and the rectory was to have a folk-art-like taste." Taking this as a clue, in 2010, I started a design investigation of it as an early work of Shizutaro Urabe.

What triggered this was the excursion for the "Wood Architecture Award Competition" hosted by the NPO Forum for Wood Architecture in the same year for which experts in wood architecture visited the Saijo Eiko Kyokai. I participated in the competition as the renovation designer for the Hizuchi Elementary School preservation and renewal project.

The church members seemed to have been considering renovating the church for preservation before, but since they were worried about seismic resistance more than the value and significance of the architecture and were discussing rebuilding it, they held a hearing to listen to experts' opinions. I remember that the church members were given a perspective on seismic resistance from Mr. Isao Sakamoto, the president of the NPO and a professor emeritus at the University of Tokyo, and guidance on architectural value from Professor Kunihiro Ando of the University of Tsukuba (at that time), and they were intently asking questions. Five years have passed since then, and a request has been made to the Architectural Institute of Japan's Shikoku Chapter for research on seismic retrofit, which remains to be the current status of the situation. We appointed as the chairperson of the investigative committee, Mr. Kiyotada Magata, the professor emeritus at Ehime University who led the renovation of the Hizuchi Elementary School for preservation, and requested cooperation from young local architects to organize a working group consisting of experts in each field including architectural history, design, wood structure, planning, and materials and to create a structural model in 2015. At the same time, in light of the lack of successors for preservation, we have made efforts on human resource development as well.

The "modern style" of the kindergarten building mentioned in the report introduced at the beginning of this article is interpreted as the modernist architecture with piloti-like colonnade along the outdoor corridor and the horizontal band of windows [C1-1], and that "the church was to have modern colors and a classical flavor" is interpreted as a fusion of classical decorations and rational design found everywhere like the shape of the plan, the structure, balance in each part, materials, and details [C1-2, 3]. Also it is noted that when designing the church, Urabe asked Kichinosuke Tonomura (1898–1993), the Curator of the Kurashiki Museum of Folkcraft, to give his opinion, the interpretation of which I will leave for future research, but it is easy to understand that the rectory is a folk-art-style design [C1-4, 5]. During this period, there were many large roof structures published in various architectural magazines, and as the Kurashiki Rayon Health Insurance Union Sokai Dormitory (1959, no longer existing) based on the Kurashiki Module (KM) also had a large roof [C1-6], the rectory might have been a reflection of the times. It feels characteristically Urabe that he adopted the chlorite-schist quarried in this area. The same applies to the Toyo Folk Art Museum of the Saijo City Folk Museum (1967). It is thought to be an approach that values regional characteristics, which relate to the town development of Kurashiki in later years. The renovation work was begun with the rectory and completed in October 2018. In FY 2019, the kindergarten is planned to be renovated and re-started as a certified children's center.

Chapter 1 / project 02 / pp.48–49

The Kurashiki Archaeological Museum Extension (1957)

After the war, when eight years had passed since Urabe was named the manager of Kurashiki Rayon's facility management department and before starting an independent practice, he worked on the extension of the Kurashiki Archaeological Museum, the former rice warehouse built by the Kurashiki river in the late Edo period which Kichinosuke Tonomura (1898–1993) had renovated in 1950 to be converted later by Urabe into a museum. It was an addition to an existing building, but I think that Urabe's starting point as an architect can be seen in it.

Urabe's sensibility as a designer and his philosophy for preservation and renewal are evident in the design of the ceiling of reinforced concrete shell structure and the double-skin roof covered with Spanish tiles, which contrast with the wooden structure, the Namako walls, and the traditional clay tile roof of the old rice warehouse. Does this represent his pride as an architect who is supposed to create work of architecture that never falls into imitation, while appreciating the existing environment? Urabe's design philosophy, which led to the Ohara Museum of Art Annex (1961) 4 years later and to Kurashiki Ivy Square (1974) 17 years later, which pioneered the design for preservation and renewal in modern architecture, all seems to have started in this work.

(Yukio Tahara)

Chapter 1 / column 02 / pp.50–51

Design of "Harmony and Distinction" in the Kurashiki Archaeological Museum

Kazuto Kasahara

Assistant Professor, Kyoto Institute of Technology

The Kurashiki Archaeological Museum was opened in 1950 soon after the war with Soichiro Ohara as an advisor when the desire for its establishment was gaining momentum owing to the facts that Kurashiki had many shell middens from the Jomon period and was close to the group of ancient tombs in the Kibi region. The museum building was renovated by setting up a mezzanine floor in a traditional two-story warehouse owned by Shuji Koyama, and it seems that Shizutaro Urabe "cooperated" with the design, but the details are not clear.

Urabe's full involvement was for the addition of the new building completed in 1957. The three-story reinforced concrete exhibition room and stairway on the north side of the main building is the extension designed by Urabe. As a result of this expansion, the area for the exhibition space was almost doubled.

The design of this extension is interesting. The exterior of the stairway has flat roof tiles on the wall like the main building, but the tile joints are finished with shallowly applied grout and the roof is covered with dark Western-style tiles [C2-2]. The exterior of the exhibition space is a white mortar finish and a wooden roof with Western-style tiles placed on a shallow arched roof made of reinforced concrete. There are some windows cut in the wall, but the design is close to the modernist approach [C2-1]. In other words, the new building is similar to the main warehouse building, but the design is different if we look closely, and there, we can observe "harmony and distinction."

Urabe argued and said, "The new building to the north is reinforced concrete construction, so it is not based on a traditional construction method. If you look, you can tell anyone how different it is". Also, according to the study by Naofumi Yamada, Urabe valued the approach of "harmony between old and new" for his entire life. When asked by the mayor of Kurashiki Shigeki Oyama how he designed, Urabe replied by saying, "It is harmony between old and new".

However, at the time of completion, he was criticized by the Kurashiki Toshibi Kyokai (Kurashiki Urban Aesthetic Association), which said, "It might match the cultural climate of the Tohoku region, but it does not fit with Kurashiki and is unorthodox, and in contrast to the unique and imposing main building, it has become extremely unbalanced and weak". The members of the association must have hoped to make the extension in the same style as the original Kurashiki style using the traditional method of construction.

The Venice Charter was established in 1964 by ICOMOS, an international non-governmental organization involved in protection of cultural heritage, and discusses the philosophy and approach for restoration of historical buildings, which it says "must be carried out harmoniously with the whole to form unity, but at

Chapter 1 / project 03 / pp.52–53

Ryokan Kurashiki (Renovation / 1957) & Coffee Kan (1971)

the same time make a distinction from the original part. This is the philosophy and approach that has been observed in the restoration and renovation of historic buildings in Europe including world heritage sites [C2-3, 4, 5].

Since the Kurashiki Archaeological Museum was expanded before the establishment of the Venice Charter, the "harmony and distinction" seen there was probably an approach Urabe created himself. In Japan back then, restoration and renovation were often done using traditional materials, construction methods, and the same design so that the newly modified parts could not be distinguished from the historical buildings, which has not changed much even today. Under such circumstances, through trial and error, Urabe arrived at a universal approach ahead of the times.

This is the residence of the sugar wholesaler Kawahara converted to an inn. The doma, or the earthen floor space, opened up with the four glass doors retracted into the door pocket is the store, the tsushi-nikai, or the loft on the second floor (used usually as a storage space or a room for servants before) has renji-mado, or the lattice windows, with round bars, and the building has a Taisho-period look, different from the Koyama residence (present-day Ryokan Tsurugata) or the Ohara residence from the Edo period. The exterior was kept as is, a screen wall was created 1 ken (1.82m) into the doma to have the entrance on the left and the doma further inside. The two rows of shoji screens have the four Sankarado, or panel doors, in the top row with their backside on the interior side and two of them in the bottom row, and when they slid apart, an infinite expansion of the riverbanks of the Kurashiki River appear. It is what Urabe calls the "infinite space," which he learned from Daitoku-ji Koho-an. The tsushi-nikai second floor has guest rooms with a simple design. The rafters are hidden behind the washi paper coverings, which contrast with the thick beams. The window headers and sills extend to both ends, and only the openings are fitted with paper shoji screens. This project is intentionally not in the Kurashiki style to avoid being something that is similar but not real.

Also in the Coffee Kan (1971), which was created by cutting a hole through the wall for the back entrance to an inn, the exterior remained unchanged, and the rotten columns and beams inside were replaced with the owned wood without change, and only the brick walls were newly built. Urabe had "DOING NOTHING IS DOING ALL" carved into a beam.

(Yoshinori Tsujino)

Chapter 1 / topic 01 / pp.54–55

The Townscape of the Kurashiki Bikan Historical Quarter

Yoshinori Tsujino
General Counsel, UR Sekkei

The Kurashiki City Preservation District for Groups of Historic Buildings has the former Daikansho (the magistrate's office from the Edo period) (present-day Kurashiki Ivy Square) on the southeast end, the rows of houses / shops of the merchants from a pre-Genroku period (before the late seventeenth century) such as the Inoue family along the former Okan-dori street (present-day Motomachi-dori street), and those from a post-Genroku period (after the late seventeenth century) such as the Ohara family along the Kurashiki-gawa River which prospered as a canal that transported agricultural products from the Takahashi-gawa River basin to the Kyoto-Osaka area via Kojima Bay [T1-2]. However, the people of Kurashiki, who lost the privilege of being a Tenryo (a territory governed directly by the Tokugawa Shogunate) in the Meiji period, established Kurashiki Spinning Works in 1888 at the site of Daikansho as a new business led by Ohara and became a community bound by a common destiny. With the growth of Kurashiki Spinning Works, the central post office (present-day Sanraku Kaikan) was built in 1907, and the town hall was built in 1917, both of which were Western-style wooden construction with clapboard siding. In 1922, the Daiichi-Godo Bank (the present-day Chugoku Bank Honmachi Branch) was built with brick [T1-3], in 1928 the east residence for the Ohara family (present-day Yurinso) was built in combination of Japanese and Western-styles, and in 1930 the Ohara Museum of Art was built in reinforced concrete [T1-1].

In 1937, during a two-year-tour of Europe and the United States, Soichiro Ohara, who met and was introduced to Henry Bergen of the Victoria and Albert Museum by Muneyoshi Yanagi, and was awakened by touring around the art museums in London every week and the Cotswolds region in England, asked his father Magosaburo to send photographs of Kurashiki's landscape. When he returned home at the end of 1938, he said, "Kurashiki is not inferior to Rothenburg. Let us make Kurashiki the Rothenburg of Japan," setting aside the Town Hall in Hilversum designed by Dudok, which Urabe had asked him to look at.

In 1940, Soichiro Ohara planned to convert a Japanese-style warehouse next to the Ohara Art Museum to a branch building for the Japanese Folk Crafts Museum, which was however interrupted by the war. After the war in 1948, Kiyomi Takeuchi (the Director of the Ohara Museum of Art), Kichinosuke Tonomura (due to become the Director of the Folk Crafts Museum), and Urabe were asked to carry out the conversion of the Ohara family's rice warehouse to the Kurashiki Museum of Folkcraft, and Tonomura designed it and Urabe procured construction materials during the time when goods were in short supply. In 1950, Tonomura was tasked with the conversion of the Japanese-style warehouse at Shuji Koyama's residence to the Kurashiki Archaeological Museum,

and by destroying the original figure of the warehouse, he created rows of small windows on the end wall of the building that were indistinguishable from conventional ones. Urabe was tasked with the 1957 extension and designed an exterior that could be distinguished from the traditional ones, while pursuing rationality to secure the ventilation of the attic in the times when there was no mechanical cooling by adopting a structure with a placed-on roof over a shell structure.

In 1953, Urabe presented a plan for the An Inn KURASHIKI to be built in Mukoyama, and in 1960 Kenzo Takekoshi, a member of the Kayokai (the Tuesday Club) (a socialization organization of a related foundation) who visited Kurashiki, presented a plan for the Kurashiki Club to be created by remodeling the Koyama residence. These came to fruition as the Kurashiki Kokusai Hotel (1963). Also, in 1953, an idea of municipal library was developed for the site from which the town hall was relocated to Mukoyama. This was realized in 1969 as the Kurashiki Cultural Center (the present-day Kurashiki Public Hall) [T1-3] including the music library according to the image of "the three-story warehouse of the Ono Family standing aloof from the rest of the world," which Ohara desired. Prior to this, in 1963, recommended by Ohara, Urabe worked on the relocation of the dining inn "Kakimasu" by renovating a house / shop to Ryokan Kurashiki where even VIP-guest-house-class hospitality can be provided.

In 2018, URABESEKKEI showed me Urabe's notebook with "My KURASHIKI-1953" written on it. In the notes that Urabe added in 1969, it is written that Ohara listened to Urabe saying, "I want to leave something for Kurashiki every year," and as a result "everything has come true." The town development of the historical part of Kurashiki had been appended by Ohara and Urabe working side by side as in a three-legged race [T1-5, 6].

Chapter 1 / project 04 / pp.56–57

PH-1 Prefabricated House (1963 / Not existing)

This is an industrialized prefabricated house composed of panels faced with steel sheets. After taken to the site in a container-like state, it is lifted leaving the first-floor part on the ground, and the floor, wall and roof panels folded in the second-floor part unfold and slide to become a house. Not to mention the genealogy of Shizutaro Urabe's works, in the history of industrialized houses as well, it can be said that it is extremely unique.

A team was formed in the Kurashiki Architectural Research Institute, which was established within Kurashiki Rayon, and the house was designed based on Urabe's concept. There remain many of his sketches and notes, as well as construction drawings in which profitability, transportation methods, details, etc. were examined.

Kinki Sharyo was in charge of the production. The one completed in 1963 was transported to the site of the Kurashiki Rayon employee housing in Takatsuki City in 1965, and one of the members in charge of design, Michio Muto and his family lived in it for one year. Although only one unit was actually built, as Urabe also drew sketches of its improved versions and designs of combining several units, one can feel his strong desire for industrialization of architecture.

(Yoshiaki Hanada)

Chapter 1 / column 04 / pp.58–59

About the Details of the PH-1 Prefabricated House

Yoshiaki Hanada
Professor, Kobe Design University

This is a building that was little known until now. Therefore, I would like to record the results of an analysis based on the documents such as drawings discovered this time. In addition to the construction drawings, the article titled "the Habitability of Prefabricated Houses: Regarding a Certain Prototype" by Michio Muto published in the August 1968 issue of the "shin-Jutaku (New Houses)" magazine is referred to as [A], and the project profile pages in the same issue featured under the title of "PH-1 (a Certain Prototype House)" as [B]. [A] is a record of the experimental living by a designer in charge. Featured in [B] are valuable interior and exterior photographs taken after the house was transported to Takatsuki City in Osaka Prefecture.

Assembling process—After the unit is taken to the site in a container-like state and lifted leaving the first-floor part on the ground, the L-shaped panels are turned out to become the second floor and exterior walls. At the four corners of the first floor, steel tube columns are erected and fixed to the second floor. Then, after the panels for the roof are opened and laid flat, they are slid to the exterior walls to become the roof. Finally, four panels are pivoted out to close the sides [C4-1].

Floor Plans—The floor plans are rationally arranged with the core consisting of the stairs and the plumbing functions placed in the center, the first floor consisting of the entrance and the machine room, the second floor consisting of the dining room and the living room on one side of the core, and the couple's bedroom and the children's room on the other [C4-2].

Exterior and interior walls—The panel thickness is 77.6mm [A] (However, in the construction drawings it is noted as 70mm). 1.6mm steel sheets are attached to the exterior side of the light gauge steel framing and 6mm plywood on the interior side with 20mm styrene foam inserted in between. The interior walls are also framed with light gauge steel [4-8].

Roof—Two steel sheet panels with a thickness of 50 mm connected by a rotation shaft. First, the panels folded on the vertical faces of the core are flipped up and inserted to the end of the short panels on the horizontal face of the core [4-9]. Then, the whole assemblies of the panels are slid so that they are fitted into and fixed to the upper end of the exterior wall panels. The ends of the short panels that remain above the core are sealed with a material labeled "1.5 vinyl cloth" [C4-3].

Second Floor—It is a 125 mm thick panel. Its underside is a 1.6 mm thick steel sheet and serves as the ceiling of the piloti space.

Chapter 1 / project 05 / pp.60–61

Kurashiki Rayon Co., Ltd., Second Okayama Plant (1960)

At the four corners, there were square cutouts to which cylindrical quadrant panels containing a drainpipe were attached [C4-4].

Windows—In picture [4-5] showing the assembly process in [A], the openings are larger than the glazed areas shown in the picture [4-3] in [B], so it is assumed that the panel to which glass had been fitted beforehand were fixed to the exterior wall panels in the field. The window frames are aluminum [B]. They have a special mechanism in which the upper and lower frames in the central portion slide and bend in an L-shape to open. The operation can be seen in sketches [4-10] and interior photos [4-2] in [B].

Side walls—According to [A], side walls are closed at the end of the assembly process with four panels rotating around the two hinges at the top and the bottom [C4-4]. There are many contact points with the other panels, so ingenious details are involved. The gaps between the core and the exterior walls are closed by screwing flat plates from outside. Their shadows are seen in [4-1] of [B]. The gaps at the floor panel are closed by lowering the S-shaped steel plates concealed at the bottom of the end wall panels and screwing them to the edge of the floor panels [C4-5].

Columns—Steel tubes with a diameter of 89.1mm and a wall thickness of 4.2 mm There is also a base plate at the top and it is bolted to another plate inside the floor panel [C4-6]. There are concrete column bases at grade.

As described above, there are various ingenious ideas especially about the connections for the realization of the concept of folding the main components and opening and assembling them on site. However, there were many problems regarding habitability, and the cost was far beyond the initially estimated 1 million yen, so mass distribution was not achieved [A].

This is the culmination of the single-structure plant construction that Urabe worked on as the manager of Kurashiki Rayon's (present-day Kuraray) facility management department. The 28x183m two-story space for a large and long vinylon spinning process is covered with 36 conoid shells to create a dust-free space necessary for the spinning process of synthetic fibers. To respond to the soft ground conditions and a short construction period of 5 months, steel construction was adopted, and the 14m wide x 10m long conoidal shells were constructed on the ground first and put in place by slide installation.

Vinylon film panels are attached to the roof with their outer face laminated with aluminum to block the outside air, and the vertical faces are equipped with an exhaust fan that discharged heat from the spinning machines as well as a window to provide daylight to the central part of the plant. The double-layered structure with an air circulation layer is covered with the exterior material of large-profile corrugated fiber cement sheets, and at the top, outside air openings with insect screens are provided hidden behind the facia of the eave-integrated gutter, and two bands of blue transparent hard polyvinyl chloride corrugated plastic sheets draw horizontal stripes to divide the exterior wall into three parts.

For the interior, vinylon film "shoji" screen panels (2,400 × 960 mm) are used to ensure air tightness and light transmission, and the air is taken in only through the air filters provided immediately above each floor.

(Kiyoshi Nishimura)

Chapter 1 / column 05 / pp.62–63

The Urabe's Way Deciphered from His Factory Architecture

Kiyoshi Nishimura
President, URABESEKKEI

As a facilities engineer for Kurashiki Rayon (present-day Kuraray), Shizutaro Urabe was familiar with everything about spinning, chemical, and synthetic fiber factories, and had a unique insight with respect to their histories and comparative analyses of other companies. Describing architects' participation in the design of factories as "having to pass through multiple-layered portals of obstruction," Urabe recalled that, within Kurashiki Rayon, it took him a few decades to pass freely as the manager of the facility department. Even after so many years, the barrier known as business owners was still large, so he assumed that the only common language that made sense to them was the "language of money," and imposed it on himself to express architectural ideas, technology, design, and even personality in financial terms. He is liberated from his ego of a so-called architect wanting to exert power at will.

Let's look back on Urabe's achievements at Kurashiki Rayon. In the years immediately after the war, he worked on the Kuraken-type prefabricated houses, but in 1948 he started working on restoration of various factories, and in 1949, he led the construction of a synthetic fiber plant in Toyama [C5-3], contributing an article to the company newsletter introducing the new plant, which produced Poval resin, a synthetic fiber material. According to the article, it is said:

" • *The Poval plant is the greatest building in our company. The greatness.*
 • *The acetic acid plant is the largest structure in our company. The largeness.*
 • *Offices and accessory structures are the most spacious buildings in our company. The extendedness.*
 • *The roads and drainage are the most systematic facilities in our company. The orderliness.*
 • *The exterior walls of the factories are made of perforated metal, which is a recycled material, and they look like a "Sudare" screen. The unconventionality.*
 • *The exterior walls of the warehouse are fiber cement sheet walls with no windows. Some people say they are like an art museum. The simplicity.*
 • *A group of outdoor tanks is a factory scene first appeared in Toyama. The best outdoor factory in our company.*
 • *The company housing club is a Nordic-style wooden construction with the largest wood framing in our company. The thickness*"

Above all, the high-rise structure of the Poval plant [C5-1, 2] is a proposal about space saving, which Urabe learned from the methods used in the early spinning plants in the United Kingdom. For some time, Urabe was lamenting the circumstances that the Japanese factories were far behind overseas, and took measures against the problems of employee housing, random coexistence of ancillary facilities, unplanned storage areas, unstable production, and limited capital asset funds. The Toyama plant, having lost its geographical advantage in raw material procurement, has already been sold to another company, and only the unoccupied office building [C5-4] has survived and the RC-60 type apartment building (1961) has been preserved as a prefecture-owned warehouse.

Next, Urabe was tasked with the master planning of the Nakajo plant in Niigata [C5-5, 6], which he regarded as the culmination of his plant architecture. The outdoor plant system, or "under-the-sky" factories, which were ideal for business managers, was thoroughly adopted, and not only buildings but also the arrangement of the blocks as well as the pipelines connecting them were organically integrated into the Kurashiki Module (KM). On the other hand, the welfare facilities were situated in the natural areas that remained undeveloped, and this clearly shows Urabe's idea that "factories are urban planning." The general office still remains for the welfare and inspection departments, but its appearance with the applied seismic reinforcement [C5-7] is painfully telling the emptiness of the absence of the architect who disciplined himself by speaking the language of money. It is hoped that the factory manager's residence and the surrounding company housing [C5-8] will survive in the environment full of nature.

Chapter 1 / project 06 / pp.64–65

Kurashiki Rayon Takatsuki Apartment (Type RC-60) & Singles' Dormitory (1964 / Not existing)

These are the family housing (apartment) and singles' dormitory for the employees at the Kurashiki Rayon Takatsuki Factory.

The family housing has the typical stairwell type arrangement of dwelling units. As for the exterior design, the open piloti area lifted by the bearing walls, the deep eaves that function as the guardrails for the roof, and the hexagonal openings that emphasize the solemn feeling of the reinforced concrete walls attract attention. The plan of the dwelling unit has a kind of centripetal arrangement in which a group of individual rooms arranged in an L-shaped layout surround the living room that is located on the south side and integrated with the kitchen. The floor height is kept as low as 2,515mm, and the interior space with visual openness in the horizontal direction emphasized by the large openings evokes the traditional Japanese-style houses. All of these are features common to the "Type RC-60 apartments" formulated by Urabe during this time.

On the other hand, the detail about the singles' dormitory is unknown because there are no drawings left, but it has a composition of massive, multi-tiered tower structure similar to the Ishii Memorial Aizen-en single female housing (1961) and the Kurashiki Kokusai Hotel (1963). It is characteristic of this building that the concrete pent roofs, a symbol of the Urabe architecture, is provided only for the top floor.

(Kiwamu Yanagisawa)

Chapter 1 / column 06 / pp.66–67

Type RC-60:
Shizutaro Urabe's Employee Housing Architecture

Kiwamu Yanagisawa
Associate Professor, Kyoto University

Urabe, who originally worked in facility management, designed numerous company houses and employee dormitories. More than 10% of his design work between the 1950s and 1970s is employee housing, most of which are apartment-style collective housing. They are interesting in that they reveal his thoughts about residential spaces, as he worked on few house projects. And above all, the ones that call for attention are a series of employee dormitory structures which were formulated in the early 1960's as Type RC-60.

Type RC-60 is a four to five-story staircase type collective housing made of reinforced concrete (RC). It was built as an employee family housing that belonged to the Kurashiki Rayon plants across the country, and as far as we know, there are at least four locations where it was built: Toyama (1961) [C6-1], Okayama (1961), Kounodai (1963), and Takatsuki (1964). The name is probably meant to signify the standardized design of the reinforced concrete apartment building established in 1960. For example, among the design documents for the Okayama apartment, it is only the site plan, detail floor plans, and engineering drawings for the inside of the dwelling units that were labeled as "Okayama," and the other drawings such as the floor plans, elevations, sections, and structural drawings were indicated only as "RC-60 Apartment," from which we can see that they were shared with the other projects.

In a commentary for the Kounodai apartment, one of the Type RC-60 projects, the key point of the proposal is concisely mentioned and reads "for the last few years, we have been striving to find a set of solutions for the apartments." Those are ① the right relationship between the personal life and the communal life, ② indoor spaces without disturbing beams, ③ intensive use of land, ④ simple and straightforward appearance that withstands wind and snow, ⑤ a beautiful roofline, and ⑥ cost control.

The architectural expressions corresponding to this intent may be considered as follows. ① leads to the Kurabo Industries Ltd.'s philosophy of "dispersed dormitories" that neighborhood relationships shall be cultivated while the independence of dwelling units is maintained, and here, the piloti area made open to the surrounding and the roof designed densely with benches and vents function as a common space for interaction [C6-4]. The piloti and the roof contribute to ③, too. ② is a product of the structure using thin spandrel beams integrated with the perimeter walls. The deep spandrel beams also contribute to the large-span framing for the piloti space. ④ is the exterior expression of the massiveness of the exposed concrete which straightforwardly shows this structural form, and ⑤ is likely owing to the deep roof overhang at the top. Its effect of protecting the exterior walls and openings from rain is also significant. Although ⑥ is a very general requirement,

Chapter 1 / project 07 / pp.68–69

Japan Folk Art Museum (1960 / Not existing)

it can be understood as one of the motivations for adopting a standardized design method.

What I felt when I visited the Toyama apartment building, the only surviving Type RC-60, is the richness of the interior spaces and the density of design that permeates the details. Since the floor area of the dwelling unit is 18 tsubo (about 60 m²) and the floor area of the average dwelling unit by the public housing corporations at that time is 15 tsubo, it is quite luxurious as an employee dormitory. The main thing to notice compared to the generic apartment housing from the same period is that there are no balconies, and the next thing to notice is that a thick pipe shaft (PS) was provided to fit the bathrooms on the interior side of the dwelling units [C6-5], which is a diversion from the standard approach of locating them along the perimeter. As a result, a comfortable space with a bright and spacious kitchen and a south facing engawa (Japanese-style veranda) -like space was created [C6-2]. Besides, it is amazing to see the design with painstaking details including the elaborate casework at the entrance and the kitchen, the harmonious design of the exposed concrete structure and the Japanese style design on the interior, and the cross section of the shoji screen frames [C6-3]. Such fine design of the interior space also seems to be, in a way, a product of standardized design. Defining the standard form at the level of structural framing based on clear thoughts and rationality appeared to have enabled Urabe to concentrate his design energy for each project on the planning of the interior spaces including the engineering systems.

This is an exhibition hall for records of folk art built in a district with miscellaneous buildings further south of the downtown Minami district in Osaka, and it is the first architecture in which the unique style of the layered pent roofs made of exposed concrete appeared, which Urabe himself "called exterior eaves or spandrel beams that underwent a kind of biological evolution to adapt to the Japanese culture."

The shadows cast by these pent roofs have a rhythm applied by the Kurashiki Module (KM), creating a folk-like yet somewhat solemn atmosphere associated with folk crafts. The semi-outdoor exhibition space held inside the sloped walls of the top-floor roof shapes is also so distinctive that it liberates the visitors from everyday life and lead them to the world of nature and folk art.

On the other hand, the realization that this building looks like a samurai warrior in full armor crouching in an urban building landscape and that this solemn piece of architecture is floating in the air supported only by four pillars positioned slightly inward from the four corners at the ground level gives rise to a thought that it was designed as a tower to represent the solitary genius of its owner Cyuichi Miyake (1900–1980), who dissociated from Muneyoshi Yanagi's Japan Folk Craft Association.

(Kiyoshi Nishimura)

Chapter 1 / column 07-1 / pp.70–71

On the Kurashiki Module (KM)

Kiyoshi Nishimura
President, URABESEKKEI

The first document in which Shizutaro Urabe talked about the Kurashiki Module (KM) [C7-1-1, 2] is the "Shinkenchiku (New Architecture)" magazine article about the Kurashiki Rayon Health Insurance Association Sokai Dormitory (1959 / currently not existing). The noteworthy points in it are as listed below.

① It is the first example in which Urabe, one of the proponents of the 960mm internal face-to-face dimension (Kyoma) system, applied the KM, which is based on the Kyoma module, to a wooden construction building

② The correlation between the KM and the Tange lab module is shown in a separate table

③ He tells that he had to take into account the tradition that the company had been applying a 960 mm on-center dimension system to wood construction for decades, and that he had to admit that the KM had been a powerful tool, though not an absolute measure, as it had been applied not only to wood construction but also to other types of construction thereafter

It can be inferred from ① and ② that he invented the KM, inspired by the Tange lab module. Also, from ③, it can be seen that the KM had its priority in practice. In fact, on the KM table around the time when the author joined Urabe Architectural Office (present-day URABESEKKEI Co., Ltd.) in 1979, in addition to the B and R sequences, what was called a unit system of multiples of 960mm was shown, and although the dimensions of various building parts were described on the KM table shared among the staff, many of them were KM values adjusted for practical use and they were referred to as the quasi-KM. The effect of this practical use can be understood from the fact that Urabe himself mentions the practice of design using the KM as a factor for successfully completing the design of Kurashiki Kokusai Hotel (1963) in line with the various circumstances in a short period of time.

Then, how was the design of the exposed concrete pent roofs like eaves on a pagoda, which started with Japan Folk Art Museum (1960), created? In the "Shinkenchiku" article of the Ishii Memorial Aizen-en single female housing and nursery school (1961), to respond to the rumor that the school might have been based on the five-story pagoda in nearby Shitennoji, Urabe replied by saying that the Folk Art Museum was the east tower and the single female housing was the west tower, but at the time of the announcement about Japan Folk Art Museum, he had not mentioned that. The circumstances in which the pent roof design was born according to the author's master Keizo Matsumura are that it was an attempt to bring into harmony the function of water-shedding eaves and the design of the exterior in the process of repeating the design of many factory-attached dormitories at that time. It appears that it reached

a state of completion with Kurashiki International Hotel following the practical trial and error in Japan Folk Art Museum and the Ishii Memorial Aizen-en single female housing and nursery school [C7-1-4, 5, 6].

When seen this way, the KM is, of course, not different from the module that Le Corbusier used as a tool to elevate buildings to the level of architecture. The rhythm woven into the exterior facades with the series of pent roofs is not possible without the KM. Also, depending on the choice of the sequence, it flexibly controlled the design ranging from the solemn folk art style of Japan Folk Art Museum, which is like a samurai warrior in full armor crouching in a valley between urban buildings, to the modern design of Kurashiki Kokusai Hotel, which embodied the essence of Kurashiki as a city of craft. Further, the KM plays the role of a thread of warp connecting the exterior walls of the Annex building at the Ohara Museum of Art (1961), which consist of various materials [C7-1-3].

Chapter 1 / column 07-2 / pp.72–73

The Mingei (Folk Crafts) Movement and Pent Roof Walls

Kazuto Kasahara
Assistant Professor, Kyoto Institute of Technology

The Japan Folk Art Museum (1960) is the first building which adopted Urabe's unique "Kabebisashi (pent roof walls)," which are not a roof, an eave, or a wall [C7-2-1,2]. These pent roofs continue to be used throughout the 1960s becoming a trademark of Urabe's work, but how were they born? I would like to see their origin in the relationship between Urabe and the Mingei Movement.

Urabe joined Kurashiki Kenshoku (present-day Kuraray) in 1934, but just around that time, Magosaburo Ohara, who was the president of Kurashiki Kenshoku, began to be involved with the Mingei movement led by Muneyoshi Yanagi. Urabe participated in the Mingei movement probably because of this influence. In 1942, he became a member of the Japan Folk Craft Association established by Yanagi, and after the war, he worked as a headquarters committee member at the Okayama Prefecture Folk Craft Association, which was established in 1946. In 1949, he became the manager of the Facility Management Department at the Osaka head office and moved to Osaka, where later he met Chuuichi Miyake (1900–1980), the owner of the Japan Folk Art Museum.

Miyake, like Urabe and Ohara, was born in Okayama Prefecture. In 1930, he saw books by Yanagi who led the Mingei movement and began actively participating in the movement from 1935. In 1949, he started to manage the restaurant Suehiro in Osaka, which became famous when Miyake later invented "Shabu-Shabu" hot pot and opened a folk-art exhibition room in the restaurant. In 1950, he used the old rice warehouse located in Dojima, Osaka, to open the Japan Folk Art Museum, became the director, and established the Osaka Folk Craft Association. It was frequently visited by Yanagi and became a hub for the Mingei movement in Osaka.

However, Miyake gradually came to question Yanagi. The Mingei movement began by recognizing that truths lay in the simple beauty of uncontrived craftwork by nameless artisans. However, prominent artists such as Kanjiro Kawai and Shoji Hamada came to be active around Yanagi. That seemed to Miyake to deviate from the original Mingei movement. Miyake split with the Japan Folk Craft Association in 1959 and established the Nihon Mingei Kyodan and became the chief director. After that, he carried out activities to revive and promote folk art by nameless artisans.

Just around this time, there emerged a plan to relocate the Japan Folk Art Museum to Namba, Osaka, and build a new building. Miyake asked Urabe to design it. At that time, he required it to be reinforced concrete construction instead of wood or traditional warehouse construction and requested a design that harmonized with folk art [C7-2-3]. Miyake always valued practicality when it comes to folk art and also tolerated industrialization and mechanization. Urabe worked hard to give shape to these conditions and principles of Miyake's, and the new Japan Folk Art Museum (1960) was born.

Regarding the pent roofs that he adopted that time, Urabe argued that "the part that was neither an eave nor a roof was something that undergone a kind of biological evolution as if the spandrel beams had adapted to the Japanese cultural climate". It plays the role of draining the rain falling on the walls and is a result of a technical investigation [C7-2-4]. Although it is a remark characteristic of Urabe who called himself an "engineer," it overlaps with the thought held by Miyake who valued the practicality brought forth by artisans rather than the beauty created by artists. It can be said that what was established where the interests of Urabe and Miyake coincided and intersected was this Japan Folk Art Museum and the design of those distinctive pent roofs.

Chapter 1 / project 08 / pp.74–76

The Ishii Memorial Aizen-en Single Female Housing (1961 / Not existing) and Nursery School (1962 / Not existing)

The steep roofs arranged in layers are the pent roofs unique to Urabe, and this style follows the development in the Japan Folk Art Museum (1960) completed in the previous year and leads to the design of the Kurashiki Kokusai Hotel (1963) later. There is also a story that it imitated the five-story pagoda in Shitennoji close to the site, but it is not clear whether it is true or not. Having distinctive, fine ribs made with the idea that "I want to leave it to the workers," the pent roofs are elaborately designed.

At the time, the site was still located in the center of an area known as the Bataya district, and it was an environment where wooden houses were crammed and piles of rubbish accumulated even on the streets. This project is the nurse dormitory and the nursery school built there. The strong reinforced concrete construction was chosen to continue to physically and mentally protect and nurture the nurses and the children living there and to keep them from the hustle and bustle of the outside.

The nursery school with a mezzanine and slopes skillfully combined was the first one to be two-story in Japan. The three-dimensional composition of the piloti space, the slopes, and the courtyard makes it possible to create a rich outdoor space within the limited space on the site.

(Hironori Shirasu)

Chapter 1 / project 09 / p.77

Ishii Memorial Aizen-en Aizenbashi Hospital (1965 / Not existing)

This is a hospital established by Ishii Memorial Aizen-en that inherited the philosophy of social entrepreneur Juji Ishii. With the 100th anniversary of Ishii's birth in 1964, there arose a plan to expand the building on the site adjacent to the hospital that had become too cramped. At that time, because Soichiro Ohara served as the chief director of the organization, the design was commissioned to Shizutaro Urabe.

It was completed in 1965 as a six-story reinforced concrete building. The exterior has a strange expression that looks old-fashioned and modern, which is characteristic of Urabe, with the thick concrete columns and beams forming the framing, combined with the large eaves, which are uniquely Urabe, attached to the roof of the 6th floor and the penthouse.

On the walls of the entrance and the reception hall, stained glass designed by Junko Takachi and ceramic panels made by Takashi Furuse are inlaid, giving an accent to the hospital environment that tends to feel cold. In addition, the bearing walls of the stairway are designed using diagonal lines and round windows, creating a hand-made atmosphere.

It no longer exists as it was dismantled in 2005 to re-relocate and to be newly built.

(Kazuto Kasahara)

Chapter 1 / column 08 • 09 / p.78

The Series of Facilities for Aizen-en

Kazuto Kasahara
Assistant Professor, Kyoto Institute of Technology

Juji Ishii, a social entrepreneur, carried out social projects based on Christianity and was the person who founded Japan's first orphanage in Okayama in 1887. Later, he moved his base to Osaka and developed childcare, education, and consultation projects as measures against slums. Shizutaro Urabe designed three buildings for Ishii Memorial Aizen-en, which was established in Osaka based on Ishii's will.

After Ishii died in 1914, Magosaburo Ohara, who had acquainted with him before his death, established Ishii Memorial Aizen-en in 1917 and became the chief director. Based in the slums around the Aizen Bridge in Osaka, it developed social projects such as day-care centers, nursery schools, kindergartens, and elementary schools as its core projects. After Magosaburo's death in 1943, Soichiro Ohara took over as the chief director, and after the war, he commissioned Urabe to design the related facilities.

First, the Ishii Memorial Aizen-en Single Female Housing (1961) was built, followed by the Nursery School (1962) [C8-1]. These had been located next to Aizenbashi Hospital opened in 1937, but, to expand the hospital, a new site was purchased nearby and they were relocated and newly built. Subsequently, in commemoration of Ishii's 100th anniversary, Ishii Memorial Aizen-en Aizenbashi Hospital was completed in 1965 [C8-2]. Like the series of works in Kurashiki, they were a series of buildings for Aizen-en created, backed by the expansion of the businesses by the father and son, Magosaburo and Soichiro Ohara, through the relationship of trust that Urabe developed with them.

The design included the large eaves established in the Japan Folk Art Museum (1960), and it used the Kurashiki Module (KM), etc. to combine both scientific intentions and traditional design, but unfortunately, neither of them exists today.

Chapter 1 / project 10 / p.79

The Kyoto Airlines Building (1961 / Not existing)

This was built on the 150th anniversary (1961) of the founding of the Kyoto-based kimono store "Shimakame," which was deeply related to the Ohara family.

It is a so-called "mid-to-high-rise building," where the ground and the second floors are leased retail spaces and the third and fourth floors are maisonette houses. It is on the former site of all of the stores to the north of the Hiiragiya Inn and half of the row houses and retreat residences to the north of the Tawaraya Inn across the street that were vacated at the time of the war due to the evacuation for the forced widening of Oike Dori street. The front street is 50m wide, but the neighboring inn is a place that has maintained a sophisticated lifestyle since the Heian period. The building is a rectangular box in exposed concrete, gathering the plumbing-related functions on the levels below the residences to limit the projections on the roof such as an elevated water tank. The exterior walls of the upper three floors have a Vierendeel beam structure to create wide openings for the windows, and the first floor has a long span supported by three groups of bearing walls to create a piloti space.

It was named the Kyoto Airlines Building because it was occupied by an airline company. For the mechanical and electrical systems, with the help of Kenji Kawai, technologies such as a cooling system using only the well water, which was abundantly available, and an easy-to-operate US household boiler were brought together. As a result, the building was accepted to the ancient city. It is a pity that it no longer exists with the land having been relinquished for a certain reason.

(Yoshinori Tsujino)

Chapter 1 / project 11 / pp.80–85

The Annex for the Ohara Museum of Art (1961)

This is an annex built in a 70-meter-long narrow block surrounding a garden called Shinkeien which extends on the south of the main building. Since it was conceived as a "castle wall" to protect the Moto-Kurashiki preservation area where there is a surviving wooden townscape from the rapid urbanization and modernization which started from the Kurashiki City Hall (1960) by Kenzo Tange located in the southwest, a scale that takes into consideration the height of the old townhouses and the policy of white and black as the base colors were required.

However, it is not a mere quotation of traditional motifs but uses advanced technologies and materials such as shell-structure roofs made of reinforced concrete as well as glass blocks while unifying the whole with the horizontal lines of white walls and black tiles. The curved lower portion of the exterior walls on the street side is a precast concrete block embedded with natural stones, the pent roof portion is a concrete cast with cedar board formwork, and the roof is embedded with round gravel, etc. It was composed of simple, powerful forms which made use of craft-like manual work.

The plans and the elevations are pleasantly articulated by the Kurashiki Module (KM), an original invention, creating a friendly and calm atmosphere.

(Hiroshi Matsukuma)

Chapter 1 / column 11 / pp.86–89

Eight Plans for the Ohara Museum of Art, Annex

Hiroshi Matsukuma
Professor, Kyoto Institute of Technology

The Ohara Museum of Art was opened by Magosaburo Ohara in November 1930 as the first privately-owned, mostly Western-art-oriented museum in Japan with the aim of inheriting the will of the painter Torajiro Kojima and publishing the Western masterpieces by El Greco, Gauguin, Monet, Mathis, etc. that he had collected in Europe. Its design was in the Roman architecture style and worked on by the architectural engineer Kazue Yakushiji, who worked as both the executive director and plant manager at Kurashiki Kenshoku Co., Ltd. (present-day Kuraray), and was also a scholarship student supported by the Ohara family like Kojima.

Later in 1950, the collection was expanded on the occasion of the 20th anniversary of the museum's opening, and the collection of artifacts from Japan and the Silk Road and antique art from Egypt and China increased. During that time, Soichiro Ohara, who succeeded Magosaburo, and Shizutaro Urabe, who took over Yakushiji's position, advanced a plan to expand the museum. However, at that time, there were still many uncertain factors such as the timing of the opening and the program of the facilities, and Urabe was still in the position of a facilities engineer, and therefore must have had the extra time he can spend. After the completion of the annex, Urabe looked back as follows about the process before the construction.

"In 1954, Professor Gropius visited Kurashiki. At that time, I think that there was a plan for building a youth hostel on this site of the Shinkeien Garden. The following year, it was changed to an art museum plan. Without a clear program, we created a few proposals. But none of them reached a point where Mr. Soichiro Ohara's mind was moved. However, the situation improved meanwhile, and the unclear program started to be clear too. In other words, a policy was made to create a part for representative works of Japanese Western-style painters and a part for antique art from Egypt and Persia, and to operate with independent accounting."

There is a total of eight plans drawn up from January 1957 to 1958 for the construction of this annex. According to the testimony of Keizo Matsumura, who joined the Facility Management Department of Kurashiki Rayon after graduating from Kyoto University in 1952, and worked on the design as Urabe's staff, the planning proposals during this period was basic work of studying ideas for the realization of the annex concept. As there were apparently few meetings with the staff, so in that sense, they represent the very transition of the museum concepts that Urabe envisioned. At the same time, it is also interesting that they suggest how Urabe's architectural thoughts were formed as to what kind of modern architecture should be created in an area where an old townscape remained.

First, in the first proposal [C11-1] entitled the "Memorial Hall" dated January 25, 1957, not even the site is specified, and it is presumed to be from a previous stage before the museum concept. It is made of reinforced concrete, and an exhibition hall with a gable roof in a traditional warehouse style and an exhibition room with a concrete-shell roof are arranged in an L-shape. It can be seen that there was an attempt to look for contrasting expressions between old and new with the gable and the shell, which relate to the form creation in the Kurashiki Archaeological Museum Extension (1957) and the Annex for the Ohara Museum of Art (1961).

Next, in the second proposal [C11-2, 3] entitled "Art Museum Design by UNKNOWN FACTORS" dated November 9, 1957, it is clear that it was a plan for an art museum. In addition, the south-east corner of the Shinkeien Garden is designated as the site, and square plans for two floors with open space and a skylight in the center are drawn. Interestingly, since the name of the Japan Pavilion for the Venetian Biennale (1956) designed by Takamasa Yoshizaka is written along with that of the main building of the Ohara Museum of Art as a comparative reference for examining the building scale, it can be seen that Urabe received some kind of influence from the form of the concrete Japan Pavilion that Yoshizaka undertook.

Furthermore, the third proposal [C11-4] examined with different shapes on the same site and the fourth proposal [C11-5, 6] as an update of the third one with higher accuracy have a composition of the volume of the second floor and that of the first floor crossing in a T-shape. What is noteworthy as an approach leading to the implemented plan is that the southeastern exterior walls of the building were placed along the street boundaries at the southeast corner of the site. In addition, the interior exhibition room is divided for paintings and for displaying antique art from Egypt and Persia, and the floor finish for the latter is indicated to be paved with stone. Probably, as indicated in the description by Urabe quoted above, the outline of the exhibition room was getting fixed. Further, the first-floor exhibition room has a roof garden and external stairs, from which it can be inferred that it was intended to overlook the old townscape. On the other hand, as for the exterior, concrete columns and beams are exposed, and concrete blocks are stacked up between them, which remained somewhat monotonous-looking, so it seems that it was still undecided how to organize the exterior as it was not easy to find a direction.

And, after going through the box-shaped fifth proposal [C11-7], in the sixth proposal [C11-8], while the T-shaped plan developed so far is preserved, there suddenly appears a form in which a shell-structure roof bowed in an arch shape is erected over the two-story volume of the exhibition hall. In the seventh proposal [C11-9, 10, 11] of 1958, which further developed the sixth proposal, a similar arched roof is built over the one-story administration building as well. There, we can sense something that is characterized as Urabe's strong will to somehow incorporate a new motif for concrete roofs by means of form creation. It might have been inspired by the forms of the large eaves and the roofs that appeared in the assembly hall by Le Corbusier, which was under construction in Chandigarh in faraway India, as well as those appeared in the governor's residence published as a proposed design in publications, etc.

The "Let's-go-with-this!" proposal produced as a result of the tenacious trial and error with various design proposals thus far is the eighth proposal [C11-12] which was created at the beginning of 1959 to become more or less the final design. At this point, Urabe must have won Ohara's understanding. The site was expanded to cover the southern half of the Shinkeien Garden, and with this, a long and large floor plan with the exterior walls lined up with the site boundary on the south side of the site, which is to become the final plan, was created. This way, the various formal motifs that had emerged in the previous studies were sublimated at once, and unique architecture that harmonized with the old townscape while being an entirely new form made of concrete was born.

Chapter 1 / project 12 / pp.90–95

The Kurashiki Kokusai Hotel (1963)

This is the first full-scale international hotel in Kurashiki consisting of 70 rooms, banquet halls, dining rooms, a tearoom, a grill room, a bar, etc. built adjacent to the Shinkeien Garden, following the Annex for the Ohara Museum of Art (1961). On the east side, it has the main building and the Craft Art and Asian Art Gallery of the Ohara Museum of Art, and the traditional townscape extends beyond them. Having the Kurashiki City Hall by Kenzo Tange located diagonally across Kurashiki Chuo-Dori street in the front, its site is blessed being located between new and old buildings, the concept of a hotel suitable for Kurashiki, developed for a long time with Soichiro Ohara, was pursued.

The exterior is composed of sloping exposed concrete pent roofs that began with the Japan Folk Art Museum (1960) and white walls with horizontal bands of black roof tiles, the same motifs were used for the walls surrounding the roof garden and the penthouse as well, creating an elegant expression with a sense of unity.

Inside the central open space, woodcut prints by Shiko Munakata are displayed, and in the lobby on the first floor, a mural by Aman-Jean is displayed. Folkcraft-style furniture and lighting fixtures in and works of artisans such as mosaic tiles and trowel finishes make up the spaces with an atmosphere that is cozy while sophisticated and dignified.

(Hiroshi Matsukuma)

Chapter 1 / column 12 / pp.96–99

Ohara and Urabe's Hotel Concept that Comes to Fruition in the Kurashiki Kokusai Hotel

Hiroshi Matsukuma

Professor, Kyoto Institute of Technology

The details about when the idea of constructing a major international hotel in Kurashiki began are not clear. However, three interesting documents have been carefully kept at URABESEKKEI. Now they show us what the initial images of the hotel plan that Soichiro Ohara envisioned and Shizutaro Urabe sketched and drawn were like. One is an eighteen-page brochure with "An Inn with Pub projected at KURASHIKI August 6 1953" typed on the cover, and the other two are A4-size notebooks with "Inn with Pub projected at KURASHIKI 1953 S. Urabe" and "Hotel" handwritten on the covers which seem to have been draft memos and sketches for the brochure.

In the formerly mentioned brochure, there is a preface written by Soichiro Ohara entitled "For the Brochure," in which his aspiration for the hotel construction was written as follows.

"In any city and in any town, there are inns. Inns are one of the windows into a town. Travelers can read the town's expression and philosophy through its inns...which are determined by what kind of city the town is. A commercial city, an industrial city, an educational city, a so-called tourist city with old and new parts, a pleasure city, etc. Therefore, inns must be suitable for both the city and the tourists visiting the city...I think inns that are simple, appropriate, substance-oriented, hearty, and emotionally-charged are desirable...I have unforgettable memories of the "Inns" I stayed at in towns during my trip to Scotland. They are a place of spiritual rest for travelers, even for those who do not have a taste for whiskey, and a window into the Scottish scenery, history, and human characters, and in many cases, having such inn itself even seemed to be a condition of the Scottish scenery...The number of people who visit Kurashiki has increased with the years. Kurashiki is not a famous place in the world. But it is a town with the will to live, the will to develop, and especially the will to live beautifully and truthfully. I think people visit Kurashiki more or less with an understanding of this feeling. So long as that is true, I believe that such people will need an accommodation that reflects such wills of the town... it would be best if there were a small hotel like a shared weekend house for people who really love Kurashiki. Also, I wish it to be a cultural heritage in harmony with the town itself."

It was for two and a half years between April 1936 and December 1938 that Soichiro Ohara, ordered by his father Magosaburo, went on a tour of the West with his wife Masako in order to deepen his knowledge for running Kurashiki Kenshoku in the future. During the travel, they stayed in London, England for a year and a half. Ohara had a strong impression of small old accommodations in Scotland called an "Inn" he stayed at while in Britain, as well as "pubs" with a "bar" on the first floor functioning also as a place of social interaction for people in villages and towns.

More than anything else, he must have been fascinated by the fact that small inns were working as the face of the town and a place that supported the people living there. That is why I think he wanted to create such a small hotel in Kurashiki.

And as Ohara wrote at the end of the preface that "the design was undertook by Mr. Shizutaro Urabe, who had had great love for the town of Kurashiki and left various footprints for realization of the design," he decided to entrust its materialization to Urabe [C12-2, 3, 4, 5, 6]. While responding in the "Designer's Postscript" of the same brochure, saying "I thank President Ohara for giving me the opportunity to have a fun dream," Urabe pointed out the following two points regarding the challenges of realization of the hotel plan.

One is that since he had not had expert knowledge about hotel management, he had received guidance from two experts, but as his "layman's proposal" had been "severely wounded frequently," he needed to continue studies. The other is the issue of how to determine the "life style" of the hotel and its "architectural style as an expression of the life style" to be pursued. Urabe notes that in order to realize an "Inn" and a "Public House" (pub) that Ohara considers ideal, their architectural style will naturally be what is roughly called "Old English," and there, one can find the "stubbornness that does not go along with the fashion," which is the "appeal of Britain." Therefore, it is said that he developed an idea of "harmony of alien qualities" by creating an "atmosphere that emanated from the harmonious marriage between this stubborn British-style as the husband and Kurashiki's culture as the wife."

The goal of "harmony of alien qualities" presented here, namely the shared image of creating a "small hotel" that serves as the face of Kurashiki by bringing together Kurashiki's townscape as well as its sense of beauty and tradition that had been cultivated and the British "architectural style of the 'Old English' that could withstand time," which Ohara suggested to Urabe, was, I think, the very driving force behind the birth of the Kurashiki Kokusai Hotel (1963) ten years later [C12-7, 8, 9, 10]. In addition, the design of the hotel incorporated a unique dimensional system called the Kurashiki Module (KM) which had been tested starting with the Japan Folk Art Museum (1960). Inspired by Le Corbusier's Modulor which was devised based on the "physiological dimensions" of the human body, it integrated the "living dimensions" of the human body by adding to Modulor the knowledge of the Kyoto-tatami-mat unit that Senno Rikyu used for tea rooms.

And the viewpoint of "folk art" advocated by Muneyoshi Yanagi (1889–1961), who had been acquainted with Soichiro Ohara since the days of his father Magosaburo, that is to say, a perspective which saw beauty in anonymous everyday products for practical use created by nameless craftsmen for the public came to be also included. That's why Urabe, who was awakened to folk art with the influence from Ohara, at the end of the "Designer's Postscript," wrote that "luckily, Kurashiki really had many craftsmen who collaborated on this work and Japan was more fortunate than today's Britain when it came to handicrafts," and he was probably trying to create unique architecture that was in no way inferior to Britain's by being rooted in Kurashiki.

Consequently, a large-scale woodblock print "Daisekai no Saku/Kon" by Shiko Munakata (1903–1975) who was commissioned by Soichiro Ohara was placed in the lobby, and the Kurashiki Kokusai Hotel with an interior composed in a calm folk-art style and an exterior blending with the townscape was realized. It continues to be architecture that symbolizes the town of Kurashiki to this date.

Chapter 1 / project 13 / pp.100–101

The Kurashiki Youth Hostel (1965)

This is a youth hostel made possible owing to the enthusiastic invitation of the local people in the 1960s when the youth hostel movement in Japan became active. It is built on a hill that overlooks the cityscape of Kurashiki, and it extends horizontally in a natural landscape using the design of a series of concrete pent roofs on two low-rise buildings. Both the horizontal eaves and the floor plans are composed of multiples of 960mm, and the ceiling heights, etc. are also measured according to the Kurashiki Module (KM).

The hostel is planned with two buildings to accommodate different activities. The building for the daytime activities has a square plan with a fireplace at its center. In the dormitory building for the nighttime, bunk beds following the Youth Hostels Inc.'s standards are densely combined. The ventilation and air conditioning systems are also integrated, and round holes for ventilation openings are drilled through the lower part of the exterior walls. The heights of the two buildings vary with the topography, and the dormitory building for the nighttime has two arch-shaped roofs with corrugated sheets.

The cozy architectural spaces, including the fireplace created as the center of a fun time, welcomes guests and continues to operate to date.

(Shihoko Koike)

Chapter 1 / project 14 / p.102

The Hamako Building (1966)

This is a commercial building with the stores of the famous confectionery from Tosa (Kochi Prefecture) built at the Harimaya-bashi intersection in Kochi City. It is a building with one basement and five floors above the ground on a long and narrow site. The first floor is a store, the second and third floors are a coffee shop, and the fourth and fifth floors are a hall and a gallery.

The exterior of the building is, like the Toyo Folk Art Museum of the Saijo City Folk Museum (1967), consists of three parts with the lower part at the first-floor level as a base made of artificial stone blocks, the middle part between the second and fourth floors treated with a white-based spray-on material, and the inclined parapet for the fifth floor and the roof. The parapets are decorated with relief with a stylized whale and waves of the Kuroshio current found in a clerestory in the Kochi Castle and its large billboard-like presence is suitable for the character of the location as an intersection. In addition, the bands of the 190mm black square tiles provide the voluminous central part of the building with delicateness.

The windows in the middle part have wide jambs and are tapered on both sides as if to broaden views from inside, and especially the windows for the coffee shop are set at a comfortable height that takes into account views toward outside from a seated position.

(Hideaki Oshima)

Chapter 1 / project 15 / pp.103–104

The Ryobi Saidaiji Bus Terminal (1966)

This is a mixed-use building with a bus waiting room in the central space between a two-story shopping center with a supermarket and a four-story memorial hall, built at a location facing Saidaiji Fureai-dori street in Okayama City.

There is an exhibition room at the top of the shopping center, and meeting rooms, a learning room and a gallery, etc. on the upper floors of the memorial hall. This complex was not only planned as a bus waiting space but also intended to play the role of a community center for the area.

The design of the octagon-shaped memorial hall portion is a major feature of the exterior, and the inclined parapets also used in the Hamako Building form large surfaces to wrap around the third and fourth floors. The third floor of the hall has the company emblem in the center flanked by circular openings on both sides, creating the characteristic of having a symbolic appearance along with the openings on the fourth floor. The bus waiting area has large, arched openings on the first floor, connecting the memorial hall and the shopping center together with the second-floor rooftop terrace.

(Hideaki Oshima)

p.105

Chapter 2: From the Development of the Kurashiki Model to Its Transformation

1964-1974

In July 1962, Urabe opened the "Kurashiki Architecture Research Institute" as his own design office, with the recommendation of Soichiro Ohara. Later, in 1964 when he left Kurashiki Rayon, it became a completely independent design office, and in 1966, it had its name changed to "Urabe Architectural Office" and with this, Urabe was removed from the position of a facilities engineer belonging to a company, and started literally as a sole architect. At the same time, there was also a tailwind of his great reputation in the architecture world owing to the Kurashiki Kokusai Hotel (1963), which was awarded the Prize of the Architectural Institute of Japan and the Architecture Yearbook Award. Then, Urabe went on working on a wide range of buildings with an emphasis on the forms around the windows including Tokyo Zokei University (Phase I, 1966), Tokyo Woman's Christian University's main research buildings No. 1 and 2 (1967-1968), the Nishitetsu Grand Hotel (1969) by further developing the design techniques and approaches he had cultivated up to that time. Also in Kurashiki, he received for the first time commissions for the design of public buildings such as the Kurashiki Cultural Center (the present-day Kurashiki Public Hall, 1969) and the Kurashiki City Hall (1972), and by ingeniously incorporating the traditional motifs taken from Kurashiki's townscape and plastic roof forms, he generated appearances that were modern and symbolic yet maintained the relationship with the wooden townscape. This is how Urabe started to work on the projects to form the framework of the town of Kurashiki in a major way, but on July 27, 1968, he was faced with the situation of the sudden death of Soichiro Ohara. Nevertheless, determined to continue the vision for Kurashiki's town development that he had nurtured with Ohara, he began working on a project in which the long-closed Kurashiki Spinning Works' red brick factory (1889) was renovated for preservation and converted into a mixed-use complex consisting of memorial halls, workshops, a gallery, a hotel, etc. This is Kurashiki Ivy Square (1974), which was a major turning point. It was the red of the brick that symbolized the Civilization and Enlightenment of the Meiji era, different from the "white" of the plaster walls and the "black" of the traditional roof tiles, which had been the basic colors of the traditional townscape of Kurashiki. With the white of the joints, it also marked the beginning of a new period for the Urabe architecture based on "red" and "white."

Chapter 2 / essay 01 / pp.106–107

Modernism and "Japan"
—Struggle and Position of Shizutaro Urabe's Architecture

Tsutomu Shigemura

Team Zoo Atelier IRUKA / Professor Emeritus, Kobe University /
Guest Professor, Kanagawa University

In 1961, I visited Kurashiki for the first time. In the hot summer, I had a long trip from Yokohama to Yamaguchi by train and got off on the way. When I entered the shopping street on the south side of the station, Kurashiki Commercial High School's baseball game for the Inter-high-school championship was being broadcasted live over loudspeakers throughout the town. Upon entering a quiet narrow alley and going through it, I found myself in a completely different place. The sky suddenly brightened, and a townscape of plaster walls and Namako walls were unfolding along a waterway. Encountering the beautiful town that I saw in the 1957 Iwanami Shashin Bunko photo book, I forgot about the heat and went around the town until the time for the train.

How did the young Shizutaro Urabe who aspired to be an architect for Kurashiki's revitalization after the example of W. M. Dudok of Hilversum in the Netherlands get involved in this exquisite townscape and envision new architecture? Early modernism as well as the post-world-war-I social thoughts had flowed into the 1930's Kyoto University where Urabe studied. Architectural modernism in Europe was supposed to oppose old fashioned architectural order and to present new modern aesthetics or compositional beauty, supported by engineering and industrial products such as steel, glass and concrete, stripping off the authoritarian ornaments, liberating architecture from devoting itself to privileged class, nobility, and serving common people in daily life. Some contradiction existed. In Japan, there was a fundamental problem of tendency to accept modernism as another order when Europeanization after Meiji Restoration shifted to modernization without critical spirit of revolution behind it. Another problem is a paradox between internationalism and localism; could we quote Mediterranean aesthetics in the rainy and humid vernacularity of Japan where the traditional materials are based on timber, grass and soil? Industrialization brought mass production and provided inexpensive products to the general public, but in Europe it also led to the dispute whether the handwork of craftsmen, regional construction method, and local materials and techniques maintained by architecture as the oldest historical art, had to be abandoned or not.

In the Netherlands, a land of advanced modernism, the Amsterdam School including H. P. Berlage (1856–1934) and De Klerk (1884–1923) that created social housing and urban facilities while respecting the urban context of town, traditional materials such as brick, and handcraft of artisans, converting townscape to modern urban spaces, opposed the cold aesthetics of composition-lopsided De Stijl. The same was true for W. M. Dudok (1884–1974) in Hilversum, whom Urabe admired as his master. Those trends of thought stood by townscapes and the public with a warm aesthetics, completely different from the white architecture of Le Corbusier and the Bauhaus even though they arose during the same period.

This is a story I heard from Kenji Imai (1895–1987), who was senior to Urabe and traveled to Europe in 1926 to study the white modernism. Imai got off his train in Moscow in the middle of his trip, met A. Shchusev (1873–1949), the designer of the first Lenin's Mausoleum, and was persuaded by him not to completely deny the Japanese tradition, he changed mind and learned from the Amsterdam School, R. Ostberg (1866–1945) and Antoni Gaudi (1852–1926) instead of white architecture. In Urabe's background too, there is a historical process of conflict regarding tradition, materials, climate, and culture.

The Kurashiki Archaeological Museum Extension (1957) is a masterpiece designed by Urabe when he was an architect working in Kurashiki Kenshoku (present-day, Kuraray). The extension was added to a small museum which was converted by restoring an existing traditional Japanese warehouse with Namako walls. There is a tile-finished wall with flat grouting at the connection with the old building. The technique is traditional, but the composition of tiles is very beautiful, mixing old and new tiles contrastively, showing the subtle diversity made by ceramic deformation during firing. The extension building is a reinforced concrete structure having a similar form to the Kasagura style (a historical Japanese warehouse with a double-layered roof), but it is quite modern when viewed closely. The curve under the outer roof has a mathematical proportion, and the small punctured windows are arranged in a well-balanced manner of modernist composition, and various lattices are fitted inside. One answer for the fusion of modernism and tradition is shown. In the 1950s, much before post-modernism, Urabe created a small contemporary and intellectual urban space with a combination of new and old.

In the Annex for the Ohara Museum of Art (1961), Urabe presents a new encounter between modernism and tradition. This architecture, which stands behind the main building (Kazue Yakushiji, 1930), boldly created an exhibition space for Japanese modern paintings and oriental art by overcoming the long and disadvantageous site with light gardens and uniquely creative skylights. For the form of long exterior wall along the street, Urabe invented unique Tsuiji Bei (traditional Japanese roofed mud fence) walls by embedding the river stones from the Takahashi River into the precast concrete and inclined them at an obtuse angle. Although there are few direct quotations, they constitute a contemporary landscape whose large scale over 100m is articulated by the plastic form of concrete structure in harmony with Kurashiki's historical townscape of Namako walls.

The Kurashiki Kokusai Hotel (1963) built next door is a masterpiece that tried to create a new urban unit model in

Chapter 2 / essay 02 / pp.108–109

What the Town of Kurashiki Inherits from Urabe

Toru Naramura
TORU, NARAMURA & ASSOCIATES ARCHITECTURAL OFFICE /
Visiting Professor, Hiroshima University

historical townscape by compiling his design method. After this, Urabe created many buildings within the city and explored designs which enriched the townscape context of Kurashiki. Kurashiki Ivy Square in 1974, unlike the past works, is a renewal of an advanced European-style spinning factory built in 1889 in the mid-Meiji period. Urabe pursued a new space by taking advantage of the large space and design in the Meiji period consisting of brick and wooden trusses with skylights, and by bringing them closer to the human scale. This was when post-modernism appeared in the world and Urabe's struggle also went side by side with the world.

Having worked on the revitalization of the town centered on the Kurashiki Bikan Historical Quarter over 30 years, I feel, as a local architect, that Kurashiki is an unusually blessed town. In particular, the design by Urabe in various parts of the town, which is still in excellent condition, is architecture firmly based on its ground, as indicated by Urabe's words "I might be like something that grew out of the earth." It resists aging and rather turns it into part of the taste. It is nothing but long-life design as such, and its appeal never begins to wane. Urabe, along with Soichiro Ohara, the previous generation of the Ohara family, had an extraordinary commitment to Kurashiki as can be seen in the development of its main facilities such as the Kurashiki City Hall (1972), Kurashiki Ivy Square (1974), Kurashiki Public Hall (the former Kurashiki Cultural Center, 1969), the Kurashiki Central Hospital (1975–1981), and the Kurashiki Station Area Redevelopment East & West Buildings (1980). Urabe is supposed to have put into practice the words that Soichiro left behind, "We must value old things. But that alone could not sustain the town. It can be a living town by continuing to add the new qualities of the times." He left as examples even small-scale buildings such as Ryokan Kurashiki (1957), the Toyo Folk Art Museum of the Saijo City Folk Museum (1967), and the extension of the Kurashiki Archaeological Museum (1957). It is no wonder that our generation has come to aspire to "create the architecture of the region" and to engage in the "regeneration of old houses" as our life work. In recent years, not only as an architect, but also as a town manager as defined by the Basic Plan for Revitalization of the Central City Areas by the Cabinet Office, we have come to be involved in the total coordination for town development including the general planning for the projects that make use of the private sector, basic concepts proposals, and implementation.

Now, the Kurashiki Bikan Historical Quarter has 3.5 million tourists visiting annually from home and abroad and enjoys hustle and bustle to the extent that it has to even worry about "tourism pollution," but as far as I am concerned, born and raised in the old part of the town, it was impossible back in the old days to imagine the townscape as developed as it is today. If we trace the memories of "the postwar period of the town," within the Kurashiki Bikan Historical Quarter at that time, the street in front of the Ohara Museum of Art was unpaved, and as for Kurashiki Ivy Square, the Kurabo Industries Ltd.'s Kurashiki Factory was left abandoned with its operation suspended for a long time and had barbed wire installed at the top of the fences. The Kurashiki River waterway also had a foul odor, and I remember it was close to being a ruin. It is, of course, the implementation of the "Ohara Vision" by Urabe that has led the change from that time to the present. Owing to the designation as an Area for the Preservation of the Group of

Traditional Buildings, the townscape and the principle facilities of Kurashiki have been developed into the spaces so tasteful as they are hardly recognizable.

Though not as powerfully, our generation is also considered to be working along the same line. The areas that should be worked on now include the vitalization of the surviving vacant houses belonging to the private sector, the development of exterior spaces such as alleys, and the effective use of the "Oku (back space)" of the abandoned townhouses. In other words, what we are responsible for is the development of the small places left behind from the predecessors' town development. Such small-scale developments by the private sector can be provided by responding to the framework of the town already completed as their core, so our roles in terms of "what to do" are clear. In the Bikan Historical Quarter as well, the renovation of the surfaces facing the streets, etc. has been almost completed through many years of preservation activities, but now alleys are being extended into the "abandoned back spaces," which are unique to the subdivision for the traditional townhouses, the "attractiveness of the back spaces" that has never existed is being brought out while at the same time courtyards are being provided to enhance the disaster readiness of each facility, and also a network of the back alleys that connect them are being developed. We believe that, with respect to inheriting Urabe's design and Kurashiki's townscape as well, it is important to try to achieve a "town one can enjoy by walking" slowly.

Also, recently in the Setouchi region, movements to re-examine the architecture of master architects such as Kenzo Tange and Kunio Mayekawa built during the postwar reconstruction period have become active. Learning from the underlying spirit of the reconstruction will serve as a great resource for thinking about regional indigenousness, which is increasingly tending toward disappearance in face of the advancement of artificial intelligence and the supremacy of economy and technology. In that sense as well, we feel the importance of inheriting Kurashiki's "Ohara Vision" left by Soichiro Ohara and Shizutaro Urabe, and working on the maintenance and vitalization of the town along the long axis of time, as well as passing down to the next generation the town of Kurashiki which has accumulated the richness of the lives and culture of the predecessors since the Edo period. Ultimately, we hope to re-look at the Kurashiki Bikan Historical Quarter not as a tourist "show" but as a "living organism," and turn Kurashiki into a town where we the citizens can enjoy, benefit from, and be proud of the cultural history that it has nurtured. If it becomes a town as a "living organism" where a rich culture of everyday life can be nurtured, interaction with visitors too must acquire a different meaning. The design activities in regional towns are faced with the questions of how to connect the contradicting forces of creating busyness through revitalization and living a quiet life in a great atmosphere, and by so doing how to improve the quality of the towns. The situation is getting more and more difficult, but, with attachment with and commitment to my hometown, I wish to continue to seek answers for the times.

Chapter 2 / essay 03 / pp.110–111

The Urabe Spirit that Remains Today

Kiyoshi Nishimura
President, URABESEKKEI

The Urabe architecture as important accents in the cityscape of Kurashiki still keeps the Kurashiki Bikan Historical Quarter as something unique that exists only there. Built on the premise of the "Kurashiki Gemeinschaft" with the "Sansho principle" (a determination of letting no one loses) to be shared among the owner, the designer, and the builder, the modern architecture of the cityscape embodying the idea of "harmony between the old and the new" in Urabe's style has managed to be in desirable condition even though having faced a number of crises. However, even in Kurashiki, one of the leading cultural cities in Japan, there is also a position that does not allow the Sansho principle to take precedence over economic rationalization. And this situation will stay unchanged in the future.

Then, by whom does the town of Kurashiki continue to be updated in the future? And where is the Urabe spirit that has kept the integrity of the cityscape of Kurashiki? To begin with, what is Urabe's spirit anyway? There are many designs and discourses to be referred to, but here we narrow down to three points: the cityscape of Kurashiki including Urabe's architecture, the way he lived calling himself Soichiro Ohara's engineer, and the authorship with invariability in changes. These attitudes that Urabe maintained for his entire life may be something that can be shared not to a lesser degree by those architects who have dealt with the unique resources in their own localities not limited to the town of Kurashiki. And now, by revisiting this philosophy of Urabe's based on "Gemeinschaft," the "Sansho principle," and "harmony between the old and the new," I would like to pose a question about the way humans and architecture standing at the gateway to an unknown age of great social transformation ought to be.

The cityscape of Kurashiki including Urabe's architecture

At the present moment, each work of Urabe's is being used well, but if it is just being maintained, it will become isolated in the city and will eventually die out. It also must be preserved and updated along with the cityscape. And, when nothing comes before economy, that can be realized only by those with a spirit to serve the Gemeinschaft, rigor to maintain the Sansho principle, and intelligence with which to achieve harmony between the old and the new, and it can be born only out of the continuation of the determination to survive each moment with the town of Kurashiki.

In Kurashiki, now, local architects provide enhancements for the new cityscape, and along with the expansion of the alleys, it is possible to observe situations where the attractiveness of the town is surely increased however incremental they may be. They are different from simple commercialism, although many issues still remain from the inhabitants' point of view. And it is hoped that they possibly inherit and nurture Ohara's philosophy that "a

townscape is created through wise considerations of the people who live there" and Urabe's spirit.

The way Urabe lived calling himself Soichiro Ohara's engineer

Urabe called himself "Soichiro Ohara's engineer." Among the projects that architects work on, there are some that determine the success or failure of the owner's business. Urabe, who as an engineer was in charge of the facility management of Ohara's businesses, was proud to have fulfilled his responsibilities, and that is probably why he called himself that way. Even in a contemporary society where nothing comes before the economy, is it possible to have pride and responsibility as an engineer like Urabe? Also, in that respect, the aspect as "a servant to Ohara's ideals" is important. There is no doubt that this has made Urabe's life as an architect a rich one. Ohara's ideals as Urabe understood them began with the four dreams written in the "1953 Notes" and are found in the town development plans that continued to develop as the "Ohara Vision" after Ohara's death. By giving these forms, Urabe succeeded as an architect, but above all, he fulfilled "his responsibility as a human being." No one can discuss Urabe without mentioning this and it is thought to be rare for architects to be so blessed with people.

The authorship with invariability in changes

Perhaps, it is no exaggeration to say that this is Urabe's will to the next generation. His quest for invariability in changes began when Urabe received the saying from the folk-art activist Kichinosuke Tonomura, "Seek what the predecessors sought without searching for the predecessors' footsteps," when he was the manager of the facility management department. After retiring to be an advisor (1986), until his death at the age of 82 in 1991, he devoted himself to the study of Matsuo Basho's theory of invariability in changes, and said, "Invariability signifies the creator's spirit and being spiritual, it has to come in contact with the trend of the times to be embodied in the creator's work". It is a conviction that is consistent throughout Urabe's life, and a clue connecting his styles that can be divided into three major periods. The period when he poured his heart into many factory and welfare facilities, on which he worked as a facilities engineer, the post-war Kuraken-type kit-of-parts houses, and the PH-1 prefabricated houses, with which he tried to recover from the failure of the Kuraken houses. Then, the period of "black and white" with the technique of "harmonizing the new with the old" which he established by struggling in the old cityscape of Kurashiki. Lastly, the "white and red" period when he worked on Kurashiki Ivy Square, which was a turning point in his style, as well as the Kurashiki City Hall, which was a long-cherished goal for his hometown, and when he expanded the areas of his

Chapter 2 / project 16 / pp.112–113

Tokyo Zokei University (Phase I: 1966 / Not existing)

activities to Yokohama. These are transformations only possible with Urabe who sincerely embraced the demands of the times. He was interested in the way Basho lived as a creator, and he thought that he should follow the way he lived as someone who sincerely sought beauty indifferent to praises and criticisms. He continued telling not to fear change, and especially kept saying, "Don't copy yourself."

This was the first school building for Tokyo Zokei University, which was established in 1966. It was built on a mountain foot about 20 minutes by bus from Takao Station. It is a reinforced concrete structure with one floor below the ground and four floors above the ground.

The biggest feature is the placement of the building, which straddles a stream, and the light well that looks down onto the stream. In the early stages of the project, three designs were considered: one that looks like a drape thrown onto the terrain of the mountain, box-shaped one with two front yards on two levels, and square-shaped one with a light well in the center. The exterior walls are curtain walls using the Schokbeton system, and its adoption is based on the facts that the construction schedule was tight and that it was a system easy to work with in cold mountain areas. The curtain walls are installed inside out in order to "integrate the elegantly curved surfaces unique to the Schokbeton system into the interior."

The elevation has a two-tier composition consisting of the exposed concrete for the administrative sections on the basement and the first floors and the Schokbeton system for the education and research sections on the second through the fourth floors. On the flat roof with a cornice, large geometric volumes are placed. There are cute handrails on the light well side.

(Tomomasa Ueda)

Chapter 2 / project 17 / pp.114–115

The Toyo Folk Art Museum of the Saijo City Folk Museum (the present-day Ehime Museum of Folkcraft) (1967)

This is built on the former site of the Saijo Jinya (currently part of the Saijo High School site) located in Akeyashiki, Saijo City, Ehime Prefecture, and quietly nestled in the green across the mote from the front street. There is a museum on the south side and a folk-art museum on the north side, and between them is a wooden entrance building with a tiled roof, all of which are two-story high.

The exterior of the building has a three-tiered composition, like the Hamako Building (1966). The lower part of the walls for the first floor forms the base of the building slightly inclined and finished in a bush-hammered crushed stone mortar, the middle part is treated with white-based "rishin" spray-on material on a waterproof mortar, and the upper part is topped with inclined parapets. However, regarding the shape of the parapet portion, while the museum building has a shape closed on the four sides similar to that of the Hamako Building, the folk-art museum has a U-shaped gable-like roof shape.

The design is characterized by the appearance resembling a traditional earthen warehouse with white plaster walls and by the bands of the 190mm square black tiles, and the appearance reflected on the water surface of the mote is beautiful. The interior of each building is provided with a high-ceiling space, and warm spaces are created with the use of wood for the interior materials, doors, window frames, etc.

(Hideaki Oshima)

Chapter 2 / project 18 / p.116

Tokyo Woman's Christian University, Building No. 1 (1968) & No. 2 (1967)

There are two buildings planned to commemorate the 50th anniversary of the university. In 1967, there were already seven buildings by A. Raymond on the campus, and the university's first priority was to achieve overall harmony. For the exterior walls, the Schokbeton system was adopted and an ivory-colored "Ceraskin" spray-on coating was applied, and the top of the building was provided with a cornice with characteristic curved surfaces. Compared with the exterior walls and windows of Tokyo Zokei University (1966) and the Kurashiki Rayon Central Research Center (1968), which were completed during the same period, although it is seemingly monotonous due to the arrangement of the large windows, it has the most delicate design demonstrating the warmth and elegance suitable for a women's college.

In contrast to the impression of the orderly arrangement of the exterior walls, the interior space of Building No. 2 is expansive, and a large lecture room and a large dining room are provided. It is a rich space created with the column-free space with a 24m span in the cross-sectional direction made possible by adopting a cast-in-place prestressed concrete structure. The hall in Building No. 1 has a hexagonal open space and stairs with smooth curves, and there are corresponding polygons and curves used on the ceiling as well, constituting a graceful space.

(Nahoko Nakagawa)

Chapter 2 / project 19 / pp.117–118

The Kurashiki Rayon Central Research Center (the present-day Kuraray Kurashiki Research Center) (1968)

About 2km north of the downtown area of Kurashiki City, this building is located halfway up Mt. Aoe overlooking Kurashiki Rayon's founding factory. On both sides of the central public space, the research buildings with a total width of 133m are situated along the contour lines with a bend of about 10 degrees.

The basic laboratory unit is so configured that one laboratory is positioned between two standard experiment rooms, and air conditioning machine rooms and shared meeting rooms are provided at the bent connecting portion of the research building. The visitor circulation is concentrated in the central public space, which consists of a guest entrance hall on the basement floor, an auditorium on the first floor, a library on the second floor, and a large conference room on the third floor. From each room on the south side, the view toward the Takahashi River and Kurashiki city area opens up. At the end of the axis extending from the third floor to the north, the motor building and the research annex building are provided.

The design of the exterior walls was studied primarily based on the Schokbeton construction method, into which Obayashi Corporation was putting great effort at the time, but it was eventually decided to be made of site-cast concrete due to cost and schedule. As a result, the deep recess around the windows and "Elmin" windows (horizontally pivoting double-glazed windows with integrated blinds) make it possible to bring the daylight deep inside the rooms while controlling the amount of incoming light.

(Kiyoshi Nishimura)

Chapter 2 / column 19 / p.119

Thoughts Toward Soichiro Ohara

Kiyoshi Nishimura
President, URABESEKKEI

Soichiro Ohara talked specifically about the Kurashiki Rayon Central Research Center (1968, currently Kuraray Research Center) with Urabe was during a meeting by the Board of Directors for the Kurashiki Architecture Research Institute held in January 1965. Initially, the construction site was going to be in Sakazu, and the construction was scheduled to start within the year. In reality, the design is thought to have started around July of the next year, 1966, when the outline of the research center was determined within Kurashiki Rayon (present-day Kuraray), it appears that intensive studies were made from November of the same year to April of 1967, when the final plan was created. It seems from the remaining drawings that the approach for the basic unit of the research center, which was key to the design, was decided at an early stage. After that, the anchoring of the building on a slope [C19-1] and the design of the exterior walls seem to have been repeatedly studied, and at the same time, courtyard configurations with corridors and arched configurations along the contour lines were being examined in parallel until the final plan [C19-2, 3]. It was a unique process not seen in other cases for Urabe, who disliked presenting two proposals to owners. During the design, Ohara was hospitalized for an emergency cancer surgery in March 1967, and, in May of the same year, Urabe visited Ohara who was released from the hospital to be treated at home. Urabe sent a plan with an arched configuration in advance, and the record of his visit remains in his notebook." The Kuraray Shinken (the new research center for Kurashiki Rayon) is good as proposed. It has a delightful look when seen from below. When the color of the walls and the arrangement of the paintings were determined, let me see. A detached structure at the west end. I want to plan residences for samurai warriors and merchants." In fact, Ohara requested the windows, corridors and dining area to be given careful consideration, and even had the plan of transferring a traditional thatched roof house from Hida as researchers' residence and to hear birds tweet. Unfortunately, Ohara could not visit the site after completion, but probably he was able to see photos [C19-4] of the completed "Kuraray Shinken," and when Urabe visited Ohara in his sickbed in June 1968, Ohara congratulated Urabe and said to him, "I told them to include the name of the architect as they forgot to include it in the Kuraray brochure." And that was the last conversation they had.

Chapter 2 / project 20 / pp.120–121

The Kurashiki Cultural Center
(the present-day Kurashiki Public Hall) (1969)

This is one of the municipal public halls. At the time of completion, there was a library built next door, so it was being called the "Kurashiki Cultural Center." In 1983, the library was moved to the current Chuo-2-Chome location, and when it was newly constructed with Shizutaro Urabe's design, its name was changed to the current one.

The building has a generous, gently sloping roof and looks like a big traditional warehouse. Soichiro Ohara who was involved in the construction of public halls requested it to be designed like the "Three-Story Warehouse of the Ono Family," so Urabe designed it as requested in response. This large roof would be widely used in the works of Urabe throughout the 1960s since this Kurashiki Public Hall's establishment in place of pent roof walls which had been established by Urabe.

In addition, there is a music library provided in the building. It was created with the funds donated by Soichiro Ohara, who loved classical music, and the 2,000 donated records. Ohara died in 1968 without seeing the completion of the building and its library.

(Kazuto Kasahara)

Chapter 2 / project 21 / pp.122–123

The Nishitetsu Grand Hotel (1969)

Opened in the Tenjin district in Hakata in 1969, this was created as a state-of-the-art international hotel tower with a height of 57.1m including a three-story-high penthouse, one floor below ground, and fourteen floors above ground against the surrounding townscapes lined with low-rise buildings. When world-class hotels for the 1964 Tokyo Olympics were built one after another in and around Tokyo, it was a dream hotel that achieved internationalization before any of the other cities.

In order to successfully complete hotel architecture which involves a large amount of investment, it is necessary to seek an economically viable design that skillfully combines industrialized components and a style suitable for a grand, formal place. The exterior walls for the high-rise portion are composed rhythmically with precast concrete panels to ensure not only design quality but also the shortening of the construction period.

The low-rise lobby and the banquet section are adorned in various Japanese and Western sensibilities room by room using carefully-selected materials such as cast-aluminum screens that reproduced the wave patterns by Ogata Korin as well as the porcelain tiles made in Arita to symbolize the town of Hakata, which was developing as an international city.

(Osamu Tsukihashi)

Chapter 2 / column 21 / pp.124–125

Shizutaro Urabe's Hotel Architecture

Kiyoshi Nishimura
President, URABESEKKEI

In the summer of 1966, the hotel manager, Teruhiko Arimori, who was on transfer from Kurashiki Kokusai Hotel to Shin-Osaka Hotel, brought Urabe information about the hotel plan that Nishi-Nippon Railroad Co., Ltd. had been considering. The move thereafter was quick, as the 1966 files left in the office reveals that a draft proposal close to the volume of the final design is seen on the sketches dated October 14. There are not only overall floor plans, but also section sketches dimensioned respectively for the lower and upper floors, as well as an area-based construction cost estimate with an indication of 528,000 yen per room determined by addition of each line item (excluding furniture and fittings). The final construction account book shows that it was 630,000 yen per room, and the unit price of 300,000 yen per tsubo (3.3 m²) was exceptionally reasonable even back then. The sense of cost like this is a masterful skill of Urabe's, proof of his career as someone trained as a factory engineer, and the hotel management perspective that he developed with Manager Arimori was just as impressive.

As this was the first large-scale high-rise building for Urabe, a look at the design on the sketches reveals the pain of creation he had been away from Kurashiki. The elevation with continuous pediments symbolizing the Kyushu lords adorning the top of the building [C21-1, 2], and the sectional elevation of the lobby with a large staircase, which appears to refer to the design of the Palace of Versailles, are so impactful that one cannot help being moved in amazement [C21-3, 4]. The deeply recessed room window is drawn in the central part of the 4,800mm span [C21-5], and from the note that "the window with 'relationship' to maintain privacy, splendid in calm," it can be understood that these are also from the anguish of "sanity." The other file marked 1967, contains only a few copies of McKim, Mead & White drawings aside from the sketches that seem to be the symbol of the hotel and draft design of the grand ballroom. Along with F. L. Wright, McKim, Mead & White seems to have had a great influence on Urabe's design since he came to know them with the influence from Togo Murano, and it can be imagined that they had a positive impact on the establishment of Urabe's unique space design, which is ambivalently Japanese and Western. The elevations for the basic design are composed of precast concrete using the Schokbeton method and ribbed pilasters with window recesses shallower compared to the original plan, and an expression suitable for being called "splendid in calm" was achieved [C21-6].

The cost control during the implementation design seems to have been extremely intense, and the big revision including the structure in the final stage remained as a legendary tale in the office. Consequently, high-quality interior spaces were achieved by investing in the key areas with the background space unified in a beige tone using relatively inexpensive materials such as rubber tile on the floor, cork paint on the walls, and spray-on micrite on the ceiling. The top of the columns in the open space in the lobby was given a mirror finish to amplify the light of the surrounding chandeliers. The green stained glass inlaid in the entrance wall of the open space and the pair of dancing girls on a Tatsumura Ori fabric hung in the niche in the front-facing back wall is breathlessly beautiful, interacting with each other in the gentle atmosphere of the space. The author was in charge of the extension and renewal of the banquet area, which was carried out in 1997, and vividly remembers slightly modifying the monotonous banquet foyer while wishing to preserve this lobby space by any means. Unfortunately, the lobby has also been remodeled into a profitable space following a subsequent renovation, and it does not have its original appearance now.

Chapter 2 / project 22 / p.126

The Kurashiki Chamber of Commerce and Industry Hall (1971)

This is a five-story reinforced concrete building completed in 1971, located about 1 km southwest of the Kurashiki Bikan Historical Quarter. Like the Kurashiki Bureau of Waterworks (1971, the present-day Kurashiki Museum of Natural History), which was completed in the same year, it has column-free structural exterior walls. It has a rectangular floor plan based on a grid, a multi-purpose room with a double-height open space in the center of the third floor, white exterior walls made of cast-in-place prestressed concrete that simulates the Schokbeton system, and almost square 1,250x1,555mm "Elmin" windows adopted for the second floor and above.

Being light and easy to operate without mullions and transoms, these windows were also used in the Hamako Building (1966) and the Kurashiki Rayon Central Research Center (1968) and were Urabe's favorite.

They can block light with the built-in blinds while at the same time brightening interior spaces by bringing in a large amount of light. This building has an orderly appearance, but the vertical latticework of the stair guardrails and the latticework at the clearstory of the front entrance are adorned with small flower-like details created with twisted metal plates, and it is still used today including the furniture, retaining the taste of the time back then.

(Nahoko Nakagawa)

Chapter 2 / project 23 / p.127

The Kurashiki City Bureau of Waterworks Building (the present-day Kurashiki Museum of Natural History) (1971)

This was built as part of the former city hall in an open space located in the center of the city, facing the Kurashiki Kokusai Hotel (1963) and Shinkei-En (Garden and Hall), as the former Kurashiki City Hall and the branch office building did. It communicated with the branch office building on the second floor, and its front faced Kurashiki Chuo-Dori street.

The simple planning adopting a center core plan in which rooms are arranged around the central stair and a structure with pilasters that do not protrude either in or out is a rational solution that meets the function as a government office building and provides the flexibility that takes into consideration diverse uses for the future as well. The fenestration with deep recesses and orderly arrangement of the "Elmin" windows is a design analogous to that of the Kurashiki Rayon Central Research Center (1968) and the Kurashiki Chamber of Commerce and Industry Hall (1971), representative of the characteristics of Urabe's from this period.

In 1982, it was remodeled as the Kurashiki Museum of Natural History as part of the Development Plan for the Former Kurashiki City Government Building Site, which accompanied the construction of the new city hall, and it still exists today as such. With the city library built on the site of the branch office building, it still plays a part in the Kurashiki cultural area.

(Yasuno Sakuramoto)

Chapter 2 / project 24 / pp.128–131

The Kurashiki City Auditorium (1972)

Completed as a large-scale multi-purpose hall with about 2,000 seats in 1972, nearly half a century has passed, and it is still dear to the citizens of Kurashiki.

By the standard of the time back then, the stage has a great depth and width, the fly tower was high (but the back side of the stage was inclined to restrain the volume seen from outside), and the specifications for the reverberation time and the room volume per seat were also high. It is presumably the reason it has been used for a long time that it can be used for plays and other functions while its priority has been concerts.

In recent years, public auditoriums often have multiple halls with different numbers of seats according to the type of performances such as concert, plays, etc. , but this auditorium later led to the development of the Kurashiki Art and Culture Hall (1993, having both a medium-size hall with approximately 900 seats and a small-size hall with approximately 200 seats) and the Emerald Hall (2018, a flat floor banquet room with a maximum capacity of 1,000 people at the time of a standing buffet party) at Kurashiki Ivy Square (1974), which were designed by URABESEKKEI Co., Ltd. after Urabe's death within walking distance from the Kurashiki City Auditorium, and it can be said that the realization of use according to the needs of users is a high-level insight attributed to Urabe who foresaw the future of overall Kurashiki in his attempt to become the Dudok of Kurashiki.

(Fuminori Hirayama)

Chapter 2 / column 24 / pp.132–133

Soichiro Ohara's Dream

Kiyoshi Nishimura
President, URABESEKKEI

In the "1953 Notes," in which Shizutaro Urabe's wrote Soichiro Ohara dreams, there are descriptions of the vision for the Takahashi River Valley League, and a public hall suitable for Kurashiki as a city with a population of 150,000, a major member of the league[C24-1]. At that time, in the Chugoku region, the westernmost part of Japan's main island, the only full-fledged music hall available was the Ube City Hall (1937, present-day Watanabe Memorial Hall) in Ube City designed by Togo Murano, and Ohara, having a special interest in music, had a strong desire for creating a public hall in his hometown that would surpass Ube's. In the notebook, it is written that "the construction site should be considered with the Takahashi River system in mind, not confined to the boundary of the old city, but a location where we can have a front garden is preferred. Mr. Muneyoshi Yanagi was saying that the music hall in Gothenburg was good as well and that its interior was made of light colored wood." This vision was realized as the Kurashiki City Auditorium (1969) after Ohara's death. With the ceiling covered with quarter-turned wood veneer panels made of several species of broadleaf trees familiar to the hills in the Kibi region, the main hall is a warm space clad in light-colored wood [C24-2]. The site used to be one of the islands in an area where the Takahashi River has flowed into the inland sea of Setouchi since ancient times, and the City Auditorium is located at the foot of Mt. Tsurugata, the unique thought form of which exists only there and is called by Urabe a "hall where cranes dance playfully." (Thought form is the architectural mode of operation that Urabe learned from Togo Murano whom he respected.) The exterior wall has a texture reminiscent of Kurashiki's traditional Kura warehouses, casting exquisite shadows owing to the precision of the Schokbeton precast concrete, and the overlapping of the rhythmic roofs like frozen figures of dancing cranes [C24-3] shows a high level of achievement in formal art. One cannot help but think of its graceful and solemn impression as a requiem that Urabe dedicated to Ohara.

Another example that demonstrates Ohara's strong desire for music halls is the design of a three-dimensional auditorium proposed for the 1970 Osaka Expo. The main point of this vision is to make the best use of the directionality, perspective, and fluidity of sound like birds' concerts in nature, and it was intended to restore the freedom of music itself. Ohara's strong interest in the birds' chirping is described lively in his posthumous writing "the Last Rose of the Summer," and it is imagined that the feeling of loving the liveliness of tweeting while flying seems to have led him to the thought that the act of appreciation of music by humans should also, along with the advancement of technology, be provided with freedom and flexibility as birds are.

Urabe gives a concrete image to Ohara's proposal as shown

Chapter 2 / project 25 / pp.134–139

Kurashiki Ivy Square (1974)

on the accompanying drawings. Urabe's drawings contain an outline sketch of a regular dodecahedron-shaped music hall that combines regular pentagon-shaped exterior walls [C24-7], as well as a plan [C24-4], a section [C24-5], and three sketches of the auditorium areas [C24-6], the entrance, and the observation lounge with descriptions. According to these, there are eight levels of the audience's seating inside, and the chairs are not fixed so that the audience can either stand or sit. In addition, basic requirements including the height of 78m, the capacity of 3,000 people, the site are of 6,000 m², and the construction cost of 1.5 billion yen are shown.

This proposal was received with great shock at that time, and a formal committee was set up and studies were underway, but there were problems with scale, cost, and operation. As a result, it did not become a central facility for the exposition provided by the Expo Association. However, the scale was reduced, and the vision was succeeded as the Steel Pavilion by the Japan Iron and Steel Federation, which was designed by Kunio Mayekawa. After giving up on the three-dimensional music hall, Ohara would push forward for the realization of the Japan Arts and Crafts Museum (now Japan Folk Crafts Museum, Osaka), which was another pavilion for the same exposition.

This is a tourism and cultural facility created by remodeling a factory building for Kurashiki Spinning Works, which was constructed in 1889, into a hotel, restaurants and banquet halls.

It is adjacent to the eastern part of the Kurashiki Bikan Historical Quarter. Turning a corner off of a street lined by the eaves of traditional shop-houses, one encounters the exterior wall and the west gate of the brick warehouse. In front of the east gate on the other side is an open space that faces Kurashiki Civic Center (1972). At the time of the completion of the Civic Center, the spinning factory had been in a long period of inactivity, reaching back to Japan's defeat in World War II. It is reported that Kurabo Industries Ltd., the owners of the factory, began redevelopment in response to requests from local residents and the city around 1972.

On the other hand, diagrams of the "Ohara Plan," created by Urabe and others in 1969, three years earlier, appear to show trajectories of pedestrian movement inside the spinning factory. Although it is not clear what initiated the redevelopment plan, it is certain that the citizens and architects had similar ideas. Takashi Hasegawa has praised this piece of architecture as symbolizing "a phase change in the history of architecture." Viewing Urabe's works in chronological order, one can see that this was a turning point for the architect himself as well.

(Yoshihiro Hukuhama)

Chapter 2 / column 25-1 / pp.140–141

Deciphering from the Conversion Method

Yoshihiro Hukuhama
Professor, Okayama Prefectural University /
Member of Kurashiki City Urban Landscape Council

Judging from the name, the square is the symbolic part of Kurashiki Ivy Square (1974). The pavement of this "leisure square" is composed of a regular pattern of bricks, granite and roof tiles, with the foundation stones of the original building embedded in the 60cm square frames at regular intervals. Viewing these features together with the buildings surrounding the square, one can tell that the square was once an internal space continuous with the surrounding buildings because the foundation stones are placed along axes extending from them. By removing a part of the original buildings, Kurashiki Ivy Square was transformed from a Meiji-period spinning mill into a contemporary hotel. The buildings of the former spinning mill, like many spinning mills of the time, had windowless brick perimeter walls for fire prevention, saw-tooth roofs with skylights for even distribution of daylight, and a large interior space with numerous wooden columns standing densely at equal intervals to accommodate the machines.

Prior to the design for the renovation, research was done to assess the value of the factory from the perspective of architectural history. Since the original form had been lost due to expansions and renovations between the time of its founding in 1889 through the Taisho period (1920s), the assessment concluded: "Rather than seeking commemorative qualities in the external form itself, it is more appropriate to recognize the value of the founding spirit and the history of the spinning industry in our country in relation to the site's location, some of the materials used, structures, etc.," and therefore "it is desirable to have planning and implementation appropriate for this to be a model area for preservation and development integrated with the community with the buildings and historical site as its core." In response to this report, the design for the renovation was "started by preserving the brick perimeter as is. . . and partially removing some of the spaces where the wooden interior columns stood densely in large numbers to bring light and air inside this large space while leaving the interiors from the time of the founding as is." This is how the square mentioned above was born. In addition, the area corresponding to the external space that the hotel building faces was also cleared so that from their windows guests would see the walls of the adjacent buildings over the pond and past the row of ginkgo trees.

Because the plan used the original wooden columns and the roof structure as is, the hotel floor plan was governed by the dimensions between the columns of the spinning mill. "Luckily, the column span of the conventional wooden construction was 3,360 × 6,000mm, so it was possible to fit the guest rooms into each span." However, the vertical direction was not easy, because the distance between the floor of the spinning factory and the underside of the bottom beam of the roof framing was 4,575 mm (the standard dimension for spinning mills at that time), it was too high for

one story of guestrooms and too low for two. Therefore, the level of the first floor was lowered by 370 mm, and the ceiling of the second floor was set at an angle to incorporate the space of the roof framing and get two levels of guest rooms. Structurally, concrete blocks and, in some locations, reinforced concrete walls and floor slabs were inserted into the wood framing to achieve the required performance.

In this way, the spinning factory was converted to Kurashiki Ivy Square. The design of the square, which is the project's symbol, and the design of the exterior walls that surround it are a product of the architect's creative sense. The tasteful character of his use of arches and brick walls would be carried into his later work.

Chapter 2 / column 25-2 / pp.142–143

The Turning Point in Style from "Black and White" to "White and Red"

Kiyoshi Nishimura
President, URABESEKKEI

The vernacular modern architecture style of Shizutaro Urabe, who won the Prize of the Architectural Institute of Japan for Kurashiki Kokusai Hotel (1963) a plan [C25-2-2], in 1965, is beautifully composed in the Kurashiki Module (KM), with alternating layers of white plaster walls and pent roofs like eaves on a pagoda exhibiting the solemn expression of exposed concrete, with applied black roof tiles and local river stones used as accents. The interior space also consists of contrast between the traditional white plaster walls and his favorite technique of disguising asphalt blocks — an industrial product — as black stones creating spatial tension. Owing to the KM, a module based on the Kyoto tatami mat unit, human and peaceful dimensions and the wooden work used at the key locations add a folk-craft-like character. This style from his early period is called the "Black and White" period [C25-2-1, 2]. As soon as Urabe became an independent architect after working as a facilities engineer at Kurashiki Rayon (present-day Kuraray), he started to receive many design commissions. During that time, he was visited by Yoshiro Obayashi, the third president of Obayashi Corporation, and given a recommendation about the concrete curtain wall system, Schokbeton, a technology transfer from the Netherlands. Obayashi solicited cooperation especially from Kenzo Tange, Kunio Mayekawa, and Urabe, and caught the attention of Urabe, who was fond of industrial products. It is presumed that the expression of exposed concrete with subtle details associated with the expression of trowel work on the plaster [C25-2-3] was a reason why the Schokbeton system was employed often, and that was the moment at which the exterior design unique to the subsequent Urabe architecture started to unfold.

Because the objective of Kurashiki Ivy Square (1974) [C25-2-4] was the preservation and restoration of the Kurashiki Headquarters Factory (operation started in 1889 and ended in 1945) owned by Kurabo Industries Ltd. (founded in 1888), there were some limitations imposed on the application of the KM and the use of materials. The red brick structures abruptly appeared in the old town with a spinning factory imported from the West, but being a product of soil, iron, and fire, brick was not necessarily unacceptable to the Japanese sensibility, and had become something familiar to the people of Kurashiki through the 85 years of its existence, a pride of the locality as something that made contribution to modernization. However, it was still the wall of a spinning mill not closely related to everyday life. Urabe gave much thought upon the use of brick in his design until "human touch" was felt as in materials like roof tiles and plaster and told that when he ran out of ideas while designing, he would ask himself what Ohara would do. Consequently, many of the bricks that were reclaimed from the demolished brick walls were laid on the ground of the square, and Tamamo tiles from Takamatsu were used for the walls of the square, which emerged after the wooden part of the factory with a large floor area was cleared. Tiles were adopted as a substitute by Urabe, who had always been capable of bold rationalization, viewing going over-budget as being "equivalent to a sumo wrestler getting pushed out of the ring," and the result turned out to be a space with the warmth of southern Europe rather than an English style, more appropriate for Kurashiki being part of the Setouchi region.

After this, the stoic approach (the Black and White period) of searching for his position as an architect practicing in a regional city in Japan, which Urabe had maintained up to the Kurashiki City Auditorium (1972) [C25-2-3], became less evident, and instead, he turned to a free, unrestricted approach in which he assimilated himself with the design subject, be it the owner or the theme of the design, to dedicate himself to giving shape to the gemeinschaft (community) of the subject matter. This style in the final stage of Urabe's career is called the "White and Red" period owing to the red of the brick tiles and the white of the stucco that he used in great quantities [C25-2-5, 6].

Kurashiki Ivy Square is a turning point at which Urabe's style shifted significantly from the "Black and White" period to the "White and Red" period.

Chapter 2 / topic 02 / pp.144–148

The Petits Champs Élysées and the Ohara Vision

Kiyoshi Nishimura
President, URABESEKKEI

It was December 1963 when Soichiro Ohara told Urabe about the idea of the "Petits Champs Élysées," and Urabe recorded Ohara's words of as the "Kurashiki Plan (1964)" in his notebook that day. According to it, it is written,

"the Kurashiki Plan (1964) must be carried out.
The mayor wanted to do town development from the station to the city hall and asked if Kuraken (the Kurashiki Architectural Research Institute) could work on it. As Kuraken was busy, I said, that it would depend on the conditions, but can you take it?
If we can form a committee that includes teachers from schools, etc. and find a budget that the citizens can accept, also the construction cost is within the budget's limit, and so is the design fee, then we can reply that we'll do.
Is the construction done by block or is it going to be continuous? (partially omitted) I think it would be better to do it by block, but in any case, Kuraken has to do it. I want to make it so that we can call it the one-block (petits) Champs Élysées. We will need high-quality apartments on upper floors. There will be drinking places on the back streets. We have to make it so that people come to see the city as well as the art museums."

It is clear from the text that this was the instruction from Ohara, and that it appears to have included even spatial images. Of the notebooks that Urabe wrote on between 1961 and 1984, ones written during the eight years up to Ohara's death in 1968 contain no other description of the "Kurashiki Plan," but there must have been a continuous visioning of the town development between Ohara and Urabe. Immediately, three days later, Urabe showed sketches to his proteges, Michio Muto, Keizo Matsumura, to convey Ohara's thoughts [T2-1]. Unfortunately, things do not appear to have proceeded as Ohara hoped, so it was only in 1969, after Ohara's death, when the "Petits Champs Élysées" vision reemerged according to the record.

Among the "1953 Notes," in "MY KURASHIKI," it is written by Urabe himself that Mrs. Urabe found this note while organizing the bookshelves in August 1969. In the previous year, 1968, Ohara died of some disease, missed by a great number of people. Urabe lost his greatest patron, who had been his own employer for many years, a comrade with whom he had supported Kurashiki's town development, as well as a benefactor who allowed him to be an independent architect, and he seemed to have filled the emptiness of his mind with busyness from work, looking back on the past in which his dreams came true one after another, and adding to his notebook his gratitude for being fortunate to work as the architect on the Kurashiki City Auditorium (1972), the public hall that Ohara strongly wanted. Perhaps, at this time, he understood that

it was the very mission of his to realize Ohara's dreams not written in the notebooks. From that time on, a blank blueprint map of Downtown Kurashiki was posted in the director's office at the time [T2-8], and a 1-km square with the letters of "August 1969" written in red pencil was drawn as if to indicate the boundary of a citadel. The locations of the four corner towers were for, at the northwest, the Kurashiki Station Area Redevelopment (1980), for which Kurashiki City had already begun specific surveys, at the northeast, the Kurashiki Central Hospital (1975–1981), about which Ohara, when he was still alive, made his intention for redevelopment clear, at the southeast, the Kurashiki City Auditorium (1972), which was under construction at the time, and at the southwest, a site which Urabe himself determined as the site for the future city hall (the location of the current Kurashiki Art and Culture Hall, different from the location of the current city hall) [T2-2, 3]. Urabe referred to this map as the "Ohara Vision," and gradually added draft plans and realized projects.

Because Urabe later told (note 1), "it is my discovery that cities with a historic townscape are 1 km square," including the beautiful medieval castle city of Rothenburg, which Ohara regarded as a model of Kurashiki, the four-corner tower vision appears to have been invented by Urabe based on the "Ohara Vision." As these show, the "Ohara Vision" was not a master plan drawn up at once, but rather had a quality of being sequentially built up.

By the summer of 1969, when Urabe renewed his desire for the realization of the "Ohara Vision" and the "Petits Champs Élysées Vision" [T2-4, 5, 6, 7] owing to the rediscovery of the "1953 Notes," the surveys for the Station Area Redevelopment had already begun. He had to move quickly for the realization of the "Petits Champs Élysées Vision." A proposal was put together by October of the same year, and the following points were listed.

"It shall have its origin in the "Ohara Vision;"
It shall be a redevelopment in which stores and houses can coexist;
Motomachi Street is a bustling district, the gateway to the greater Kurashiki urban area;
It shall be worthy of the name of the one-block (petits) Champs Élysées;
Comprehensive redevelopment to be welcomed;
As for the scope and content of the proposal, the Petits Champs Élysées is the central but not the entire master plan encompassing the whole city, so after drafting the master plan covering at least the Moto-Kurashiki area (1km square), this proposal shall be made in a close relationship to it."

Regarding the master plan covering Moto-Kurashiki (1 km square), it was the use of the former site of Kurabo Industries Ltd. ' Kurashiki Factory that was attracting attention at that time. Prior

p.149

Chapter 3: Masterful Form-Creation in the Era of Post-Modernism

1970–1984

to the formal proposal to Kurashiki City in November, Urabe visited Kurabo Industries Ltd. for preliminary coordination, bringing the Kurashiki Factory Preservation Plan along with the "Petits Champs Élysées Vision" to ask whether the Kurashiki Factory Preservation Plan could be made public or not, but they concluded that it was too early as the Kurashiki Factory at the time was in negotiations with Kurashiki City to sell the company dormitory site on the east side as the site for a civic hall.

Ohara's "Petits Champs Élysées Vision" was intended to pass down to the future Kurashiki citizens a new cityscape comparable to the one along the Kurashiki River completed in the Edo period of Genroku from the era in his time called Showa Genroku. Urabe appears to have wanted to add the vision of making a connection from the Kurashiki River to the city center by showing the Kurashiki Factory Preservation Plan with Ohara's vision, but none was fulfilled at that time.

Highly regarded as a pioneering work that preserved and regenerated modern architecture against the historical background of the 1973 oil crisis which was a turning point in Japan's rapid economic expansion, and a growing interest in environmental issues, Kurashiki Ivy Square (1974) was awarded the Prize of the Architectural Institute of Japan for the second time in 1974. In addition, there was an overlapping influence of the new architectural trend called post-modernism that swept the world. At such a historical turning point, Urabe went on attempting ambitious form-creation one after another including the Senri Hankyu Hotel (1970–1976) with a regionalist design, the Wakayama Prefecture Kii-fudoki-no-oka Museum of Archaeology and Folklore (1971) where indigenous vigor was created by the rough appearance of concrete, and Kurozumi Kyo's New Daikyoden Prayer Hall in Shintozan (1974) which was full-fledged wooden religious architecture, etc. Then, with the Kurashiki City Hall (1980) which was the core and the summation of the vision for Kurashiki's town development and the Kurashiki Central Hospital (1975–1981), he created monument-like architecture based on red and white. Further, the work for Kurashiki Ivy Square caught the attention of Akira Tamura who was promoting urban design for the city of Yokohama as the head of the city's urban design division, and as a result of that, Urabe went on working on the Osaragi Jiro Memorial Museum (1978) which was based on red and white, the Yokohama Archives of History (1981) which was intended to establish harmony with the existing British consulate, and also the Kanagawa Museum of Modern Literature (1984). There, masterful and free form-creation was unfolded with the decoration of the details and stylistic design using the methods that he cultivated up to that point. They were also an attempt of the Urabe style which tried to achieve a modern architecture that combined dignity and fun while separating itself from the superficial contemporary post-modern architecture.

Chapter 3 / essay 01 / pp.150–151

Mr. Urabe and Post-Modernism

Kazukiyo Matsuba
Professor, Musashino Art University

I designed a memorial museum that can be seen as Jiro Osaragi's birthplace at a location that would be evidently suitable for being his birthplace. Shizutaro Urabe showed such a sentiment as an architect in the June-1978 issue of the "Shinkenchiuku (New Architecture)" magazine, in which the architectural work of the Osaragi Jiro Memorial Museum (1978) was published. The birthplace is Yokohama to be sure, but it is not Harbor View Park where the memorial museum is located. This location was chosen by the Yokohama city office led by the city planner Akira Tamura (1926–2010), who was taking the lead of urban development projects of local governments throughout Japan. The establishment of the memorial museum was decided by Mayor Ichio Asukata whose perspective as a politician was apparently opened up by Osaragi's representative work of "Paris Moyu (Paris is burning)", and the fact that the ruins of the French consulate remained in the park helped the selection of the site as well.

A fake birthplace at a fake location. Although it is a recollection that can be misunderstood, daring Urabe created a unique work by successfully taking advantage of the plan by Asukata and Tamura, a pair with an "urban perspective" that is rare for politicians and administrative officials in Japan. In the "Shinkenchiku" magazine mentioned earlier, Urabe himself writes even the anecdote that some young people who came to the park before the opening of the museum were saying that "it is Osaragi Jiro's birthplace" (really?). It is a "fictitious narrative" of a newly created city by newly constructed mimetic architecture.

When the impasse of modernism became an immutable fact in the 1970s, the "death of narratives or their loss" was discussed. The twentieth-century recognition that scientific reason shared by humanity was the only standard of values for the whole world had disappeared. Because architecture had been biased toward modernism, it had become a powerful witness to the "loss of narratives." Out of the self-criticism against this, the post-modern architecture was born. And each piece of post-modern architecture attempted "restoration of narratives" rooted in history, regions, or cultural climate by creating a design based on regression to the past.

It was in 1977 when Charles Jencks' book, "The Language of Post-Modern Architecture", which caused the word post-modernism to be well-known, was published. Preceding this, it was in late 1976 when Urabe and his staff Shoichi Morimoto designed the Osaragi Jiro Memorial Museum. This shows that Urabe and his staff did not follow the trend, but rather a part of the "new trend" presented by Jencks was played in our country.

Is the "fake narrative" that Urabe and others plotted evil? The Osaragi Jiro Memorial Museum demonstrates by the "quality of architecture" that this is not the case. When I entered the "entrance lobby" with a high ceiling in the center of this building, I counted the number of the lights surrounding the space above. One, two ... yes as I expected, there were seven.

This is because I intuitively felt that "The Seven Lamps of Architecture" by John Ruskin was being "architecuralized." The splendidness of the marble mosaic at my feet was strongly reminiscent of the late 19th century Arts and Crafts movement which started with Ruskin. When I took a closer look, delicate beauty in the styles of Ruskin and William Morris including the wall finish and the stained glass in the second-floor library, was recognized everywhere. And more than anything else, by looking at the Osaragi's collection of cat figurines being placed for each of the seven lights, it was confirmed that Urabe was aware of "narratives" along the same line as the beauty of Arts and Crafts. Osaragi loved cats so much that he was forced to promise to his wife not to have more than fifteen. The cats were placed there to have the newly-built memorial museum pass down their memories.

Akira Tamura that I knew was an urban planner whose ideal urban development was such that "the American style = modernism." However, he entrusted Urabe, who distinguished himself from modernism, with the Osaragi Jiro Memorial Museum and then with the Yokohama Archives of History (1981), for which a new building was built in an arrangement to preserve the former British consulate and enclose the courtyard in front. The Governor of Kanagawa Prefecture Kazuji Nagasu also agreed with this, and then the Kanagawa Museum of Modern Literature (1984) was realized on the site connected to the Osaragi Jiro Memorial Museum. This way, Yokohama which prides itself on creating a city that is distinct from Tokyo, came to have a lineup of as many as three works of Urabe's.

Post-modernism is not a superficial form. It is "thinking" with which we construct the next era by referring to the wisdom and heritage of the predecessors when creating new things, and it has become a "philosophy" in the West. While working in Kurashiki together with Soichiro Ohara on the architecture that respected the history and the vernacular context of the Edo period, Urabe, who had majored in the study of structure with a focus on reinforced concrete when in school, grew up to be an architect who could create by weaving a variety of narratives.

It is generally argued that emergence of architects such as Togo Murano and Urabe who excelled in the technique of skillfully treating decorations in the age of modernism that regarded the twins of function and rationality as the golden rule is an achievement of the architectural education before modernism. However, Urabe who aspired to be an expert in structure humbly referred to the past in the historical town of Kurashiki with its roots in a Tenryo (a territory governed directly by the Tokugawa

Chapter 3 / essay 02 / pp.152–153

Shizutaro Urabe Seen from the Perspective of Municipal Hall Architecture

Kazuto Kasahara

Assistant Professor, Kyoto Institute of Technology

Shogunate), and he acquired an architectural perspective for creative challenge from such position. This relates to the saying that "What you see while rowing a boat is the past landscape and you cannot see the future behind you," which is supposed to be the words of the poet Paul Valéry, and is widely used in our country as a metaphor for sound conservative thoughts. Urabe, who was not supposed to be originally a post-modernist, came to this position after designing a number of works.

The essence of post-modern thoughts as a "truth" in architecture can be read from the life of Urabe.

Municipal halls are a building type that posed an important challenge regarding formal expression in the world of architecture in Japan from the 1950s to the 1960s. Until the end of the war in 1945, since the local governments were only branch offices of the state government and the municipal halls had classical features such as tripartite composition and symmetry around an axis, dignified and old-fashioned design with a massive stairway in the entrance hall embodying the state's authority was common.

However, Japan's political system changed dramatically after 1945. The former "subjects" were transformed into "people" and "citizens," and the independence of local governments also increased. Under such circumstances, the act of building municipal halls acquired a great meaning of developing a hub that enabled citizens to enjoy a good quality of life. In the background, owing to the "Municipal Merger Promotion Law" enforced in 1953, which expanded municipality areas, municipal halls became necessary.

If one looks at the architectural magazines from this period, one will notice that there are a number of municipal halls being featured. All of them shared the common characteristic of being a clean and open modernist design. Architects designed municipal halls suitable for a new democratic society by means of modern movement.

It can be said that Kenzo Tange created the model of such municipal halls. Tange realized the Former Tokyo Metropolitan Government Office (1957), which became a leading example, in the modernist architecture of iron, glass, and concrete. Further, among the municipal halls by Tange, what was most important was the way citizens' halls were provided. The citizens' halls were created in a semi-outdoor piloti space or in an indoor space surrounded by transparent glass so that they were open to the public. During the same period as the completion of the Tokyo Metropolitan Government Office, modernist architecture with similar citizens' halls such as the Kurayoshi City Hall (1957) and the Kagawa Prefectural Government Office (1958) was built in various locations.

Under such circumstances, there was an architect who designed a different type of municipal hall architecture from Tange's. It was Togo Murano whom Shizutaro Urabe continued to admire. After the war, Murano designed three city halls: the Yokohama City Hall (1959), the Amagasaki City Hall (1962), and the Takarazuka City Hall (1980). Murano's citizens' halls, in contrast to Tange's, had pendant lights hanging from the ceiling and were like an enormous living room isolated from the outside. They were seemingly introverted spaces with a balcony on the second floor of the central open space surrounding the hall so that the line of sight was turned inward.

It is thought that such citizens' halls of Murano's were

Chapter 3 / essay 03 / pp.154–155

How was Shizutaro Urabe Involved in Urban Design City Yokohama?

Masashi Sogabe

Professor, Kanagawa University / Co-Founder, MIKAN

designed with reference to the European municipal hall architecture. The establishment of the municipal hall architecture in Europe is said to date back to the 11th century, and in the 17th century, like the Amsterdam City Hall in the Netherlands (1655), a large indoor space called Burgerzaal (meaning civic room in Dutch) with a flat floor for rituals and ceremonies were provided inside. It was passed down to the twentieth-century municipal halls such as the Stockholm City Hall in Sweden (R. Ostberg, 1923), the architecture with which Murano was said to have been most impressed. Murano placed importance in the European tradition, status, and symbolism when designing municipal halls.

And, there is another architect who designed municipal halls like Murano. That's Urabe. Urabe is said to have been impressed with the Town Hall in Hilversum (W. M. Dudok, 1930) in the Netherlands during his student days, and decided to "design a city hall" in Kurashiki like Dudok.

However, it took about 50 years for that decision to materialize. Urabe worked on the design of the Kurashiki City Hall and completed it in 1980 at last. For Urabe, it is the only municipal hall that was built. Its major features are the 66m-high tower and the luxurious civil hall which is like a living room according to the European tradition. Urabe explained that "the tower was for attracting citizens' attention", and argued that the citizens' hall was "a ceremonial space where the civic spirit was to be seriously felt".

It can be said that Urabe designed a space that was for citizens with a strong sense of responsibility and dignity fully understanding the meaning of democracy, not for citizens as the masses seeking recreation as Tange assumed. It is thought to be an expression chosen as a result of thinking that municipal halls should be provided with dignity and symbolism rather than merely being a sentimental imitation of the European tradition. There may have been included a criticism of the former Kurashiki City Hall (completed in 1960) designed by Tange.

It was hardly known until now that Urabe had worked on the design of a number of municipal halls before the completion of the Kurashiki City Hall. Although none of them was built, all of the proposals had a tower and a citizens' hall which was like an enormous living room. Likewise, the Town Hall in Hilversum by which Urabe was inspired in the early 1930s had a tower and an indoor-type citizens' hall. The concept and design of Urabe's municipal hall architecture were consistent for almost as long as 50 years.

In Kannai and its surrounding areas of Yokohama, there are many works of architects who represent their respective eras. The count of their work can be considered unusual if we take into account the devastating damages from the earthquakes and the war that Yokohama suffered. After Akira Tamura (1926–2010) joined the Yokohama city government in 1964, squares and streets were added to that group of works, which is appropriate for "Urban Design City Yokohama," an initiative led by Tamura.

I knew that there were buildings designed by Shizutaro Urabe in Yokohama. I have visited the Osaragi Jiro Memorial Museum as a tourist destination building, but it did not register in my memory as an architect's work. After I started studying architecture, I went to Kurashiki to see Kurashiki Ivy Square. Still, it did not occur to me to visit the group of his buildings in Yokohama.

With the opportunity of having this exhibition, I re-acknowledged with surprise that there were four pieces of architecture by Urabe, including the Muteki-Bashi Bridge, within the range of a few hundred meters. Because of their locations and the completion years, I was particularly interested in their relationship with Akira Tamura. My interest was directed toward what kind of relationship Urabe and his architecture had during the early days of Urban Design City Yokohama.

In my laboratory, which is the successor to Shiohiko Takahashi's, there are many documents related to the urban design in Yokohama and Akira Tamura. As I re-read them, I began wanting to know the "real" background. When I contacted Masaharu Nakahara (now with MZarts), who was promoting the activities of the Yokohama Creative City Project Headquarters, I received a reply with a report a week later. It is a result of hard work compiling not only Tamura's writings but also interviews with Shun Okamura (formerly with the Yokohama City Government) and Takeyoshi Hori (formerly with the Yokohama Archives of History) who worked with Tamura. Many of the episodes described below are based on this report.

The Urabe architecture in Yokohama is the following four in order of completion: the Osaragi Jiro Memorial Museum (1978), the Yokohama Archives of History (1981), the Kanagawa Museum of Modern Literature (1984), and the Muteki-Bashi Bridge (1986). The first project that Tamura commissioned to Urabe was the project for the renovation of the former British consulate, which was later realized as the Yokohama Archives of History. Initially, it was a plan for its extension and reconstruction so it can be used as the Osaragi Jiro Memorial Museum. After that, strategic coordination was carried out by Yokohama City's Planning and Coordination Bureau led by Tamura, and it was decided that the Osaragi Jiro Memorial Museum would be built in Harbor View Park, which was the former site of the French consulate. It was decided that the former British consulate would be expanded and renovated as the Archives of History, and both were commissioned to be designed by Urabe. The background for this is often described in Tamura's writings, an interesting one, but I will omit it here. As for the Kanagawa Museum of Modern Literature, the prefecture took care of the process, and likewise, it was commissioned to Urabe (with the land transferred from the city to the prefecture). Tamura retired from the city government in 1981, but he was active as the head of the Planning and Coordination Bureau until 1978 under the administration of Mayor Ichio Asukata. That year, he put together the "Interim Report on the Creation of the Yokohama Archives of History" to make sure that the project was an accomplished fact, paving the way for the realization of the two Urabe buildings. It can be said that Tamura's final work at the Yokohama City government was carried out hand in hand with Urabe.

Why did Tamura give the work to Urabe in the first place? According to Nakahara's report, Tamura's greatest interest was in the Yokohama Red Brick Warehouse, which he had from the perspective of making good use of historical buildings. Although the "New Port Pier Brick Warehouse Survey Report" intended to promote the preservation of the warehouse was put together with Teijiro Muramatsu as the main person in charge, it appears that the fact that Tamura consulted Muramatsu about an architect suitable for taking charge of the Red Brick Warehouse is likely to have led to Urabe. Also, in the interviews with the people who were close Tamura back then, there were comments that "I whispered Urabe's name." It seems that there was a general consensus shared among the stakeholders that Urabe was suitable for the renovation design of the Red Brick Warehouse. It can be assumed that the circumstances were such that they thought it would be better to ask the architect of Kurashiki Ivy Square. As the Red Brick Warehouse was not owned by the city, no concrete plan was made, and the situation was shifting toward the renovation of the former British consulate.

Among Tamura's achievements, there are few related to stand-alone buildings. His collaboration with architects such as Masato Otaka and Fumihiko Maki was confined to the perspective of the city, so many of the things executed in the Kannai area were the design of plazas or streets. The "architect" who had the closest relationship with Tamura might have been Urabe, which is however somewhat extreme an expression. Apparently, Urabe often visited Yokohama and, every time exchanged words with him in a hotel bar. That seems to create contrast with the other architects who are often depicted with Tamura when attending meetings and symposia with him. It seems that the interest in the urban design related to Yokohama was growing in Urabe as well. Consideration

for the history of Yokohama is visible in the treatment of the Tamakusu tree in the Yokohama Archives of History, and the exterior of the Osaragi Jiro Memorial Museum, which has a certain kind of unique presence, appears to be a re-composed version of the architectural elements around the entrance of the Yokohama Port Opening Memorial Hall (1971) known as "Jack's Tower" (it was also a period of postmodernism). For Tamura, Urabe was a unique architect, and for "Urban Design City Yokohama," he was a symbolic architect.

Chapter 3 / project 26 / pp.156–157

The Senri Hankyu Hotel (Phase I: 1970, Phase II: 1976)

The hotel is located in the central area of Senri New Town and opened in 1970 when the Osaka Expo was held. There was no room for guests to stay in the compact houses of the New Town, so the hotel provided an alternative. It had easy access from Osaka Station and Shin-Osaka Station and was in a good location close to Itami Airport (Osaka International Airport), so business and sightseeing uses were also expected. The Phase I part, which curves to embrace the front garden with a delightfully designed pool, has rough-textured white walls with red eaves and a sun lounge attached to the lobby, functioning also as a neighborhood resort hotel. Both end walls are s-shaped, providing an accent to the exterior appearance.

In 1976, a banquet hall building with an impressive roof and arched opening was added. This Phase II part is a solemn design compared with Phase I and is in harmony with the surrounding trees. In 1984, another guest room wing, the Phase III part was added, completing the hotel as it stands today. The outdoor space full of greenery is integrated with the neighboring park to the north, reminiscent of the original landscape of the Senri hills. This hotel serves as a public space for the neighbors, and the banquet hall with landscaped garden is a social space unique to Senri.

(Tomoko Hashitera)

Chapter 3 / project 27 / pp.158–159

The Kii-fudoki-no-oka Museum of Archaeology and Folklore Matsushita Memorial Archives (1971)

This is the central facility of the archeological museum with the Iwasesenzuka Ancient Tumulus Cluster as its core. This building has three characteristics. First, its volume is made to appear smaller to maintain balance with the ancient tumulus cluster. Although it is raised on the piloti space, the apparent volume is reduced by skillful use of the topography, creating an impression of being the fences surrounding the site.

Second, it is made as a gate to the historical ruins. Visitors approach by walking on the 450 m green road and go straight through the museum. The dark piloti space is set up with a relocated stone chamber, and the light falls impressively through the central open space. Visitors meet the tombs after moving through space where the present and ancient times intersect with each other.

Third, the motifs from the ancient tombs. The walls are made of Kishu Aoishi (chlorite-schist), which is used for stone chambers, the entrance is modeled after the entry of an ancient tomb, and the piloti space paved in gravel is filled with a smell of earth and enshrined with a stone chamber. A strong image of an ancient tomb is reflected throughout the building, including the facade latticework imitating a pattern on Dotaku, a bronze bell from an ancient period.

(Takayuki Hirata)

Chapter 3 / column 27 / p.160

Respect for Historical Ruins and Their Modern "Recreation"

Takayuki Hirata
Associate Professor, Wakayama University

The Fudoki-no-oka Development Plan," which began in 1967, was originally a project for developing an ancient tomb site called the "Iwasesenzuka Ancient Tumulus Cluster" as a "historical ruins park." The city planning consultant ARPAK designed a pedestrian-oriented master plan that reduced the impact on the buried cultural heritage, but since locals had a lower awareness about "history" and therefore could not understand it, they forcefully created roads, etc., and destruction in the name of preservation was about to be carried out. Experts who feared this obtained a donation from Konosuke Matsushita and contacted Urabe in an attempt to resolve the situation. Urabe was asked to show a "model" in which the present was created while paying respect to the history.

Some people see the library as a quotation of the "Takayukashiki-Soko (the warehouse on stilts in ancient Japan)," since it is provided with a piloti space, but that is not because it "paid respect to the history." [C27-1] Since this site is located along a valley, it has a risk of flash floods. As there are ancient tombs already built in the safe areas, it is difficult to avoid the valley. Therefore, the approach of protecting the collection with the piloti space was adopted. However, if the floor is simply raised, the volume of the building will become massive and it will overwhelm the other ruins. Furthermore, an impression of the " Takayukashiki-Soko" could lead to the creation of a fake history of this place. Consequently, stone fences were arranged to hide the piloti space by taking advantage of the site's slope [C27-2], and a dark excavated storage was created under the floor of the structure whose volume was reduced by its gently sloping roof. And thereby the inside of an ancient tomb [C27-3], rather than the "Takayukashiki" floor on stilts, was "recreated."

Additionally, at the end of June 2019, Wakayama Prefecture publicly called for proposals for the renovation of the museum and the basic plan for the construction of a new building. Although there is a policy to preserve the external appearance, the total floor area will apparently increase fourfold. I would like to pay attention to how it will inherit not only the ruins but also Urabe's will that led the understanding of preservation to creation.

Chapter 3 / project 28 / pp.161–163

The Kurozumi-Kyo New Daikyoden Prayer Hall in Shintozan (1974)

This is a prayer hall at the Kurozumi-Kyo headquarters located in Shintozan halfway up the hilly area southeast of Mt. Kibino-Nakayama. In the past, the headquarters was located in a flat-land area further south, but with the urbanization of the surrounding area, a site with a sunrise view was sought, and in 1974 it was relocated to the current site called Shintozan. At the northeastern and northwestern feet of Mt. Nakayama, Kibitsuhiko Shrine and Kibitsu Shrine are located in the former Bizen and Bicchu territories respectively, separated by the north-south ridge line of Mt. Nakayama, and many ancient tumulus clusters remain around the site.

While the exterior design of the prayer hall is derived from the roof shapes of Ise Jingu and traditional Japanese farm houses, the interior is an enormous single-room space, a place of teaching for people to gather and worship. On the other hand, the Shinyukan building, which is located in the lower part of the site on the west side of the prayer hall, has a group of rooms for the members of the shrine to hold small meetings under the roof where horizontal reinforced concrete slabs overlap with each other.

The straight stairs that extend east from the Shinyukan building lead to the grand balcony on the south side of the prayer hall, and from the grand balcony further toward the east, the worship axis for the doctrine of the sunrise opens up.

(Yoshitsuna Kutsuki)

Chapter 3 / column 28 / pp.164–165

The Kurozumi-Kyo's Shrine of the Sun as Religious Place of Modern Architecture

Yoshitsuna Kutsuki
Associate Professor, Osaka Institute of Technology

The Daikyoden prayer hall is the central building of Kurozumi-Kyo's shrine of the sun (Hinomiaraka), and as it is praised as "an environmental design that makes excellent use of topography and orientation", the two axes created by the prayer hall and the topography control its spatial composition. In other words, those are the north-south axis unique to Kurozumi-Kyo that dedicates prayers to the founder of the religion as a god, who is a person who actually existed in the early modern times, and the east-west axis that aligns with the "daily prayer" to the rising sun, a doctrine known as "Tatae (the Verticality of the Sun),", and the universal and archaic prayer to Ise Jingu, which the founder himself worshiped.

From the external appearance of the prayer hall, which forms the north-south worship axis, a design derived from the styles not only of Ise Jingu, but also of Kibitsu Shrine near the site, and even of the traditional Japanese houses can be read. However, as for the interior space, the worship axis is 90 degrees different from that of Ise Jingu and Kibitsu Shrine, which are accessed from the longitudinal side, and the depth in the direction of the ridge in which the rafters are arranged in parallel and the verticality of the roof slope seen from inside form a modern perspective of an interior space open to people. Its spatial characteristics can relate to Kurozumi-Kyo's plain and clear teachings, which are also understood as practical ethics for human society. On the other hand, the composition of the stairs from the lower floor to the upper floor of the Shinyukan building, which form "Tatae" in the east-west direction, has a more emotional and non-visual character. The stairs, which is described as a "relatively dark approach without daylight", evokes pre-logical bodily sensations. As Urabe himself also said about ancient Japanese religious spaces, "Darkness is also in Shinto, that darkness ... with nothing in the world being seen, but only heard ... the most sacred is invisible", the finely segmented horizontal roofs overlapping with each other at low heights create a suppressive spatial expression with the "only-sound" condition, and then silence in which not even a sound can be heard. Thus, at the horizontal roofs of the Shinyukan building and the sloped roof of the Daikyoden prayer hall, the darkness in a topographical depression and the lightness of a hill, religious holiness and ethical doctrines, gathering by people and meeting with gods, the serenity and excitement before and after prayers, etc. are dressed in contrasting architectural expressions of modernism and traditional styles, overlapping with each other in multiple meanings.

As for Urabe's thoughts on religious architecture, their origin can be found in his essay "The Culture of Kibi and Kurashiki". In this essay, he refers to ancient poetry and lore, and thinks of Kibi and Kurashiki as "the Seto Inland Sea on the Land," and restores the ancient waterscape where Mt. Kibino-Nakayama and Mt. Tsurugata were once connected by maritime transportation. In the world of the primordial archipelago that connects to the gentle mountain ranges of the present-day Chugoku Mountains, the Daikyoden prayer hall embraced in Shintozan, so to speak, becomes a holy place where an appearance of floating islands as in the myth of Kuniumi (the genesis of the nation) is represented, as if the Shinyukan building is a pier connecting the shore and the sanctuary, or the sea surface itself rippling toward the shore. By anchoring his own architecture in such an ancient landscape, Urabe might have anticipated the subsumption by the "Tenchi-Fujin (merciless)" world of nature beyond a single architect and the arrival of religious transcendentality over space and time. This is because it is conceivable that for an architect who imposed upon himself being "modern," that was the only and thorough way to give rise to a space dedicated to a being that vastly transcends functionality and rationality.

Chapter 3 / project 29 / pp.166–171

The Kurashiki City Hall (1980)

The composition of this project is such that a high-rise building to which a tower is attached and a low-rise building which extends horizontally are joined without difficulty by a bright space with skylights, and citizens are welcomed by the symbolic observation tower.

The design of the parking lot with the brick tiled, arched openings matching the exterior of the city hall shows the way the Japanese-style contemporary architecture is, which is sustained by a simple yearning for the West common to Togo Murano and Keiichi Shirai from the same generation, and although it is idyllic, it can provide a glimpse into the attitude with which Urabe pursued his ideals as a designer. The deformed pilasters and capitals as well as the cornerstones of the tower, etc. represent a design method situated between the classical architecture and the modern / contemporary architecture, and semantic manipulations related to postmodernism can be seen everywhere, so this can be said to be the essence of contemporary architecture on a periphery of Asia.

Compared with the municipal building of Himeji City, for example, this city hall for a population of around 400,000 completed in 1980 has a design full of diversity, and one can still sense the affinity as a city hall and the pride of the citizens of Kurashiki, not just economic efficiency and rationality often required for public buildings.

(Endo Shuhei)

Chapter 3 / column 29 / pp.172–173

Desire for the Kurashiki City Hall

Kazuto Kasahara
Assistant Professor, Kyoto Institute of Technology

The Kurashiki City Hall (1980) is the only built municipal hall that Shizutaro Urabe designed. At the time of the completion of the project, Urabe told that "it was a work that he had wished for all his life". This may sound exaggerated. However, he had a long-felt feeling for the design of the Kurashiki City Hall. What was it like?

According to Urabe, the roots of the new Kurashiki City Hall are the two town halls of the Stockholm City Hall (1923) [C29-1] and the Town Hall in Hilversum (1930) [C29-2], which he saw in magazines in the early 1930's during his student days. He said, "Especially, the latter, along with the way Dudok lived, was so impressive that it made me decide to go back to my hometown of Kurashiki and design a city hall." This means that he had his desire for designing the Kurashiki City Hall for about 50 years.

In Kurashiki, the former Kurashiki City Hall designed by Kenzo Tange was completed in 1960 [C29-3]. Urabe was still only an employee working for Kurashiki Rayon at the time, and his dream of designing it did not come true. He must have felt frustrated. After that, Urabe worked on the design of the city halls in Hachioji, Osaka, Fukuoka, and Shizuoka, but none of them was built. His desire for designing a municipal hall must have further intensified.

The direct cause of designing the Kurashiki City Hall dates back to the early 1970s. As the momentum for the construction of a new town hall grew, with the merger of Kurashiki City, Kojima City and Tamashima City in 1967, Urabe was tapped for its design. In 1972 and 1975, he prepared plans for the new city hall. At this stage, the site was where the Kurashiki Art and Culture Hall is currently located, and the building had 6 floors above ground and the total floor area was about 25,000 m². It was a symbolic one with a large tower on the corner of the site facing the former Kurashiki City Hall by Tange.

Later, the site was changed to the present location and planning was carried out and the project was built. The scale was increased to have a total floor area of about 34,000 m² with a height of 10 stories above ground. The new city hall was provided with a 66-meter high tower at the west end, and a luxurious citizens' hall, which was like a large living room according to the European tradition [C29-4]. During the design, Urabe is said to have explained to the staff that "the tower was for attracting citizens' attention".

However, the reputation after the completion was not necessarily good. The newspapers characterized it as being "extravagant" and "the most wasteful city hall in Asia." Urabe cut out a newspaper article that made fun of the citizens' hall and added for the record that "it was not a place for 'citizens' recreation.' It was a 'ceremonial space where the civic spirit was to be seriously

Chapter 3 / topic 03 / pp.174–177

Unrealized City Hall Planning

Kazuto Kasahara
Assistant Professor, Kyoto Institute of Technology

felt.' It was intended to be the 'main office,' a type of government office building from the Meiji period.

The intention of the design of Urabe's Kurashiki City Hall is exactly that. The post-war city halls designed by Tange and others emphasized functionality by providing an open citizens' hall that embodied democracy. However, Urabe wanted to express the very symbolism based on the European tradition. The tower and the citizens' hall were for that purpose. The Town Hall in Hilversum also has a similar tower and citizen's hall [C29-5, 6]. The Kurashiki City Hall was a tour de force that Urabe created after having wished for it for almost over 50 years.

Ever since Urabe saw the Town Hall in Hilversum by Dudok in magazines during his student days in the 1930s, he had wished to be the "Dudok of Kurashiki" and come to think that he wanted to design a town hall in his hometown. Although in order for his wish to come true, he had to wait for about 50 years until 1980 when the Kurashiki City Hall was completed, actually in the meantime, Urabe had been working on the design of multiple municipal halls. I would like to discuss what can be understood from the planning proposals for city halls that have survived in URABESEKKEI.

The first municipal hall that Urabe worked on was the Hachioji City Hall in Tokyo in 1971. The site was the location of the Hachioji Municipal Baseball Stadium (the present-day Daiwa House Stadium Hachioji). The planning proposal remains only as a simple sketch on the sketchbook that Urabe used to carry around, and a centrally located five-story open "MALL" is drawn [T3-1]. He was trying to place a big space for the citizens in the center. However, Urabe never got to work on it in any major way and the present city hall designed by Kume Architectural Office was completed in 1983.

The next city hall in the design of which he was involved was the Kurashiki City Hall. However, it was the one planned in 1972, and the site and design are different from the current city hall completed in 1980. It was a building with six floors above ground sited where the Kurashiki Art and Culture Hall is currently located. A large tower is arranged at the corner, and a large-living-room-like citizens' hall is drawn near the entrance [T3-2]. It is based on the design of the traditional municipal halls in Europe. And a proposal with the addition of slight modifications was prepared as a new planning proposal for the city hall in 1975, but neither was built.

The next thing he worked on was the design of the Osaka City Hall. It was decided to rebuild the former Osaka City Hall (Yasushi Kataoka, 1921), and competition by nominated candidates was held in 1978. There were five nominated firms: S. Urabe & Associate Architects, Daiken Sekkei, Tohata Architects & Engineers, Nikken Sekkei, and Yasui Architects & Engineers. The Nikken Sekkei's proposal was selected by a seven-member jury, which included Togo Murano and Kenzo Takekoshi, and it was completed as the current Osaka City Hall in 1986.

Therefore, Urabe's proposal was not built, and there are no submitted drawings that remain, but the sketchbook shows how hard Urabe was working on it [T3-3, 4, 5, 6, 7, 8]. The biggest feature of Urabe's design was to relocate and rebuild the huge Renaissance-style tower that soared in the center of the old city hall to the top of the new city hall. The competition was supposed to be for building a new city hall, but only Urabe proposed a preservation plan. It was a preservation plan by means of what is known as "partial preservation" or "Kasabuta preservation (an approach reusing some parts of the building to be replaced)", and it can be said that this was a result of Urabe's having been engaged in design in Kurashiki where an old cityscape and buildings remain.

Also, what is noteworthy is that a great citizens' hall is provided right by the entrance. It is a huge-living-room-like space with a flat floor surrounded by walls with large stairs on one side. It resembles the citizens' hall of the Oslo City Hall (1950), which is used as a venue for the Nobel Peace Prize award ceremony each year [T3-9, 10]. Since drawings and photographs of the Oslo City Hall are bound together in the surviving documents for the Osaka City Hall, there is no doubt that it was used as a model.

As we can see, Urabe's proposal has a huge tower and a citizens' hall, so it is a symbolic hall that relates to the traditional European city halls. When designing the Osaka City Hall, Urabe discussed that a municipal hall that could become a "symbol" as in Europe was necessary. He thought that symbolism that was more than a function but would serve as a spiritual home for the citizens was important for municipal hall architecture.

Later, Urabe participated in the design competition for the Fukuoka City Hall [T3-11, 12]. The five companies nominated were S. Urabe & Associate Architects, Kikutake Architects, Kume Architectural Office, Sakakura Associates Architects & Engineers, and Nikken Sekkei. The eight-person jury included Sachio Otani and Kenji Mitsuyoshi among others. The review was conducted in 1979, and Kiyonori Kikutake was selected. It was completed in 1988.

As for the Fukuoka City Hall, there is no sketch left and we can only judge from the small images published in magazines at that time. In Urabe's proposal, the administration and assembly buildings are arranged so that they enclose the large "city hall plaza" in a square shape and a citizens'-hall-like space named the "Citizens' Lobby" is provided. Following the Kurashiki City Hall and the Osaka City Hall, he must have been thinking about the European model.

Additionally, Urabe worked on the design of the Shizuoka City Hall as well [T3-13, 14]. It was a plan to preserve and utilize the former city hall designed by Yoshihei Nakamura and completed in 1932 as an assembly building and at the same time build a new low-rise building and a high-rise building behind it (to the west). However, it was never been realized, and later a new city hall was designed by Takeo Satow Design Office (the present-day AXS SATOW INC.), built at a location adjacent to the south side of the old building, and completed in 1987.

In the sketches repeatedly drawn in 1980 when Kurashiki City Hall was completed, a low-rise building is located just behind the old hall and a high-rise building is located further behind. He must have paid respect to the old hall. In addition, on the first floor of the high-rise building, a huge living-room-like citizens' hall with an octagonal plan is placed. Here too, the tower-like building is provided with a citizens' hall to be something symbolic.

According to Hidetaka Uesugi, a former employee in charge of the competition proposals for the Osaka City Hall and the Fukuoka City Hall, the design created for the Osaka City Hall and others was apparently reused for the details of the Kurashiki City Hall, which has been built. In retrospect, it may be said that the design of the unrealized municipal halls was a process of refinement for the design of the Kurashiki City Hall. In other words, the built Kurashiki City Hall was something that was created at the end of such a long process with many proposals.

Chapter 3 / project 30 / pp.178–181

The Kurashiki Central Hospital
(Phase I: 1975, Phase II: 1980, Phase III: 1981)

This hospital was founded as the Kurabo Central Hospital by Magosaburo Ohara in 1923. And later Urabe was brought on board starting with the planning of a new hospital in 1971, and three additions were built thereafter.

In Phase I, the first building, a high-rise hospital ward, and the operation building on the north side the high-rise building were built (1975). In the following second phase, the clinical examination building (1980) was constructed in the southeastern part of the first building, and finally, as the third phase, the outpatient clinic building (1981) was constructed in the southwestern part. In any of these buildings, materials and design full of character and warmth are selected for the interior of each area and for the details inside and outside the buildings. In addition, between the Phase II and Phase III parts, a glass-covered conservatory with a fountain is provided, and it is spreading the patio-like atmosphere found in European towns and dwellings. It can be seen that as these spaces resonate, the pain in the mind and body of the patients are being alleviated.

This is hospital architecture with unmatched warmth realized by the meeting of the design taste unique to Urabe and the building type of hospital.

(Akira Kakuda)

Chapter 3 / column 30 / pp.182–184

Hospital Inheriting the Phylosophy of Foundation

Yoshinori Tsujino
General Counsel, UR Sekkei

On May 20th, 1967, contacted by Soichiro Ohara who had an operation two weeks ago to receive instruction about a music library, Urabe made a note of the "Ohara Vision" for the first time. The next year, Ohara passed away. When the basic design for the Kurashiki Central Hospital was finalized in 1971, a map of Downtown Kurashiki, which had the Kurashiki City Hall by Kenzo Tange, the Annex for the Ohara Museum of Art (1961), and the Kurashiki Kokusai Hotel (1963) drawn in, was posted on the wall behind Urabe's desk, and then the dream of the "Petits Champs Élysées," and the plans for the redevelopment of Motomachi-dori street, the Kurashiki Civic Hall by which he wished to send the late Ohara Beethoven's Ninth Symphony, the redevelopment of the station area, and the Kurashiki Central Hospital were added in turn. He called the lines drawn by connecting the Sumi-Yagura (corner watch towers) at these four corners a citadel, and from around 1973, he called it the "Ohara Vision".

The Kurashiki Central Hospital, one of the towers, was opened in 1923 as the Kurabo Central Hospital with 83 beds, which increased to 220 beds the following year. The founder, Magosaburo Ohara, had been in close contact with the Director of the Okayama Orphanage, Juji Ishii since 1899, and had been talking about the dream of establishing a workers' hospital to save them from poverty. Even for a company with 10,000 employees, he believed that the education of employees and the improvement in their working and living environments would enrich the company, in 1902 founded the Vocational Education Department (later the Kurashiki Supplementary Commercial High School), in 1906 abolished the Kuchi-Ireya (human traffickers) and Hanba (labor camp) system despite fierce resistance, directly managed the hiring of factory workers and meal services, set up company housing and dormitories (later family-oriented dormitories in multiple locations), created a buyers' association as well, and established an institute for science of labour to grasp work environments physiologically and improve them. In addition, the health of workers to support these was also considered.

Ohara witnessed his employees without medical care lose their lives with the Spanish flu (influenza) that hit the world between 1918 and 1919 and planned an in-house hospital with actual-cost-based medical services at each plant to be the core of the medical services department. However, he was opposed by the medical association claiming that it would put pressure on practicing doctors, he changed it to a general hospital and attempted to reduce the burden of medical cost on employees by creating a medical mutual aid system. For the hospital facility, then the state-of-the-art Keio University Hospital was used as a reference, its philosophy was learned from Vories'

Omi Sanatorium, and the drawings, about which Ohara made comments down to the details, were prepared by the construction department of Kurabo Industries Ltd. In charge of construction, Kiyomi Takeuchi (later the first Director of the Ohara Museum of Art) noted in the diary at that time, "It is hard ... and makes me feel the sorrow of being an employee that he comments as if he were looking at the construction of his own house," and told later that "the designer was Ohara". In addition to the necessary facilities, the facilities for patients such as flush toilets, heating throughout the building (in principle floor heating) including the restrooms, and a central kitchen without self-cook rooms in each ward, were ground-breaking in those days. In addition, Torajiro Kojima was commissioned to design the two recreation rooms (greenhouses) for outpatients and inpatients, which became famous. However, as the recession in the spinning industry that had lasted since the end of Taisho era put pressure on the management of Kurashiki Kenshoku, it was renamed to the Kurashiki Central Hospital and made financially independent in 1927, and reorganized into an incorporated foundation in 1934. Since then, it has played a central role in the medical services administration in the region.

At the 40th anniversary of its founding in 1963, the second-generation director, Soichiro Ohara, declared that "We would like to meet again in ten years with a renewed appearance." Meanwhile, in 1963 a reinforced concrete three-story ward was added to meet the needs, and in 1970 the Kuraray Tuberculosis Ward was converted to a general hospital ward and merged to become a large hospital with 903 beds.

In 1968, the design of Ohara's will of the "renewed appearance in ten years" project was entrusted to Urabe. However, as he did not have enough experience for the design of a large hospital with 1,000 beds, a direction was set to seek guidance from a designer with experience so Akitoshi Matsumoto (back then, with the Hospital Management Research Institute of the Ministry of Health and Welfare) was asked to introduce someone. However, Urabe was recommended to "design using his know-how of hotel design for which he was well-known as he would be provided with all the materials necessary for the design," so he had to proceed on a thorny path. Around that time, led by the Hospital Management Research Institute, the Healthcare Engineering Association of Japan with Uichi Inoue and others, and the Japan Institute of healthcare architecture with Yasumi Yoshitake and others were actively engaged, so Urabe benefited from their materials and learned from them. Urabe instructed as follows and left the functional aspects to the staff in charge; ① do not make a henhouse but make chickens (don't imitate any hospital, step into medicine and nursing care), ② the tradition of the greenhouses [C30-2], the ivy-covered exterior, the red roof, and ③ keep the entrance small,

make the inside wide open [C30-1]. From the hospital, he received the following conditions; ① do not disturb the hospital functions that are sources of revenue, and do not reduce the number of beds even during the construction, ② avoid temporary construction which would be double investments, and ③ 1,000 beds and 800 staff members.

Around that time, in the United Kingdom, the "growth and transformation of hospitals" for medical progress and facilities' efficiency was a challenge. Considering the conditions from the hospital, the reconstruction was divided into three phases, and it was planned that greenbelts between the buildings, and east, west, and north main corridors along them were to be created, from there open-ended branch corridors were to be extended, and each required room was to be placed along them, which made it possible to have an extension of even one room [C30-4, 5]. As a result, the exterior facades were made up of beams, simple windows, and walls which took extension into consideration, and Urabe struggled with the facades that were impossible to design. The red roof with the existing roof tiles, which was to become a design feature, was opposed by the hospital as being an old image for the new building, but Urabe pushed ahead, and it was later accepted by the public and became the symbol of the hospital again. However, the plan of covering the exterior wall with ivy, another symbol, was abandoned since the landscape engineer who had been employed since the time of foundation died and it would be difficult to be maintained without him even if it was set up. The roof of the low-rise building to the south of the hospital building was designed to carry a load from a future addition, and so it was filled with earth and vegetated for the time being. Despite the internal objection due to fear of negative effects on the waterproofing, the result was such that it ended up extending the life of the waterproofing layer, and the view from the hospital building is still a comfort for the patients.

In the fall of 1981, the "renewed appearance" on the 50th anniversary was completed with a total area of 68,500 m² with 1,103 beds, except the existing part with 500 beds. Since then, the hospital has continued its growth and transformation to reach the present total area of 140,000 m² with 1,166 beds.

Chapter 3 / project 31 / p.185

The Kurashiki Station Area Redevelopment: East Building & West Building (1980)

Adjacent to JR Kurashiki Station, these buildings are located facing each other across the station plaza. The East Building, which is primarily a department store, and the West Building, which is an office building / multi-story parking complex with a bank, a hotel, etc. as its tenants, were integrally developed as the town's gateway centered on the station with a pedestrian deck connecting the traffic line on the second-floor level.

For the East Building a white-based spray-on mortar finish and vertical pivot windows were adopted, while for the West Building, a red-based tile finish, which was cast with concrete, and "Elmin" windows (double-glazed horizontal pivot windows) were adopted. Although they give seemingly different impressions, the arched brick arcade that runs on the ground level of the pedestrian deck creates overall harmony. Started with Soichiro Ohara's dream, "Let Kurashiki be the Rothenburg of Japan," these projects were completed in 1980, after a series of surveys that began in 1970. They play the role of one of the "four-corner towers" defining the approximately 1km square area centering on Mt. Tsurugata, which constitutes the "Ohara Vision" delineated by Urabe.

(Makiko Yasaka)

Chapter 3 / project 32 / pp.186–187

The Sanshu Asuke Yashiki (1980)

This is a cultural tourism facility in one section of the Koran Valley, which opened in 1980. On a site of about 3,000 m^2, the main house, the earthen storehouse, the "Nagaya-mon" gate, and the work hut are dispersedly arranged to surround a field. As part of the measure against population outflow to neighboring Toyota City, which was prospering owing to its auto industry, it was planned for the purpose of passing down the lifestyle, landscape, and crafts of the village as a facility within "Asuke Village" conceived by Shoichi Ozawa, a section chief in the Industrial Tourism Division of Asuke Town at that time (later the village director).

The newly built main house and "Nagaya-mon" gate have a thatched roof covered by a craftsman living nearby, while the main building has central pillars (daikoku-bashira) made of zelkova wood and thick longitudinal roof beams (ushi-bari) supporting the 6 m span of the roof, and the local materials and the construction techniques of the local craftsmen were adopted as in "wari-bushin," the traditional method of construction in which construction was shared by multiple builders with each assigned to a separate work zone. In the building with the style of the farmhouses from the Meiji period, elements of modern design such as "gakuiri-shoji," a shoji screen with a framed panel inserted in the middle section, and octagonal lighting fixtures are incorporated, so that the historical taste and modern design are in perfect harmony. It is a cultural and tourist hub created by all-out mobilization of Asuke's culture, crafts, specialty products, and human resources, and is still used and cherished as an active workplace for artisans.

(Sakuraho Watanabe)

Chapter 3 / project 33 / pp.188–189

The Sixth High School Memorial Hall (1980)

This was completed in 1980 as a project to commemorate the 80th anniversary of the former Sixth High School (the present-day Okayama Prefectural Okayama Asahi High School), of which Shizutaro Urabe is a graduate.

Using brick tile and granite finishes on a reinforced concrete bearing wall structure, Urabe attempted to recreate the brick student dormitory where he spent his student days. The large gable roof facing the Jizogawa River and the cantilevered balcony create an impressive appearance of the facade.

On the first floor, around the entrance hall, there is a lounge with a fireplace and a conference room with an open space taking advantage of the shape of the roof. On the second floor, the cantilevered balcony is succeeded by a bright exhibition room with a large stained glass opening and a memorial dormitory room with a bay window facing the backyard, as if they seamlessly flow from the riverside toward the backyard. There is a covered rest space in the backyard, which was constructed along with the memorial hall, and its attic works as a small storage space. The windows of the memorial dormitory room provide a full view of the rest space, the Sixth High School monument, and the backyard, clipping from its scenes reminiscent of the dormitory life in the old days.

(Shiori Yamada)

Chapter 3 / project 34 / pp.190–191

Japan Women's University Naruse Memorial Museum (1984)

This was built as part of the 80th anniversary project to commemorate Jinzo Naruse, who founded Japan Women's University in Bunkyo-ku, Tokyo. It houses a commemoration room, a meditation room, an exhibition room, and a reading room.

It is made of reinforced concrete, but the exterior walls are finished with red-brick tiles. This is because the former Toyoake Library / Auditorium (1906), which once stood across the site, was a red brick building.

It has a distinctive exterior reminiscent of a Romanesque church with a semi-circular arch used for the entrance of the building, and the gable-side eaves the treated with a Lombard-band-style decoration, etc. Urabe described this building as "a temple dedicated to a great personality." This is presumed to be based on the fact that Naruse was once involved in Christian evangelism as a pastor.

On the interior of the building, some of the wood from the wooden school building that once stood on the same site is used. The design of the central staircase emulates the stairs of the wooden school building. It is a space that incorporated the history and memory of the school in various forms.

(Kazuto Kasahara)

Chapter 3 / project 35 / pp.192–196

The Osaragi Jiro Memorial Museum (1978)

This is built in Yokohama on the south side of Harbor View Park that leads to the French Hill. In the museum, the achievements of the writer, who was deeply rooted in Yokohama, various personal items such as the desk and the chair, and a large number of cat figurines as he was a big cat lover, are on display. The exterior composition is symmetrical with the building in the center front having a semicircular vaulted roof and the right and left wings having a gable roof. The exterior is finished with red brick tiles familiar to Yokohama. A moat with a width of 1.5 to 2m is provided along three sides, so one has to cross the central bridge to reach the entrance. Once one passes the entrance hall, the staircase lobby with a high ceiling appears. Here, the light transmitted through the blue colored glass inspired by the French tricolor flag set in the openings of the semicircular vault with a rising-sun pattern fills the space and presents an appearance from another dimension. The interior is a mix of the Japanese and Western styles, but the design motif is an Art Deco style with many arcs, and various materials including marble, plaster, and manufacturing products are used at will.

(Toshiaki Ishida)

Chapter 3 / column 35 / p.197

The Urabe Architecture Seen Through Photo Shooting

Koji Okumura
Photographer / President, Forward Stroke

When a photographer faces architecture, the challenge he / she always has is to find a viewpoint by which he / she can unite and determine, while respecting, both the concept as the idea that the architect was trying to express and the architecture as an actual condition that revealed its figure as a product of the concept.

So far, I have shot more than 30 pieces of Urabe's architecture, and the first time I photographed them was 2009, and they included 3 works: the Kurashiki Kokusai Hotel (1963), Kurashiki Ivy Square (1974), and the Osaragi Jiro Memorial Museum (1978), all of which are known as his representative works.

The Osaragi Jiro Memorial Museum was apparently intended so that one can somehow feel the character of the house where Jiro Osaragi grew up while it was determined that it would be in the style of the Western brick buildings from the time of the port opening to reflect the character of the area which preserved its exoticism as a foreign settlement.

The active eclecticism between the Japanese and Western styles, the unique composition of colors and contrasts, the effective combination of lighting and materials, the carefully examined rendition techniques including stained glass, the attention to such details as the arched windows and casement windows. . . The space that Urabe expressed by assimilating to the world of the Osaragi literature makes one feel a strange reality as if this piece of architecture had always been around in its location.

When I put myself in Shizutaro Urabe's space and tried to take pictures of it, I often attempted to understand what he had been trying to express through architecture. From its users' behavior and its relationship with the surrounding environment, I was also made to think about the regionality and uniqueness that architecture can create. And each time, I think I experience and photograph Urabe's flexible attitude of not being bound by the existing styles of architecture.

Chapter 3 / project 36 / pp.198–201

Yokohama Archives of History (1981)

This is a facility that collects historical materials from the opening of the port of Yokohama to the pre-war period and exhibits them for the public. The site is the land for the former British Consulate General (1931), which is cultural heritage and faces the major artery road Kaigandori. It is supposed to be the site where the 1854 Japan-US Treaty of Peace and Amity was signed, and since that time, the Tamakusu tree has been passed down and kept in the front yard.

The new building with a U-shaped plan by Urabe was placed along the front street as if to conceal the front facade of the former consulate and was intended to create with the former consulate in the rear a courtyard with the Tamakusu tree at its center. During the design process, the courtyard was named the "Perry Square", and corridors and perimeter circulation around it were also contemplated.

There is a possibility that the so-called "Namako-wall" style of the exterior walls referred to the Nagayamon Gate with Namako walls, which seems to have been in the first British legation at the time of the opening of the port, but this building is not just about the surface but it creates a cityscape with the Yokohama Foreign Trade Association Building (Okura Doboku, 1929) across the street, protects the courtyard from the hustle and bustle of Kaigandori street, and, as a gate, guides visitors to Tamakusu. It is a good example in which one can grasp Urabe's thoughts on the history of Yokohama and urban architecture.

(Kunio Nakai)

Chapter 3 / column 36 / pp.202–203

The Architectural Typology of Shizutaro Urabe

Kunio Nakai
Professor, Kanagawa University /
Co-Founder, NODESIGN Architects and Associates

Among Urabe's works in Yokohama, in contrast to the Osaragi Jiro Memorial Museum (1978) and the Kanagawa Museum of Modern Literature (1984), which use a variety of architectural languages characteristic of Urabe, the New Building for the Yokohama Archives of History (1981, the New Building hereafter) is a seemingly dull-looking building with few decorations other than the Namako walls on the exterior, but it is possible to read Urabe's multi-faceted thoughts on cities and architecture.

The first thing to notice is the Namako-wall-like design of the exterior walls. Why does the New Building, which stands next to the Western-style former British consulate, have Namako walls? The proposed designs appear to have included one with a Western-style cornice with a wave pattern, indicating that various options were considered. When I explored the relationship between Yokohama, the United Kingdom, and Namako walls, I found a picture taken by F. Beato in 1864 showing the Nagayamon gate with Namako walls at the British legation, which was located next to the Yato Bridge back then. It is unclear whether Urabe referred to this document, but there was such a connection between Yokohama, the United Kingdom, and Namako walls. Another important point found in this document is that the layout of the New Building itself, not to mention the Namako walls, is exactly the Nagayamon gate. Unlike traditional Japanese Yashiki-type residences, townhouses, etc., Nagayamon gates, which are one of the typologies in Japanese architecture, have no fences and are built with their walls directly facing the street. It was found out that the original plan was to remove the existing fence and incorporate only the gateposts into the gate of the New Building, and the exterior walls of the building were to directly face the street. According to Takashi Okamura and Naoyuki Kuniyoshi who were involved in the planning for the Yokohama Archives of History at the Yokohama City government at the time, the proposal to hide from the street the facades of the British Consulate, which is the main building and also cultural heritage, was apparently met with a surprise, but the New Building was thought of as the very gate (Nagayamon) for the courtyard of the Tamakusu tree and the former consulate.

Another interesting point is the height of the New Building (approximately 12.9 m). It is slightly higher than the former consulate. In contrast, the height of the Yokohama Foreign Trade Association Building, which is the premodern urban-street building built across the street, is about 12.5 m, almost the same height as the former consulate. It is unlikely that Urabe would decide the height of a building without any reason, so it seems that harmony with the cityscape was probably judged more important than the former consulate. Incidentally, although it is unknown whether Urabe was aware, the "fireproof belt buildings"

Chapter 3 / project 37 / pp.204–206

The Kanagawa Museum of Modern Literature (1984), Muteki Bridge (1986)

built in Yokohama during the post-war reconstruction period are also European-style urban-street buildings, and many of them are about 11 to 13m high (three to four stories). It seems that at least his reading of Yokohama as a city led to such a typology of urban-street architecture. In Urabe's text on the "Petits Champs Élysées Vision" for the "Moto-Kurashiki Project" (1972), one can recognize criticisms of the single-function tower buildings that were becoming popular at the time and sympathy for traditional urban-street architecture, so it can be said that the Annex Building at the Ohara Museum of Art (1961) and this New Building follow the genealogy of such urban-street architecture.

It seems that Urabe trusted the existence of the typology of such architecture, which was developed over a long time, to play a role in preserving and utilizing urban environmental resources, such as existing cityscapes, historical buildings, and memorial trees. According to Shoichi Morimoto, who was in charge of the New Building at the time, Urabe used to say, "When viewed from the Western perspective it looks Japanese, and when viewed from the Japanese perspective it looks Western." The unique presence of the New Building, which can be seen as traditional urban-street architecture in Western Europe and also as a Japanese Nagayamon gate, stems from such an understanding and trust. Urabe had a pioneering viewpoint that can be called architectural typology, which aims to create rich urban spaces by inheriting the existing environment and spaces. The reason not only this New Building but also many of Urabe's works give a nostalgic feeling of familiarity is probably because they are linked to an architectural typology that gives rise to familiarity beyond time without simply being a design on the surface.

When one enters Harbor View Park, a famous spot in Yokohama, passes the Osaragi Jiro Memorial Museum, and reaches the Muteki Bridge, one can see the Kanagawa Museum of Modern Literature surrounded by greenery. The hilltop provided by Yokohama City to Kanagawa Prefecture on condition that the greenery be preserved is its site. Taking advantage of the topographic height difference, the exhibition hall with exhibition rooms, meeting rooms, etc. are provided above the hill, and the main building with a reading room, a library, etc. are provided below with a communication passage connecting the two buildings. Owing to the placement of the buildings after an in-detail examination of the tree locations, a lush environment where old large camphor and oak trees have been preserved is realized.

The contrast created by the materials that give strong impressions like the Mannari granite stones of the exterior walls and the patina bronze plates of the roof with the white-painted columns and the soffits of the eaves generates an appearance that makes one appreciate the value of time.

Going around the first floor, which is the exhibition hall, one finds beside the exit a coffee room, from which the Muteki Bridge and Yokohama's cityscape can be seen. Out to the balcony on the second floor, one can feel the greenery closer. The balcony provided along the perimeter leads to the surrounding walkways, and one can enjoy the scenery of Yokohama through the gaps in the foliage.

(Hiroyuki Yoshioka)

浦辺鎮太郎建築展実行委員会

委員長：
松隈 洋　　　京都工芸繊維大学教授

特別顧問：
故・長谷川 堯　武蔵野美術大学名誉教授

実行委員：
大原謙一郎　　大原美術館名誉館長
藤森照信　　　東京大学名誉教授／東京都江戸東京博物館館長
松葉一清　　　武蔵野美術大学教授
上田恭嗣　　　ノートルダム清心女子大学特任教授
花田佳明　　　神戸芸術工科大学教授
笠原一人　　　京都工芸繊維大学助教
重村 力　　　いるか設計集団／神戸大学名誉教授／神奈川大学客員教授
古谷誠章　　　早稲田大学教授／NASCA 代表
太田隆信　　　元・坂倉建築研究所代表取締役／太田隆信スタジオ
竹原義二　　　無有建築工房主宰
楢村 徹　　　楢村徹設計室主宰／広島大学客員教授
遠藤秀平　　　神戸大学教授／遠藤秀平建築研究所
曽我部昌史　　神奈川大学教授／みかんぐみ共同主宰
柳沢 究　　　京都大学准教授
和田耕一　　　和田建築設計工房主宰

幹事：
西村清是　　　浦辺設計代表取締役

協力委員：
浦辺太郎　　　浦辺鎮太郎　長男
浦辺真郎　　　浦辺鎮太郎　次男
浦辺徹郎　　　浦辺鎮太郎　三男

松村慶三　　　浦辺設計名誉顧問
辻野純徳　　　ユー・アール設計相談役
森本正一　　　元・浦辺設計取締役

専門委員：
福濱嘉宏　　　岡山県立大学教授／倉敷市都市景観審議会委員
江面嗣人　　　岡山理科大学教授／倉敷市伝建審議会委員
平山文則　　　岡山理科大学教授
中村陽二　　　岡山県建築士会副会長／倉敷市伝建審議会委員
大島秀明　　　福山大学教授
佐藤圭一　　　福山大学教授
酒井 要　　　福山大学助教
浅井 保　　　神戸大学助教
槻橋 修　　　神戸大学准教授
畑 友洋　　　神戸芸術工科大学准教授
有村桂子　　　いるか設計集団代表取締役
田原幸夫　　　京都工芸繊維大学客員教授／日本イコモス国内委員会理事
角田暁治　　　京都工芸繊維大学准教授
小池志保子　　大阪市立大学准教授
朽木順綱　　　大阪工業大学准教授
橋寺知子　　　関西大学准教授
白須寛規　　　摂南大学講師／design SU 主宰
出江 寛　　　出江建築事務所代表取締役
平田隆行　　　和歌山大学准教授
中井邦夫　　　神奈川大学教授／NODESIGN 共同主宰
石田敏明　　　神奈川大学教授／石田敏明建築設計事務所主宰
山家京子　　　神奈川大学教授
内田青蔵　　　神奈川大学教授
吉岡寛之　　　神奈川大学特別助教
鈴木伸治　　　横浜市立大学教授
上田知正　　　東京造形大学教授
宮 晶子　　　日本女子大学准教授

Executive Committee

Chairman:
Hiroshi Matsukuma   Professor, Kyoto Institute of Technology

Special Advisor:
Takashi Hasegawa   Professor Emeritus, Musashino Art University

Committee Members:
Ken-ichiro Oohara   Honorary Director, Ohara Museum of Art
Terunobu Fujimori   Director, Edo-Tokyo Museum / Professor Emeritus, Tokyo University
Kazukiyo Matsuba   Professor, Musashino Art University
Yasutsugu Ueda   Specially Appointed Professor, Notre Dame Seishin University
Yoshiaki Hanada   Professor, Kobe Design University
Kazuto Kasahara   Assistant Professor, Kyoto Institute of Technology
Tsutomu Shigemura   Team Zoo Atelier IRUKA / Professor Emeritus, Kobe University / Guest Professor, Kanagawa University
Nobuaki Furuya   Professor, Waseda University / President, NASCA
Takanobu Ota   Former President, Sakakura Associates Architects and Engineers / President, Takanobu Ota Studio
Yoshiji Takehara   President, Moo Architect Workshop
Toru Naramura   TORU,NARAMURA & ASSOCIATES ARCHITECTURAL OFFICE / Visiting Professor, Hiroshima University
Endo Shuhei   Professor, Kobe University / Endo Shuhei Architect Institute
Masashi Sogabe   Professor, Kanagawa University / Co-Founder, MIKAN
Kiwamu Yanagisawa   Associate Professor, Kyoto University
Koichi Wada   President, Wada Architect Office

Manager:
Kiyoshi Nishimura   President, URABESEKKEI

Cooperative members:
Taro Urabe   First son of Shizutaro Urabe
Shinro Urabe   Second son of Shizutaro Urabe
Tetsuro Urabe   Third son of Shizutaro Urabe

Keizo Matsumura   Honorary Advisor, URABESEKKEI
Yoshinori Tsujino   General Counsel, UR Sekkei
Shoichi Morimoto   Former Board Director of URABESEKKEI

Specialized members:
Yoshihiro Hukuhama   Professor, Okayama Prefectural University / Member of Kurashiki City Urban Landscape Council
Tsuguto Ezura   Professor, Okayama University of Science / Member of Kurashiki City Denken Council
Fuminori Hirayama   Professor, Okayama University of Science
Yoji Nakamura   Vice-Chairman, Okayama Society of Architects & Building Engineers / Member of Kurashiki City Denken Council
Hideaki Oshima   Professor, Fukuyama University
Keiichi Sato   Professor, Fukuyama University
Kaname Sakai   Assistant Professor, Fukuyama University
Tamotsu Asai   Assistant Professor, Kobe University
Osamu Tsukihashi   Associate Professor, Kobe University
Tomohiro Hata   Associate Professor, Kobe Design University
Keiko Arimura   President, Team Zoo Atelier IRUKA
Yukio Tahara   Visiting Professor, Kyoto Institute of Technology / ICOMOS Japan
Akira Kakuda   Associate Professor, Kyoto Institute of Technology
Shihoko Koike   Associate Professor, Osaka City University
Yoshitsuna Kutsuki   Associate Professor, Osaka Institute of Technology
Tomoko Hashitera   Associate Professor, Kansai University
Hironori Shirasu   Lecturer, Setsunan University / President, Design SU
Kan Izue   President, Kan Izue Architect & Associates
Takayuki Hirata   Associate Professor, Wakayama University
Kunio Nakai   Professor, Kanagawa University / Co-Founder, NODESIGN Architects and Associates
Toshiaki Ishida   Professor, Kanagawa University / President, Toshiaki Ishida Architect & Associates
Kyoko Yamaga   Professor, Kanagawa University
Seizo Uchida   Professor, Kanagawa University
Hiroyuki Yoshioka   Special Assistant Professor, Kanagawa University
Nobuharu Suzuki   Professor, Yokohama City University
Tomomasa Ueda   Professor, Tokyo Zokei University
Akiko Miya   Associate Professor, Japan Women's University

模型制作

「西条栄光教会」縮尺 1/50
西条栄光教会保存再生ワーキンググループ／越智弥生、白石絵未

「倉敷考古館増築」縮尺 1/100
「倉敷文化センター」縮尺 1/100
京都工芸繊維大学笠原・三宅（田原・笠原）研究室／秋本 光、池田拓海、小澤柚花、京谷日菜子、桑原雄大、佐藤安乃、下地諒哉、竹中智美、寺谷幸平、中野 翔、西橋 舞、福井 駿、森本 興、大和涼葉

「プレファブ住宅・PH-1」縮尺 1/20
神戸芸術工科大学畑研究室／松山昌太郎、中村文哉、丸岡龍平

「倉敷レイヨン高槻アパート（RC-60 型）」縮尺 1/100
京都大学柳沢研究室／張 晶盈、伊藤航平、野間有朝

「日本工芸館」縮尺 1/100
浦辺設計／山田 栞、櫻井龍太

「石井記念愛染園女子単身者住宅・保育所」縮尺 1/100
摂南大学白須研究室／木口屋 駿、渡部泰宗、上尾奈菜

「大原美術館分館」縮尺 1/100
京都工芸繊維大学松隈研究室／勝山綾菜、平居穂華、濱家茉莉、佐野哲也

「倉敷国際ホテル」縮尺 1/100
京都工芸繊維大学松隈研究室／二星大暉、石田 侑、稲葉 奏、西岡祐太郎、埒田ななみ

「倉敷ユースホステル」縮尺 1/100
大阪市立大学小池研究室／島村健太、中野 碧、大村友李恵、髙橋沙季、中野雄介、山岡 友、彭 俊鑫、田中大貴

「浜幸ビル」縮尺 1/100
「両備バス西大寺ターミナル」縮尺 1/100
「西条市立郷土博物館東亭民芸館」縮尺 1/100
福山大学大島研究室・佐藤研究室・酒井研究室／河田陽依菜、小田嵩馬、佐伯大地、白神昭憲、行澤愼悟、片山マリヤ、河本紗代子、桑田翔吾、道上拓海

「東京造形大学」縮尺 1/100
東京造形大学上田研究室／小林眞子、中村真由香、木暮咲希、喜多萌々香、新井さくら、小町梨紗、成伯実優、荒舩卓海

「倉敷レイヨン中央研究所」縮尺 1/200
浦辺設計／冨永 彗、多田万里子

「西鉄グランドホテル」縮尺 1/200
神戸大学槻橋研究室／田中 惇、今津寛知、大西 玲、牧 拓志、小瀧 航、村上 遼、青山貴哉、前田洋佑、中川栞里

「倉敷市民会館」縮尺 1/200
岡山理科大学平山研究室／弘中 芳、九鬼弘明、藤田峻平、井藤大雅、九重光佑、クリスタル・チュー・シュエ・ジン、古山大瑚、小松原領一、村井温香、井上順稀、今田爽葉、加藤朱里、髙畑咲紀、田中友惟、寺越萌香、中尾恭輔、水口 隼

「倉敷アイビースクエア」縮尺 1/200
岡山県立大学福濱研究室／桐島実希、沼口香織、高岡まりあ、生川美里、橋本拓磨、寺岡航平、高橋桃花

「千里阪急ホテル」縮尺 1/200
関西大学橋寺研究室／蘆田絢菜、川尻晴菜、高元 霞、長岡このみ、水畑明結実、宮本麻莉絵、村上日奈子

「紀伊風土記の丘松下記念資料館」縮尺 1/100
和歌山大学平田研究室／川畑太輝、古賀涼花、佐藤孝志、島本智也、熊谷東吾、縄田 諒、池内天子

「黒住教新霊地神道山大教殿」縮尺 1/100
大阪工業大学朽木研究室／吉本弥由、高橋克輝、土屋洸介、阪田悠樹、熊渕公乃

「倉敷市庁舎」縮尺 1/200
神戸大学遠藤研究室／宅野蒼生、中倉 俊、大西琴子、植田実香、王 憶伊、郭 宏阳

「倉敷中央病院」縮尺 1/200
京都工芸繊維大学角田研究室／庄司 遥、伊藤貴識、上野山 翔、杉山仁子、谷 美沙子、中村舜介、新島祐介、生田海斗、糸井 梓、角張 渉、河部純大、上林誼也、北岡佳奈、近藤七波、佐々木順也、塩田林太郎、西山 琳、眞木杏夏、見角彩楓、安永 廉、日高理沙子

「六高記念館」縮尺 1/100
浦辺設計／櫻本康乃、渡邊桜帆

「日本女子大学成瀬記念館」縮尺 1/100
日本女子大学宮研究室／石川紗也佳、加藤真璃子、吉澤杏佳

「大佛次郎記念館」縮尺 1/100
神奈川大学石田研究室／早川史洋、門田大希、岡本晴美、水上翔太、濵松謙太、小田凌大朗

「横浜開港資料館」縮尺 1/100
神奈川大学中井研究室／中村圭那、飯田康二朗、長谷川 舞、向 咲重、渡辺悠介、池原なつ子、福田紗弓、村越由実、山﨑優衣

「神奈川近代文学館」縮尺 1/100
神奈川大学曽我部・吉岡研究室／太田朗人、内山大輝、佐塚将太、前田沙希、鈴木啓生、原 巧、古本将大、梁 訊、白 露、浪川透海、坂本理久、三浦亜也奈、水村 翔

謝辞

本展を開催するにあたり、ご出品および資料提供、写真撮影等において、多くの関係諸機関よりご協力を賜りました。
ここに深く感謝申し上げます。

岡山県
倉敷市
倉敷商工会議所
倉敷市中心市街地活性化協議会
公益財団法人大原美術館
一般社団法人日本建築学会
公益社団法人日本建築家協会中国支部
一般社団法人 DOCOMOMO Japan
株式会社浦辺設計
株式会社藤木工務店

日本基督教団西条栄光教会
西条栄光幼稚園
公共財団法人倉敷考古館
穴吹エンタープライズ株式会社 (旅館くらしき・倉敷珈琲館)
株式会社クラレ (岡山事業所・新潟事業所・クラレくらしき研究センター)
近畿車輌株式会社
富山県総合政策局企画調整室
FUJIFILM 富山工場
一般財団法人日本工芸館
社会福祉法人石井記念愛染園 (愛染橋保育園・愛染橋病院)
株式会社倉敷国際ホテル
倉敷ユースホステル
株式会社浜幸
両備ホールディングス株式会社 (両備バス西大寺ターミナル)
東京造形大学
愛媛民芸館
東京女子大学
倉敷公民館
株式会社西鉄ホテルズ (西鉄グランドホテル)
倉敷市立自然史博物館
倉敷市民会館
倉敷紡績株式会社
株式会社倉敷アイビースクエア
株式会社阪急阪神ホテルズ (千里阪急ホテル)
和歌山県立紀伊風土記の丘
宗教法人黒住教
公益財団法人大原記念倉敷中央医療機構 (倉敷中央病院)
くらしきシティプラザ東西ビル管理株式会社
株式会社三州足助公社 (三州足助屋敷)
六高記念館
日本女子大学
大佛次郎記念館
横浜開港資料館
神奈川県立神奈川近代文学館

KKR ポートヒル横浜
シルク博物館
倉敷市立美術館
倉敷市芸文館
横浜赤レンガ倉庫 1 号館
横浜市
香川県立ミュージアム
広島市現代美術館

河田育康
小松賢治
仁科隆晴
髙木　浩

伊澤健二
笠木憲二

松島吉信
石原次郎
原尚弘
山下拓

建築家　浦辺鎮太郎の仕事
倉敷から世界へ、工芸からまちづくりへ

展覧会

会期：倉敷／2019年10月26日－12月22日　倉敷アイビースクエア
　　　横浜／2020年11月14日－12月12日　横浜赤レンガ倉庫

監修：浦辺鎮太郎建築展実行委員会＋浦辺設計

会場構成：浦辺設計／西村清是、渡邊桜帆、河本二郎、八坂真希子、河原一秀、
　　　　　家入颯太、櫻井龍太、冨永　彗

デザイン：木村幸央

写真撮影：Forward Stroke／奥村浩司、矢原　亮

グッズ制作・企画：浦辺設計／前田憲泰、津野田祐基

ウェブサイト：TAGAIWORKS／原　太雅
　　　　　　　PONO Web design & Planning／足利直子

図録

本書は、展覧会「建築家　浦辺鎮太郎の仕事　―倉敷から世界へ、工芸からまちづくりへ」の
開催にあわせて刊行された

発行：2019年10月20日　第1版第1刷

監修者：浦辺鎮太郎建築展実行委員会

編著者：松隈　洋・笠原一人・西村清是

編集協力：浦辺設計／中川奈穂子、渡邊桜帆

発行者：前田裕資

発行所：株式会社 学芸出版社
　　　　〒600-8216 京都市下京区木津屋橋通西洞院東入
　　　　TEL：075（343）0811　E-mail：info@gakugei-pub.jp
　　　　http://www.gakugei-pub.jp/

編集担当：岩切江津子

翻訳：株式会社フレーズクレーズ／牧尾晴喜、森川弥生、玉川瑞穂、廣井千枝子、
　　　細川理沙

デザイン：木村幸央

印刷・製本：シナノパブリッシングプレス

© 浦辺鎮太郎建築展実行委員会ほか　2019
Printed in Japan
ISBN978-4-7615-3252-9

表紙
表：倉敷国際ホテル（1963年）　断面詳細図　部分
裏：日本工芸館（1960年）　平面図・断面図　部分

The Works of Architect Shizutaro Urabe
From Kurashiki to the World, From Craft to Town Planning

Exhibition

Period: October 26–December 22, 2019 / at Kurashiki Ivy Square
　　　　November 14–December 12, 2020 / at Yokohama Red Brick Warehouse

Advisors: The Executive Committee of Shizutaro Urabe's Architectural Exhibition + URABESEKKEI

Venue Composition: URABESEKKEI / Kiyoshi Nishimura, Sakuraho Watanabe, Jiro Komoto,
　　　　　　　　　Makiko Yasaka, Kazuhide Kawahara, Sota Ieiri, Ryuta Sakurai,
　　　　　　　　　and Satoshi Tominaga

Design: Yukio Kimura

Photograph: Forward Stroke / Koji Okumura and Ryo Yahara

Goods Production & Planning: URABESEKKEI / Norihiro Maeda and Yuuki Tsunoda

Website: TAGAIWORKS / Taiga Hara
　　　　　PONO Web design & Planning / Naoko Ashikaga

Catalog

This book was published on the occasion of holding an exhibition "The Works of Architect Shizutaro Urabe — From
Kurashiki to the World, From Craft to Town Plannning".

First Edition: October 20, 2019 (First copy)

Advisor: The Executive Committee of Shizutaro Urabe's Architectural Exhibition

Authors: Hiroshi Matsukuma, Kazuto Kasahara, and Kiyoshi Nishimura

Editorial Support: URABESEKKEI / Nahoko Nakagawa and Sakuraho Watanabe

Publisher: Yusuke Maeda

　　　　　Gakugei Shuppansha
　　　　　Nishinotoin higashi-iru, Kizuyabashi-dori, Shimogyo-ku, Kyoto 600-8216, Japan
　　　　　TEL: +81 075 (343) 0811　E-mail: info@gakugei-pub.jp
　　　　　http://www.gakugei-pub.jp/

Editor in Charge: Etsuko Iwakiri

Translation: Fraze Craze Inc. / Haruki Makio, Yayoi Morikawa, Mizuho Tamagawa, Chieko Hiroi,
　　　　　　and Lisa Hosokawa Garber

Design: Yukio Kimura

Printing / Binding: Shinano Publishing Press Co., Ltd.

© The Executive Committee of Shizutaro Urabe's Architectural Exhibition and others
2019 Printed in Japan
ISBN978-4-7615-3252-9

Cover
front：Kurashiki Kokusai Hotel (1963) Detailed section plan
back：Japan Folk Art Museum (1960) Floor plan, section plan

JCOPY
（㈳出版者著作権管理機構委託出版物）
本書の無断複写（電子化を含む）は著作権法上での例外を除き禁じられています。
複写される場合は、そのつど事前に、㈳出版者著作権管理機構（電話03-5244-5088、FAX 03-5244-5089、e-mail: info@jcopy.or.jp）の許諾を得てください。
また本書を代行業者等の第三者に依頼してスキャンやデジタル化することは、たとえ個人や家庭内での利用でも著作権法違反です。